NOUS SOMMES LES INDIGÈNES DE LA RÉPUBLIQUE

Houria Bouteldja et Sadri Khiari

NOUS SOMMES LES INDIGÈNES DE LA RÉPUBLIQUE

Coordination et entretiens :
Félix Boggio Éwanjé-Épée et Stella Magliani-Belkacem

Éditions Amsterdam

Éditions Amsterdam
31 rue Paul Fort, 75014 Paris
www.editionsamsterdam.fr

Abonnement à la lettre d'information électronique
d'Éditions Amsterdam : info@editionsamsterdam.fr

Diffusion et distribution : Les Belles Lettres
ISBN : 978-2-35480-113-7

Table des matières

Nous attendons la lune

Houria Bouteldja & Sadri Khiari

Nous sommes en décembre 1964. Le 18 décembre. Les dirigeants du Fatah, la principale organisation nationaliste palestinienne, ont décidé d'entamer la lutte armée. Un tournant capital. Une semaine plus tard, à Jérusalem, un groupe de militants s'affaire pour mettre au point la première opération. Quand tout est prêt, ils doivent prévenir leur direction. Quelques mots suffiront : « Nous attendons la lune ». La « lune », c'est l'aube du 1er janvier.

En ce qui nous concerne, sans oser comparer notre action à celles d'une organisation qui fut aussi prestigieuse que le Fatah, notre (petite) « lune », nous l'avons également attendue au mois de janvier. En janvier 2005, pour être plus précis, lorsque nous avons rendu public l'Appel qui a donné son titre à cet ouvrage.

L'Appel des Indigènes de la république, comme il a été appelé plus tard, nous y avions travaillé pendant plusieurs mois avec de nombreux militants, choisis un peu arbitrairement, il faut le dire, dans les réseaux qui nous semblaient les plus actifs sur le terrain des luttes de l'immigration et des quartiers populaires ; ceux qui s'étaient engagés dans les luttes contre l'islamophobie et contre le racisme, ceux auxquels les causes de l'anti-impérialisme, de l'anticolonialisme et, bien sûr, de la solidarité avec le peuple palestinien, étaient particulièrement chères.

C'est alors que, pour nous et tant d'autres, l'aventure a commencé. La formule est niaise, banale à en crever, et pourtant c'est comme cela que nous avons vécu les sept années qui nous séparent de cet Appel. Sept années marquées bien sûr par une offensive sans précédent du pouvoir blanc pour disloquer les dynamiques de politisation en cours dans les banlieues, désassembler les communautés, différencier et hiérarchiser le néo-indigénat, aspirer les dissidences, coopter, subordonner et clientéliser les militants. Mais sept années pourtant marquées par l'expansion simultanée des espaces de résistance de l'immigration coloniale et de l'influence politico-intellectuelle du courant antiraciste décolonial, tel qu'il s'est affirmé à travers le Mouvement des indigènes de la république, qui s'est érigé en parti en février 2010.

Pour être francs, nous en tirons quelque fierté. Oh, le Parti des indigènes de la république n'est certainement pas une grosse organisation, nos faiblesses sont immenses, nos interrogations plus encore, et nul parmi nous ne s'aventurerait aujourd'hui à prétendre que notre parti est la solution toute trouvée à l'existence politique autonome des populations issues de l'immigration coloniale. Nous avons cependant de sérieuses raisons de croire que le formidable écho suscité en 2005 par l'Appel que nous avons lancé n'a pas été qu'un feu de paille circonstanciel. Ainsi, il n'est pas sans signification que ceux-là mêmes qui nous sont hostiles ou qui feignent l'indifférence sont quasiment obligés de se positionner – explicitement ou implicitement – par rapport aux problématiques et aux thèses que nous avons mises en avant au cours des sept années passées. Dans le champ éditorial, académique, médiatique et politique, il est facile à toute personne honnête de constater que les idées que nous avons défendues concernant les formes présentes de colonialité en France font désormais partie du débat public.

Mais notre plus grande satisfaction est ailleurs. Bien en deçà encore de ce que nous souhaiterions, nous voyons cependant tous les jours, au sein de la jeunesse indigénisée, l'expression plus ou moins confuse et hésitante des cadres d'interprétation et de la politique qui nous semblent les plus appropriés pour contrer la suprématie blanche. L'intégrationnisme demeure, certes, hégémonique, et il le sera encore longtemps, mais déjà une ligne de faille s'ébauche qui permet d'entrevoir la possibilité de dépasser les pesanteurs des expériences passées des luttes de l'immigration, cantonnées à l'exigence de l'égalité des droits et de la reconnaissance culturelle, dans un cadre républicain inchangé. Une stratégie de libération, fondement d'une force politique indigène autonome, commence désormais à faire sens, même si cet horizon reste encore largement minoritaire.

Pour tout dire, la raison principale d'un tel progrès se trouve en dehors de nous. Ou plutôt disons que l'apparition du Mouvement des indigènes de la république et l'expansion de son influence ne peuvent s'expliquer en dehors d'un contexte politique que très schématiquement nous pourrions résumer ainsi : d'une part, ce que nous avons appelé la contre-révolution coloniale[1], avec à l'échelle internationale l'offensive impériale revêtue du manteau de la « guerre des civilisations » et sur le plan local l'offensive raciale, dite républicaine et laïque, contre l'immigration et les quartiers populaires ; et d'autre part, l'extension et la radicalisation des résistances des populations indigénisées, marquées notamment par la révolte des banlieues en novembre 2005. On pourrait bien sûr citer d'autres facteurs explicatifs. Mais en vérité, peu importent ici les analyses. Ce qu'il faut souligner, c'est l'émergence lente, brouillonne, mais sûre d'un nouveau type de conscience politique, articulée autour des notions de colonialité et de races – et non plus seulement d'« inégalités » et de « différences » –, qui pose à la société française des interrogations inédites auxquelles ni la matrice nationale républicaine, ni le libéralisme de gauche, ni l'anticapitalisme d'extrême gauche ne sont en mesure de répondre sans se questionner eux-mêmes. Ce qui importe également, c'est l'éclosion au sein des indigènes d'une volonté d'avoir leur propre représentation politique et de peser, pour eux-mêmes, dans l'État. Ce qui importe, pour le dire brutalement, c'est d'abord la volonté de ne plus baisser la tête et de regarder l'homme blanc dans les yeux. Et ce n'est certainement pas la tâche la plus facile !

Les Indigènes de la République, comme courant politique, sont à la fois le reflet de cette radicalisation en cours et l'espace où est tentée sa mise en forme politique. Instrument d'intervention dans le champ des résistances, ce mouvement est également un laboratoire où, à partir de multiples références puisées dans la mémoire des luttes de l'immigration et l'expérience d'autres luttes décoloniales, fermentent de nouvelles idées, où s'expérimentent des pratiques inédites qui, pour certaines d'entre elles, se diffusent progressivement dans l'ensemble du tissu militant. Certes, exprimé ainsi, c'est en dire l'idéal plus que la réalité ; c'est surestimer ce qui a pu être réalisé, négliger les difficultés, les échecs, les déceptions et la fragilité qui est la nôtre encore. Ces limites, nous en avons bien sûr conscience ; elles nous incitent toujours plus à favoriser les rencontres et les convergences avec d'autres expériences d'organisation et de lutte indigènes. Pour qui nous suit depuis nos débuts cependant, nous avons de bonnes raisons d'être contents du boulot accompli.

1. Voir Sadri Khiari, *La Contre-révolution coloniale en France. De de Gaulle à Sarkozy*, Paris, La fabrique, 2009.

Tout cela, nous aurions voulu donner à le voir à travers ce livre. Mais un livre écrase la réalité, l'ampute de tout ce qui en elle est vivant, mouvant, incertain. Il nous a fallu cependant nous y résoudre. Plus même, il nous a semblé impératif de le faire. Une des grandes faiblesses des luttes de l'immigration, c'est la perte de mémoire et de transmission. Quelques écrits demeurent, des images, de rares films, conçus généralement pour témoigner et pour non penser la politique d'un point de vue qui est le nôtre[2]. Les expériences se succèdent depuis plus de quarante ans et s'évanouissent sans laisser de traces, interdisant l'accumulation et la réflexion critique. Ce manque, nous l'avons ressenti depuis les premiers pas de notre mouvement. Nous nous réclamions d'un héritage dont ne nous sont parvenues que des bribes de souvenirs éparpillés chez les plus âgés d'entre nous et d'autres militants que nous avons côtoyés. Trop peu pour bénéficier des savoirs militants de ceux qui nous ont précédés, trop peu pour en éviter les erreurs. Bien que l'expérience des Indigènes de la république soit relativement jeune, il nous a donc semblé utile d'en faire le point, de faire connaître à d'autres, aujourd'hui ou demain, certaines dimensions au moins de notre parcours.

Si quelques textes publiés ici sont des textes d'intervention immédiate, liés à la conjoncture ou à des événements particuliers, nous avons cependant privilégié les écrits qui ont contribué à l'élaboration d'une stratégie politique propre aux indigènes. Nous sommes en effet convaincus que la faiblesse de la réflexion stratégique, pour partie expression de l'exclusion raciale du champ politique, est un handicap majeur qui contribue à cantonner les populations issues de l'immigration coloniale en dehors de la politique et à restreindre leurs perspectives de résistance à un intégrationnisme sans issue, oscillant entre les chuchotements prudents de ceux qui jettent l'éponge et les cris dans le vide du radicalisme autoproclamé.

Nous interroger sérieusement sur la stratégie nous paraît d'autant plus important qu'à l'heure où nous écrivons ces lignes, la passation des pouvoirs vient d'avoir lieu. À la tête de l'État, le socialiste François Hollande succède à Nicolas Sarkozy. Nous avons plus d'une raison d'être satisfait de la défaite de celui qui, plus qu'aucun autre responsable politique avant lui, s'est attaqué à l'immigration et aux quartiers.

2. À l'exception notable des ouvrages de Saïd Bouamama et notamment de ceux qu'il a consacré à la Marche pour l'égalité de décembre 2003. D'autres livres, peu nombreux, ont été publiés sur les luttes de l'immigration et des quartiers mais leur approche est extérieure à l'expérience propre des indigènes.

Mais nous avons aussi plus d'une raison pour n'accorder aucune confiance au représentant du Parti socialiste. Une fois de plus, les indigènes ont été omniprésents dans la campagne électorale. Une fois de plus, cependant, ils l'ont été comme « objet » et non pas comme « sujet ». L'un de nos espoirs, en publiant ce livre, est qu'il contribue à définir une orientation pour le quinquennat qui s'ouvre et qu'il participe de l'émergence d'une force politique indigène capable aux prochaines élections présidentielles d'exister en tant que pôle autonome.

Destiné en premier lieu à ceux qui partagent nos combats, ce livre a également pour ambition d'intéresser un public plus large. Si dans d'autres pays européens, aux États-Unis ou au Canada, notre expérience suscite l'intérêt des militants et des chercheurs, force est de constater qu'en France seule une minorité très restreinte au sein de la gauche blanche a jugé bon de se pencher réellement sur nos propositions et nos réflexions. De nombreux intellectuels nous ont vertement critiqués sans rien connaître de notre mouvement que l'Appel de 2005 ou en se référant aux rumeurs qui courent à notre sujet. Les uns et les autres, en vérité, observent les populations issues de l'immigration comme de simples victimes qui n'auraient rien à dire sur elles-mêmes – sinon raconter leurs souffrances individuelles – ni sur la société et encore moins sur la politique et sur leurs résistances. Qu'un groupe de militants de l'immigration se targue de proposer une autre grille d'interprétation des conflits que celles qui dominent à gauche, qu'il veuille penser l'émancipation à partir de sa propre condition et d'abord pour lui-même, qu'il aspire à agir et à s'organiser en toute indépendance leur semble incongru et grossier. Qu'avec aplomb, des indigènes s'autorisent à observer à leur tour les Blancs comme un corps collectif socialement constitué et doté de privilèges, qu'ils réfléchissent aux mécanismes de reproduction de ce corps, aux idéologies qui le traversent et notamment à l'idéologie de la bonne conscience, qu'ils fassent la critique sans concession de l'antiracisme européocentriste et de ses pratiques, tout cela leur paraît une marque d'impertinence irrecevable. Que, pire encore, ces mêmes indigènes prétendent manier la stratégie et la tactique pour détacher du corps collectif blanc des alliés, en neutraliser d'autres, ajuster leur politique en fonction des différenciations et des mouvements d'opinion en son sein, leur paraît parfaitement obscène. Et, incontestablement, les indigènes sont obscènes du point de vue de la « politesse » à laquelle ils seraient tenus, de par leur statut racial, de se conformer. Nombreux sont alors les Blancs, militants et intellectuels, qui préfèrent nous rejeter dans l'enfer des groupuscules sectaires, dont il n'est même pas utile de connaître l'action et les réflexions, plutôt que de s'interroger sur l'agacement que nous suscitons en eux. Certains, cependant, impliqués dans les luttes antiracistes ou observateurs honnêtes, suivent un chemin différent. Ce livre, nous l'espérons, leur permettra de trouver quelques réponses à leurs questionnements, les aidera à mieux se comprendre et à mieux comprendre le pourquoi de la démarche qui est la nôtre.

Pour répondre à ces multiples impératifs, nous n'avons pas hésité à publier des documents hétérogènes tant par leurs statuts que dans les thématiques abordées. Outre les textes dont nous sommes les auteurs, nous avons choisi également de publier des documents émanant des instances de notre organisation ainsi que des articles rédigés par d'autres militants afin de donner une vue d'ensemble, quoique bien incomplète, des préoccupations qui ont été les nôtres au cours des sept années passées et de leurs évolutions. À travers ces textes, complétés par l'entretien avec nos amis Stella Magliani-Belkacem et Félix Boggio Éwanjé-Épée, nous avons tenté à la fois de suivre la trajectoire qui mène du lancement de l'Appel jusqu'à nos jours et de montrer comment, confrontés aux événements, aux commentaires ou critiques dont nous étions l'objet et surtout à notre conviction qu'il fallait aller au-delà de l'activisme et des mobilisations ponctuelles, se sont construits les questions qui nous taraudent ainsi que les éléments de réponse que nous y avons apportés. Ce livre témoigne ainsi de nos hésitations, parfois de nos bricolages, de certaines de nos intuitions – travaillées ou laissées en friche –, mais aussi des conclusions auxquelles nous sommes parvenus. On y verra s'exprimer aussi bien la volonté nécessaire de penser par nous-mêmes, d'un point de vue indigène, c'est-à-dire décolonial, que la difficulté à nous extraire des catégories dominantes et à les dépasser.

Il est d'usage de dire d'un ouvrage qu'il est redevable de beaucoup de monde. C'est souvent une formule de courtoisie. Dans ce cas précis, il s'agit réellement du produit d'une expérience collective. Aussi bien le contenu des textes publiés que l'entretien auquel nous avons répondu sont le fruit d'une pratique militante et des rencontres multiples qui l'accompagnent. Même s'il ne reflète pas nécessairement la diversité des points de vue qui traversent les Indigènes de la république, ce livre doit donc énormément à tous ceux que nous avons côtoyés depuis 2005 ; les textes qui le composent n'auraient pu être pensés en dehors de l'action multiforme menée, pour un temps seulement ou plus durablement, par tous les militants du Mouvement puis du Parti des indigènes de la république.

Nous nous bornerons, pour terminer, à exprimer notre reconnaissance à tous ceux qui ont contribué à cet ouvrage.

À tous ceux dont les textes nous ont permis d'enrichir ce recueil : Youssef Boussoumah, Fatouche Ouassak, Saïd Bouamama, Abousofiane Zenaini, Christine Delphy, Alix Héricord et Laurent Lévy. Certains ont suivi d'autres voies que la nôtre mais les articles qu'ils ont écrits dans le cadre des Indigènes de la république font partie intégrante d'un patrimoine qui nous est précieux.

À tous ceux qui ont bien voulu prendre en charge le long et fastidieux travail de retranscription des entretiens : Hasna el-Harrar, Sabbah Zenaini, Merouane Arim, Adeline Jacquot, El Maftam et, en particulier, notre sœur et amie Nadia Bouguerba.

À Stella Magliani-Belkacem et Felix Boggio Éwanjé-Épée qui ont accompagné de bout en bout la conception de ce livre et conduit l'entretien avec nous, anticipant nos préoccupations et l'orientation que nous souhaitions lui donner.

À Hassan Mezine qui nous a proposé des centaines de superbes photos, parmi lesquelles il nous a été particulièrement douloureux de faire un choix.

Enfin, nous ne pouvons clore cette liste de remerciements sans penser à nos éditeurs Jérôme Vidal, Clémence Garrot et Marion Duval, sans lesquels ce livre n'aurait pas vu le jour.

Appel : « Nous sommes les indigènes de la république ! »

janvier 2005

Discriminées à l'embauche, au logement, à la santé, à l'école et aux loisirs, les personnes issues des colonies, anciennes ou actuelles, et de l'immigration postcoloniale sont les premières victimes de l'exclusion sociale et de la précarisation.

Indépendamment de leurs origines effectives, les populations des « quartiers » sont « indigénisées », reléguées aux marges de la société. Les « banlieues » sont dites « zones de non-droit » que la république est appelée à « reconquérir ». Contrôles au faciès, provocations diverses, persécutions de toutes sortes se multiplient tandis que les brutalités policières, parfois extrêmes, ne sont que rarement sanctionnées par une justice qui fonctionne à deux vitesses.

Pour exonérer la république, on accuse nos parents de démission alors que nous savons les sacrifices, les efforts déployés, les souffrances endurées.

Les mécanismes coloniaux de la gestion de l'islam sont remis à l'ordre du jour avec la constitution du Conseil français du culte musulman sous l'égide du ministère de l'Intérieur. Discriminatoire, sexiste, raciste, la loi antifoulard est une loi d'exception aux relents coloniaux.

Tout aussi colonial, le parcage des harkis et enfants de harkis. Les populations issues de la colonisation et de l'immigration sont aussi l'objet de discriminations politiques. Les rares élus sont généralement cantonnés au rôle de « beur » ou de « black » de service. On refuse le droit de vote à ceux qui ne sont pas « français », en même temps qu'on conteste « l'enracinement » de ceux qui le sont. Le droit du sol est remis en cause.

Sans droit ni protection, menacées en permanence d'arrestation et d'expulsion, des dizaines de milliers de personnes sont privées de papiers. La liberté de circulation est déniée ; un nombre croissant de Maghrébins et d'Africains sont contraints à franchir les frontières illégalement au risque de leurs vies.

La France a été un État colonial…

Pendant plus de quatre siècles, la France a participé activement à la traite négrière et à la déportation des populations de l'Afrique subsaharienne. Au prix de terribles massacres, les forces coloniales ont imposé leur joug sur des dizaines de peuples dont elles ont spolié les richesses, détruit les cultures, ruiné les traditions, nié l'histoire, effacé la mémoire. Les tirailleurs d'Afrique, chair à canon pendant les deux guerres mondiales, restent victimes d'une scandaleuse inégalité de traitement.

… La France reste un État colonial

En Nouvelle-Calédonie, Guadeloupe, Martinique, Guyane, Réunion, Polynésie, règnent répression et mépris du suffrage universel. Les enfants de ces colonies sont, en France, relégués au statut d'immigrés, de Français de seconde zone sans l'intégralité des droits. Dans certaines de ses anciennes colonies, la France continue de mener une politique de domination. Une part énorme des richesses locales est aspirée par l'ancienne métropole et le capital international. Son armée se conduit en Côte d'Ivoire comme en pays conquis.

Le traitement des populations issues de la colonisation prolonge, sans s'y réduire, la politique coloniale. Non seulement le principe de l'égalité devant la loi n'est pas respecté mais la loi elle-même n'est pas toujours égale (double peine, application du statut personnel aux femmes d'origine maghrébine, subsaharienne…). La figure de l'« indigène » continue à hanter l'action politique, administrative et judiciaire ; elle innerve et s'imbrique à d'autres logiques d'oppression, de discrimination et d'exploitation sociales. Ainsi, aujourd'hui, dans le contexte du néolibéralisme, on tente de faire jouer aux travailleurs immigrés le rôle de dérégulateurs du marché du travail pour étendre à l'ensemble du salariat encore plus de précarité et de flexibilité.

La gangrène coloniale s'empare des esprits. L'exacerbation des conflits dans le monde, en particulier au Moyen-Orient, se réfracte immédiatement au sein du débat français. Les intérêts de l'impérialisme américain, le néoconservatisme de l'administration Bush rencontrent l'héritage colonial français. Une frange active du monde intellectuel, politique et médiatique français, tournant le dos aux combats progressistes dont elle se prévaut, se transforme en agents de la « pensée » bushienne. Investissant l'espace de la communication, ces idéologues recyclent la thématique du « choc des civilisations » dans le langage local du conflit entre « république » et « communautarisme ». Comme aux heures glorieuses de la colonisation, on tente d'opposer les Berbères aux Arabes, les Juifs aux « Arabo-musulmans » et aux Noirs. Les jeunes « issus de l'immigration » sont ainsi accusés d'être le vecteur d'un nouvel antisémitisme. Sous le vocable jamais défini d'« intégrisme », les populations d'origine africaine, maghrébine ou musulmane sont désormais identifiées comme la cinquième colonne d'une nouvelle barbarie qui menacerait l'Occident et ses « valeurs ». Frauduleusement camouflée sous les drapeaux de la laïcité, de la citoyenneté et du féminisme, cette offensive réactionnaire s'empare des cerveaux et reconfigure la scène politique. Elle produit des ravages dans la société française. Déjà, elle est parvenue à imposer sa rhétorique au sein même des forces progressistes, comme une gangrène. Attribuer le monopole de l'imaginaire colonial et raciste à la seule extrême droite est une imposture politique et historique. L'idéologie coloniale perdure, transversale aux grands courants d'idées qui composent le champ politique français.

La décolonisation de la république reste à l'ordre du jour

La république de l'égalité est un mythe. L'État et la société doivent opérer un retour critique radical sur leur passé-présent colonial. Il est temps que la France interroge ses Lumières, que l'universalisme égalitaire, affirmé pendant la Révolution française, refoule ce nationalisme arc-bouté au « chauvinisme de l'universel », censé « civiliser » sauvages et sauvageons. Il est urgent de promouvoir des mesures radicales de justice et d'égalité qui mettent un terme aux discriminations racistes dans l'accès au travail, au logement, à la culture et à la citoyenneté. Il faut en finir avec les institutions qui ramènent les populations issues de la colonisation à un statut de sous-humanité.

Nos parents, nos grands-parents ont été mis en esclavage, colonisés, animalisés. Mais ils n'ont pas été broyés. Ils ont préservé leur dignité d'humains à travers la résistance héroïque qu'ils ont menée pour s'arracher au joug colonial. Nous sommes leurs héritiers comme nous sommes les héritiers de ces Français qui ont résisté à la barbarie nazie et de tous ceux qui se sont engagés avec les opprimés, démontrant, par leur engagement et leurs sacrifices, que la lutte anticoloniale est indissociable du combat pour l'égalité sociale, la justice et la citoyenneté.

Diên Biên Phu est leur victoire. Diên Biên Phu n'est pas une défaite mais une victoire de la liberté, de l'égalité et de la fraternité !

Pour ces mêmes raisons, nous sommes aux côtés de tous les peuples (de l'Afrique à la Palestine, de l'Irak à la Tchétchénie, des Caraïbes à l'Amérique latine…) qui luttent pour leur émancipation, contre toutes les formes de domination impérialiste, coloniale ou néocoloniale.

Nous, descendants d'esclaves et de déportés africains, filles et fils de colonisés et d'immigrés, nous, Français et non-Français vivants en France, militantes et militants engagé-e-s dans les luttes contre l'oppression et les discriminations produites par la république post-coloniale, lançons un appel à celles et ceux qui sont partie prenante de ces combats à se réunir en Assises de l'anticolonialisme en vue de contribuer à l'émergence d'une dynamique autonome qui interpelle le système politique et ses acteurs, et, au-delà, l'ensemble de la société française, dans la perspective d'un combat commun de tous les opprimés et exploités pour une démocratie sociale véritablement égalitaire et universelle.

Le 8 mai 1945, la république révèle ses paradoxes : le jour même où les Français fêtent la capitulation nazie, une répression inouïe s'abat sur les colonisés algériens du Nord-Constantinois : des milliers de morts.

Le 8 mai prochain, 60e anniversaire de ce massacre, poursuivons le combat anticolonial par la première Marche des Indigènes de la république !

« *Il faut qu'on ait notre propre organisation* »

On pourrait commencer par parler de votre trajectoire politique avant les Indigènes de la république.

Houria Bouteldja : Je suis d'abord une fille d'immigrés. C'est essentiel, c'est ma condition. Je n'avais jamais fait de politique. Je ne m'étais jamais intéressée à un parti politique, ni même aux associations. Mon premier engagement remonte à Une école pour tous et toutes[1] en 2003. C'était dans un contexte très particulier : celui de l'après 11 Septembre, un moment où je commençais à péter un câble. Je n'en pouvais plus de l'atmosphère politique, du racisme, de l'islamophobie... J'étais déjà très préoccupée par les questions liées à l'immigration, toute seule, mais sans avoir la volonté de lutter. J'ai fait aussi des rencontres : notamment Pierre Tevanian qui était engagé dans le débat sur l'affaire du voile, tandis que j'étais moi-même plus remontée contre Ni putes ni soumises. Je ne les ai pas supportées quand je les ai vues apparaître. Mais je ne voyais pas où je pouvais aller militer. Tout le monde disait, dans tous les milieux de l'immigration que je fréquentais, de droite comme de gauche : « il faut qu'on ait notre propre organisation ». Aujourd'hui avec le recul, ce qui me choque c'est que rares sont ceux qui ont une réelle volonté de construire une force avec tout ce que cela implique comme travail et comme sacrifice au quotidien. Tout le monde disait ça et je partageais cette conviction.

Je me suis donc retrouvée dans Une école pour tous et toutes. J'ai d'abord fait partie des initiateurs de la pétition « Oui à la laïcité, non aux lois d'exception » qui est parue dans *Libération*. Cette pétition a rencontré deux autres pétitions, qui émanaient notamment de milieux féministes. Les trois pétitions ont créé Une école pour tous et toutes. On s'est par la suite retrouvé en petit groupe de Maghrébines militantes à Une école pour tous et toutes et on a ressenti le besoin

1. Une école pour tous et toutes est un collectif né en 2003 pour lutter contre les exclusions des élèves portant le foulard à l'école et contre la loi dite « sur le voile à l'école ».

de faire quelque chose contre Ni putes ni soumises. On a créé Les blédardes. C'était un petit groupe qui n'a pas produit de textes mais qui a eu, je crois, une certaine aura.
J'ai fini par me sentir à l'étroit à Une école pour tous et toutes. Ce que j'entrevoyais, ce n'était pas seulement une histoire de voile et d'islamophobie. J'avais lu Bouamama ; je m'intéressais au Mouvement de l'immigration et des banlieues (MIB) ; j'avais lu les textes sur la « Marche des beurs » et les classiques que lisent les gens qui s'intéressent à l'immigration. On était deux ou trois ans après le 11 Septembre, il y avait eu Le Pen au second tour en 2002, je n'en pouvais plus. Je me souviens très bien avoir pensé que nous étions des « Indigènes de la république ». Peut-être que j'ai fait des connexions avec la période coloniale, avec Abdelmalek Sayad : « On est des enfants de la colonisation », etc. C'est pendant l'été 2003 qu'a germé l'idée d'organiser une Marche des Indigènes de la république. En décembre, on allait fêter les vingt ans de la Marche pour l'égalité. J'aurais voulu organiser une marche à cette occasion : vingt ans après, ceux qui réclamaient l'égalité sont toujours des indigènes. Ça me paraissait une idée formidable. Sauf que j'étais toute seule. Pierre Tevanian était mon seul « réseau ». J'étais vraiment désemparée. Il fallait être réaliste, ce n'était pas possible en 2003, c'était trop tôt. Entre-temps j'ai fait ce « travail de réseautage » en intégrant Une école pour tous et toutes.

Sadri Khiari : Ma trajectoire est complètement à l'inverse de celle de Houria. Moi, je suis né quasiment politisé, de gauche et je n'ai aucun mérite à ça : si ça a été le cas, c'est uniquement parce que mes parents avaient milité au Parti communiste tunisien et que c'était l'ambiance familiale. On hérite de ça naturellement. Quand j'ai été étudiant – j'ai fait mes études à Paris entre 1978 et 1981 – j'ai commencé à militer dès ma première année à l'université au sein de ce qui s'appelait à l'époque le Collectif de défense des étudiants étrangers, où j'ai rencontré des membres de la Ligue communiste révolutionnaire (LCR). J'ai rencontré par leur intermédiaire des Tunisiens qui appartenaient eux aussi à la LCR. J'ai milité avec ces Tunisiens-là d'une part, et dans le cadre de l'ensemble de la LCR d'autre part. En 1981, il a commencé à y avoir un certain nombre de changements politiques en Tunisie, qui laissaient espérer une évolution plus rapide de la situation et donc des perspectives favorables pour une organisation tunisienne qui soit, comme la LCR, liée à la IVe Internationale. Je suis donc rentré en juin 1981 à Tunis et j'ai rejoint le groupe trotskiste qui existait à cette époque. À partir de 1993, cette organisation, qui était restée une petite organisation sans grande influence, s'est complètement décomposée, sous le coup d'une part de la répression – beaucoup de militants avaient été arrêtés et condamnés à la prison – et d'autre part du reflux et de la crise des mouvements de gauche, des mouvements nationalistes et des mouvements de contestation – suite à la défaite de l'Irak et au tournant hyper-répressif du régime de Ben Ali à partir de 1990-1991. Par la suite, j'ai continué à militer dans des structures illégales qui étaient essentiellement centrées sur la défense des droits de l'homme et des libertés en Tunisie, puis dans des structures illégales également qui essayaient de constituer un courant autour des thèses de l'altermondialisme. J'ai été amené à participer à une organisation qui s'appelait le Conseil national pour les libertés en Tunisie, dont la constitution a été annoncée en 1998. Un ou deux mois plus tard j'ai impulsé avec d'autres amis, et notamment son actuel président Fathi Chemkhi, une association qui s'appelait le Rassemblement pour une alternative internationale pour le développement (RAID) – c'était le nom officiel mais en réalité il s'agissait d'une organisation liée au réseau Attac.

Est-ce que tu as subi la répression pendant cette période-là ?

SK : Oui, sous la forme d'interpellations heureusement assez brèves, de poursuites judiciaires, de persécutions et de harcèlements de toutes sortes, de toutes les techniques pour dégoûter de la vie. C'étaient les pratiques courantes de la police tunisienne à l'égard des opposants qui n'étaient pas jetés en prison. J'ai, par chance, évité l'enfermement carcéral et la torture. J'ai été en revanche interdit de quitter le territoire tunisien pendant un certain temps, et quand en 2003 j'ai pu le faire, je suis venu en France. Je m'y suis installé et j'avais alors l'intention de prendre ma retraite politique parce que j'étais assez fatigué. Mais je n'ai pas réussi : après quelques mois, j'ai à nouveau rejoint la LCR. Pour moi, ce n'était pas tant à la LCR que j'adhérais qu'à une section de la IVe Internationale.

Qu'est-ce qui faisait cet attachement à la IVe Internationale ?

SK : J'étais totalement convaincu par les thèses fondatrices et les stratégies qui étaient développées par ce mouvement. Par ailleurs, j'étais très attaché à deux dimensions très importantes : la première, c'est que c'était un mouvement international, avec une élaboration collective, et

qui permettait à partir de n'importe quel endroit d'être partout où se développaient la lutte des classes et la révolution ; d'autre part, ce qui m'a beaucoup séduit dans ce projet, c'était la perspective stratégique de la révolution socialiste arabe, comprise également comme la centralité de la question palestinienne avec comme objectif la destruction de l'État d'Israël et l'unité arabe comme moment fort de cette révolution.
En 2003-2004, je suis revenu à la LCR et il se trouve que c'était la période où il y a eu deux importantes campagnes médiatiques : celle sur l'affaire du voile et celle contre Tariq Ramadan. J'ai alors eu beaucoup de mal à supporter les positions débattues et défendues en interne à la LCR sur ces questions. Le contenu du débat m'a énormément choqué. Non seulement la majorité des militants était soit pour l'interdiction du port du voile soit pour une position « ni loi ni voile », mais il était également choquant de voir, dans le regroupement minoritaire qui défendait les élèves exclues, une certaine attitude paternaliste qui me gênait beaucoup. J'ai finalement quitté la LCR parce que je n'en pouvais plus. Et c'est dans cette dernière période que j'ai rencontré Houria, certains de ses amis et notamment Youssef Boussoumah, militant de la cause palestinienne, ainsi que Pierre Tevanian.
L'expression d'Indigènes de la république m'a permis de clarifier beaucoup de choses pour moi-même. Houria et deux ou trois autres personnes ont organisé quelques réunions pour préparer ce qu'ils appelaient les Assises de l'anticolonialisme et la Marche de commémoration de la Marche pour l'égalité. J'ai participé à ces réunions.

HB : On a ensuite agrandi le cercle, parce que quand on a décidé de lancer l'initiative on s'est dit qu'il fallait constituer une petite base représentative. On a sollicité toutes les personnes qu'on avait rencontrées sur notre chemin depuis un an. La plupart des militants d'Une école pour tous et toutes ont été conviés. Ensuite, on s'est adressé aux milieux de l'immigration : nous avons convié le MIB, le Collectif des musulmans de France (CMF), des groupes antillais, la Fédération des travailleurs africains en France (FETAF), le groupe de rap La Rumeur. Il y avait aussi des féministes. La plupart des invités ont été intéressés et ont commencé à se réunir en septembre 2004.

Au départ, le projet était de faire un appel, tenir les Assises de l'anticolonialisme et faire une marche. Est-ce que vous avez réussi les trois projets ?

HB : On a publié l'Appel en janvier 2005. Il a été signé par de nombreux Indigènes de toutes classes sociales et par des Blancs organisés dans des partis politiques de gauche. On a par la suite réussi la Marche mais pas vraiment les Assises parce qu'on n'a pas pu avoir la salle qu'on espérait. La CGT nous l'a annulée le jour de leur tenue. Les Assises ont donc eu lieu sous un chapiteau à Nanterre et n'ont pas eu l'allure qu'on aurait voulu leur donner.

Et la Marche s'est tenue le 3 décembre comme prévu pour commémorer la Marche pour l'égalité ?

HB : Non. On a renoncé à cette date puisqu'on était à ce moment-là un an après les vingt ans de la Marche : ça ne tenait plus la route. On a trouvé une autre date qui nous allait bien mieux, le 8 mai. On ne s'en tenait plus à la question stricte de l'immigration car on était déjà dans un projet beaucoup plus global, antiraciste, anti-impérialiste, etc. Du coup, la référence au 8 mai 1945 nous a paru beaucoup plus intéressante.

À quoi renvoie cette date du 8 mai 1945 ?

HB : C'est le jour des massacres de Sétif et Guelma et de la victoire des Alliés contre l'Allemagne nazie. C'est une date qui marque la contradiction entre la fin de l'occupation en métropole, la réhabilitation de la république et le fait que le même jour se commet un massacre dans l'une des colonies françaises. Pour nous, c'était symboliquement très fort pour marquer les contradictions de la république d'hier et d'aujourd'hui, d'une république raciale et inégalitaire.

Combien de personnes ont assisté à la première marche ?

HB : Près de huit mille. Son succès, c'était la présence massive d'indigènes. Elle était joyeuse, festive ; elle s'est très bien passée ; il faisait beau temps ; il y avait beaucoup de médias.

Comment est venue l'idée d'un projet politique à construire dans la durée ?

HB : Tout simplement avec le succès de l'Appel : ça nous a beaucoup encouragés à réfléchir à la suite que nous allions lui donner. L'Appel était un succès auprès des indigènes mais aussi un succès politique dans

la mesure où il a fait ce que doit faire une organisation comme la nôtre : diviser les Blancs. L'Appel a magistralement divisé les Blancs.
Et c'est comme ça que le Mouvement des indigènes de la république (MIR) a fini par voir le jour en juin 2005. Il y avait à sa fondation la plupart des initiateurs et tous ceux qui ont bien voulu se joindre à l'initiative.

SK : Disons que plusieurs assemblées générales ont eu lieu entre l'Appel et l'AG de constitution du mouvement, avec un renouvellement constant d'une grande partie des personnes présentes : beaucoup étaient issus de l'immigration, on notait une proportion considérable de Maghrébins et la présence d'un certain nombre de militants de gauche et d'extrême gauche issus des mouvements sociaux radicaux blancs en France.

Quel était le projet des différentes personnes qui participaient à cette fondation ? Quelles ont été différentes tendances qui s'en sont dégagées ?

SK : Les invitations faites par Houria à participer à ces initiatives ont été largement improvisées. Les gens qui étaient réunis, et notamment les initiateurs de l'Appel, formaient un corps extrêmement hétérogène avec différentes orientations idéologiques, culturelles et politiques, et différentes positions dans la hiérarchie raciale. Sur le contenu même de l'Appel, il y a eu très vite un accord sans qu'il soit vraiment réfléchi, vraiment élaboré, vraiment discuté. Par conséquent, il en a résulté ceci : au lendemain de l'Appel, chacun pouvait lui donner l'interprétation qu'il voulait. Ces interprétations différentes ont notamment concerné la question de l'orientation et de la conception du mouvement à construire. Et l'on peut dire qu'il y avait alors deux axes de divergence à l'intérieur des Indigènes de la république.
Le premier axe tournait autour de l'autonomie et des alliances. Est-ce que la priorité était de construire l'autonomie des indigènes de France, ou est-ce que la priorité était de construire des passerelles en direction des forces de gauche ? Cette opposition-là était centrale dans le débat que nous avions à l'époque, même si elle ne s'exprimait pas toujours de manière directe et franche.
Le deuxième axe important était le suivant : est-ce que nous voulions créer une organisation dans le sens strict du terme, avec une structure, des instances de représentation et de direction internes, des statuts, des adhérents, etc. ? Ou est-ce que nous voulions lancer une sorte de grande mouvance, de réseau plus ou moins informel mais avec aussi un

certain nombre de règles et de formalisations englobant tous ceux qui s'y reconnaissaient ?
Ces questions ont d'ailleurs provoqué le départ individuel de nombreux initiateurs et d'un certain nombre de militants.

Comment vous êtes-vous l'un et l'autre situés dans ces débats ?

HB : Sur la question de l'organisation, je n'avais pas beaucoup d'idées ; je trouvais que globalement la démarche était trop démocratique, trop gauchiste. L'idée des collectifs autonomes, qui prennent leurs décisions de manière anarchique et sans cohésion d'ensemble me faisait peur. Par contre, j'avais une opinion plus ferme sur l'autonomie : en premier lieu, l'idée d'autonomie vis-à-vis des partis politiques était très claire pour moi. Ça se traduisait par exemple par le fait qu'on ne retenait pas les militants des partis politiques. C'était une vraie bataille dans la mesure où certains voulaient retenir tout le monde dans le mouvement, comme si on était une grande famille. Pour moi, plus vite les militants des partis politiques s'en allaient, mieux c'était. Il fallait de toute façon qu'il y ait plus d'indigènes que de Blancs au sein du mouvement.

SK : Disons que ma tendance générale était d'aller vers un mouvement organisé, mais j'étais en même temps très hésitant sur le type d'organisation nécessaire pour un combat comme le nôtre. Sur la question de l'autonomie, sans en avoir une idée claire, élaborée, j'étais convaincu à l'époque que la priorité était de construire l'autonomie des populations issues des quartiers et de l'immigration. S'il fallait pour un certain temps rompre avec le reste du champ politique, y compris la gauche et l'extrême gauche, pour construire notre autonomie, ça ne me posait pas de problème.

HB : J'ajoute que c'est un choix qu'on a fait et qu'on ne regrette pas. Ce qui est drôle, c'est que certains pensaient et pensent toujours qu'on a eu une attitude sectaire.

Est-ce que ce choix a été poussé par les réactions de la gauche et l'extrême gauche blanche à l'Appel ?

SK : Moi, je ne dirais pas cela. Ce qui m'a conforté dans cette idée, c'est l'expérience interne aux Indigènes où l'on pouvait constater très massivement que les gens qui venaient de la gauche, de l'extrême gauche, et qui étaient Blancs arrivaient à attirer l'attention voire séduisaient les indigènes. Ils étaient en posture d'influence et de direction. Mais au-delà de ça, je pense simplement qu'à travers les discussions qu'on a eues sur l'expérience des mouvements de l'immigration, j'en suis arrivé à la conclusion qu'on devait effectivement aller vers un mouvement autonome, ce qui impliquait de construire son autonomie avant même de songer aux alliances. Ça m'a semblé et me semble toujours être une évidence.

Est-ce que vous pourriez détailler à la fois les critiques qui ont été faites par la gauche blanche mais aussi les critiques du milieu de l'immigration au moment du lancement ?

HB : Les critiques du monde blanc portaient tant sur le plan organisationnel qu'idéologique. C'est surtout la gauche qui nous a critiqués. La gauche a été hystérique contre nous. Il s'agissait surtout de la gauche à la gauche du PS. Le PS n'a même pas fait attention à nous, l'UMP et le FN non plus dans un premier temps.
La gauche de gauche plutôt islamophobe et laïcarde nous critiquait, disons, sur le plan idéologique. Elle demandait : « Ça veut dire quoi le postcolonialisme ? », « C'est qui les « Blancs » ? » Elle nous critiquait à propos du communautarisme, du repli identitaire et bien d'autres choses : « Vous n'êtes pas assez clairs sur la question de l'antisémitisme, vous ne prenez pas en compte la lutte des classes, etc. » Quant à la question de l'organisation, c'était plutôt : « et la place des Blancs ? », « Pourquoi faire un mouvement ? Pourquoi ne pas, tout simplement, faire une espèce de réseau, très informel ? », « Pourquoi s'organiser ? », « Pourquoi faire un mouvement séparé ? » La gauche qui nous était proche voulait qu'on fasse la « convergence des luttes ». Il fallait qu'on soit anticapitalistes, féministes, contre l'homophobie, etc.

SK : Ce qui nous a énormément surpris et enchantés à la fois c'est que, quand il a été publié, l'Appel a suscité un buzz médiatique énorme. Je voudrais revenir sur les raisons de la montagne de critiques qui nous sont venues de toutes parts au moment de la publication de l'Appel. La première raison est qu'on sortait alors à peine de « l'affaire du voile », et surtout d'une énorme campagne contre Tariq Ramadan. L'un des éléments forts dans cette campagne était de dénoncer la volonté du Collectif des musulmans de France et de Ramadan de participer au Forum social européen qui se passait à Saint-Denis. D'une part, on y fustigeait l'opportunisme du mouvement altermondialiste vis-à-vis de

l'islamisme, et d'autre part on y dénonçait le double langage des islamistes et de Tariq Ramadan – qui auraient voulu infiltrer, s'allier avec la gauche altermondialiste pour la manipuler. Comme on a été immédiatement accusés d'être un projet de Tariq Ramadan, et que l'appel a récolté un nombre de signatures issues de la gauche très important – des membres de la direction du Parti communiste, de la direction de certains syndicats, de la direction de la LCR –, la dynamique a immédiatement inquiété. À mon avis, ce qui a suscité cette inquiétude et ces réactions, c'est la perspective d'une alliance contre-nature, selon nos critiques, entre la gauche et les islamistes, sur une base qui de surcroît conteste la république elle-même. On a donc entendu toutes les déclinaisons de l'idée que le mouvement était lancé en sous-main par Tariq Ramadan. Ces accusations nous ont été faites à nous aussi : communautarisme, antisémitisme, sexisme, double langage, l'idée de la division du mouvement social et de la division de la classe ouvrière.
J'ajouterai que ces critiques nous ont stimulés. On y a vu la preuve qu'on appuyait là où ça fait mal. On sentait qu'on était dans le juste. Et puis, il se trouve qu'on était en contact avec un tas de gens issus de l'immigration qui nous faisaient des louanges gigantesques. J'ai moi-même pu entendre quelqu'un me dire : « J'ai grandi de 30 cm quand j'ai lu l'Appel. » J'en ai entendu un autre qui nous a dit qu'« enfin il se [sentait] un homme. » Tous leurs commentaires tournaient autour de leur dignité humaine. Quand quelqu'un vient me dire « vous êtes communautaristes », « vous divisez la classe ouvrière », je lui réponds : « Comment oses-tu me parler de la classe ouvrière ou du communautarisme alors que l'autre a grandi de 30 cm ? »

Et est-ce qu'il n'y a eu que des louanges de la part des mouvements de l'immigration ?

HB : Il ne faut pas oublier que parmi les initiateurs de l'Appel, il n'y avait pas seulement des individus mais aussi des associations. L'écrasante majorité des mouvements de l'immigration, même ceux qui n'étaient pas formellement au sein du projet, ont eu une attitude soit de neutralité positive soit de soutien. Un grand nombre a tout simplement signé l'Appel, même parmi ceux qui ne faisaient pas partie des initiateurs. D'autres ont participé à la Marche du 8 mai ; d'autres sont venus aux Assises ; d'autres ont participé à telle ou telle action qu'on a faite, etc. Au sein de l'immigration, les critiques sont venues surtout du MIB (qui avait renoncé à signer l'Appel), et de quelques groupes qui font partie de son réseau. Pour résumer, à leurs yeux, on était intellectualistes, pas dans les quartiers, pas légitimes.

À ce moment-là, par rapport aux organisations des luttes antiracistes et des mouvements de l'immigration, quelle était la spécificité des Indigènes de la république ?

HB : Je pense qu'il y a un élément de rupture du fait qu'on ait renoncé au cadre républicain. On a décidé de s'installer dans un territoire politique qui n'est pas celui de la république : au début, on l'appelait « anticolonialisme ». Mais cet anticolonialisme mettait en cause de manière radicale le cadre dans lequel se sont installés, pendant des générations, les militants de l'immigration. Même s'ils étaient dans un rapport critique avec l'État, avec la république, ils agissaient à l'intérieur du cadre républicain. Ils demandaient que la république soit, dans un registre plus ou moins radical, fidèle à ses principes. Or au moment où on lance l'Appel, on pose un acte de rupture avec ce rapport à la république. Comment peut-on être « indigène » à l'intérieur d'une république égalitaire et universelle ? Comment cette contradiction-là était-elle possible ? Eh bien la contradiction vient du fait que la république n'est précisément pas égalitaire, ni universelle. On posait ainsi une nouvelle équation. Et pour la résoudre il fallait un projet politique.

SK : Je voudrais ajouter quelque chose à ce que vient de dire Houria. Quand on a dit qu'il y avait cette contradiction au cœur de la république, que la république n'était pas égalitaire, pas fraternelle, ça ne voulait pas dire que la république n'était pas vraiment fidèle à ses principes. Ça voulait justement dire que l'inégalité, la non-fraternité et la non-liberté sont les principes de la république. En fait, en disant ça, on résout une partie de la contradiction.

HB : Mais encore fallait-il qu'on prenne conscience que cette république n'était ni égalitaire, ni juste, ni fraternelle de façon structurelle. Globalement, les mouvements de l'immigration considéraient que ces principes (liberté, égalité, fraternité) étaient constitutifs de la république. Il fallait par conséquent démontrer que notre présence, en tant qu'indigènes dans la république, n'était pas le signe d'une contradiction entre la république et ses principes, mais d'une cohérence de la république, puisque l'inégalité lui est intrinsèque. Il faut le démontrer jusqu'à aujourd'hui.

Ce n'est pas parce qu'on l'a affirmé que c'est évident. Persuader ses victimes que la France républicaine n'est pas égalitaire est un combat politique en soi.

SK : La deuxième chose que je voulais dire pour compléter, c'est que ce caractère-là de la république on l'a immédiatement relié à la question coloniale. Il est classique de dire que la république n'est pas égalitaire d'un point de vue marxiste, par exemple. Ce n'est pas une question que nous avons débattue. Nous l'avons abordée directement d'un point de vue décolonial. Et c'est du point de vue décolonial qu'on en est arrivé aux déductions qu'on a faites.

Pour revenir plus concrètement sur votre rapport au mouvement de l'immigration au moment de la création du Mouvement des indigènes de la république (MIR), comment s'est mise en œuvre l'articulation entre individus et associations ?

HB : Aujourd'hui, je peux dire les choses de la façon suivante. Au début, on est effectivement partis avec des individus et des associations. Or on a été confrontés au fait qu'on était face à des militants d'horizons divers et qu'il fallait définir, affiner notre projet politique. Nous-mêmes tâtonnions. On ne savait pas exactement où l'on allait et par ailleurs, nous étions confrontés à des associations, et non à des organisations politiques. C'était notre premier grand problème dont peut-être moi, à l'époque, je n'avais même pas conscience. Les associations ne pouvaient pas s'engager dans un projet qui dépassait leur agenda propre. Décoloniser la république, ça ne peut pas être l'objectif d'une association qui lutte contre l'islamophobie ; ça ne peut pas être dans l'agenda d'une association qui lutte pour les droits des travailleurs maghrébins ; ça ne peut pas être dans l'agenda d'une association qui lutte pour les droits des sans-papiers. Dans chaque association, il y avait des éléments de notre lutte mais pour autant, elles ne pouvaient pas s'engager dans un projet aussi ambitieux. Elles sont quasiment toutes parties, les unes après les autres.

SK : Sans que ne soit clairement défini pour nous ce que pouvait bien signifier « faire de la politique » au sens fort du terme, la pulsion qui était la nôtre allait dans cette direction. À mon avis, cet objectif amenait une différence fondamentale avec le reste du mouvement associatif de l'immigration et des quartiers. Je crois qu'il y a eu quelques percées vers la politique à travers des tentatives électorales et il y a eu des tentatives d'unification des personnes issues de l'immigration et des quartiers. Mais ces tentatives d'unification, elles sont perçues comme unification de « l'immigration ». Nous avons posé le problème autrement : une unification des personnes en tant qu'issues de la colonisation. On peut penser qu'au-delà de la formulation ça ne fait pas une grande différence mais, dans la réalité, la différence est considérable, qu'il s'agisse de l'arrière-plan théorique ou des conséquences politiques.

Quelles sont les différences entre les deux approches ?

SK : D'abord, on peut déjà dire que le concept « d'immigration » et de « quartier » contient en lui-même l'idée de régler, de solutionner les dysfonctionnements de la république, de répondre à une série de revendications, de poser les questions en termes de discriminations, en termes de mentalités racistes. On a posé cette unification à travers une grille d'analyse totalement différente.

HB : L'autre implication de la première terminologie, celle qui veut unifier l'immigration et les quartiers, c'est qu'elle pose mal la question du rapport avec la gauche. Quand les termes sont posés en termes sociaux, en termes de quartiers, il n'y a par exemple aucune raison de refuser l'alliance avec les syndicats, l'extrême gauche ou avec la gauche tout court ou les antiracistes blancs. Mais ce qui se passe dans les faits et qui va dans le sens de notre analyse, c'est que la question raciale implique une défiance des indigènes vis-à-vis de la gauche. À chaque fois que la gauche est avec eux, ils se recroquevillent sur eux-mêmes et ils se disent : « Comment on va leur échapper ? », « Comment on va les empêcher de nous manipuler ? », « Comment on va les empêcher de nous instrumentaliser ? » Certes, ils ne posent pas explicitement la question raciale et ils sont pris dans leurs contradictions parce qu'ils ne peuvent pas refuser d'être avec la gauche. Tandis que nous, quand on pose la question en terme racial, la démarche se clarifie, d'autant que notre grille de lecture ne nous empêche pas de poser la question sociale, du territoire et des quartiers.
Mais on a aussi nos contradictions : le territoire indigène n'est pas strictement indigène. C'est aussi un territoire où il y a des Blancs qui peuvent être de toutes obédiences politiques, et les indigènes sont les premiers à nous le dire. On répond pour notre part qu'on n'a aucun problème à intégrer les habitants blancs des quartiers. Mais la manière dont on pose la question raciale fait que les indigènes et les Blancs sont gênés. La question « où est la place des Blancs dans tout ça ? » est revenue de manière systématique.

Et justement, pour mieux envisager à la fois la question de la place des Blancs et la question des alliances, qui ont été évoquées, comment avez-vous posé la question de l'autonomie ?

SK : Il faut dire qu'en amont même de l'Appel, nous avons appréhendé la question de l'autonomie d'une façon presque uniquement pratique, non pas à l'issue d'une réflexion ou d'une discussion.

HB : Ce sont des questions qui ne sont pas discutées parce que c'est un héritage fort des luttes de l'immigration. L'autonomie, même quand elle ne veut rien dire, c'est quelque chose de très fort qui fait partie du patrimoine. C'est un héritage qui nous semblait juste parce que les mouvements qui nous ont précédés se sont faits manipuler pendant vingt ans par le PS. C'est resté dans notre ADN. On a par la suite donné beaucoup plus de densité à la question de l'autonomie.

Quelle densité avez-vous apportée à la question de l'autonomie ?

SK : Dans l'esprit de ceux qui étaient avec nous, l'autonomie pouvait se référer à l'autonomie des mouvements sociaux dont on parlait beaucoup depuis les années 1990, l'autonomie par rapport aux partis... Il y avait aussi l'autonomie par rapport à l'État. Quand on a commencé à en débattre pour la première fois, un élément s'est ajouté : le modèle des mouvements féministes. Ce n'est que petit à petit qu'a commencé à se construire une vision de l'autonomie par rapport aux Blancs.
On peut le dire maintenant, mais ce n'est pas ce que nous disions à l'époque : il s'agit d'une autonomie comme expression politique propre d'un conflit racisé qui structure toute la société, porteuse d'un projet alternatif de structuration de la société. Ce n'est pas simplement une autonomie d'un mouvement pour modifier un certain nombre de bases de la société ou pour obtenir des revendications ou un espace plus grand. C'est une autonomie qui est l'expression d'un acteur censé sinon se substituer aux dominants, du moins renverser des rapports de domination.
On est finalement arrivés à l'idée que l'autonomie est d'abord et avant tout un rapport de force. Quelles que soient les mesures organisationnelles que l'on prend, quelle que soit l'indépendance de réflexion dont on dispose, c'est uniquement un certain rapport de force qui permet de ne pas être soumis à la volonté des autres. Il en résulte également que le rapport entre autonomie et alliances change parce que ce n'est pas « ou bien l'autonomie ou bien les alliances » ou encore une séparation entre

autonomie et alliances. L'une est la limite de l'autre. Une alliance est une atteinte à l'autonomie abstraite. Et la nécessité de faire des alliances peut signifier une réduction considérable de l'autonomie, mais ça peut être aussi une réduction avantageuse pour un combat et qui favorisera en retour la conquête de l'autonomie.

HB : Je voudrais un peu insister sur le fait qu'il m'a effectivement semblé que notre autonomie était au départ le fruit de la rupture et, dans un même mouvement, une volonté d'autonomie politique vis-à-vis des cadres politiques existants : autonomie vis-à-vis de l'argent de l'État, du pouvoir. L'autre dimension de l'autonomie, qui était à mon avis extrêmement novatrice, était de toujours partir de nos luttes à nous, descendants de colonisés. J'étais moi-même déjà dans une perspective de libération de l'eurocentrisme pour « penser à partir de nous-mêmes », « penser strictement à partir de nos luttes propres », nous libérer des luttes blanches et du discours selon lequel « le féminisme nous a libérés » ou encore « les luttes ouvrières nous ont libérés ». Je me souviens que j'avais déjà entamé cette réflexion quand j'étais contre NPNS, dans la mesure où NPNS disait : « C'est la république qui nous a libérées. » Dans cette perspective, la république ne renvoie même pas à des luttes, mais à une sorte d'essence qui comprend toutes les formes d'émancipation. On a dès le départ mis cette idée au rebut. Notre autonomie consiste à nous revendiquer d'abord et avant tout de nos luttes propres : ce sont nos luttes anticoloniales qui nous ont libérés et pas les luttes de France. Nous nous réinscrivions dans la filiation de ceux qui sont morts pour nous, de ceux qui ont pensé pour nous. On a approfondi cette dimension et elle s'est exprimée à la première Marche des Indigènes, où figuraient les portraits de pratiquement toutes les grandes figures anticolonialistes.

SK : Mais il nous est difficile de distinguer aujourd'hui – d'autant plus qu'on a été au centre du processus – les idées qu'on portait en nous et qui bouillonnaient dans nos têtes ou dans nos échanges entre Houria et moi, et celles qui étaient vraiment partagées par le mouvement dans son ensemble. La deuxième remarque que je voulais faire c'est qu'il y a déjà une ambivalence sur le sens de l'autonomie au niveau de l'Appel des Indigènes, car l'Appel a pour titre « Nous sommes les Indigènes de la république ». Le « nous sommes » pourrait ne concerner que les non-Blancs et d'ailleurs beaucoup de Blancs l'ont compris ainsi, en refusant de signer l'Appel ou en posant beaucoup de problèmes avant de le signer, en disant : « oui, mais nous, où on est dans ce « nous sommes les Indigènes de la république » puisque vous nous excluez ? » Et dans l'Appel, il y a deux ou trois petites formules qui créent une ambiguïté qui permet de les intégrer. Je me rappelle que pour les filouter je leur disais « c'est un nous *inclusif* ». Donc l'ambiguïté était dans le texte, mais ce qui était clair pour le noyau, comme l'a dit Houria, c'est que, si les Blancs en faisaient partie, le cadre devait rester dominé politiquement par les indigènes.

Le MIR a duré cinq ans avant de devenir Parti des indigènes de la république (PIR). En cinq ans il y a eu cinq marches du 8 mai. Est-ce que vous pouvez revenir sur leurs mots d'ordre ?

SK : Il faut d'abord expliquer une chose. Le contenu de la première marche était en quelque sorte évident parce qu'elle venait après la loi du 23 février[2] : il fallait mettre au centre la question de la mémoire coloniale, de la colonisation, des crimes coloniaux et faire le lien entre la colonisation et la situation actuelle. Mais pour les autres marches, on s'est heurté à des difficultés. C'est qu'on ne voulait pas faire systématiquement des marches sur le même modèle et qui tendraient à ressembler à des commémorations mémorielles. On voulait à chaque fois trouver un lien entre le côté mémoriel, la réhabilitation des luttes anticoloniales, et les revendications concrètes à l'ordre du jour en France. Ce qui fait que quand on regarde les différents appels aux marches, à partir de la deuxième on sent des articulations artificielles. À partir du moment où l'on a articulé différents problèmes, l'objectif de la marche était moins lisible. Et de fait, il faut constater que, pendant les marches elles-mêmes, les mots d'ordre qui fonctionnaient étaient essentiellement ceux qui étaient en rapport avec l'aspect mémoriel. Au bout d'un certain temps, on s'est dit qu'on ne pouvait pas rester constamment dans la propagande générale autour de l'idée que « la république est coloniale » et « nous sommes des Indigènes ». On pensait que faire de la politique signifiait élaborer des mots d'ordre et des revendications concrètes. D'autant plus qu'on était confrontés à des gens qui nous disaient : « Mais qu'est-ce que vous proposez concrètement pour aujourd'hui ? » On a élaboré une sorte de chapelet de revendications prises à droite et à gauche : abrogation de ceci et élimination de cela. La première fois qu'on a testé de

2. Il s'agit de la loi « portant reconnaissance de la nation et contribution nationale en faveur des Français rapatriés », dite « loi sur le rôle positif de la colonisation ».

manière significative une telle plateforme de revendications c'était au Trabendo. Ça s'est conclu par la lecture de tout un ensemble de revendications l'une après l'autre. On a refait ça, à l'occasion des présidentielles de 2007 où l'on avait travaillé sur une plateforme de revendications qui était meilleure que la première parce qu'il y avait eu une réflexion plus approfondie entre-temps.

HB : J'ai pour l'instant quelque chose de général à dire sur les différentes marches. La première était plus unitaire : plus « Indigènes-Blancs », plus mixte. Les Blancs ayant commencé à quitter le mouvement au cours de la première année, la deuxième marche était beaucoup plus indigène. Je me souviens qu'on avait regretté qu'il y ait beaucoup moins de monde mais qu'on s'était félicités du fait qu'elle était beaucoup plus indigène. C'est précisément à ce moment-là que nous avons considéré que nous faisions un saut qualitatif. En réalité, toutes les autres marches, à partir de la deuxième, ont été beaucoup plus indigènes et comptaient moins de Blancs. On a progressivement perdu à peu près trois cortèges : les Blancs, les sans-papiers et le Collectif des musulmans de France. Ce sont eux qui avaient fait la différence lors de la première marche. À la deuxième marche il y avait encore les sans-papiers, qui ont finalement disparu aux marches suivantes.

Réponses à quelques objections
À propos des réactions suscitées par un appel anticolonialiste

Alix Héricord, Sadri Khiari & Laurent Lévy

février 2005

L'appel « Nous sommes les indigènes de la république », que nous avons signé, suscite des réactions très contrastées. Si la plus notable est l'enthousiasme avec lequel cet appel est accueilli par un grand nombre de celles et ceux auquel il est destiné, « les personnes issues de l'immigration coloniale », et celles et ceux qui entretiennent un rapport critique avec l'héritage colonial républicain (il a reçu plus de mille signatures individuelles et associatives en moins de quinze jours), d'autres oscillent entre la manifestation de réserves plus ou moins nettes et la franche hostilité. C'est pourquoi nous avons souhaité répondre à un certain nombre d'interrogations ou critiques, éclairant ici ou là certains angles morts du texte. Il s'agit moins toutefois d'un exercice de défense et d'illustration du texte de l'Appel lui-même que d'une explication de l'engagement des trois auteurs de ce texte pour les initiatives proposées par cet appel : les Assises de l'anticolonialisme postcolonial, et la Marche des Indigènes de la république.

Au texte lui-même, il a parfois été reproché sa violence, son caractère univoque, son manque de nuances. Nous n'en discuterons pas : il ne s'agit ni d'un traité, ni d'un article de revue savante, ni d'un extrait de bavardage amical, ni d'ailleurs d'un manifeste. Il s'agit des grandes lignes d'une réflexion qui reste à approfondir, ainsi que l'expression d'une révolte et d'une volonté. Révolte contre les discriminations dont la république afflige les héritiers malchanceux du système colonial ; volonté de donner plus de force à tous ceux qui collectivement ou individuellement luttent déjà pour une égalité réelle, à tous ceux qui voudraient le faire, en favorisant leur rencontre dans la réflexion critique et dans la rue. Les enjeux de la dynamique soulevée par l'Appel supposent peut-être que l'on en rabatte sur quelques menus scrupules exégétiques et autres exigences de modération.

1) Pourquoi le constat des discriminations actuelles et la lutte contre ces dernières devraient-ils faire le détour par l'histoire coloniale ? Est-ce bien

opératoire ? Par ailleurs, n'est-ce pas galvauder le mot « colonial » et faire injure à la mémoire de ceux qui ont vécu la colonisation que d'établir une comparaison entre la période coloniale et la période actuelle ?

La notion de continuum colonial est de plus en plus souvent et fermement convoquée, tant sur un mode stratégique ou dénonciateur par les acteurs des luttes liées à l'immigration que par les chercheurs travaillant sur l'immigration ou l'histoire coloniale sur un mode assertif ou critique.

Ainsi, trois des mouvements qui ont émergé depuis dix ans des luttes autonomes menées autour des torts faits aux immigrés et à leurs descendants ont chacun à leur façon pointé l'héritage colonial de l'État français. « Hier morts pour la France, demain morts pour des papiers ? » : c'était, dans les années 1990, l'un des slogans des sans-papiers. En effet, ces derniers ont pu à certains moments enrôler dans leur bataille les tirailleurs sénégalais et la rhétorique nationaliste de l'impôt du sang pour rappeler la France à ses « devoirs » envers les « descendants » des troupes coloniales[1]. Si les sans-papiers ont parfois tenté de prendre au mot la logique nationaliste du « mérite » susceptible d'indexer l'obtention de droits au « sang versé » pour l'Empire, les jeunes filles visées par loi sur le foulard ainsi que les acteurs du combat contre leur exclusion ont quant à eux purement et simplement dénoncé durant leur combat une loi coloniale[2]. Et pour dénaturaliser la pseudo-évidence de l'équation *sub specie aeternitatis* dévoilement = émancipation, c'est bien sûr dans la riche histoire coloniale du dévoilement des femmes indigènes que l'on a puisé en priorité[3], pour rappeler comment il fut mis en scène par les autorités françaises en 1958 à Alger ou encore pratiqué sous la contrainte par les militaires à la fin de la guerre d'Algérie dans le but de réaliser des photos d'identité[4].

1. Voir Gregory Mann, « Des tirailleurs sénégalais aux sans-papiers », *in* Patrick Weil et Stéphane Dufoix (dir), *L'Esclavage, la colonisation et après...*, Paris, PUF, 2005.

2. C'est ce qui ressort de façon très nette des entretiens filmés par Jérôme Host dans *Un racisme à peine voilé* (2004).

3. Les deux épisodes qui suivent sont évoqués l'un par Houria Bouteldja du Collectif féministe les blédardes dans un texte mis en ligne sur le site lmsi.net, « De la cérémonie du dévoilement à Alger (1958) à Ni putes ni soumises : l'instrumentalisation coloniale et néo-coloniale de la cause des femmes », et l'autre par Nacira Guénif-Souilamas et Éric Macé dans *Les Féministes et le garçon arabe*, La Tour d'Aigues, Éditions de l'Aube, 2004.

4. On peut rappeler ici le témoignage de Marc Garanger, qui était photographe dans l'armée française à cette époque : « J'ai ainsi photographié près de 2 000 personnes, en grande majorité des femmes, à la cadence de deux cents par jour. Dans chaque village, les populations étaient convoquées par le chef de poste. C'est le visage des femmes qui m'a beaucoup impressionné. Elles n'avaient pas le choix. Elles étaient dans l'obligation de se

Le MIB, autre mouvement à avoir dénoncé les séquelles coloniales de l'État français, fit campagne contre « la justice coloniale » appliquée aux personnes issues de l'immigration et contre « la gestion coloniale des quartiers ». Sur ce dernier thème, certains historiens de la colonisation n'hésitent d'ailleurs pas à renchérir :

> D'une certaine façon, on assiste bien à un retour du cadre idéologique colonial. Celui-ci est notamment perceptible dans la manière de représenter les espaces de l'immigration, comme dans le traitement politique ou social du « problème » des banlieues. Ces banlieues, symbole de toutes les peurs des années 1990, sont devenues pour les élites de la République et pour les médias des « espaces de non-droit », des espaces dangereux, fermés sur eux-mêmes, peuplés de « bandes » ou de « hordes ethniques » (comme les « bandes de zoulous » dont parlaient les médias au milieu des années 1980), des espaces qui échappent au contrôle de la République, marginalisés, ensauvagés. En cette fin de siècle, ces espaces ne font plus que formellement partie de la France, ils sont envisagés comme des « points noirs » (au nombre de quatre cents selon l'ancien Premier ministre Alain Juppé), des « cancers » de la République ou des mondes distincts peuplés de « sauvageons » (Jean-Pierre Chevènement, 9 mars 1998). Hier le système colonial employait la ségrégation entre colons et colonisés et maîtrisait les soubresauts identitaires ou nationalistes avec la « pacification », aujourd'hui les politiques concernant les zones sensibles tendent à reproduire les mêmes schémas. Cette politique combine la répression, par l'implantation de commissariats, la multiplication des îlotages et l'installation de surveillance vidéo ; l'éducation (les établissements dotés de moyens spécifiques) ; l'intégration (les maisons de quartiers, les jeux de rue, la promotion du sport, etc.) ; et, enfin, la réaffirmation de l'autorité de l'État (construction de bâtiments administratifs, voyages officiels ministériels ou présidentiels fortement médiatisés, etc.).
>
> Comment ne pas rapprocher ce tableau des descriptions des espaces coloniaux à reconquérir à la fin du XIXe siècle ? Même vocabulaire, même appréhension devant l'inconnu, même volonté aussi de (re) conquête. Car ce que l'on pourrait désigner comme les nouvelles enclaves coloniales – le missionnaire, l'administrateur, l'enseignant et le militaire – se retrouvent pratiquement trait pour trait sous la forme de l'agent social (ou de l'éducateur), du représentant de l'État (ou du maire), du professeur, du policier (ou du CRS en cas de « crise »

dévoiler et de se laisser photographier. Elles devaient s'asseoir sur un tabouret, en plein air, devant le mur blanc d'une mechta. J'ai reçu leur regard à bout portant, premier terrain de leur protestation muette, violente. » (*Femmes algériennes 1960*, Paris, Contrejour, 1982.)

> ou de « pacification »). Il s'agit de ramener cet espace clos, hors de la République, à notre modèle urbain « normal », la ville policée, tout comme les espaces sauvages des colonies devaient être « civilisés ». Comme on vient de le voir, il s'agit d'opérer un quadrillage (policier, éducatif, social, administratif, etc.) : la réponse à la « ghettoïsation » progressive des banlieues, c'est d'abord de « civiliser » l'immigré-type[5].

Bien entendu, ce type de comparaison est loin de faire l'unanimité dans le champ académique, il reste esquissé et laisse de toute façon pendants un certain nombre de problèmes méthodologiques sur la nature du rapprochement à établir entre passé colonial et présent. Mais par-delà ces préoccupations académiques légitimes, ce qui nous intéresse ici c'est de pointer, même s'il s'agit encore d'un phénomène très minoritaire, l'émergence d'une articulation entre les travaux sur l'immigration et sur l'histoire coloniale, ainsi que le début d'une réflexion sur la dimension postcoloniale de la France[6]. Bref, il semblerait que la France veuille commencer à faire pour elle-même ce qui a déjà été entrepris pour les zones anciennement colonisées comme l'Afrique ou l'Inde depuis un certain temps maintenant, et en partie par des chercheurs originaires de ces zones : réfléchir à ce dont la situation actuelle a hérité de la colonisation[7]. Le fait d'avoir occupé la position dominante dans un processus de domination n'autorise pas à conclure que seuls les anciens dominés doivent se préoccuper de la nature postcoloniale de leurs situations.

---

5. Voir Nicolas Bancel et Pascal Blanchard, « L'Invention de l'indigène : entre imaginaire collectif et pensée républicaine », *Passerelles*, n° 16, printemps 1998.

6. À titre d'exemple, parmi des travaux récents on pourra citer le n° 53 de la revue *Genèses* paru en décembre 2003, « Sujets d'Empire », ainsi que l'ouvrage collectif de Nicolas Bancel, Pascal Blanchard et Françoise Vergès, *La République coloniale. Essai sur une utopie*, Paris, Albin Michel, 2003. Il convient aussi d'indiquer que par le passé certains travaux pionniers comme par exemple ceux d'Abdelmalek Sayad ou d'Étienne Balibar ont fourni sur des modes très différents des éléments pour penser l'articulation entre colonisation et immigration, sans toutefois que cette problématique parvienne pleinement à s'imposer dans le champ académique.

7. Il est toujours étonnant de constater l'avance prise par les historiens indiens et africains s'agissant de la thématique postcoloniale. La réflexion sur la façon dont les régimes issus de la décolonisation et des mouvements nationalistes ont repris à leur compte une partie du projet de l'État colonial est en cours depuis les années 1980, une réflexion certes aiguisée par la déception suscitée par ces régimes, mais aussi peut-être par un esprit critique qui sur ce point trouve plus difficilement à s'exercer en France. Sur les travaux si peu traduits en français et abordant la situation postcoloniale en Inde et en Afrique, voir par exemple Mamadou Diouf, *L'Historiographie indienne en débat. Colonialisme, nationalisme et sociétés postcoloniales*, Paris, Karthala, 1999.

C'est également sur cette situation postcoloniale que les Assises prétendent se baser. Une situation que caractérisent certes les ruptures induites par les décolonisations, mais également un lourd héritage colonial dans les ex-colonies comme dans leur ex-métropole. Nous n'avons bien sûr jamais prétendu poser une équation entre la situation actuelle et l'expérience coloniale, c'est bien pourquoi si nous parlons des combats anticolonialistes à mener, nous précisons dans l'intitulé même des Assises qu'ils sont à mener en situation postcoloniale.

Pistes de recherches, analyses militantes, discours activistes, ressenti des personnes, morceaux de mémoire vive, conjoncture nationale et internationale extrêmement défavorable aux personnes issues de l'immigration, etc., sont autant d'éléments qui nous poussent à souhaiter d'une part que le débat sur le continuum colonial s'amplifie, et ensuite que les conséquences politiques en soient discutées et tirées collectivement au moins à un double niveau.

Primo, en mettant en évidence les origines coloniales de la république dans laquelle nous vivons, nous sommes également amenés à interroger les origines indissolublement républicaines et coloniales du racisme français, ainsi que la persistance d'un néocolonialisme républicain.

Secundo, postuler qu'il existe une matrice républicaine du racisme français et du néocolonialisme nous permet d'éviter de s'en tenir à l'énumération morne du disparate des horreurs (il y a des racistes, il y a des flics agressifs, il y a des gens méchants, des ministres imbéciles et des interventions maladroites en politique étrangère…) et à la dilution des cibles politiques. L'historicisation du racisme français, en nous ramenant à l'histoire coloniale de la France et spécifiquement à l'histoire de la république coloniale, nous permet dans le même temps d'entrapercevoir la possibilité d'une convergence des luttes contre toutes les manifestations d'un même continuum colonial. Notre démarche consiste à mettre en évidence le rapport politique (la république postcoloniale) producteur de toute une série de discriminations que par ailleurs de nombreuses luttes particulières dénoncent (droit au logement, sans-papiers, droit de pratiquer sa religion, lutte contre les crimes policiers, pour l'égalité dans le travail, etc.).

2) Comment peut-on oser critiquer la république et l'or de ses attributs, les Lumières, l'universalisme, l'égalité… ? C'est se vouer bien sûr à l'obscurantisme, au particularisme, au communautarisme… et autres maléfiques, et parfois anglo-saxonnes, doctrines.

Il est toujours extrêmement difficile de critiquer la république en France, soit « le modèle français » par excellence, sans mettre en branle toute une série de réflexes de pensée, de dichotomies et de catégories pesantes ayant plus à voir avec les représentations idéales et incantatoires forgées par les doctrinaires de tout poil qu'avec la réalité des pratiques. Pour n'évoquer qu'un seul de ces pièges attendus, critiquant la république, nous ne serions pas « universalistes », nous serions donc par conséquent « communautaristes », puisque nous sommes sommés par la logique un peu courte des débats imposés de nous mouvoir entre ces deux pôles. « Communautaristes ! » Et la république de frissonner face à ce double péril de communautés closes et dangereuses, et d'un modèle anglo-saxon agressif. Peut-être est-ce impossible mais nous ne souhaitons pas prendre notre place dans le grand jeu de la concurrence entre des modèles abstraits. La république dont nous parlons, nous la regardons dans ses œuvres et au ras de ses pratiques, non dans les discours qu'elle tient sur elle-même. Si nous dénonçons avec vigueur certaines œuvres de la république réelle comme la colonisation et la répression, l'exclusion et le racisme, nous ne perdons pas notre temps à évoquer la république rêvée, celle qui définit un monde qui n'a jamais eu d'existence ou si peu, et dont la seule fonction historique aura été de masquer, précisément, la république réelle… Nous ne sommes pas plus les ennemis de la république rêvée que de la Licorne bleue. S'il nous arrive d'en dénoncer l'usage idéologique, nous ne nous posons pas plus en ennemis qu'en partisans de ce que nous analysons simplement comme un mythe.

C'est pourquoi lorsque nous parlons de la république, nous ne parlons pas du républicanisme en général ou en théorie, ni de la république romaine ou florentine, mais d'une incarnation historique précise : le projet indissolublement colonial et républicain de l'État français tel qu'il fut élaboré par la IIIe République au moment où l'extension impériale de la France a atteint son maximum, et tel que ses échos perdurent encore de nos jours. Un projet qui tout en recyclant des pratiques d'Ancien Régime fait rupture parce qu'il accorde une place centrale à l'État français dans le processus colonial, ainsi qu'aux discours et technologies que l'État produit pour rationaliser et légitimer ce processus (mission civilisatrice, droit colonial…). Les manuels de droit coloniaux républicains insistent sur le « caractère étatique », ainsi que juridique, de la colonisation moderne, inaugurée au XIXe siècle :

> La colonisation est une affaire d'État. Elle relève des gouvernements. Il faut bien comprendre le sens de cette affirmation. Pendant longtemps, la colonisation a été conçue d'une manière différente. Il se peut d'ailleurs que cette intervention de l'État soit précédée, préparée, facilitée par des initiatives privées. Ainsi en a-t-il été à l'origine de la formation de nombre de colonies. Mais, aussi longtemps que ces initiatives privées s'exercent seules, aussi longtemps que les gouvernants d'un État à civilisation européenne n'interviennent pas pour les guider, les contrôler ou les soutenir, il n'y a pas, à proprement parler, de colonisation[8].

L'investissement de l'État dans la colonisation moderne a débouché sur la fabrication d'un droit racialisé qui posait une différence au sein des Français entre les « citoyens français » (les métropolitains ou les personnes issues de métropole) et les « sujets français » aussi nommés « indigènes » (les populations de l'Empire) :

> Nul n'ignore que, dans la métropole, tous les nationaux français, sans distinction d'origine, sont citoyens. Sans doute on réserve parfois le nom de citoyens à ceux qui bénéficient de l'électorat politique, c'est-à-dire aux nationaux remplissant certaines conditions d'âge et de sexe. Mais la notion de citoyen doit être entendue dans un sens plus large. [...] Les lois sont faites pour tous les nationaux français, sans distinction de race, d'origine, de religion, de situation sociale. [...] La législation est unique et uniforme ; il n'y a pas plusieurs catégories juridiques de Français.
>
> Dans la plupart des colonies, on se trouve en présence d'une situation différente. Les nationaux se divisent en deux catégories : les citoyens, dont le statut politique et juridique se rapproche de celui des habitants de la métropole, et les non-citoyens, ou sujets français, dont le statut est assez sensiblement différent.
>
> L'existence de cette distinction s'explique assez aisément. S'il est normal de traiter la population d'origine européenne comme la population métropolitaine, il n'en va pas de même pour la population indigène. Celle-ci est très différente de civilisation et de formation. [...] En raison du degré de formation des indigènes et de leur nombre, une surveillance spéciale doit s'exercer sur eux. Il leur faut souvent un régime pénal et même un régime disciplinaire particuliers. Il y a là une nouvelle raison de la distinction des deux statuts[9].

C'est bien entendu la différence de « civilisation », en bref la différence de mœurs et de coutumes, qui est supposée d'une part justifier

8. Voir Louis Rolland et Pierre Lampué, *Précis de législation coloniale (Colonies, Algérie, Protectorats, Pays sous mandat)*, Paris, Dalloz, 1931.

9. *Ibid*, p. 199.

la non-citoyenneté des indigènes de la république et d'autre part fonder le principe d'un régime punitif distinct du droit commun (le Code de l'indigénat). Ainsi l'hétérogénéité « civilisationnelle » des indigènes justifie les discriminations et l'existence d'une nationalité à double vitesse. Et c'est l'assimilation, soit en fait l'adoption des mœurs, coutumes et normes (supposées uniformes) de la métropole, qui conditionne en grande partie l'accès aux droits civiques et politiques, ainsi qu'à l'égalité de traitement en matière pénale[10].

Le racisme juridique et étatique qui accompagne la formation de la IIIe République persiste peu ou prou jusqu'aux décolonisations. Il constitue l'une des conditions de possibilité de l'imaginaire raciste français et n'est sans doute pas sans effet sur la situation actuelle. La question mérite à tout le moins d'être posée et examinée d'un point de vue politique.

3) Vous victimisez les colonisés, alors qu'eux aussi savent être des salauds. La preuve : la catastrophe des régimes post-indépendance. Vous diabolisez, dressez un tableau en noir et blanc d'une France collabo et d'(ex-)colonisés victimes. Vous figez les identités dans un face-à-face binaire.

Pour pallier le reproche de victimisation, faut-il vraiment montrer patte blanche et reconnaître un certain nombre de préalables qu'il ne nous semblait pas indispensable de faire figurer dans un appel à des assises se déroulant en France ? S'il s'agit de reconnaître la nullité dramatique de certains régimes post-indépendance, nullité qu'il convient néanmoins aussi de mettre en rapport avec les effets du legs colonial français, d'accord. Par ailleurs, la critique de ces régimes est souvent assumée, non sans difficultés bien sûr, par les personnes qui vivent ou ont vécu sous ces régimes.

Si plus généralement il s'agit aussi de reconnaître la complexité du phénomène colonial qui n'est pas exclusivement constitué d'un face-à-face entre des colons blancs et coupables et des victimes noires, cela est certain. Que des chefs arabes et africains d'ailleurs aient participé à la traite, oui. Que les tirailleurs sénégalais et les troupes coloniales ne se soient pas contentés de tirer sur les « ennemis de la France » en 1870 et pendant les deux Guerres mondiales et qu'ils aient aussi servi à conquérir de nouvelles colonies, ainsi qu'à faire du maintien

10. Sur ce point, voir par exemple Emmanuelle Saada, « La République des indigènes », *in* Vincent Duclert et Christophe Prochasson (dir), *Dictionnaire critique de la République*, Paris, Flammarion, 2002.

de l'ordre dans l'Empire, c'est vrai. Qu'aient existé des élites indigènes et des béni-oui-oui qui se sont plutôt bien accommodés du système colonial et ont relayé sa domination, certes. Qu'il existe également des classes sociales dans les sociétés indigènes, et par conséquent un cœur de la domination coloniale en l'espèce du « subalterne », dominé doublement par les élites coloniales et par les bourgeoisies indigènes, puis ensuite par les élites nationalistes, d'accord. Qu'il y ait eu aussi à travers et parfois par-delà domination et coercition, des productions et des luttes communes, des amours, des amitiés, des mariages mixtes et des métis... oui. Et oui encore, c'est Émilie Busquant, compagne de Messali Hadj et fille d'un mineur anarcho-syndicaliste qui confectionna pour la première fois à Paris le drapeau national algérien...

En même temps, il est assez curieux que le principal argument invoqué pour montrer que les ex-colonisés ne sont pas seulement des victimes soit l'échec des régimes issus de l'indépendance. S'il convient d'évoquer ces dictatures, c'est bien plutôt pour dénoncer le soutien que la république française ne leur a jamais ménagé. Pourquoi être renvoyé hors de France lorsqu'on appelle à une réflexion ainsi qu'à la constitution d'un mouvement autour de la question de la décolonisation de la république française ? Et là c'est à nous de renverser le soupçon ou du moins de s'interroger sur ce que pourrait signifier ce déplacement.

Signifierait-il que ces régimes issus de la décolonisation furent si catastrophiques que finalement l'État français est immunisé contre toute critique, ou mieux qu'il ne fût pas si terrible le bon vieux temps des colonies ? Se faisant l'écho d'un phénomène qui déborde le seul champ historique, des historiens de l'Inde coloniale ont peut-être raison de s'inquiéter « d'une récente vague de nostalgie impériale, allant de pair avec un millénarisme marchand, qui a donné une nouvelle vie au mythe selon lequel les empires coloniaux européens du XIXe et du XXe siècles auraient incarné des structures plutôt bénéfiques. Ainsi certains historiens répètent à l'envi que, dans sa grande magnanimité, l'empire britannique a apporté la « modernité » aux barbares, et que nous devrions lui en être reconnaissants[11]. »

Pourquoi par ailleurs renvoyer un appel qui pointe les problèmes bien français vécus par des personnes vivant sur le sol français à ce qui se

11. Voir l'introduction de Sanjay Subrahmanyam, *in* Velcheru Narayana Rao, David Schulman et Sanjay Subrahmanyam, *Textures du temps. Écrire l'histoire en Inde*, Paris, Seuil, 2004.

vit dans des pays étrangers ? Ce procédé n'a pas cessé d'être utilisé dans ce qu'on appelle communément « l'affaire du foulard », puisque dans cette affaire française impliquant des jeunes filles et des jeunes femmes le plus souvent françaises, l'Algérie ou encore l'Iran n'ont cessé d'être convoqués. Pourquoi parler du voile en citant les exemples de pays étrangers à des Françaises qui n'ont souvent jamais mis les pieds dans ces pays et n'en parlent pas la langue ? Pour les convier une nouvelle fois à l'idée qu'elles ne sont pas complètement françaises, sans doute.

4) En distinguant entre initiateurs et soutiens, vous reprenez un mode d'agencement binaire et manichéen du type les « victimes et leurs ami(e)s », déjà difficilement justifiable au moment des décolonisations et assurément périmé. Comment se reconnaître dans cet appel sans être « issu des anciennes colonies » et autrement que sur le mode de la culpabilité ou à titre de force d'appoint ? Et d'abord de quel « nous » parlez-vous ?

Rapidement et pour éviter tout malentendu, la distinction entre initiateurs et soutiens ne renvoie qu'à une simple question de division du travail, et ne constitue en aucun cas la reprise des catégories en vigueur à l'époque des combats pour la décolonisation. Les initiateurs désignent concrètement les personnes qui se sont réunies régulièrement pour préparer ces Assises. Et d'ailleurs, parmi les initiateurs certains ne sont pas « issus » des anciennes colonies, tout comme parmi les soutiens beaucoup en sont issus.

Mais pour répondre plus précisément encore à la question des agencements qui sous-tendent le « nous » employé, disons qu'il y a de nombreuses façons, plus ou moins vives bien sûr, d'être touché par les persistances coloniales républicaines et de pouvoir se dire « descendant d'indigène » :

Il y a d'abord celles et ceux qui sont touchés en première personne et de plein fouet. Celles et ceux qui sont constamment ramenés à leurs « origines » en raison de leur nom, de leur sale gueule, de leur histoire sociale ou de leur nationalité. Celles et ceux qui sont effectivement issus des anciennes colonies et particulièrement les plus précaires d'entre eux.

Mais il y a aussi tous ceux, en théorie tout le monde, qui vivent avec eux selon toute la gamme des affects et des situations : ami-e-s, amant-e-s, épouses, maris, voisin-e-s, collègues, passant-e-s… Ceux encore qui réagissent mal à la brutalité d'un contrôle au faciès. Ceux qui, parce qu'ils habitent eux aussi dans des quartiers dits « sensibles », sont contrôlés plus souvent et plus mal que de coutume. Ceux qui dans la communauté scolaire refusent l'exclusion de jeunes filles ou de jeunes garçons pour le motif qu'ils portent voile ou turban. Ceux qui dans la communauté hospitalière auront bientôt à se prononcer sur l'exclusion d'un personnel soignant voilé, et sur le libre choix de son médecin. Ceux qui, dans un aéroport ou un avion, réagissent à une expulsion…

Enfin il existe un certain nombre de réverbérations métropolitaines de l'expérience coloniale qui touchent à de nombreux domaines et qui ont indigénisé des pans entiers du modèle républicain :

> Il ne faut jamais oublier que la colonisation, avec ses techniques et ses armes politiques et juridiques, a bien sûr transporté des modèles européens sur d'autres continents, mais qu'elle a eu aussi de nombreux effets de retour sur les mécanismes de pouvoir en Occident, sur les appareils, institutions et techniques de pouvoir. Il y a eu toute une série de modèles coloniaux qui ont été rapportés en Occident, et qui a fait que l'Occident a pu pratiquer aussi sur lui-même quelque chose comme une colonisation, un colonialisme interne[12].

On peut bien sûr penser aux techniques répressives employées à l'encontre du prolétariat français ; ce sont par exemple les militaires formés sur le terrain algérien, le maréchal Bugeaud en tête, qui matèrent les journées de juin 1848 et imposèrent leur vue concernant la guérilla urbaine[13]. On peut encore penser à l'expérience de l'exclusion des droits civiques et politiques qui fut commune aux « indigènes » de l'empire français et aux femmes françaises ; puisque les uns comme les autres, tout en étant de nationalité française, furent exclus de la citoyenneté jusqu'en 1944. On peut évoquer enfin ce que l'école de Jules Ferry et le devoir de dresser les « fils d'ouvriers et de paysans » afin qu'ils ne tombent pas dans « l'idéal socialiste ou communiste » a pu emprunter à l'idéologie de la « mission civilisatrice ».

Ainsi, de même qu'il y a plein de bonnes raisons de participer à une manifestation de défense de l'avortement sans être une femme ou sans être une femme qui a avorté, de même qu'il y a plein de bonnes raisons de participer à une Gay Pride sans avoir de pratiques homosexuelles, de même qu'on peut participer à un mouvement de précaires sans l'être (ou du moins pas encore) ou à une manif de sans-papiers tout en ayant

12. Michel Foucault, *Il faut défendre la société. Cours au collège de France, 1976*, Paris, Seuil/Gallimard, 1997, p. 89.

13. Maréchal Bugeaud, *La Guerre des rues et des maisons*, Paris, Jean-Paul Rocher, 1997.

sa carte d'identité dans la poche, il n'est pas besoin de brandir son arbre généalogique pour participer à un mouvement des « Indigènes de la république ». L'usage expansif de la première personne du pluriel depuis les années 1970 dans les luttes pour l'émancipation a fait émerger des sujets politiques complexes dont nous ne comprenons pas pourquoi les « indigènes » seraient exclus.

5) Vous excluez la question sociale, or pour penser l'action commune il faudrait précisément revenir à la question sociale plutôt que de l'ethniciser.

D'une part, il faut bien constater que les problèmes liés au racisme ne se résorbent pas entièrement dans la question sociale. L'on peut souffrir du racisme en France, et même du racisme d'État, sans appartenir aux classes les plus pauvres, ainsi que l'atteste l'exemple récent des jeunes filles voilées exclues de leurs établissements. Sans se prononcer sur les situations sociales de ces jeunes filles, globalement modestes d'ailleurs, l'injonction à l'invisibilité que manifeste la loi qui les exclut de l'école constitue en soi un problème que le « traitement social » du racisme semble insuffisant à appréhender. Par ailleurs, et surtout plutôt que de vouloir faire passer à la trappe la question raciale au motif qu'elle fâche ou qu'elle divise, il conviendrait plutôt de se demander pourquoi les pourtours de la question sociale épousent si souvent et si bien ceux de la communauté issue de l'immigration. 40 % des membres de cette communauté sont au chômage (contre une moyenne générale de 10 %), et ceux qui obtiennent un travail restent le plus souvent dans les positions les plus subalternes. C'est au sein de cette communauté que les médias, les experts et souvent les prisons recrutent les nouvelles « classes dangereuses »... Plutôt que de botter en touche, nous préférons reprendre le questionnement initié par Abdelmalek Sayad dans un texte posthume, « L'Immigration en France, une pauvreté « exotique »[14] ». Dans ce texte, Sayad, tout en reconnaissant la matrice commune de la pauvreté des nationaux et de celle des immigrés, notait aussi la spécificité de la pauvreté immigrée. Une pauvreté doublement incongrue puisqu'à la fois extérieure au système et provenant de l'étranger. De cette spécificité de la pauvreté immigrée il tirait toute une série d'interrogations qui nous semblent toujours d'actualité :

14. Voir Aïssa Kadri et Gérard Prévost (dir.), *Mémoires algériennes*, Paris, Syllepse, 2004.

> Dans quelles conditions et sous quelle forme l'immigration est-elle synonyme de pauvreté ? Quel traitement social cette « autre » pauvreté peut-elle recevoir et quels traitements a-t-elle reçus au fur et à mesure des transformations qu'a connues l'immigration (et, ici, l'immigration algérienne) en France ? Quel effet a-t-elle pu avoir sur la pauvreté « nationale » et en quels termes parlait-on et parle-t-on encore, de l'une et de l'autre ?

Bref, loin d'évacuer la question sociale, nous nous demandons plutôt pourquoi ladite question sociale touche de plein fouet les personnes issues de l'immigration. Reconnaître que les personnes issues de l'immigration constituent bien souvent la première cible du précariat généralisé ou du tout sécuritaire par exemple n'exclut bien sûr pas la convergence avec ceux qui luttent sur ces mêmes terrains. Nous n'avons jamais voulu isoler le combat des postcolonisés des luttes contre les autres formes de domination. Les différentes modalités de domination s'imbriquent, se supportent, se confondent souvent, et impliquent donc aussi, mais pas seulement, des combats communs.

6) Vous nous considérez comme de la « gangrène »...

Un certain nombre de critiques portent sur l'affirmation polémique de l'Appel suivant laquelle : « Une frange active du monde intellectuel, politique et médiatique français, tournant le dos aux combats progressistes dont elle se prévaut, se transforme en agents de la « pensée » bushienne [...]. Déjà, elle est parvenue à imposer sa rhétorique au sein même des forces progressistes, comme une gangrène. »

D'une manière assez surprenante, un certain nombre de lecteurs et de lectrices de l'Appel, se considérant pourtant « de gauche », « progressistes », « antiracistes », etc., se sont reconnu-e-s dans cette description. Notre première réflexion serait de répéter l'adage suivant lequel « qui se sent morveux, qu'il se mouche ». Et peut-être que le nombre de celles et ceux qui se reconnaissent dans une formule qui visait expressément les réactionnaires *new-style* du *Nouvel Obs*, les Taguieff, Finkielkraut ou Gallo, est-il l'indice de ce que la « gangrène » évoquée dans l'Appel s'étend plus qu'on ne l'aurait cru, ce qui renforce l'urgence de sa dénonciation.

À y bien réfléchir, on reste toutefois surpris : ainsi, ceux-là même qui rechignent à s'identifier aux « Indigènes de la république » n'hésitent pas une seconde à s'identifier à la « gangrène des forces progressistes ». Nous ne chercherons pas à expliquer à ceux-là qu'ils se trompent :

ils ont choisi leur camp. Mais il nous semble utile de souligner leur exemple à l'attention de celles et ceux qui s'interrogent sur la pertinence de l'analyse proposée dans l'Appel : ils sont en effet une bonne illustration des désastres de l'idéologie coloniale persistante…

7) Vous êtes communautaristes.

En employant le terme d'« indigène », une catégorie juridico-administrative stigmatisante produite par la république pour désigner l'ensemble des populations colonisées de son empire, ainsi que leur assujettissement, nous ne revendiquons pas d'autre communauté que celle qui subit, reconnaît et critique activement l'intériorisation de certaines normes coloniales par le pays dans lequel nous vivons.

Cela dit, c'est plus pour ce qu'il sous-entend que pour ce qu'il énonce expressément que le grief de « communautarisme » nous choque. Et plutôt que de répondre à ce grief, nous entendons le critiquer. De quoi parle-t-on, dans le débat français, lorsque l'on parle de « communautarisme » ? Concrètement, dans la plupart des cas, il y a « communautarisme » dès que plus de trois Arabes se retrouvent ensemble. Dans une version plus élaborée, il y a « communautarisme » lorsque des Arabes s'organisent pour agir ensemble. Il est rare qu'on stigmatise comme « communautaristes » les associations locales de Portugais ou d'Auvergnats.

On pourrait s'interroger sur les raisons qui poussent certains, se réclamant généralement avec insistance de la « république », à dénoncer un « communautarisme » largement fantasmatique en tant que courant d'opinion ou que position politique. Force est de le constater : il s'agit toujours de dédouaner la société elle-même de la communautarisation qui résulte objectivement de son fonctionnement – et singulièrement des exclusions sociales diverses dont sont victimes celles et ceux à qui on reprochera de « choisir » des solutions communautaires. Conscience du ghetto, culture du ghetto, fierté du ghetto seraient impensables sans l'existence préalable du ghetto.

En quoi l'appel « Nous sommes les indigènes de la république… » serait-il « communautariste » ? Par la quantité de ses signatures à consonance arabe ? Trouve-t-on dans son texte même une volonté que les « indigènes » se retrouvent « entre eux » ? Non, et c'est même le contraire qui est vrai. Les discriminations y sont dénoncées, et la solidarité de toutes et tous, quelles que soient leurs origines réelles, est affirmée et demandée.

Mais pour caractériser l'Appel de « communautariste », un autre argument revient périodiquement : « Votre Appel est signé par Tariq Ramadan. » Il est pittoresque de voir juger un texte par le fait que, parmi ses 1 200 signatures, on en trouve une qu'on n'aime pas... Une approche objective de la question conduirait à noter que l'adhésion de Tariq Ramadan à une initiative aussi totalement séculière, plutôt que de marquer l'Appel comme « communautariste », marquerait plutôt Ramadan comme ne l'étant pas...

Il est également ici ou là insinué que l'Appel émanerait « de proches de Tariq Ramadan ». Ce n'est certes pas injurieux ni diffamatoire, et ce n'est même pas totalement inexact ; c'est simplement partiel, puisque s'il y a bien parmi les initiateurs des « proches de Tariq Ramadan » – comme le Collectif des musulmans de France –, ils ne sont qu'une composante parmi d'autres des structures ou personnes qui ont pris l'initiative de cette démarche politique.

En fait, ce reproche émane de personnes dont on voit mal comment, indépendamment de cette signature, elles pourraient approuver la démarche anticolonialiste qui anime l'Appel puisque cette démarche est inverse à celle qui anime la campagne de lynchage dont Ramadan est l'objet : à y regarder de près, le principal reproche ayant quelque fondement qui lui ait été fait est d'être un musulman s'assumant comme tel. Les mêmes que ne gêne pas la signature (sur d'autres textes...) d'Elie Wiesel ou de l'Abbé Pierre devraient y réfléchir à deux fois.

Celles et ceux qui nous reprochent d'accepter la signature de Tariq Ramadan pourraient se demander plutôt pour quelles raisons il est devenu une des cibles et des prétextes de l'offensive « anti-intégriste », alors qu'il représente un courant de l'islam politique comme un autre. C'est sans doute parce que « l'intégrisme » (épouvantail dont l'Appel souligne à juste titre que, comme l'islamisme, il est plus souvent dénoncé que défini...) n'est qu'un prétexte, et que derrière lui c'est en fait l'islam – et les musulmans, c'est-à-dire en France pour l'essentiel des « indigènes de la république » – que l'on vise.

S'il fallait à tout prix trouver un fondement rationnel à l'accusation de « communautarisme » dont nous faisons l'objet, ce serait en remarquant que nous refusons le thème de l'intégration/assimilation. L'objectif du « vivre-ensemble » ne nous semble pas devoir passer par la normalisation de chacune et de chacun. Nous refusons le modèle de la république de Procuste, le modèle du carcan dans lequel tout le monde doit être pareil (sous-entendu : pareil que la « communauté » majoritaire) pour avoir droit à l'existence. La revendication d'égalité, pour nous essentielle, ne passe pas par l'uniformité.

En définitive, s'il y a bien un « repli identitaire » qui mérite, dans la France d'aujourd'hui, d'être combattu, c'est celui qui concerne une fantasmatique « identité française ». Le reproche récurrent fait aux descendants de colonisés de ne pas « s'intégrer » est en définitive celui de n'avoir pas, comme tout le monde, des ancêtres gaulois. Le véritable « communautarisme » est le communautarisme majoritaire qui se construit autour de cette identité. Il est le résultat de la circonspection et de la peur de celles et ceux qui n'acceptent pas volontiers que le monde – et singulièrement leur pays – ne ressemble pas, ou plus, à ce qu'on leur avait annoncé. La présence de millions de descendants de colonisés en France, la nationalité française irrémédiable de la plupart d'entre eux, tout cela n'entrait pas dans les prévisions des « vrais » Français, autochtones, catholiques, et blancs. Et ce sont eux qui se referment sur ce que l'on doit bien appeler le « communautarisme gaulois », autour du mythe des « Français de souche » – et de ceux qui acceptent de faire semblant d'en être.

Ce qu'ils appellent l'intégration, c'est la croyance que devraient acquérir les descendants de colonisés d'avoir, aussi, des ancêtres gaulois. Ils veulent bien que l'on ait tous les droits du monde à condition d'être comme eux. Les contrôles au faciès cesseront d'eux-mêmes quand les colonisés accepteront de changer de faciès. « Un peu de bonne volonté, que Diable ! » C'est ce que nous refusons. À ceux qui nous disent : « Vous avez tous les droits à condition d'être comme nous », nous répondons que nous nous passerons de leur autorisation, et que nous nous battrons à la fois pour le droit à l'existence de tous, et le droit à l'égalité de chacune et de chacun.

8) Vous êtes des « islamistes », des « populistes islamistes » ou mieux des islamistes qui auraient parfaitement intégré la rhétorique gauchiste...

Comme en contrepoint de l'accusation de « communautarisme », et comme en complément du reproche d'avoir « accepté » la signature de Tariq Ramadan, un certain nombre de personnes ont cru pouvoir caractériser l'appel « Nous sommes les indigènes de la république » d'« islamiste » ! Aucune exégèse du texte lui-même ne permet de comprendre cette caractérisation, et il nous faut une fois de plus chercher d'où ses tenants tirent ce grief.

Une première approche conduirait à dire qu'« islamistes » et « communautaristes » seraient des quasi synonymes. Dans leur usage, ils le sont en effet bien souvent. Le fait que de nombreux Arabes aient signé le texte permettrait ainsi à la fois de le caractériser comme communautariste et comme islamiste.

Un regard plus poussé fait voir parmi les initiateurs des personnalités et organisations se réclamant expressément de la religion musulmane. Or, dans un certain discours, « musulman » = « intégriste » – sauf à montrer expressément « patte blanche ». Il y a les musulmans « modérés », qui ne font pas plus de quatre prières par jour, ne boivent que rarement de l'alcool, et évitent de manger en public pendant le mois de Ramadan, et il y a les autres, non « modérés », c'est-à-dire islamistes, intégristes, etc. Ceux-là refusent obstinément de manger du jambon, se rendent dans des mosquées (quelle horreur !), et certaines des femmes de cette catégorie vont jusqu'à porter un foulard qui cache leur chevelure. Ainsi, parce que le Collectif des musulmans de France ou le site internet Oumma.com figureraient parmi les initiateurs de l'Appel, celui-ci serait entaché d'intégrisme, et peu importe qu'on trouve également parmi les initiatrices et initiateurs des « non-musulmans » bien connus (quelles que soient leurs origines effectives).

Ces mêmes non-musulmans voient mal comment faire de la politique à la première personne du pluriel sur la question de l'immigration postcoloniale sans faire de la politique aussi avec des musulmans car c'est un fait : une partie conséquente de cette immigration se déclare « musulmane ». Il faudra donc bien soit accepter de faire de la politique avec entre autres des musulmans, soit comme de coutume décider de confisquer leur parole, ou mieux, de parler à leur place. Nous défendons le projet des Assises parce qu'il donne la parole aux premiers concernés et parce qu'il rompt avec la logique des porte-parole bien comme il faut, philanthropes et surtout non musulmans. C'est sans doute cela que d'aucuns qualifient d'islamo-gauchisme.

Le texte lui-même ne met aucune problématique « musulmane » (*a fortiori* intégriste) en son centre. Cela n'a pas empêché certains de le voir « centré » sur la question de la loi antifoulard. Pourtant, si la phrase unique consacrée à cette loi était supprimée du texte, cela n'en modifierait pas l'économie. Une fois de plus, la question du « foulard » sert ainsi de révélateur de positions qui vont bien au-delà dudit « foulard » lui-même.

Sur la loi antifoulard, le texte dit quatre choses : que la loi est discriminatoire, qu'elle est raciste, qu'elle est sexiste, et qu'elle est une loi d'exception avec des relents coloniaux. Chacun de ces quatre points nous semble parfaitement justifié, et mérite à tout le moins d'être discuté plutôt que d'être rejeté sans examen.

La loi est d'abord raciste, et il est étonnant qu'on en discute, dans la mesure où les seules victimes de la loi, ou peu s'en faut, sont des personnes ayant plus d'origines qu'il n'est bienséant. Par ailleurs – les interventions prononcées à l'Assemblée nationale sont à cet égard extrêmement éclairantes – l'ensemble du débat dénote ce racisme. On y a évoqué « l'insolence des immigrés arabo-musulmans de la troisième génération », le « faible enracinement » de « nos compatriotes musulmans », ou le fait que pour ces « Français à part entière », « certaines de nos valeurs paraissent inaccessibles ». Ce ne sont bien sûr là que les propos d'une partie des partisans de la loi : plus précisément, de ceux qui l'ont faite ; mais ils sont révélateurs d'une ambiance bien particulière, et il n'y a pas à s'étonner que les auteurs de propos racistes à propos d'une loi en préparation adoptent en fin de compte une loi raciste. Au demeurant, rares sont les conversations de plus d'un quart d'heure au terme desquelles les partisans de la loi antifoulard continuent à justifier les exclusions sans lâcher une formule du genre « ici, en France… » ou « chez nous… », etc. L'affirmation (communautariste s'il en est) suivant laquelle « la laïcité » serait une spécialité 100 % française, voire l'essence de la « francité », n'est d'ailleurs pas très éloignée d'un certain racisme…

Raciste dans sa conception, la loi l'est aussi dans son effet discriminatoire : seules les jeunes filles musulmanes (et les garçons sikhs : trois ont été exclus de leur lycée) sont concernées par la loi ; une jeune fille catholique, par exemple, ou sans religion aucune, peut parfaitement se présenter au lycée avec un hijab sur la tête : dès lors qu'elle ne manifeste pas ainsi, ostensiblement, ses convictions religieuses, il n'y a pas de problème. Autrement dit, l'interdiction du « foulard » s'applique seulement aux filles pour lesquelles il présente une importance existentielle. Les autres peuvent le porter sans violer la loi. Destinée à s'appliquer seulement à certaines lycéennes – les musulmanes pratiquantes, le plus souvent issues de l'immigration (post)coloniale – la loi est bien, au sens strict, l'expression d'un racisme discriminatoire.

La loi est également à l'évidence sexiste : comment ne pas qualifier de telle une loi qui, par hypothèse, aura pour seules victimes des filles et jeunes femmes ? Ce sont celles-là mêmes qu'on prétend protéger qui sont exclues du système scolaire, à cause d'un effet vestimentaire qu'elles ne portent que parce qu'elles sont des femmes, un « marqueur de l'identité sexuée », ce que certains d'ailleurs lui reprochent. On est donc bien en plein sexisme. On doit ajouter à ces remarques que le refus d'entendre les premières concernées relève aussi d'un paternalisme bien sexiste. On se refuse à admettre que des femmes puissent, de leur propre initiative et par leur propre choix, décider de porter un foulard. On manifeste ainsi le plus grand mépris pour leur libre arbitre ; on leur explique comment elles doivent s'émanciper, comme si – femmes, arabes, musulmanes – elles étaient par hypothèse incapables d'en décider elles-mêmes.

Quant aux « relents coloniaux » de cette loi d'exception, on a pu les sentir dans tout ce qui précède. La « norme » française dominante est jugée par définition supérieure à tout comportement qui s'extrait de cette norme. Les professeurs se chargent d'émanciper les élèves en les dévoilant comme, en les dévoilant, les parachutistes émancipaient les femmes d'Alger en 1958. Le refus d'entendre la voix des filles concernées est – outre une manifestation de la superbe d'enseignants cherchant à se rassurer quant à leur autorité – un exemple assez typique de la superbe colonialiste qui sait mieux que les « sauvages » musulmanes ce qui est bien pour elles.

9) Les Assises veulent engager un travail de mémoire et risquent ainsi d'enfermer les luttes présentes dans une rumination stérile. Pourquoi valoriser le massacre de Sétif au détriment des autres ?

Parce que l'Appel aux Assises de l'anticolonialisme postcolonial prend pour point de départ le continuum colonial, certains ont voulu le cantonner à un travail de mémoire et à une volonté commémorative. C'est une interprétation fausse.

Tout l'enjeu des Assises consiste à ne pas disjoindre la reconnaissance des crimes du passé de celle des injustices du présent. Il y a effectivement des combats de mémoire à mener, nombreux, dans le champ savant, dans les manuels scolaires, dans l'espace public… et l'état actuel du rapport de force mémoriel n'est pas tel qu'il ne faille pas encourager tous les efforts pour rendre à l'histoire coloniale et à l'histoire de l'immigration leur place dans l'histoire de France. Il y a par ailleurs des revendications multiples de justice ici et maintenant qui n'ont pas attendu les Assises pour être formulées. Des représentants de ceux qui luttent contre l'oubli et de ceux qui luttent aujourd'hui pour plus d'égalité seront bien sûr présents aux Assises. Mais ce que nous tenterons collectivement d'éviter, c'est le catalogue disparate des injustices de jadis et de maintenant, et ce que nous chercherons, c'est à comprendre le lien des unes et des autres avec le fonctionnement pérenne de la république. Ce qui du passé n'est que passé ne nous intéresse pas, notre objectif est politique et non mémoriel en ce sens.

C'est bien pourquoi le choix du 8 mai 2005 pour organiser la Marche des Indigènes de la république tient peu au fait que soixante ans plus tôt l'armée, ainsi que les pouvoirs civils français, aient massacré précisément à Sétif et Guelma. Les représentants de l'État français ont après tout massacré dans tout l'Empire et pendant toute la période coloniale ; la même année que Sétif et Guelma, des syndicalistes camerounais étaient tués en masse, et deux ans plus tard Madagascar était le théâtre d'une énorme boucherie… Ce qui nous intéresse dans la date du 8 mai 2005 c'est que soixante ans plus tôt, le jour même où la France célébrait la capitulation de l'Allemagne nazie, elle massacrait aux colonies. Notre ambition n'est pas de commémorer Sétif comme tel, mais de mettre en évidence la concomitance du rétablissement républicain et du massacre colonial, afin de montrer que l'état d'exception colonial n'est pas un épisode marginal ou un à-côté maladroit dans l'histoire du régime républicain français, mais un phénomène structurel. Bref il s'agit plutôt, à partir de la commémoration de la libération du territoire français et de son lot de discours sur le rétablissement de « l'état de droit », d'ouvrir un espace polémique.

Nous n'avons rien contre la mémoire à condition toutefois qu'elle ne serve pas à momifier le passé et à rejeter dans l'oubli ses effets pérennes. Nous ne nous laisserons pas enfermer dans des musées, ce ne sont pas des plaques commémoratives que nous voulons, mais une rupture de fait ici et maintenant avec certaines pratiques de la république.

L'Indigène discordant. Autonomie et convergences

Sadri Khiari

mai 2005

L'Appel des indigènes de la république a suscité un certain nombre de questionnements auxquels nous avons tenté de répondre, Alix Héricord, Laurent Lévy et moi-même, dans un article intitulé « Réponses à quelques objections[1] ». Ce texte n'avait évidemment pas pour prétention d'être exhaustif ni de clore le débat. Je voudrais, ici, poursuivre la réflexion entamée quitte à revenir sur certaines questions déjà abordées. Il va de soi que les lignes qui suivent n'engagent que ma personne. Si je parle de l'intérieur du Mouvement des Indigènes[2], je ne prétends nullement me faire le porte-parole de l'ensemble de ses initiateurs.

> « *La décolonisation, qui se propose de changer l'ordre du monde, est, on le voit, un programme de désordre absolu.* »
> F. Fanon, *Les Damnés de la terre*
>
> « *On s'la ramène, haut et fort, avec nos sales gueules de métèques !* »
> La Rumeur

La Marche des Indigènes de la république vient de donner une leçon d'universalisme à la France et d'internationalisme à la gauche. Ce 8 mai 2005, malgré l'hostilité ou la méfiance plus ou moins explicite de la plupart des appareils politiques, des syndicats, des médias et de nombre d'associations antiracistes traditionnelles, près de huit mille personnes (sans compter quelques initiatives locales comme à Marseille) ont défilé de la place de la République à l'église Saint-Bernard à Barbès.

1. Et, comme on pourra le constater, il n'est en rien destiné à créer du consensus. Voir « Réponses à quelques objections », p. 39.

2. J'entends, ici, le collectif qui a lancé l'Appel. Je précise toutefois que, dans la suite du texte, je n'emploie plus l'expression « mouvement des indigènes » dans ce sens ni dans celui de « Mouvement autonome des andigènes de la république » comme organisation à construire selon des formes encore à inventer. J'écris « mouvement des indigènes » comme j'aurais pu écrire dynamique des luttes des personnes issues de l'immigration postcoloniale, etc.

Deux espaces symboliques : la république de l'inégalité, pour point de départ, et le centre d'un combat majeur pour l'égalité, la lutte des sans-papiers, pour débouché. En chemin, elles ont rebaptisé la rue du 8 mai 1945, jour de fête, pour les uns, jour de deuil, pour les autres : « rue de Sétif et Guelma. En mémoire de tous les crimes coloniaux ».

Des milliers de manifestants, jeunes et chibanis, femmes et hommes, anonymes, issus dans leur grande majorité de l'immigration coloniale et postcoloniale, originaires d'Afrique noire, du Maghreb, des Antilles et d'ailleurs, des associations aussi diverses que l'ATMF, la Coordination nationale des sans-papiers, le CMF, le MAI59, des comités de solidarité avec la Palestine ou le Togo, la FTCR, les habitants en lutte des foyers Sonacotra et tant d'autres se sont rassemblés derrière la banderole « Nous sommes les indigènes de la république » pour protester contre la politique coloniale, postcoloniale et néocoloniale de la France et, plus largement encore, contre toutes les formes de domination d'un peuple par un autre (Palestine, Irak, Tchétchénie…).

Brandissant les portraits de militants anti-esclavagistes, anticolonialistes et anti-impérialistes (Toussaint Louverture, Patrice Lumumba, Mehdi Ben Barka, N'Krumah, Abou Jihad, Olympe de Gouge, Arafat, Abdelmalek Sayad, Louise Michel, Manouchian, Malcolm X, Amilcar Cabral, Marwan Bargouthi, Abdelkrim, et autres moujahidin algériens, chefs indiens, résistants vietnamiens, révolutionnaires mexicains, etc.), ils ont affirmé la solidarité des peuples en lutte et proclamé l'universel concret des résistances à l'oppression ; ils ont rappelé que le combat anticolonial est loin d'être achevé et qu'il se poursuit en France contre les discriminations, les violences « sécuritaires », le racisme et les inégalités dont sont victimes les personnes issues de l'immigration.

Certes, les populations des « quartiers » ne se sont pas déplacées en masse. Exclues de l'espace public, elles hésitent à le réinvestir. Cependant à une échelle petite mais déjà significative et pleine de promesses, la Marche du 8 mai, et ses milliers de manifestants, préfigure le mouvement indigène autonome qu'il nous faudra construire. Le texte qui suit est une contribution dans ce sens.

Les indigènes contre l'indigénat

Évidente pour les uns, problématique voire incongrue pour les autres, la formule « nous sommes les indigènes de la république » fait débat. Et ce n'est pas le moindre de ses avantages… « Indigène » ne fait évidemment pas référence au sens que donnent les dictionnaires. « Nous sommes les indigènes de la république » signifie : la république se prétend égalitaire et universelle ; elle prétend avoir aboli le Code de l'indigénat et pourtant ce Code continue d'innerver institutions, pratiques et idéologies. Le statut de l'indigénat perdure en France même. Nous employons donc le mot « indigène » comme catégorie juridique et politique dont nous voulons souligner l'actualité par-delà les changements et les ruptures.

Il s'agit donc d'un constat. Mettre le doigt sur l'origine des discriminations, du racisme et des hiérarchies oppressives : la république coloniale. Dire « nous sommes les indigènes de la république », c'est déchirer le mythe de la république égalitaire et universelle, c'est dire « nous ne voulons plus de ce statut infériorisant ». L'Appel pour les Assises de l'anticolonialisme postcolonial souligne ainsi une continuité entre le traitement institutionnel des populations issues de l'immigration coloniale/postcoloniale et la gestion coloniale proprement dite. Il ne conteste pas la réalité de discontinuités ni la pertinence d'autres grilles d'analyse mais il tient celles-ci pour partielles si elles n'intègrent pas la critique de l'héritage colonial de la république.

Sans être caducs, les outils que fournit la notion d'impérialisme (dans le sens « économiste » du terme) ne permettent pas de rendre compte du lien ou de la matrice commune, héritée notamment de la période coloniale, à la « gestion » des populations issues des anciennes colonies, à la situation des territoires et départements français d'outre-mer et à la politique française en Afrique ou au Maghreb. À condition, bien sûr, de les explorer plus précisément et d'en affiner l'élaboration, les notions de continuum colonial et de colonialisme postcolonial peuvent permettre de mettre en évidence cette matrice commune en intégrant continuités, discontinuités et autres paradoxes. Elles suggèrent, en tout état de cause, que la décolonisation n'est pas achevée et que le combat anticolonial demeure d'actualité, même si ses lieux, ses contenus et ses formes restent à renouveler. C'est là un des objectifs du processus dans lequel s'insère le Mouvement des Indigènes. En ciblant la république coloniale, l'Appel donne un fil à plomb susceptible de permettre la synthèse politique – et, par voie de conséquence, l'unification des mémoires et des luttes – des différentes revendications particulières autour desquelles se sont construites les mobilisations de l'immigration et des enfants d'immigrés dans l'Hexagone.

En s'auto-désignant comme « indigènes de la république », craignent les uns, les postcolonisés prendraient le risque d'adopter la « posture coloniale », de conforter la stigmatisation dont ils sont l'objet. Ils se placeraient ainsi en position d'auto-stigmatisation. La volonté de « retourner le stigmate », s'inquiètent les autres, contiendrait le piège d'un renfermement des « indigènes » sur eux-mêmes, d'une auto-exclusion qui recouvrirait, en définitive, un danger de « communautarisation ». En vérité, il ne s'agit pas vraiment d'un retournement de stigmate. Les idées d'orgueil ou de fierté d'être indigène nous sont étrangères. Cultiver l'indigénat ou une quelconque « indigénitude » n'est pas notre propos et nous sommes loin de penser que l'indigène *is beautiful* ! L'Appel n'incite à aucune auto-complaisance, aucune autocélébration et encore moins à l'esprit de revanche. La « différence indigène » n'existe pas sinon, en négatif, comme communauté d'oppression, comme assignation contradictoire *et* à la différence *et* à l'assimilation.

Quelle différence positive unifie l'Antillais, le sans-papiers sénégalais ou la fille d'Algériens immigrés ? Aucune, évidemment. L'identité indigène, si elle existe, est une identité de rupture avec une histoire (des histoires multiples), une identité de mémoire broyée, déformée ; une mémoire de l'oppression subie par les ancêtres et qui se continue dans le pays d'« accueil », ce même pays qui a colonisé la terre d'origine, massacré, mis en esclavage ou contraint à l'exil ses populations. La démarche initiée par l'Appel n'est cependant pas sans rapport aucun avec le retournement du stigmate. « Nous n'avons aucun mérite, aucune fierté, à être des indigènes, y est-il dit en substance, mais, comme nos prédécesseurs dans les luttes de l'immigration et des enfants d'immigrés, nous refusons d'être invisibles ; nous revendiquons le droit d'être nous-mêmes, le droit à l'ostentation et, pourquoi pas, au prosélytisme ! »

« L'anticolonialisme nous a conduits au culte de la différence tolérée, note Jean Daniel. Le civisme républicain doit exiger la recherche de la ressemblance. » Or, justement, ce qu'il s'agit de dénoncer, c'est cette *exigence* de ressemblance, indissociable, comme le dit Jean Daniel, du « civisme républicain », dont il reconnaît – lucidement – qu'il est antinomique de la démarche anticolonialiste. Parce que les postcolonisés sont, aujourd'hui, le négatif de la république « blanche », leur attitude est strictement négative. Proclamer « nous sommes les indigènes de la république » signifie refuser de parler l'Amara ou le Boutih, ne pas vouloir rentrer dans le rang, ne pas revendiquer d'être des Français « comme les autres », « Français et Noirs » ou « Français et musulmans ». Quoiqu'on puisse prétendre, dans la république de Jean Daniel, ces formules signifient « Français *mais* Noirs », « Français *mais* musulmans ».

Car que signifie être « Français » ? À quelle « francité » cela renvoie-t-il sinon à la « francité » établie ? On pourrait rétorquer que « français » renvoie à « citoyen » mais la réalité républicaine française, c'est bien la confusion de l'État et de la nation et la nation dont il est question n'est pas, comme proclamé aux origines, l'ensemble des citoyens, mais bien la (re)construction historique d'une « France » éternelle et « gauloise » ; une construction historique dont l'un des moments a été l'entreprise coloniale et l'invention de l'indigène comme être inférieur en civilisation et en droits. Le citoyen universel de la république existante est donc le citoyen français bien particulier. Tant du moins que cette « francité » fétichisée reste le fondement de la république et de l'universel[3].

Il n'est donc pas question d'injecter quelques gouttes de mélanine dans le drapeau français, mais d'en changer carrément la palette. Le postcolonisé refuse, en effet, de considérer que la France est une essence immuable, irrémédiablement fixée et homogène ; il refuse – et d'ailleurs on ne le lui permet pas vraiment – l'obligation de se fondre dans ce « creuset national ». Non par fierté ni, par caprice, pour s'arc-bouter sur des identités figées et autres souvenirs, mais parce que la non-reconnaissance républicaine des histoires et des trajectoires qui déterminent la pluralité des identités est constitutive du nationalisme colonialiste. Il refuse par conséquent le principe assimilationniste, et sa forme euphémisée l'intégration, qui masquent l'assignation paradoxale à renoncer à être lui-même sans pour autant être reconnu par l'autre. Les institutions et les politiques suivies agissent, de fait, comme autant de contraintes à choisir une absorption illusoire par le modèle dominant ou le repli sur une communauté quelle qu'elle soit.

En proposant la tolérance d'une certaine dose de « différence » (avec l'intention ou non de favoriser l'homogénéisation à plus ou moins long terme) et l'articulation de niveaux de représentation incluant une certaine reconnaissance des identités collectives, les tenants de solutions peu ou prou intermédiaires ne sortent pas plus de l'injonction paradoxale constitutive de cette république. L'alternative est, au contraire, de quitter radicalement cette problématique imposée. Il ne s'agit pas d'aménager « des

3. Au demeurant, cela ne concerne pas que les populations issues de la colonisation, mais également les femmes, les homosexuels ainsi que les classes populaires « blanches » exclues elles-mêmes de la définition de l'universel.

voies de passage entre les deux zones », pour reprendre une formule de Frantz Fanon, mais de reconstituer l'ensemble de l'espace.

Notre projet n'est donc pas tout contenu dans la lutte contre le racisme en général, la « haine de l'Autre » différent ou l'« hétérophobie ». Une telle démarche dé-historicise et décontextualise le racisme spécifique dont sont victimes les personnes originaires des anciennes colonies ; elle tend à réduire la cible à celle des « représentations ».

On ne peut se satisfaire non plus d'une démarche en termes de lutte contre les discriminations ou de la seule revendication d'égalité des droits. L'égalité réelle des droits est évidemment un objectif fondamental. Il est essentiel de la défendre dans toutes ses déclinaisons particulières. Et c'est même le rôle concret au quotidien de tout mouvement des indigènes. Cependant, il est important d'insérer ce combat dans une perspective plus large. Car l'égalité des droits ne s'oppose pas nécessairement à l'uniformisation au nom d'une république universelle qui n'aurait face à elle que des individus abstraits. Si elle n'est pas un pure formalisme sans réalité, l'égalité des droits, c'est-à-dire la fin des hiérarchisations socio-politico-ethniques, implique pour être effective de contester la construction nationale française, laquelle se prolonge dans le caractère colonial de la république[4].

La lutte anticoloniale est donc nécessairement la lutte pour une autre communauté politique[5]. S'il fallait ébaucher une autre France comme « nation », il faudrait l'imaginer comme réalité historique ouverte ainsi que le fait, dans un autre contexte, l'austro-marxiste Otto Bauer :

> À aucun moment l'histoire d'une nation n'est achevée. Le sort, en se transformant, soumet ce caractère (national), qui n'est évidemment rien d'autre qu'une condensation du destin passé, à des changements continuels [...]. Par là, le caractère national perd aussi son prétendu *caractère substantiel*, c'est-à-dire l'illusion que c'est lui l'élément durable dans la fuite des événements. [...] Placé au milieu du flux universel, il n'est plus un *être* persistant, mais un devenir et une disparition continuels[6].

4. Certes, elle a bien d'autres défauts... Mais ce n'est pas, ici, mon propos.

5. « Lorsqu'il lui arrive de rêver à un demain, un état social tout neuf où le colonisé cesserait d'être un colonisé, il [le petit colonisateur de gauche] n'envisage guère, en revanche, une transformation profonde de sa propre situation et de sa propre personnalité », Albert Memmi, *Portrait du colonisé - Portrait du colonisateur, Paris, Gallimard, 2010 (1957).* Memmi parle du petit colonisateur de gauche mais son propos peut être élargi : la gauche antiraciste contemporaine rêve parfois d'une France sans discriminations mais elle n'envisage pas que cela doit signifier une transformation profonde de la « propre personnalité » de la France.

6. Otto Bauer, *La Question des nationalités et la social-démocratie*, Montréal/Paris,

Les identités postcolonisées s'inscrivent, elles-mêmes, dans ce processus de recomposition nationale permanente. Mais cette recomposition suppose la reconnaissance de la légitimité et du droit à l'existence d'identités multiples, non uniformes, plurielles, non assignées à la « francité ». Elle suppose évidemment une citoyenneté égale, reconnue pour tous, indépendamment de la nationalité d'origine.

C'est aussi cela qui est exprimé, à mon sens, par le « nous sommes les indigènes de la république » et par les différentes filiations qu'énonce l'Appel. Contrairement à ce qui a pu être écrit ici et là, l'« identité » indigène, telle qu'elle s'exprime dans l'Appel, n'a de lien ni avec un quelconque culte des racines, ni avec une mythologie des origines, ni avec une auto-susbtantialisation en tant que victime éternelle. Le reproche résulte d'une grille de lecture dont il n'est pas exagéré de se demander si elle n'est pas contaminée par certains préjugés coloniaux : les autres civilisations que l'occidentale seraient nécessairement tournées vers un passé magnifié ; elles seraient accrochées à une conception de la mémoire et de la communauté comme filiation par le sang, à l'inverse de l'Occident qui serait tourné vers le futur tandis que les liens collectifs s'y construiraient, désormais au moins, à partir des individus, libres de toute allégeance et pris comme citoyens abstraits.

L'Appel, quant à lui, inscrit le mouvement des indigènes dans une double voire une triple filiation :

– filiation dans l'oppression : parce qu'on est descendant d'esclaves ou de colonisés, on est discriminé. L'ethnicisation ou la racialisation est le fait du postcolonialisme et non des postcolonisés.

– filiation de la mémoire : les descendants d'esclaves et de colonisés partagent la même mémoire des atrocités coloniales. La négation de celles-ci continue de les exclure d'un « vivre ensemble » en France.

> C'est dans les moments de crise, dans les moments de plus grande rupture – et il n'est pas de rupture plus grande, plus douloureuse, plus dramatique, que celle qui se traduit par l'émigration hors de la terre natale et l'immigration en quelque autre terre étrangère –, que l'on a le plus besoin de l'histoire de ses racines ; comme l'histoire de la « généalogie » ou, mieux, de l'ancestralité[7].

Guérin/EDI/Arcantère, 1987.

7. A. Sayad, *Histoire et recherche identitaire*, Saint-Denis, Éditions Bouchene, 2002.

– filiation dans les luttes : l'héritage commun des luttes anticoloniales et antiracistes reconstruit cette histoire brisée ; il permet de recréer un lien positif qui comble le vide des mémoires, re-signifie les tragédies passées et présentes, constitue un nouveau point d'appui pour être présent dans le temps présent, pour se projeter dans l'avenir.

Ainsi, à partir d'une identité de situation, le mouvement des indigènes participe de la volonté de construire une identité de lutte comme identité anticolonialiste. Une identité en mouvement, historique, plurielle, non sacralisée. Une identité pour l'action. Tout le contraire, en somme, du recroquevillement sur une origine fantasmée, de sang, de culture ou de religion. Dans l'affirmation « nous sommes les indigènes de la république », la condition d'indigène est rejetée et constitue, en même temps, le support de l'autodéfinition, du regroupement et des luttes.

Mais c'est peut-être cela qui suscite, chez les uns, tant d'enthousiasme et, chez les autres, tant de crainte. L'indigène qui s'autodéfinit lui-même, l'indigène qui manie la révolte et la dérision, fait peur. « Nous sommes les indigènes de la république », ce sont les indigènes qui parlent pour eux-mêmes et refusent tout discours d'enfermement qu'il soit de compassion ou d'une solidarité teintée de paternalisme. L'indigène qui veut prendre en charge ses propres combats sans « consulter » ceux qui savent, sans demander de l'aide, sans mettre au premier plan de ses préoccupations l'« unité » avec le mouvement antiraciste et les organisations de gauche, cet indigène apparaît comme un irresponsable qui, tête baissée, court s'écraser contre le mur. L'indigène autonome, visible par conséquent, donne des sueurs froides à la gauche bien-pensante et à l'extrême gauche fatiguée. On reproche à l'indigène qui se dit indigène de « diviser », mais c'est sa propre existence qui est une division.

La place des « Blancs »

Cela me permet d'en venir à la deuxième interrogation : quel est le statut des « Blancs » dans cette formule (« Nous sommes les indigènes de la république ») et au-delà dans la dynamique à construire ? Tout d'abord peut-on parler de « Blancs » sans sombrer dans l'ethnicisme, le racial et le biologique ? Comment ne pas faire siennes les catégories dominantes qui instaurent de faux – et dangereux – clivages ? Il est certain que la catégorie de « Blanc » n'a aucun sens en elle-même. La détestation du Blanc en tant que Blanc est bien une forme de racisme même s'il s'agit du « racisme édenté[8] » dont parle Albert Memmi. Le racisme du dominé, quand bien même on ne l'apprécie guère, n'est cependant pas assimilable au racisme du dominant, de même que le nationalisme des nations opprimées ne peut être identifiée au nationalisme des nations dominantes.

Albert Memmi, lorsqu'il n'avait pas encore perdu toute lucidité, écrivait également que :

> Le racisme colonisé n'est en somme ni biologique ni métaphysique, mais social et historique. Il n'est pas basé sur la croyance à l'infériorité du groupe détesté, mais sur la conviction, et dans une grande mesure sur un constat, qu'il est définitivement agresseur et nuisible. Plus encore, si le racisme européen moderne déteste et méprise plus qu'il ne craint, celui du colonisé craint et continue d'admirer. Bref, ce n'est pas un racisme d'agression, mais de défense. [...] C'est pourquoi on peut soutenir cette apparente énormité : si la xénophobie et le racisme du colonisé contiennent, assurément, un immense ressentiment et une évidente négativité, ils peuvent être le prélude d'un mouvement positif : la reprise en main du colonisé par lui-même[9].

Mais passons. Le postcolonialisme se confond dans une large mesure avec l'ethnicisation des rapports sociaux. C'est bien en tant qu'Arabes, que Noirs ou que musulmans que les populations issues des anciennes colonies sont discriminés et stigmatisés. Ce qu'il y a en face (car il y a un en face malgré les interfaces) tend également à être appréhendé dans un vocabulaire ethniciste. La catégorie, certes nauséabonde, de « blanc » s'enracine, s'incarne, hélas, dans une réalité, celle des rapports sociaux, politiques, culturels qui sont justement l'objet de la lutte anticolonialiste. Supprimer le postcolonialisme, c'est supprimer les frontières ethniques. Ce combat se mène dans la durée mais, sans céder à la tentation ultimatiste (poser la fin comme précondition), sans craindre les situations paradoxales, il constitue dès l'abord un axe majeur.

Cette préoccupation est au cœur de l'Appel. L'hypothèse de base est ainsi que le rapport postcolonial concerne l'ensemble de la société et des institutions (sans être, bien sûr, le seul rapport de domination...). Il ne concerne pas seulement les descendants de colonisés mais se réfracte également dans des institutions et des pratiques qui touchent des Français dits « de souche ». L'Appel l'exprime explicitement en parlant des populations des

8. Albert Memmi, *Le Racisme,* Paris, Gallimard, 1982.

9. Albert Memmi, *Portrait du colonisé - Portrait du colonisateur, op. cit.*, p. 146.

banlieues qui sont « indigénisées » indépendamment de leurs origines effectives : parce que l'on vient de tel quartier ou de telle banlieue, on subit le même traitement dégradant et discriminant – dans la justice par exemple – que les populations « issues de » auxquelles on est assimilé de fait. L'idée que l'existence d'un volant de main-d'œuvre infériorisé permet de faire pression sur l'ensemble du salariat le suggère également.

On pourrait également mettre en rapport la situation d'exception qui est celle des franges de la population issue de la colonisation et la politique sécuritaire actuelle qui concerne tout le monde. En remontant dans l'histoire, pour en étudier les effets qui perdurent, on pourrait rappeler le recours aux moyens répressifs forgés dans les colonies pour mater les « classes dangereuses » en métropole ; on pourrait rappeler la fonction du colonialisme pour « résoudre la question sociale » en France ; on pourrait, comme des chercheurs s'y attellent, envisager les colonies comme les « laboratoires » dans lesquels ont été forgés et expérimentés un certain nombre d'institutions, de mécanismes de contrôle et d'encadrement, ré-exportés ensuite en métropole.

Chacun peut donc voir un rapport entre sa situation, les formes propres de son oppression, et la persistance du statut de l'indigénat qui concerne une fraction particulière de la population. De ce point de vue, même s'il n'est pas descendant de colonisés, chacun a des raisons de se retrouver dans le « nous » du « nous sommes les indigènes de la république », au-delà d'une relation de solidarité plus ou moins volatile ou de l'identification subjective que rend possible une insertion personnelle dans un contexte marqué par la prégnance des discriminations ethniques et des injustices. Dire « nous sommes les indigènes de la république », c'est donc, également, par-delà les origines, souligner la multiplicité des situations intermédiaires ; c'est reconnaître l'oppression commune de tous ceux qui, directement ou indirectement, subissent les effets de la perpétuation d'un certain indigénat et de ses réfractions sur l'ensemble du système politique ; c'est tisser un lien, « trans-origine » ou trans-« national », dans la résistance à la république coloniale. À la formulation exclusive du « nous sommes les indigènes de la république », on peut donc ajouter une formulation inclusive.

Mais aussi bien celle-ci que celle-là sont loin d'être lisses et dénuées de paradoxes.

Le « nous » inclusif est ainsi tout à fait problématique. Car si tout le monde subit, d'une certaine façon, le legs colonial, celui-ci est également fondé sur une discrimination ethnique ou culturelle. De ce point de vue, et dans une certaine mesure, les personnes qui ne sont pas issues de la colonisation font partie de la société dominante même s'ils y sont intégrés dans une position subalterne. Ils appartiennent au monde des dominants même s'ils ont fait le choix individuel de nier subjectivement leur propre situation. Qu'ils le veuillent ou non, ceux qui ne sont pas issus de la colonisation, s'ils sont exploités, s'ils subissent aussi les effets indirects de la persistance du rapport colonial, en tirent tout de même quelques avantages matériels, politiques, symboliques ou autres. Ne serait-ce que le fait de n'être pas au bas de l'échelle.

> Je ne crois pas qu'une mystification puisse reposer sur une complète illusion, puisse gouverner totalement le comportement humain. Si le petit colonisateur défend le système colonial avec tant d'âpreté, c'est qu'il en est peu ou prou bénéficiaire. La mystification réside en ceci que, pour défendre ses intérêts très limités, il en défend d'autres infiniment plus importants, et dont il est par ailleurs la victime. Mais, dupe et victime, il y trouve aussi son compte[10].

Ainsi, ce sont les privilèges (pas nécessairement matériels mais aussi symboliques comme il l'explique) qui forment le colonisateur et non pas son « idéologie ». Tout ce qui est discrimination pour le colonisé est privilège pour le colonisateur. Memmi poursuit ainsi :

> Se trouve-t-il en difficulté avec les lois ? La police et même la justice lui seront plus clémentes. A-t-il besoin des services de l'administration ? Elle lui sera moins tracassière ; lui abrégera les formalités ; lui réservera un guichet, où les postulants étant moins nombreux, l'attente sera moins longue. Cherche-t-il un emploi ? Lui faut-il passer un concours ? Des places, des postes lui seront d'avance réservés ; les épreuves se passeront dans sa langue, occasionnant des difficultés éliminatoires au colonisé.

La capacité de certains à s'arracher à ces déterminations est sans doute précieuse ; elle doit assurément être encouragée mais ne peut pas fonder une stratégie politique, au sens d'en être l'axe privilégié. Cela a été vrai pendant la colonisation, cela le demeure dans la postcolonisation. Le « Français, immigrés, même patron, même combat » n'est pas pertinent pour tracer une ligne de démarcation ou donner un fil à plomb dans une situation où les intérêts des uns et des autres se confondent

10. A. Memmi, *ibid.*, p. 36-37.

et s'opposent à la fois. Il ne suffit pas d'un effort de la volonté, d'une conscience antiraciste ou de classe suffisamment éclairée, pour résoudre l'équation ; il faut penser ensemble l'unité et la division ; accepter les voies paradoxales de la convergence et de l'antagonisme. Le « nous » inclusif apparaît ici éminemment conflictuel.

Le postcolonisé, quant à lui, reste un indigène et, parce qu'il est discriminé et opprimé en tant qu'ethnie, communauté, culture ou religion, c'est bien à partir de là qu'il peut contester cette oppression. Le rapport politique qui se construit entre les indigènes, au sens exclusif du terme, et les personnes qui ne vivent pas directement la persistance de l'indigénat devient alliance. Et cette alliance se construira, si elle doit se construire, dans la reconnaissance de l'oppression commune mais aussi dans le conflit. Le postcolonisé dira : « je suis Noir, Arabe ou musulman et les Blancs m'oppriment d'abord en tant que Noir, Arabe ou musulman. Si certains Blancs veulent me soutenir, tant mieux ; mais je dois aussi me garder d'eux ». Cette posture n'est pas l'expression d'une dérive raciste, communautariste ou d'un manque de lucidité politique ; elle est l'expression de la réalité de l'oppression postcoloniale ; elle est aussi un moment (dans le temps et dans l'espace) de la construction de l'autonomie des luttes des postcolonisés.

Mais le « nous » exclusif n'est pas non plus sans contradictions. Les populations issues de la colonisation ne sont pas homogènes socialement ; certains sont privilégiés par rapport aux autres, s'intègrent plus ou moins au monde « blanc » ou aspirent à y être reconnus quitte à servir de relais dans l'oppression des autres indigènes. Les dominés – et qui le restent pleinement – peuvent être aussi des dominants : aux hiérarchies de classes, de sexe, de préférence sexuelle, s'ajoutent aussi des conflits de « mémoire » (par exemple, dans les rapports entre Africains noirs et arabes), des oppositions consécutives à l'insertion différenciée dans le système politique et culturel français. Il n'en résulte pas cependant la rencontre « naturelle » de l'ouvrier black et de l'ouvrier « blanc », de la féministe arabe et de la féministe « blanche », de l'athée d'origine musulmane et de l'athée « blanc », mais des relations paradoxales, reflets de conflits transversaux.

Parce qu'ils sont discriminés et opprimés en tant qu'indigènes, des convergences transclassistes, transgenre, transcommunautaires, etc., s'opèrent tendanciellement dans l'opposition à l'indignité et au déni de citoyenneté qui les frappent tous. La rencontre entre jeunes de banlieue et « bac+ », insérés professionnellement, l'unité entre Black et Arabes, musulmans ou sympathisants de l'islam politique et athées y trouvent leur fondement. Le « féminisme paradoxal » du collectif Les blédardes l'exprime d'une manière particulièrement forte. Ainsi peut-on lire dans leur Charte constitutive :

> L'acharnement médiatique et les attaques systématiques que subissent ces populations (issues de l'immigration postcoloniale) et en particulier les hommes, tributaires de cultures considérées comme archaïques et viscéralement sexistes, ont pour effet inattendu de nous pousser à un féminisme paradoxal de solidarité avec les hommes. En effet, la confiscation de l'universel par une certaine élite blanche, bourgeoise et pétrie de présupposés coloniaux, nous oblige à mener deux combats : 1) celui des luttes féministes traditionnelles contre le patriarcat, les violences sexistes, et pour l'égalité hommes/femmes [...]. Nous ajoutons par ailleurs et avec force que pour des raisons d'éthique, nous n'aurons aucune complaisance devant toute forme de racisme (anti-blancs, anti-noirs, anti-juifs) ou sexisme avéré et émanant de ces populations (issues de l'immigration) ; 2) celui de la résistance face à un modèle dominant d'émancipation dit « occidental » qui fait appel à des notions aussi abstraites que mythifiées telle la laïcité, qui dans le contexte actuel ne signifie qu'une chose : ramener à la civilisation toute expression culturelle ou identitaire ne relevant pas des valeurs occidentales.

L'unité des indigènes cherche à se construire à travers de multiples tensions et cette unité ne recouvre pas nécessairement et, parfois, s'oppose à l'unité des ouvriers, des femmes, des homos ou des athées à l'échelle de l'ensemble de la société.

Même si les clivages sociaux et politiques qui les traversent, comme ils traversent l'ensemble de la société française, suscitent des regroupements qui recouvrent les clivages gauche-droite, progressistes-réactionnaires, etc., ces clivages ne font que partiellement sens, y compris dans l'esprit des militants issus de l'immigration les plus radicaux. Car ces populations se déterminent pour une part importante en fonction de l'oppression postcoloniale qui est leur quotidien. L'importance de la question palestinienne s'explique, me semble-t-il, de ce point de vue : c'est la Palestine comme colonie qui les mobilise, au-delà d'autres modalités d'identification. Quand des Français d'origine arabe votent à droite parce que le PS leur paraît plus sioniste que la droite, quand certains soutiennent Villepin contre Sarkozy, convaincus que celui ci est plus américain que le premier, cela souligne surtout que, dans l'échelle de leurs préoccupations, ce n'est ni la question sociale ni les autres dimensions de la politique réactionnaire de droite qui leur importent mais bien plutôt celle de la domination d'un peuple, en l'occurrence le peuple palestinien, par un autre.

Si l'anticolonialisme de solidarité est un internationalisme, l'anticolonialisme des postcolonisés est à la fois un internationalisme et une sorte de nationalisme. Il peut paraître étrange d'employer ce terme alors que les populations issues de l'immigration postcoloniale sont de diverses origines mais il s'agit de souligner ici que cet anticolonialisme fonctionne à certains égards comme un nationalisme – le nationalisme des peuples opprimés – avec ses vertus libératrices mais aussi avec ses ambivalences ; un nationalisme court-circuité par d'autres problématiques, un nationalisme à la fois centripète et centrifuge, paradoxal comme peut l'être le féminisme des « blédardes ».

Dénoncer dans ce « nationalisme » une régression ethnique, communautaire voire raciste, lui reprocher son manque d'« internationalisme », son « incompréhension » qu'à l'ère de la mondialisation, les frontières, les identités particulières et les nations sont vaines, c'est adopter la posture du colon de gauche, tel que la décrit Albert Memmi.

> Si la gauche européenne, écrit-il, ne peut qu'approuver, encourager et soutenir cette lutte comme tout espoir de liberté, elle éprouve une hésitation très profonde, une inquiétude réelle devant la forme nationaliste de ces tentatives de libération. [...] L'homme de gauche n'aperçoit pas toujours avec une évidence suffisante le contenu social prochain de la lutte des colonisés nationalistes. En bref, l'homme de gauche ne retrouve dans la lutte du colonisé, qu'il soutient *a priori*, ni les moyens traditionnels ni les buts derniers de cette gauche dont il fait partie[11].
>
> Il se trouve placé, ajoute Memmi, devant une alternative redoutable : ou, assimilant la situation coloniale à n'importe quelle autre, il doit lui appliquer les mêmes schèmes, la juger et juger le colonisé suivant ses valeurs traditionnelles, ou considérer la conjoncture coloniale comme originale et renoncer à ses habitudes de pensée politique, à ses valeurs, c'est-à-dire précisément à ce qui l'a poussé à prendre parti.

La gauche et l'extrême gauche françaises semblent adopter la première posture. Incapables de revisiter leurs grilles de lecture pour saisir la spécificité du nouvel indigénat et de ses dynamiques politiques, ils appliquent à ceux-ci leurs schèmes traditionnels d'interprétation. L'indigène est

11. *Ibid.*, p. 53.

finalement sommé de se conformer à cette politique progressiste ou révolutionnaire au risque, s'il s'obstine à parler son propre langage, à mépriser Marx ou Deleuze, d'être définitivement rejeté dans le camp de la réaction ou de l'archaïsme intellectuel et politique. D'où ces multiples injonctions qui, dans la bouche des plus gentils, se transforment en autant de supplications : « Dites-nous que nous n'êtes pas antisémites ! Dites-nous que vous n'êtes ni homophobes ni sexistes ! Dites que vous êtes bien universalistes et que vous pensez qu'« il ne doit pas y avoir de contraintes en religion » ! Écrivez-le au moins une fois sur une banderole, un communiqué ou même un texto, mais dites-le que nous puissions vous aider à sortir de votre isolement et continuer à militer avec nos amis qui vous comprennent encore si mal. »

À ces demandes suspicieuses, l'indigène répond : « barrez-vous ! »

Autonomie et autonomie dans la convergence

Dans un contexte certes bien différent du contexte colonial, l'entremêlement contradictoire des oppressions et des luttes pose ainsi la question du rapport entre l'autonomie des luttes indigènes et les convergences antiracistes ou avec d'autres luttes sociales ou politiques contre l'injustice.

Précisons d'abord ce qu'il faut entendre par autonomie. Il s'agit d'une autonomie politique qu'il faut comprendre comme autonomie de la problématique portée par le mouvement en ce qu'elle reflète la singularité des discriminations que subissent les postcolonisés. L'autonomie renvoie donc à l'oppression spécifique qui unifie ces populations et surdétermine leur rapport aux autres antagonismes qui les croisent comme ils clivent toute la société. La politique indigène est autonome, ou doit l'être, parce que l'État, ses institutions, ses mécanismes d'intégration et y compris les cadres et les procédures qui sont à la frontière entre reproduction et contestation de ce système contribuent à pérenniser les hiérarchisations héritées de la colonisation. Construire un rapport de forces susceptible de faire bouger la vie implique inévitablement d'intervenir dans ce champ. Le rapport de forces ne se construira pas uniquement dans les luttes locales et particulières, or l'unification souhaitable de celles-ci engagera immédiatement le mouvement dans l'espace périlleux où les puissantes forces d'absorption du système politique menaceront son autonomie. Cela est vrai du mouvement des indigènes comme de n'importe quel mouvement social ou politique de contestation. Pour autant, il n'y a pas d'échappatoire sinon l'effort constamment renouvelé de l'auto-organisation, la rupture avec le modèle vertical des rapports entre action politique et mouvement social, la limitation au maximum de toute délégation de pouvoir et de toute procédure de représentation, et surtout la prise en charge des luttes par les principaux concernés. Je ne m'étends pas là-dessus sauf pour souligner, encore une fois, que dans l'équation contradictoire auto-organisation/présence dans le champ politique institué, le moment privilégié est celui de l'auto-organisation à la base et de l'auto-représentation. Mais c'est évidemment un exercice d'équilibriste. La politique se mène sur la crête.

C'est vrai, ai-je dit, de tous les mouvements de contestation, cela l'est encore plus en ce qui concerne les postcolonisés. Si les premiers sont confrontés en permanence au risque de perdre leur âme de par leur inscription dans un champ politique qu'ils ne contrôlent pas et qui les traverse, *volens non volens*, les seconds sont, en outre, confrontés au risque de se voir dépossédés de leurs luttes par leur inscription dans l'espace des luttes lui-même ; un espace déterminé par les problématiques de la société majoritaire, un espace qui reflète forcément les hiérarchisations ethniques constitutives de la société française actuelle, indépendamment des « bonnes volontés » individuelles ou même collectives. Comment réaliser cette convergence tant avec les « bonnes volontés » anticolonialistes ou antiracistes qu'avec les autres mouvements sociaux sans que ne se reproduisent, au sein même de la convergence, les rapports hiérarchiques qui traversent toute la société ? Comment éviter que la grande fraternité ne masque la tutelle des grands frères ?

« La carence la plus grave subie par le colonisé est d'être placé *hors de l'histoire et hors de la cité* », écrit Albert Memmi avant d'ajouter : « En aucune manière, il n'est plus sujet de l'histoire[12]. » Les populations issues de la colonisation et de l'immigration postcoloniale sont toujours « hors de l'histoire » et « hors de la cité ». Il y a un territoire symbolique à reconquérir. Ne plus être des objets de politique mais des sujets politiques, reconquérir une place dans l'histoire et dans la cité, c'est bien la finalité des luttes indigènes et cette finalité doit s'exprimer dès à présent au niveau des moyens. Ainsi, si l'autonomie indigène est d'abord politique, si elle n'est pas *a priori* une autonomie « ethnique », il s'agit de reconnaître les victimes du racisme postcolonial comme acteurs centraux de ce combat.

12. Albert Memmi, *ibid.*, p. 11.

Les convergences possibles avec d'autres luttes ne partent pas de l'idée abstraite qu'il y aurait nécessité d'un « tous ensemble » général contre les formes d'exploitation et d'oppression communes à toute l'humanité. En premier lieu, parler de convergences avec d'autres mouvements, d'alliances ou de « tous ensemble » trouve sa raison d'être, du point de vue des indigènes, dans le constat que l'ensemble des classes populaires subit, immédiatement ou à travers diverses médiations, les effets de l'héritage colonial. Ce terrain-là constitue le socle de la construction de luttes communes. C'est-à-dire que dans la convergence se construit de l'autonomie ou plutôt que la convergence ne fait sens que si elle contribue à construire l'autonomie politique indigène. On peut penser des solidarités fluctuantes, des accords partiels et ponctuels, mais les convergences profondes se construiront sur le socle de l'anticolonialisme.

Les indigènes participent nécessairement d'autres combats. Mais les temporalités et spatialités de ces luttes et de la lutte contre le postcolonialisme ne concordent pas comme pourraient concorder lutte des cheminots et luttes des infirmières. La lutte contre l'oppression spécifique postcoloniale n'est pas qu'un segment ou un moment d'un espace-temps homogène du combat pour l'émancipation fléché par la lutte contre un capitalisme/impérialisme qui serait « en dernière instance » le clivage suprême producteur de tous les autres. Si l'on admet que le capital comme totalité subsume les autres formes d'exploitation et d'oppression, on ne peut en déduire pour autant que celles-ci n'ont aucune existence propre ni que la lutte contre ces formes particulières d'oppression doive être subordonnée à la lutte des classes. Les modes de domination sont certes interdépendants mais ils ne sont pas réductibles les uns aux autres et tous à la domination de classe. On ne peut, de ce point de vue-là, hiérarchiser les différentes luttes sociales en fonction d'un enjeu central qui rendraient pratiquement secondes, subordonnées voire incongrues les autres luttes.

Le « tous ensemble » ne va donc pas de soi. Si les luttes sociales et démocratiques peuvent réunir classes populaires françaises, immigrés et enfants d'immigrés, français ou non français, la lutte contre le substrat colonial de l'inégalité, c'est-à-dire la lutte anticolonialiste, clive au contraire la société française. Il est inutile, pour ne prendre que cet exemple, de revenir sur la tradition coloniale d'un certain mouvement ouvrier ou sur les hiérarchies ethniques qui continuent de caractériser le monde du travail. Rappelons ce qu'écrivait Aimé Césaire annonçant à Maurice Thorez sa démission du PCF :

> … des défauts très apparents que nous constatons chez tous les membres du Parti communiste français : leur assimilationnisme invétéré ; leur chauvinisme inconscient ; leur conviction passablement primaire – qu'ils partagent avec les bourgeois européens – de la supériorité omnilatérale de l'Occident ; leur croyance que l'évolution telle qu'elle s'est opérée en Europe est la seule possible, la seule désirable […] ; pour tout dire, leur croyance rarement avouée, mais réelle, à la civilisation avec un grand C[13]…

Sur le papier, on peut bien sûr parler de la nécessaire articulation de toutes les luttes progressistes comme s'il suffisait de clarté théorique et d'une conscience politique suffisante pour la réaliser, mais dans la vie les intérêts et les consciences se confondent, certes, à un niveau, mais elles s'opposent aussi à d'autres. Il ne s'agit pas d'articuler des champs de luttes « naturellement » complémentaires mais de cheminer dans leurs contradictions. On lutte avec, séparément et contre. Écarter le « contre » parce qu'il diviserait la classe ouvrière, les progressistes, les antiracistes etc., c'est occulter les hiérarchisations, les divisions et les conflits objectifs au sein même des dominés. Dans la pratique, écarter le « contre », c'est demander aux postcolonisés de renoncer à leur combat autonome. Une conception réaliste de l'articulation autonomie/tous ensemble, une conception tenant compte du *décalage des forces, des temps, des espaces* produit par le rapport postcolonial, implique d'intégrer le « contre ».

Le « tous ensemble » constitue, d'un autre point de vue, une menace permanente contre l'autonomie indigène. Celle-ci, comme je l'ai dit, n'est pas sans tensions ; elle est soumise en permanence aux forces centrifuges des antagonismes sociaux, culturels et politiques qui traversent les populations issues de la colonisation. Les convergences avec les autres combats contribuent nécessairement à renforcer ces oppositions objectives. Or l'autonomie exprime d'abord l'unité des indigènes par-delà leurs multiples fractures. Qu'on ne me fasse pas dire ce que je n'ai pas dit : il n'est pas question ici de prôner une union « nationale » abstraite des indigènes qui nierait ses propres conflits internes. Mais, dans la construction des convergences sur d'autres terrains de lutte, il s'agit de tenir compte de la tension qui fonde l'autonomie et de la nécessité de consolider celle-ci.

Il s'agit donc de ne pas idéaliser les notions d'autonomie et de « tous ensemble » ni de chercher désespérément une relation vertueuse

13. Aimé Césaire, *Lettres à Maurice Thorez*, Paris, Présence Africaine, 1956.

entre elles. Car, dans cette quête, le « tous ensemble » risque de fonctionner comme dynamique dissolvante ou absorbante au détriment de l'autonomie. Autonomie et « tous ensemble » sont deux contraintes qui s'inscrivent dans des dynamiques pour une part antagonistes. L'équation ne se résoudra pas sans intégrer l'idée de leurs temporalités différentes ; c'est-à-dire que, pour l'heure, le moment privilégié – sans être exclusif – est le moment de l'autonomie.

À la crainte suspecte de la division, il arrive qu'on ajoute la mise en garde, parfois teintée de paternalisme, du risque d'isolement des luttes anticoloniales. Mais autant le dire tout de go : dans l'équation négative isolement/dépossession, le moment critique est celui de la dépossession, que les postcolonisés soient dépossédés de leur lutte.

Même si cela peut entraver le « tous ensemble », même si cela peut « objectivement » faire le jeu des racistes, les indigènes n'ont donc pas à privilégier d'autres enjeux que celui de s'affirmer et de s'auto-organiser. Ils n'ont pas à subordonner leurs mobilisations et leurs colères aux stratégies et enjeux des autres mouvements sociaux et des partis politiques, fussent-ils de gauche. Ils n'ont pas à se dire « attention, si je pointe trop le nez, si je n'arrondis pas les angles de ma révolte, la gauche ne me suivra pas, se divisera ou risque de perdre les prochaines élections ! » Du point de vue des indigènes, la gauche ne peut être caressée qu'à rebrousse-poil, qu'il s'agisse du pelage dru des républicanistes ou des épines de LO[14].

L'attitude des postcolonisés à la recherche des voies de leur auto-reconnaissance, de leur reconstruction intellectuelle et politique, de leur mobilisation autonome, est celle que décrivait Fanon parlant des nationalistes algériens par rapport aux colons et à tous ceux, bien ou mal intentionnés, qui leur prônaient la raison, la modération, le réalisme, la prise en compte de la complexité de la situation et des enjeux : « En pratique, ils les emmerdent ! ». Nous ne sommes pas dans la situation coloniale qu'analysait Fanon mais la leçon est importante : pour trouver les chemins d'un tous ensemble, il faut d'abord avoir la force de dire « Merde ! »

Si on lit l'Appel avec une grille de lecture bornée par la lutte des classes, le clivage gauche-droite ou la « construction d'un mouvement antiraciste unitaire », on peut effectivement le trouver confus et maladroit. Si on tient compte de la transversalité des oppressions et des luttes, de la « discordance des temps » et des espaces dont parle Daniel Bensaïd

14. Lutte ouvrière, une organisation trotskyste française.

(bizarrement hostile à l'initiative des Indigènes de la république), on y verra au contraire un point de vue dynamique, l'expression d'un projet qui n'ignore pas ses propres tensions, la volonté d'intégrer voire de dépasser ces deux contraintes en partie inconciliables : dire « Merde ! » et *explorer* les voies tortueuses de la convergence avec d'autres luttes.

La résolution pratique de toutes ces équations paradoxales ne se fera pas spontanément. Dans ce sens, il me paraît urgent de réfléchir (contenus, formes, modalités, rythmes…) à la construction d'un Mouvement autonome des indigènes de la république, un mouvement social, politique, culturel, un mouvement-chantier, fédératif, auto-organisé, mixte (indigènes, indigénisés, indigènes de conviction), mais où il ne suffira pas de proclamer l'égalité abstraite de toutes et tous car la mixité sera aussi un combat…

L'Apport de l'Appel des Indigènes de la République

Saïd Bouamama

mai 2005

De nombreux débats ont été posés par les uns et les autres et il convient de les aborder sereinement mais sans concessions. Ce texte est donc une contribution personnelle à l'émergence d'un mouvement social autonome que j'estime plus que nécessaire aujourd'hui. Le succès de notre Marche (quantitativement compte tenu du contexte et des attaques dont nous avons été l'objet mais aussi qualitativement) nous donne des responsabilités sur la suite de la dynamique.

1. Les Indigènes ont une histoire

Indépendamment de la conscience que les uns et les autres en avaient (et elle était très diverse selon les personnes) la dynamique des Indigènes est le résultat d'une histoire (ce qui n'enlève rien à l'importance des choix individuels et des engagements personnels) qu'il nous faut connaître, assumer et revendiquer.

Héritiers des combats anticolonialistes

Les réactions des enfants de colonisés, de même que leur place dans la société française, de même que les représentations à partir desquelles ils sont perçus, ne sont pas compréhensibles si on ne prend pas en compte la dimension de rupture qu'a constituée la revendication d'indépendance des parents (déjà immigrés). De la même façon, la minorité « blanche » anticolonialiste a dès cette époque eu à opérer une rupture avec d'autres analyses « réalistes », « raisonnables », « tenant compte des alliés et des alliés potentiels », etc.

La question, lors de ce moment historique de rupture, n'était pas celle des origines mais celle de la radicalité : des Blancs et des non-Blancs voulaient poser les choses à leur racine ; à l'opposé, des Blancs et des non-Blancs voulaient simplement « humaniser » la domination.

Cela étant dit, la probabilité de se retrouver dans la rupture était plus grande pour les non-Blancs du fait tout simplement que c'est aussi le vécu de l'oppression qui rend sensible à la nécessité de l'émancipation. Cette période a donc été celle de l'auto-organisation face aux « alliés » qui considéraient que les choses allaient trop vite, qu'il fallait avoir des revendications raisonnables, qu'il ne fallait pas choquer des « amis potentiels ». Des parents immigrés analphabètes ont ainsi massivement investi le combat anticolonial. Nous sommes loin de l'image de parents passifs se soumettant à l'ordre dominant.

Héritiers des luttes ouvrières

Comme l'a si bien dit Abdelmalek Sayad, immigré et ouvrier sont quasi synonymes que ce soit dans la manière dont nos parents ont été perçus ou que ce soit dans la manière de se percevoir. Ils ont à ce titre participé à tous les moments de l'histoire des luttes ouvrières même si étrangement on ne les retrouve pas dans les documents parlant de ces luttes (et en particulier dans les documents syndicaux et des partis politiques de gauche). Qui se souvient que mai 1968 dans sa partie ouvrière c'est Renault, et que Renault à cette époque c'est d'abord les OS immigrés ? Qui a en mémoire les revendications spécifiques de ces OS immigrés qui ont été oubliées dans les négociations de Grenelle ? Ces luttes ouvrières nous ont appris que le monde du travail n'est pas homogène, qu'il ne suffit pas d'être dominé pour être conscient de la domination que vivent les autres, que nous sommes à chaque fois sacrifiés sur l'autel de l'unité, de la priorité d'autres revendications, de la nécessité des alliances, de la nécessité de ne pas diviser. Bref, à chaque fois qu'une catégorie dominée n'est pas en mesure par son auto-organisation de rappeler ses revendications, elle est la « grande dupe » de l'histoire.

Héritiers des luttes de l'immigration

L'immigration n'a jamais été passive face à la domination. Elle a toujours essayé de réagir, de résister, de se battre pour ne pas être traitée en esclave. Nous avons à tenir compte de ces expériences allant du Mouvement des travailleurs arabes aux sans-papiers en passant par les marches, par Mémoire fertile, par le Mouvement de l'immigration et des banlieues et par beaucoup d'autres à l'échelon local ou national. Tous ces combats ont tenté de construire l'autonomie et ont été parcourus d'écueils et de débats dont nous ne ferons pas l'économie.

Héritiers des luttes féministes

Nous sommes également les héritiers du mouvement féministe avec pour nous une double leçon. La première est que la rupture est un moment nécessaire des alliances égalitaires, ou plus précisément : une condition incontournable de cette alliance. La seconde est que nous ne sommes pas à l'abri de la reproduction des dominations. Le débat autour de la loi sur le foulard a montré que l'on pouvait être « féministe » et reproduire (que cela soit conscient ou non importe peu) un point de vue discriminant au prétexte de principes abstraits. De la même façon, il est évident que les luttes antérieures de l'immigration n'ont pas intégré les questions liées au genre sous prétexte d'autres « priorités ». À nous de tirer les leçons de ces expériences et de ne pas reproduire leurs erreurs.

Héritiers des luttes anti-impérialistes

Un dernier héritage est celui de l'anti-impérialisme – même si ce mot est aujourd'hui jugé comme inconvenant dans le débat politique correct. Nous sommes trop souvent sur la défensive et dans la justification sur cet aspect. Le soutien à la lutte des peuples victimes de l'impérialisme n'est ni une honte, ni une cause que nous aurions à justifier. Il n'y a même aucun problème à assumer par exemple notre sensibilité particulière à la lutte du peuple palestinien, compte tenu de l'origine (issue d'anciennes colonies) de nombreux indigènes. Que l'histoire marque les trajectoires et rende sensible à certaines situations n'est ni un problème, ni une honte.

Ces héritages multiples ne sont pas choisis mais sont le résultat de l'histoire inscrite dans de nombreuses trajectoires. Le pari qui est le nôtre est justement de réussir à penser, articuler et agir contre ces différentes dominations. Articuler la pensée et l'action des luttes contre ces différentes dominations est une question ardue mais nécessaire.

2. Qui sont les indigènes ?

Le terme « indigène » a fait couler beaucoup d'encre à l'interne comme à l'externe, à l'interne influencé par l'externe, à l'interne se justifiant par rapport à l'externe. Il convient donc de prendre en charge ce débat sans empressement, mais pour nous-mêmes et non pas pour rassurer l'externe – quand bien même celui-ci se présente comme « amical ».

Un « nous » qui n'est pas « communautariste »

Le terme communautariste est un piège. Il est propulsé dans le débat politique pour mettre sur la défensive et obliger à la justification. Si communautarisme il y a, c'est celui qui est produit par le fonctionnement social. Faut-il encore rappeler que la domination fonctionne justement en inversant l'ordre de causalité ? Les indigènes émergent face à un communautarisme des majoritaires, construit par le fonctionnement social et de classe, et on les accuse d'être les causes du communautaire. Un de nos slogans lors de la marche clarifie cette question : « les indigènes contre l'indigénat ! »

C'est la réalité sociale actuelle qui nous construit, nous gère, nous assigne à une place objective indigénisée. Le moment d'identification qu'est la reprise du stigmate pour le dépasser, nous l'assumons. Nous n'en avons rien à foutre des intentions subjectives des personnes – du type : « je suis pour la loi contre le foulard mais je ne suis pas raciste ». Quand avons-nous dit que les personnes étaient intentionnellement racistes ? Nous disons juste que cette loi est objectivement raciste et sexiste, indépendamment de la subjectivité de ceux ou celles qui la soutiennent. Ce qui nous intéresse c'est de dénoncer le statut objectif de ceux qui sont issus de la colonisation.

Un « nous » qui n'est pas religieux

Les débats qu'ont suscités certaines signatures ont aussi pour objectif de nous mettre sur la défensive et de nous contraindre à la justification. Cela étant posé, nous devons absolument défendre notre choix de construire avec des associations musulmanes précisément parce qu'un des clivages construits par en haut est celui de l'islamalgame musulman = intégriste = terroriste. Le refus d'accepter la construction d'un « racisme respectable » antimusulman, se construisant à partir de causes nobles (et partagées par nous) – l'égalité entre les sexes, la laïcité, etc. – fait partie de notre identité sociale et politique. Il est à cet égard étrange que plus personne ne s'interroge sur la signature d'appels avec la Jeunesse ouvrière chrétienne, par exemple, mais que la moindre signature avec une association musulmane soit l'objet de controverse et de méfiance (pour le moins).

« Et la place des Blancs, bordel ? »

Une autre veine de critique a été la prétendue exclusion des Blancs (si nous parlons de Blancs c'est que la réalité sociale distingue encore entre

Blancs et non-Blancs) du mouvement par la simple utilisation du terme « indigène ». C'est là oublier la signification politique du terme « indigène », et se limiter à sa signification dominante, posée dans les dictionnaires. Dans l'histoire de France, le terme « indigène » a une signification : c'est le statut de ceux qui ne sont considérés officiellement et réellement ni nationaux (avec les droits qui en découlent) ni étrangers. N'est-ce pas la réalité de nombreux citoyens issus de la colonisation officiellement français mais réellement ailleurs ? Au-delà, n'est-ce pas là le cœur de la contradiction de notre société, qui est caractérisée par un gouffre entre droits formels et droits réels ? Tous ceux qui sont victimes de ce décalage, que ce soit en fonction de critères de classe, d'origine ou de sexe, sont objectivement des sujets, c'est-à-dire des non-citoyens. Cela étant dit, le gouffre entre droit réel et droit formel est lui-même inégal. C'est dire que dans le même temps où les indigènes couvrent l'ensemble des dominés, ils se construisent par une attention particulière aux indigènes les plus indigénisés, c'est-à-dire ceux issus des colonies. Le « nous » indigène est donc politique, populaire, anti-impérialiste et antisexiste.

3. « Nous sommes vos amis ! »

Des critiques sévères nous ont été faites par des personnes « nous voulant du bien » ou le prétendant. Nous aurions raison sur le fond mais nous serions maladroits sur la forme. Il y aurait des erreurs et des caricatures dans l'Appel.

Nous n'aborderons pas ici ceux qui nous ont traités de « communautaristes » mais tous ceux qui ont navigué entre deux eaux, prétendant se mettre « au-dessus de la mêlée ». La question qui est posée, à eux comme à nous, est celle des conditions de la prise de parole des dominés et des destinataires de cette prise de parole. S'agissait-il de s'adresser à l'État, aux médias ou à l'élite universitaire ? Nullement. Nous voulions au contraire une prise de parole des premiers concernés pour les premiers concernés. Aurions-nous pu toucher les premiers concernés si nous avions ciselé notre discours à partir des critères de bienséance politiques et universitaires dominants ? À l'évidence, non. La question qui se révèle ici et qui a été révélée par les réactions des universitaires progressistes (à part quelques-uns) est celle du décalage entre une perception théorique d'une domination et une perception quotidienne de celle-ci. Sans nous couper de ceux qui, par leurs travaux, contribuent à révéler les mécanismes de la domination, nous avons à maintenir l'exigence du débat contradictoire avec eux. C'est à eux d'accepter ou non le fait que la prise en compte de la parole des dominés telle qu'elle est, c'est-à-dire telle que les conditions de l'existence font qu'elle est, est nécessaire à la compréhension du réel social.

Les critiques nous sont aussi venues d'organisations se déclarant « amies » du combat pour l'égalité. On nous a ainsi reproché de diviser la classe ouvrière, d'« ethniciser le débat », d'avoir des « alliances douteuses » (sous-entendu avec des islamistes), de ne pas nous être démarqués de Dieudonné, etc. Bref : nous aurions été infantiles en politique.

Cette attitude est connue du mouvement autonome de l'immigration. Elle consiste à mettre une hiérarchie entre les politiques qui savent et les acteurs qui ne savent pas. Pourtant, ces mêmes qui savent ont pour la plupart soutenu SOS racisme dans le passé, alors qu'il n'était qu'un mouvement parachuté par en haut pour casser la dynamique autonome issue des quartiers populaires. Pourquoi n'ont-ils pas la même exigence avec l'association Ni putes ni soumises, fondée pour diaboliser les milieux populaires en général et les garçons issus de l'immigration en particulier ?

Avec ceux qui se présentent comme nos amis aussi, nous avons à refuser le ton donneur de leçon. Nous parlons de notre place, avec notre subjectivité, en faisant notre propre analyse, à partir de nos intérêts tels que nous les percevons, en ne prenant en compte que les échéances qui nous semblent pertinentes. La reconnaissance de cette autonomie est la base des alliances possibles.

4. Vers quelle dynamique ?

La réussite de la Marche nous donne de nouvelles exigences pour les Assises. Elles ne peuvent plus être un moment d'échange théorique avec des chercheurs ou des spécialistes. Elles doivent se transformer en moment de fondation théorique, politique et stratégique. La Marche nous donne la garantie de l'existence d'un véritable besoin d'un espace de lutte indigène dans ce pays. Elle souligne également le besoin de clarifier quelques questions qui seront au cœur des perspectives futures :

Qu'est-ce plus précisément que le concept d'indigénat dans la société française contemporaine ?

Quelle articulation possible au niveau théorique et politique des différentes dominations ?

Quelle configuration pour un mouvement social qui prenne en compte les expériences diverses du passé (issues de l'immigration, des luttes ouvrières, du mouvement féministe) ?

Quelles priorités pour rendre visible le mouvement, d'abord aux premiers concernés, puis au reste de la société ?

Ancrer le mouvement dans le local et dans les luttes

Les Assises doivent être un moment de lancement débouchant sur la mise en place de collectifs locaux et de réseaux nationaux thématiques (comme celui des profs indigènes : pourquoi pas demain les travailleurs sociaux indigènes ?). Ces collectifs locaux sont à construire à la fois en fonction des priorités locales et de priorités communes à élaborer collectivement. Ils pourraient déboucher sur un nouveau moment fort : les États généraux des Indigènes. Cette assemblée consacrerait l'existence objective d'une nouvelle force sociale des dominés existant nationalement et localement.

Produire de la pensée politique et théorique

Les expériences du passé soulignent l'existence de nombreux écueils et clivages que nous devons anticiper. Pour ce faire, nous avons d'une part à théoriser nos pratiques de lutte, et d'autre part à en écrire la mémoire. Les chercheurs et les universitaires sont les bienvenus dans cette tâche, à condition qu'ils acceptent les relations égalitaires. Le combat idéologique est à ce niveau aussi important que les mobilisations, ou plus exactement ces deux combats sont indissociables. Nous devons en conséquence nous doter d'entrée de jeu d'un outil d'expression propre.

Ces quelques éléments d'analyse ne sont qu'une contribution au débat. Ce qui est certain, c'est que ceux qui ont vécu la Marche comprendront le soubassement subjectif de ces propositions et donc les éléments de choix qu'elles posent.

Le petit facho de gauche : l'intégrale

Fatouche Ouassak

août 2007

Comment véhiculer sournoisement, dans un long discours sur le vivre-ensemble et la tolérance, des représentations racistes, tout en ramassant le stylo tombé par terre que l'on vient d'utiliser pour signer, les larmes aux yeux, une pétition en faveur du petit Mamadou, cinq ans, menacé d'expulsion si on ne fait rien ?

Ce petit lexique peut servir de guide lors de dîners, de réunions de famille ou de discussions entre collègues autour de la machine à café pour repérer les fachos de gauche, souvent assez difficiles à démasquer. Selon des calculs scientifiques très rigoureux, on peut estimer qu'une personne qui utiliserait au moins quatre mots ou expressions du lexique, avec le sens décliné dans le guide, lors d'une conversation de quarante-trois minutes au moins, sur des sujets « propices au repérage » tels que « émeutes dans les banlieues » ou « voile à l'école », peut être considérée, avec un risque d'erreur minimal, comme un ou une « facho de gauche ».

Aïd : Jour de fête qui consiste pour les hommes maghrébins à égorger dans leurs baignoires de très jeunes moutons sans défense. Jour de fête qui consiste pour les femmes maghrébines à offrir des pâtisseries orientales (bien de là-bas) à leurs voisins français, dans un souci de partage et d'échange culturel, les Français offrant gracieusement en retour des « mercis » (bien d'ici).

À la grande époque arabo-andalouse… : Période historique que personne ne sait situer chronologiquement, et que personne ne connaît au-delà de son nom. Sert surtout de référence magnifiée et poétique lorsque l'on veut montrer que les musulmans arabes n'ont pas toujours été les barbares que l'on connaît aujourd'hui, mais qu'il y a très, très, très, longtemps, ils étaient civilisés. Mythe qui représente une lueur d'espoir et d'optimisme pour ceux qui ne désespèrent pas, malgré tout.

Appeler un chat un chat : Expression à utiliser dès le commencement d'un discours, en n'oubliant pas d'adopter une posture virile, lorsque l'on s'apprête à se laisser aller aux amalgames et aux préjugés racistes, pour prouver qu'on est courageux et sans compromis. Expression à utiliser particulièrement quand on sait ne courir aucun risque, dans un contexte moral et politique propice.

Arrogant : Adjectif qui qualifie le jeune maghrébin (surtout s'il est beau et intelligent) lorsqu'il prend la parole sans attendre qu'on le lui permette, comme s'il était normal que lui aussi participe au débat à égalité avec les autres.

Avoir des origines ethniques : Spécificité des Français d'origine africaine ou maghrébine, par opposition aux Français de souche qui, par définition, n'ont pas d'origines ethniques, puisqu'ils sont chez eux.

Beurette : Jeune femme d'origine maghrébine mais qui, avec beaucoup de volonté et de courage (car il en faut), fait des efforts pour que cela ne se voit pas trop.

Charte de la diversité : Charte que les chefs d'entreprise prennent extrêmement au sérieux puisque la promotion de la diversité culturelle dans leur entreprise a toujours été leur objectif prioritaire. Sur la base de cette charte, il s'agit de montrer la très grande diversité culturelle dans les entreprises, diversité qui fait la chance et la richesse de la France. La charte invite à montrer qu'il n'y a pas que des cadres supérieurs, des ingénieurs ou des patrons français dans les entreprises ; il faut aussi valoriser les téléconseillères maghrébines en CDD, les techniciennes de surface maliennes en intérim, les animateurs de quartier algériens en emploi jeune… Il faut insister sur leurs très grandes compétences et leurs très grandes réussites dans leurs fonctions respectives, qu'on pourrait presque croire inventées pour eux.

Discriminations raciales : Fléau de la société qui empêche les Maghrébins et les Africains d'entrer en boîte de nuit.

Français de souche : Expression qui désigne le vrai Français, par opposition au Français (maghrébin ou africain, en vérité) qui ne ressemble pas physiquement au Français normal.

Halte à la repentance : Principe de précaution qui consiste, les larmes aux yeux, l'air solennel et agitant frénétiquement un drapeau français, à alerter sur les dangers, pour la république, d'un excès de repentance de la France face à son histoire coloniale, alors même que la repentance n'a jamais commencé et qu'elle est loin d'être prévue au programme.

Immigré : Identité de ceux qui ont migré d'un pays à un autre. Identité extraordinaire lorsqu'elle concerne les Maghrébins ou les Africains car ils ont la faculté de transmettre à leurs enfants le flux migratoire par le sang même quand leurs descendants n'ont, depuis plusieurs générations, jamais quitté leur quartier de Seine-Saint-Denis.

Lutte contre les discriminations raciales : Combat acharné pour faire qu'enfin les Maghrébins et les Africains puissent entrer en boîte de nuit.

Maghrébins et Africains : Les Maghrébins (pas complètement noirs) viennent du Maghreb, qui se trouve au-dessus de l'Afrique ; alors que les Africains (complètement noirs) viennent d'Afrique, qui se trouve en dessous du Maghreb.

Musulman modéré : Désigne le bon musulman éclairé et bien intégré dans la société française.

* Il se fait souvent appeler Mouss ou Momo car il sait que c'est beaucoup plus doux à l'oreille que Mustapha ou Mohamed.

* Il rappelle souvent à ses amis français que la littérature égyptienne du XIVe siècle, écrite par de grands écrivains musulmans, était très érotique.

* Il a pris de la hauteur par rapport aux pratiques obscurantistes de l'immigré musulman de base, c'est-à-dire qu'il sait apprécier le bon vin, ne fait pas toute une histoire lorsqu'il mange des côtelettes de porc au restaurant, ne serait-ce que par respect pour ses amis français avec lesquels il dîne tranquillement.

* Il sait que les prières quotidiennes et le jeûne du ramadan sont des pratiques archaïques et dépassées.

* Il a pleuré sur la mort des victimes du 11 Septembre, en prenant la peine de se justifier et de répéter, pour rassurer ses amis français, qu'il ne cautionnait pas ces attentats islamistes.

* Il est capable de parler de « complexité du problème » lorsque l'on parle du conflit israélo-palestinien, en souhaitant des compromis de part et d'autre, en insistant même parfois sur le droit à la sécurité d'Israël.

* Il a compris qu'il devait, pour être un bon musulman, placer les lois de la république française bien au-dessus de sa religion et de sa foi.

Nous (par opposition à « Vous ») : Pronom personnel à utiliser lorsque l'on s'adresse à un Français qui a des origines ethniques, pour subtilement marquer la différence avec les Français de souche, notamment lorsqu'on évoque la liberté d'expression, l'amour au sein de la famille ou le goût pour l'art contemporain, pour éviter qu'il se sente concerné inutilement par des concepts qui lui sont étrangers.

Personne de couleur : Personne de couleur noire (ou assimilée au noir) ; les Français n'ont, par définition, pas de couleur, puisqu'ils sont blancs.

Quartier folklorique : Quartier où des gens de toutes les couleurs, toujours gais et souriants, marchent dehors toute la journée pour décorer les rues.

Se battre contre le racisme (par opposition à « Victimisation ») : Désigne l'activité philanthropique des personnes généreuses et humanistes qui défendent courageusement les Africains et les Maghrébins, victimes sans défense du racisme, et donc incapables de se défendre eux-mêmes

Séjour en Algérie, séjour au Mali : Références touristiques à proposer lorsque des Maghrébins (citer l'Algérie), ou des Africains (citer le Mali) se plaignent de leur place et de leurs conditions de vie dans la société française, notamment lorsqu'ils comparent leur situation avec celle des Français de souche, alors qu'ils devraient normalement la comparer avec celles de leurs semblables (respectivement algériens ou maliens), qui n'ont pas eu la chance, eux, d'être accueillis par la France-pays-des-droits-de-l'homme.

Sens de l'hospitalité : Sixième sens inné chez les Maghrébins, tirant certainement son origine de la glorieuse période historique allant du XIXe siècle à la première moitié du XXe siècle, période pendant laquelle on savait recevoir les Français au Maghreb, et toujours les bras ouverts, et toujours avec le sourire.

Victimisation (par opposition à « Se battre contre le racisme ») : Processus qui concerne les Maghrébins et les Africains, souvent les plus ingrats et les plus prétentieux, qui ne veulent plus être les victimes passives des discriminations, mais veulent se battre et revendiquer eux-mêmes leurs droits, souvent de façon arrogante.

Vous (par opposition à « Nous ») : Pronom personnel à utiliser lorsque l'on s'adresse à un Français qui a des origines ethniques, pour subtilement le renvoyer à ses semblables maghrébins ou africains, notamment lorsqu'on évoque avec lui les attentats terroristes, les allocations familiales, les violences dans les banlieues, les projets socio-culturels...

Arabe :

* Version « Mille et une nuits » : Phonétiquement, prononcer « ârââbe », en fermant langoureusement les yeux, sur fond d'Oum Kalthoum, lors d'une discussion à propos des magnifiques poèmes de Khalil Gibran.

* Version « foyer Sonacotra » : Phonétiquement, prononcer « le problème avec les Arabes... », en ouvrant fébrilement les yeux, lors d'une discussion à propos des problèmes d'insécurité dans les cités.

Black : Permet de désigner un Noir en étant à l'aise (sans être obligé de l'insulter en le traitant de « Noir »), pour montrer qu'il n'y a aucun malaise, que le Black est sans discussion l'égal de l'Humain, et qu'il n'y a vraiment aucun malaise.

Contrôle d'identité : Contrôle qui consiste à aider les jeunes portant des patronymes noiro-arabo-islamico-pas-nets-en-tout-cas à ne pas oublier leurs origines ethniques, mêmes lointaines, qui seules peuvent les protéger contre la folle tentation d'aspirer à être des citoyens à part entière.

Cours d'intégration républicaine :

* Séance lors de laquelle on rappelle que les races n'existent pas, que seule existe la race humaine. Lorsque dans l'espace public, on parle de « représentants de la diversité », de « jeunes de la troisième génération », de « Français de souche »..., on met définitivement un terme à la catégorisation raciale, indigne de la France humaniste, pour fêter tous main dans la main l'esprit républicain et l'universalisme (par souci d'organisation quand même, les mains africaines ensemble, les mains maghrébines ensemble, les mains de souche ensemble...).

* Séance lors de laquelle il est demandé, pour plus d'efficacité, de regarder le médaillon balancer doucement de gauche à droite, de droite à gauche, de gauche à l'extrême droite...

Les paupières s'alourdissent et les races n'existent pas ; en tout cas, pas au pays des Lumières, de Maurras et des Droits de l'homme.

Déloyale : Qualifie la femme d'origine immigrée que l'on a recrutée en pensant naïvement qu'elle serait reconnaissante et dévouée, et qui se met pourtant à prendre la parole en son propre nom lors des réunions, à refuser de travailler plus de cinquante-deux heures par semaine, et qui veut même avoir un salaire égal à celui de ses collègues qui ont à peine quelques diplômes de moins qu'elle.

Devoir de mémoire : Travail de mémoire que doivent absolument faire les jeunes Maghrébins des banlieues, chez qui la montée de l'antisémitisme rappelle dangereusement celle des années 1930, pour que plus jamais ils ne reproduisent l'horreur de la Shoah, extermination de six millions de juifs au Maghreb sous la IVe République maroco-tunisienne.

Fierté d'être français : Sentiment puissant que ressentent les jeunes issus de l'immigration lorsqu'ils expriment leur admiration pour les Français de souche qu'ils rêvent d'égaler. Alors que de façon inquiétante de plus en plus d'Africains et de Maghrébins se résignent à assumer ce qu'ils sont, les jeunes-issus-de-l'immigration-fiers-d'être-français veulent montrer qu'en ce qui les concerne, ils ne se résigneront jamais à cette terrible fatalité. Ils savent qu'être considéré comme un vrai français, lorsqu'on a des origines ethniques, cela se mérite, mais cela ne leur fait pas peur : ils se battent fièrement, jour après jour, pour atteindre leur idéal, et remercient la république de leur donner la chance d'oser aspirer à être français.

« Il faut éviter les amalgames » : Principe fondamental à rappeler au début de chaque phrase, pour être tranquille, lorsqu'on aborde la question de la délinquance qui est, il ne faut pas se mentir, l'activité principale des jeunes issus de l'immigration vivant dans les cités. Déclinaisons :

* « 99 % des musulmans ne sont pas des extrémistes » : Principe fondamental à rappeler en début de phrase, pour être tranquille, lorsqu'on aborde la question du très grand danger islamiste que représentent, il ne faut pas se mentir, les jeunes issus de l'immigration vivant dans les cités.

* « 99 % des musulmans ne sont pas des terroristes » : Principe fondamental à rappeler en début de phrase, pour inciter les Français à faire un peu de calcul mental (1 % de terroristes, sachant qu'il y a quatre millions de musulmans en France...), histoire qu'ils continuent à être très prudents dans le métro, pour ne pas risquer de mettre en péril une culture de la peur et de la suspicion si difficilement mise en place.

« J'ai lu dans *Le Monde* il y a quelques semaines que... » : Caution de gauche qui permet de parler franchement des vrais problèmes de la société française sans être taxé de raciste à tout bout de champ. Toujours bien avoir lu l'article « il y a quelques semaines », et jamais « il y a quelques jours », pour décourager les plus curieux d'essayer de retrouver les traces de l'article fictif.

« J'ai un ami, Rachid, éducateur à Vitry, qui dit que... » : Expression de gauche synonyme de « J'ai lu dans *Le Monde* que... ». Attention : pour une personne qui ne compte pas l'ombre d'un cheveu frisé de Maghrébin parmi ses amis, pour plus de crédibilité, préférer avoir lu dans *Le Monde*. Exemples :

* Avoir lu dans *Le Monde*... la régulation de l'immigration : Avoir lu dans *Le Monde* (ou avoir un ami Rachid qui dit) que les Français

d'origine immigrée eux-mêmes ne veulent plus du laisser-faire concernant l'afflux en France de migrants. Pas bêtes sur ce point précis, les Français d'origine immigrée disent avoir compris que c'est le laxisme dans ce domaine qui les empêche d'être des Français de souche et qui les oblige à provoquer le racisme de la société française à leur égard.

* Avoir lu dans *Le Monde*... le foulard à l'école : Avoir lu dans *Le Monde* (ou avoir une amie Rachida qui dit) que la loi interdisant le voile à l'école a été vécue comme un facteur d'émancipation par les jeunes filles qui portaient le foulard. Ces filles comprennent que cette loi est une grande réussite puisqu'elles ne portent plus le voile à l'école. Elles ne vont en effet plus à l'école et continuent le formidable processus d'émancipation enclenché par cette loi dans leur chambre.

Kabyles : Hommes et femmes à l'esprit beaucoup plus laïc, poétique, dithyrambique et anthropo-sidérurgique que les Algériens d'origine maghrébine. En effet, eux ont le bon goût d'avoir la peau claire, certains poussant même leur soif d'universalisme jusqu'à avoir les yeux verts.

Maghrébin non homophobe : Maghrébin homosexuel, bisexuel, transsexuel... – ou en tout cas pas tout à fait normal lui-même, côté sexualité.

Maghrébin non sexiste : Maghrébin âgé de 26 ans, résidant au 34 rue Voltaire, à Paris. Il y en avait un deuxième à Wattignies (près de Lille), mais il est malheureusement mort dans un accident de moto en février dernier.

Maghrébin non antisémite : Définition en cours de construction. Appel à contribution des lecteurs : si vous connaissez une personne répondant au critère « maghrébin non antisémite », merci de contacter de toute urgence la rédaction du journal à l'adresse suivante : journalindigene@yahoo.fr (qui fera suivre au Petit facho de gauche). Pour ne pas que cet appel à contribution soit vain, les Maliens, les Comoriens, les Sénégalais du Nord du Sénégal, ainsi que les touristes qui ont passé au moins trois fois quinze jours de vacances à Marrakech ou à Djerba seront considérés comme « Maghrébins » par le Petit facho de gauche, qui a peu d'espoir mais qui essaie d'y croire malgré tout.

Mariage mixte : Sorte de défi humaniste et humanitaire, qui consiste à vouloir tirer vers le haut une personne immigrée en lui permettant, dans le cadre de cette union mixte, d'avoir des enfants qui certes hériteront pour moitié d'un sang immigré, mais qui seront quand même à moitié normaux.

« Ma femme kabyle et moi » : Façon de présenter sa femme à ses amis de gauche en rentabilisant de façon maximale un mariage mixte. En effet, cela permet d'être intouchable en matière de tolérance et de grand-humanisme, même lorsqu'on s'accorde, au cours d'une discussion de gauche, une blague un peu raciste mais pleine de tendresse sur ces bons à rien d'Algériens.

« Ma femme... et moi » : Façon de présenter sa femme lorsqu'elle est antillaise. Inutile en effet de qualifier plus précisément son épouse pour susciter l'admiration de ses amis de gauche, la belle couleur de peau « chocolat » se passant de tout commentaire. Préférer la légèreté en la montrant du doigt, lorsqu'elle s'éloigne.

Marrakech et Ouarzazate : Marrakech est un site touristique français déclassé car les domestiques (« marrakchis » en arabe) ont été incapables de conserver l'authenticité non marchande du site, que les touristes payaient pourtant très cher. En outre, les marrakchis n'étaient absolument plus en mesure de garantir le dépaysement : les touristes toujours plus nombreux y croisaient de plus en plus de touristes. C'est pourquoi aujourd'hui, pour des vacances plus authentiques, plus dépaysantes et plus branchées, de plus en plus de touristes préfèrent se rendre à Ouarzazate, afin d'éviter de rencontrer des touristes.

Noyer le poisson : Sacrifice rituel de ce poisson indigne qu'est la discrimination raciale. Noyer la discrimination raciale, à la gloire de la république une et indivisible, en implorant pêle-mêle la discrimination sociale, la discrimination homophobe, la discrimination à l'égard des gauchers, des roux, des blondes, des trop gros, des trop belles, des trop intelligents, des trop gentils... – et toute discrimination qui pourrait de près ou de loin servir à la noyer bien profond.

Petit facho : Désigne un homme qui vote Front national, a un gros ventre, un CAP ou un BEP, est chômeur, alcoolique, très mal habillé et a les cheveux gras à la racine, et aux pointes. Ses propos bassement racistes sont évidemment à condamner en France-pays-des-droits-de-l'homme. Ce qui est drôle au fond, c'est qu'il déteste les immigrés, par rapport auxquels il se croit supérieur, alors qu'ils sont absolument égaux au niveau culturel : quasiment analphabète, il a lui aussi un fort accent quand il croit parler français, et culturellement, il aime presque autant battre sa femme et ses enfants.

Pratique du Ramadan : Variable qu'utilisent les instituts de sondage pour mesurer le degré d'obscurantisme des musulmans en France, et qui, lorsqu'elle est croisée avec la variable « non-consommation de porc », donne une assez bonne idée du risque préoccupant d'alqaïdaïsation galopante de la société française.

Prendre sur soi : Attitude qui consiste, lorsqu'un immigré algérien se plaint de façon arrogante du traitement réservé aujourd'hui en France aux immigrés et à leurs enfants, à ne pas montrer son étonnement de voir que les mêmes qui ont chassé hors de l'Algérie les Français en 1962 s'accrochent autant aux basques de la France à présent, en se plaignant de surcroît. Attitude « grand seigneur » qui consiste à résister à l'envie de faire à l'immigré en question un petit rappel historique, et à se contenter de lui sourire ironiquement, sans rien dire.

Projets de lutte contre les discriminations à l'embauche : Projets visant à proposer aux Français d'origine ethnique des formations et des parrainages pour qu'ils apprennent à se présenter de façon moins provocante aux entretiens d'embauche. On les aide ainsi à ne pas provoquer les discriminations illégales qu'ils subissent. Les employeurs discriminant illégalement sont rassurés par ce type de démarche, signant même dans leur grande bonté, lors de colloques avec cocktails et autosatisfaction, des Chartes de la Diversité. Technique efficace qui pourrait être généralisée à l'ensemble du système judiciaire : dans une affaire de viol par exemple, on mettrait en prison la personne violée pour qu'elle apprenne à ne plus provoquer le viol qu'elle a subi. Les violeurs seraient sûrement rassurés par ce type de démarche, et signeraient peut-être dans leur grande bonté, lors de colloques avec cocktails et autosatisfaction, des Chartes de la Chasteté.

Projet interculturel : Séminaires de formation sur « l'Art du couscous-merguez au Maghreb, de la préhistoire à nos jours », qui se déroulent sur quarante-sept demi-journées et demi. À l'issue de cette formation à l'inter-culturalité, les travailleurs sociaux sont capables de comprendre comment ça peut fonctionner, un petit Africain, et pourquoi ça ne veut pas fonctionner, un petit Maghrébin.

Responsabiliser les parents : Politique publique dont l'objectif est de valoriser et de rendre leur dignité aux parents des quartiers dits « sensibles », en montrant à ces parents démissionnaires à quel point ils devraient avoir honte d'être aussi indignes et irresponsables.

Rmiste : Personne que la société a le devoir de sortir de l'alcoolisme.

« Le Plan B » comme Blanc

Sadri Khiari

juillet 2007

Soit, « Le Plan B » comme Blanc, c'est un peu facile ! Mais le bimestriel spécialisé dans la dénonciation du « Parti de la presse et de l'argent » ne fait pas non plus dans la complexité. Pas, en tout cas, dans sa livraison du mois d'avril 2007 où les « anticapitalistes » du *Plan B* consacrent enfin un article à la question raciale à travers un « retour sur le « modèle américain » ». Par-delà l'habileté de son auteur à sortir des citations de leaders noirs de leurs contextes, on retrouve dans ce papier la fascination gauchiste pour le Black Panther Party et, surtout, la vulgate économiste eurocentrique dont la gauche française ne parvient toujours pas à se débarrasser. L'article est censé montrer que les luttes antiracistes et anticapitalistes sont indissociables mais, comme la plupart du temps chez les Blancs qui défendent cette thèse, l'argument se déplace progressivement pour mettre au premier plan la lutte anticapitaliste et l'unité de tous les travailleurs en minimisant le clivage racial. Ainsi, du bout des lèvres, le *Plan B* reconnaît que le racisme « n'était pas toujours étranger aux ouvriers blancs » mais, plutôt que de l'attribuer à un racisme institutionnel constitutif de la société américaine, il y voit seulement le résultat du « déclassement économique et de la concurrence sur le marché de l'emploi et de l'immobilier » qui menaçait les ouvriers blancs, lesquels, mal informés sans doute, « eurent tendance à les imputer aux conquêtes du Mouvement des droits civiques » ! Mais, surtout, ce qui a empêché, nous explique-t-on, « l'alliance entre les travailleurs » c'est l'anticapitalisme « trop tardif » d'une « partie des militants noirs » qui, au lieu de tirer lucidement le bilan de leurs échecs, se sont enlisés dans le « séparatisme » !

Un prolo blanc et un prolo noir sont dans un bateau. Qui tombe à l'eau ? Le Négro.

Un des petits dessins qui illustrent cet article résume parfaitement le propos du *Plan B*. On y voit une petite embarcation occupée d'un côté par deux prolos, un noir et un blanc, et de l'autre par deux bourgeois, un noir et un blanc également. Ces derniers s'adressent d'une même voix aux deux prolos pour leur dire : « Bon, les gars ! Trêve de blabla sur le racisme… Faudrait peut-être penser à ramer un peu !! » Il n'y aurait donc qu'un seul rapport de domination, celui opposant les bourgeois aux prolos. Ce que ne montre pas en effet ce dessin, c'est que si les deux bourgeois ont besoin de jeter à l'eau l'un des passagers, ils choisiront d'abord le prolo noir ; s'il faut en jeter à l'eau un second, le bourgeois blanc préférera se débarrasser du bourgeois noir plutôt que du prolo blanc ou s'associer au bourgeois noir pour jeter à l'eau le prolo blanc avant de mettre au boulot le bourgeois noir. Tout cela, bien sûr, sans compter la résistance du prolo noir qui saura moduler ses alliances, conscient que, s'il doit se méfier du bourgeois noir, il ne pourra pas faire confiance au prolo blanc, lecteur du *Plan B*, qui lui dira : « Trêve de blabla sur le racisme, faudrait peut-être penser à lutter contre le capitalisme ! »

« *Reconnaître la légitimité des révoltes populaires* »

Au cours de votre deuxième marche, le 8 mai 2006, on a pu découvrir un logo des Indigènes de la république : une carte d'identité. Qu'est-ce qui a motivé le choix de cette imagerie ?

HB : C'était une carte d'identité française retouchée et qui venait souligner notre statut d'indigène. L'idée venait de militants indigènes de Laval. Ce n'était pas spécialement pour la Marche. L'idée de ces militants était très bonne, d'autant plus que lors des émeutes de 2005 quelque chose nous avait marqué, le fait que les jeunes qui s'étaient révoltés avaient brandi leur carte d'identité pour dire : « Elle ne nous sert à rien. » Pour nous, c'était symbolique. La carte d'identité, le symbole de notre « francité », ne nous sert à rien dans les faits. On trouvait que c'était un bon message politique. On était à peine quatre ou cinq mois après les émeutes de novembre 2005. Au départ de la marche à Barbès, nous avons aussi distribué un tract qui a eu beaucoup de succès. Dans ce tract, nous demandions l'amnistie des inculpés des révoltes des quartiers populaires.

Est-ce que vous pouvez revenir sur ces demandes d'amnistie ? Quelle lecture aviez-vous alors des révoltes dans les quartiers populaires ?

HB : L'amnistie revenait à considérer que les révoltes étaient politiques, qu'il fallait que la société l'entende. Il fallait reconnaître la légitimité des révoltes populaires. L'idée était évidemment que si elles étaient reconnues par la société, on pouvait s'en sortir par le haut et ne pas simplement considérer les émeutiers comme des casseurs. Les discours après les révoltes étaient souvent du type : « Pourquoi sont-ils allés casser des bibliothèques, des biens sociaux ou des écoles ? » Notre mission en tant que Mouvement des indigènes de la république était de dire que l'école représente aussi l'échec pour ceux qui vivent dans les quartiers. Il y avait une cohérence, quelque chose de rationnel dans le fait de détruire des écoles. Notre discours exprimait une certaine complexité. À la fois nous disions qu'il fallait respecter ces révoltes, qu'il fallait comprendre leur caractère politique, et de l'autre nous disions qu'il fallait comprendre aussi les habitants des quartiers qui ont dénoncé la casse et le saccage des biens publics ou privés. On a eu un regard équilibré je crois, autant sur ceux qui ont lâché des pierres que sur ceux qui ont dit : « On en a marre de cette situation, de cette précarité et de cette violence. » On a essayé de respecter cette parole et la diversité des points de vue émanant des quartiers.

SK : Je voudrais rappeler que lorsqu'elle a eu lieu, même si certains parmi nous percevaient qu'il y avait un bouillonnement dans les quartiers, la révolte a malgré tout été une surprise pour nous comme pour tout le monde. Et une surprise d'autant plus grande que son extension a été vraiment générale, et qu'elle a duré quatorze jours, ce qui est vraiment énorme.

Quand les révoltes ont eu lieu nous avions à peine six mois d'âge et on était en pleine digestion du processus de création des Indigènes, d'élaboration, etc. On n'avait pas vraiment d'instruments ni de moyens pour avoir une analyse vraiment précise ou en tout cas cohérente et étayée par une théorisation suffisante. A priori les deux choses que l'on a ressenties, c'est que d'une part on a eu une grande joie quand ça s'est passé. On était réellement convaincus qu'une explosion de cette ampleur, gigantesque, ne pouvait être qu'un tournant majeur dans la situation politique en France. Et en même temps nous avions une certaine prudence dans la mesure où l'on voyait bien que la révolte se développait de manière anarchique, à l'image du faible niveau d'organisation dans les quartiers populaires. On voyait qu'en elle-même la révolte n'avait pas les forces de proposer, de développer un projet politique.

Par ailleurs, on y a aussi vu la confirmation de ce que nous affirmions dans les textes des Indigènes de la république. Et cette confirmation nous a paru d'autant plus éclatante lorsque le Premier ministre de l'époque a décidé le couvre-feu et que ce couvre-feu était justement puisé dans l'arsenal répressif colonial.

HB : Je voudrais dire un dernier mot à propos de la révolte. Je crois qu'on a surestimé la capacité du mouvement et de la politisation qui l'a accompagné à déboucher rapidement sur l'apparition d'une génération militante plus organisée. Nous avons par conséquent surévalué la possibilité que notre politique et notre démarche rencontrent un écho plus large dans les quartiers et que notre mouvement se construise plus rapidement en s'appuyant sur cette radicalisation. On a vu par la suite que le processus était beaucoup plus complexe, beaucoup plus heurté, beaucoup plus lent, beaucoup plus dispersé et que nous-mêmes de surcroît n'étions pas armés pour répondre à la complexité de la situation et aux attentes des uns et des autres.

Pour en rester à cette marche de 2006, vos tracts étaient signés d'une formule : « dignité, égalité, justice ». « Égalité », on le rencontre dans les luttes des mouvements de l'immigration, la Marche pour l'égalité par exemple. C'est un terme qui est très important, comme l'est aussi le terme « justice ». Mais le terme « dignité », a-t-il une parenté dans l'immigration et qu'est-ce que vous faites de ce terme ?

HB : Je ne sais pas s'il a une parenté et si on l'a rencontré dans le milieu militant, mais c'est quelque chose qui est cher aux personnes issues de l'immigration. La notion de dignité, qu'on traduit chez nous par « nif », « karama », est importante, et on le comprend quand on sait l'importance du racisme. Le racisme touche à la dignité des personnes. En revanche on s'est rendu compte que ce n'était pas une notion vraiment comprise à gauche.

SK : C'est vrai. La gauche et l'extrême gauche en France ne comprennent pas du tout les mots d'ordre et les revendications qui ne sont pas immédiatement traduisibles de manière matérielle, dans le domaine économique ou dans le domaine institutionnel. Tout ce qui leur semble avoir une dimension morale, une dimension spirituelle parfois ou qui s'enracine dans de vieux sentiments, tout cela est immédiatement rejeté sans même être discuté. Je crois que la question de la dignité que nous avançons a un rapport avec deux mots d'ordre très importants. Le premier, c'est celui de respect. Il y a une connexion très étroite entre les deux. Le deuxième mot d'ordre avec lequel il a une connexion, même s'il y a un décalage dans sa signification et qu'il nous vient d'autres combats que celui des quartiers ou d'autres continents, c'est celui de fierté. La dignité a aussi un rapport avec la question de la fierté. La situation de colonisé ou d'inférieur sur le plan racial est ressentie comme une déshumanisation. Et la revendication de la dignité dit tout simplement : « On est des êtres humains et en dehors des conditions d'existence matérielles, on a une exigence de reconnaissance en tant que tels. »

HB : Sarkozy est sans doute celui qui a le plus compris la question de la dignité, du malaise existentiel des indigènes et de la blessure identitaire. Il a finement compris comment il allait exploiter ça. Les indigènes ont mal à leur identité et il leur offre Rama Yade et Fadela Amara à des postes prestigieux. Les indigènes ont besoin d'être reconnus. Je n'aime pas du tout ce genre de revendication, être représentés à l'Assemblée nationale ou à la télévision, mais ça correspond à un besoin. Sarkozy a répondu à ce besoin politiquement, il nous a mis Rachida Dati à un poste régalien et ça a épaté tout le monde. Ça lui permettait de nous opprimer, de faire une campagne encore plus sécuritaire tout en ayant une façade : il y avait trois femmes, ses trois indigènes. Ce que lui a compris, le PS ne l'a pas compris et l'extrême gauche encore moins. Autant les questions matérielles sont très importantes, les indigènes souffrent d'être au chômage, discriminés, etc., autant quand on touche à l'âme, quand on touche à la dignité, c'est là que l'on atteint le point sensible. Je pense que Sarkozy a gagné beaucoup d'indigènes comme ça. En tout cas il les a neutralisés. Du coup, il a marqué un point contre nous et il a momentanément renforcé son camp.

SK : Dans le même sens que ce qu'a dit Houria, quand on a commencé à construire les Indigènes, j'avais moi-même beaucoup de mal à comprendre que des populations issues de l'immigration en France ne se mobilisent pas principalement sur les formes que je dirais « matérielles » de la discrimination raciale : le logement, le travail, etc. Il y a des actions, des initiatives, des luttes contre la violence policière, pour la Palestine et contre toutes les insultes qui se déversent dans les médias concernant les Arabes, les Noirs et les musulmans. Or le point commun entre ces trois exemples est justement cette question de dignité. La violence policière renvoie précisément à ce que j'avais dit auparavant en parlant de négation de l'humanité des personnes qui sont victimes de racisme. Concernant la Palestine, les indigènes ne connaissent pas les enjeux locaux. Ils ont une connaissance très faible de la situation politique là-bas. Et pourtant ils se mobilisent, car à travers ce combat ils affirment une dignité. Et puis il y a toutes les mobilisations qui peuvent sembler se concentrer sur des questions complètement anecdotiques : par exemple un présentateur télévisé, ou un acteur ou un vendeur de parfum qui tient des propos racistes sur les Noirs et les Arabes. Ça déclenche automatiquement un buzz partout, des mobilisations. Tout ce qui concerne la manière dont on est représentés dans les médias, dont on va être ou ne pas être reconnu met le feu aux poudres. On ne peut pas le traduire autrement que par la revendication de dignité.

Non au couvre-feu colonial !
La révolte n'est pas un crime !
Les véritables incendiaires sont au pouvoir !

Mouvement des indigènes de la république
novembre 2005

Brutalité permanente de la police, mépris de la douleur des gens après la mort de deux adolescents, gazage d'une mosquée, propos irresponsables des autorités de l'État, les provocations d'un pouvoir exclusivement préoccupé par les calculs politiciens et les échéances électorales ont mis le feu aux poudres, et servi de détonateurs à la révolte longuement rentrée de la jeunesse indigène ou indigénisée des quartiers populaires. On parle désormais d'envoyer la troupe pour mater cette révolte. On ne l'envisage, dans une logique de guerre civile, que pour parler de sa répression.

Victimes de toutes les discriminations, de toutes les humiliations, objets permanents du mépris social, de la brutalité policière, des contrôles au faciès, du racisme, privés d'avenir, précarisés, déclassés, rejetés, orientés par le système scolaire dans les voies de garage, interdits de se rassembler, toujours soupçonnés de tous les maux, privés de leur droit au respect et à la dignité, les jeunes des quartiers expriment leur révolte de manière spectaculaire et disent : « Nous n'avons pas d'autre moyen de nous faire entendre ! » Face à une violence sociale et institutionnelle insupportable, leur révolte est plus que légitime : elle est salutaire. Elle constitue une réaction politique. En l'assimilant à la délinquance, en y opposant la répression brutale, en ajoutant le mépris à la provocation, le pouvoir souffle sur l'incendie qu'il a lui-même allumé.

Cette révolte confirme l'analyse que le Mouvement des indigènes de la république a proposée depuis le lancement de son Appel en janvier 2005. La riposte des institutions de l'État est l'illustration de la gestion coloniale des populations issues de l'immigration, quel que soit le régime en place, de droite comme de gauche. Dominique de Villepin en est la dernière incarnation. L'actuel Premier ministre a décrété l'état d'urgence et la possibilité pour les préfets d'instaurer un couvre-feu dans les quartiers populaires en s'appuyant sur une loi coloniale adoptée en 1955 pour réprimer le mouvement national algérien. C'est cette même loi qui a servi à mater dans le sang les manifestants algériens du 17 octobre 1961 et qui a été mise en œuvre en Kanaky en 1984 sous le gouvernement socialiste de Laurent Fabius. La continuité des pratiques n'est donc plus à prouver. La matrice idéologique ayant permis ces crimes coloniaux anime toujours les manières institutionnelles de voir, de penser, de ressentir et de traiter administrativement les populations issues de la colonisation et assignées à résidence dans ces nouvelles zones d'indigénat que sont les quartiers populaires.

Quant à la proposition du « droit à l'apprentissage à quatorze ans », ce n'est ni plus ni moins qu'une remise en cause de l'obligation de scolarisation jusqu'à seize ans ; c'est un des acquis que la droite voulait démanteler depuis longtemps. Elle ose aujourd'hui la présenter comme une mesure « en faveur des déshérités » : c'est en réalité l'annonce cynique que, ilotes aujourd'hui, les habitants des quartiers populaires seront ilotes demain, et ce dès quatorze ans.

Les formes prises par cette révolte conduisent à des violences et à des dégâts dont sont également victimes les populations déshéritées de ces quartiers. Nous tenons à affirmer notre plus entière solidarité à ces populations, et à celles et ceux dont les biens ont été endommagés ou détruits. L'État, responsable de la situation, doit sans délai les indemniser de la totalité du préjudice qu'elles subissent.

Ce qu'exige la jeunesse des cités, c'est d'être reconnue dans sa dignité, c'est de pouvoir vivre dans l'égalité et le respect. Il s'agit d'une exigence politique et sociale élevée, juste dans son principe, et à laquelle il est nécessaire de répondre politiquement.

Dès à présent, nous posons un certain nombre d'exigences.

Bien évidemment, l'actuel ministre de l'Intérieur doit être démis de ses fonctions s'il ne démissionne pas lui-même ; il en va de même du Premier ministre qui approuve et soutient publiquement la répression de masse que son collègue organise. Mais ne nous faisons pas d'illusions sur les effets réels de ces démissions : si, symboliquement, le départ de ces boutefeux s'impose, il ne constitue en aucun cas une solution, ni un objectif de lutte prioritaire. Nous ne militons pas pour un clan contre un autre, nous ne nous faisons pas d'illusions sur les objectifs réels des politiques, de droite ou de gauche, qui lorgnent le pouvoir et dont l'horizon est borné par les élections à venir.

Des centaines de jeunes ont été interpellés et arrêtés par les forces de police dans le cadre des événements en cours. Nous exigeons leur libération immédiate. Il convient de reconnaître aux faits qui leur sont reprochés leur caractère politique, et de leur refuser un traitement judiciaire dont la logique est celle de la provocation : les révoltés ne sont ni des « racailles » ni des « sauvageons ». Ils doivent être entendus pour ce qu'ils sont, et pour cela l'amnistie pour les révoltés s'impose. Nous refusons qu'une justice plus ou moins expéditive frappe arbitrairement certains, et que les autres demeurent sous le coup d'un risque d'arrestation et de poursuites. À révolte politique, réponse politique.

Des parties entières de la Seine-Saint-Denis et d'autres zones urbaines font l'objet d'une véritable occupation par des milliers de CRS ou autres gendarmes, dans une logique de guerre civile. Nous exigeons leur évacuation sans délai. La présence de ces forces de répression – et à plus forte raison celle de forces militaires – contribue, non pas à la « sécurité publique », mais à attiser la révolte des populations. Elle porte atteinte à leur dignité et constitue comme une punition collective que nous refusons.

Par centaines, des habitants des cités en révolte ont subi de gros dommages du fait des émeutes. Ces victimes doivent être indemnisées immédiatement ; l'intervention à ces fins des pouvoirs publics se justifie parfaitement par la responsabilité entière de l'État dans la situation actuelle.

Il est indispensable de faire la lumière complète et de dire la vérité sur les événements qui ont déclenché la révolte : sur la mort de Zyad Benna et Bouna Traoré et sur le gazage de la mosquée de Clichy-sous-Bois. Une ommission d'enquête indépendante, comportant des représentants des habitants et des acteurs de terrain doit être formée et dotée de moyens réels, pour mettre en lumière les agissements de la police tout au long du déroulement des événements.

L'instauration de l'état d'urgence renforce de manière scandaleuse l'isolement et l'enclavement organisés des quartiers populaires. Il doit y être mis fin sans délai et la liberté de circulation des habitants des quartiers doit être restaurée et garantie.

Les dispositifs « sécuritaires » institués par les lois Perben, Sarkozy, Chevènement, Vaillant, doivent être supprimés ; les textes qui les instituent doivent être retirés.

Nous exigeons la mise en place d'une politique résolue de lutte contre les discriminations dans tous les domaines et de mesures immédiates contre la précarité, le chômage et la ghettoïsation : la création d'emplois stables et valorisants, tant publics que privés ; la garantie d'une égalité réelle en matière d'éducation et de formation ; la mise en place de mesures d'amélioration des conditions de logement et du cadre de vie dans les quartiers populaires, ce qui passe notamment par la garantie de transports en commun dignes de ce nom et gratuits ; le droit de vote et la citoyenneté de résidence pour les non-Français et la régularisation de tous les sans-papiers.

Nous invitons par ailleurs, partout où c'est possible, à l'organisation de débats et de réunions publiques, à la prise des dispositions nécessaires à la convergence de l'action en vue de faire plier le gouvernement.

Débat sur le colonialisme : question mémorielle ou question politique ?

Laurent Lévy

janvier 2006

On débat doctement de savoir s'il y a ou non lieu de parler des « aspects positifs » de l'abominable entreprise criminelle qu'a été la colonisation. Autant prévenir d'entrée de jeu que le présent article n'entend pas contribuer à ce débat. Qui cherche soit à approfondir sa réflexion, soit à conforter son propre point de vue sur ce sujet n'a donc aucune raison d'en entreprendre la lecture.

Son propos est, pour les autres, d'interroger le débat lui-même, les termes dans lesquels il est posé, ses enjeux, ou à tout le moins sa signification.

Dans le dossier proposé par le journal *Le Monde*, en date du 21 janvier 2006, sous le titre général « La colonisation française – mémoires, histoire, lobbies », Gérard Courtois évoque ce qu'il appelle la « contradiction » d'un « empire colonial schizophrène, drapé dans sa mission civilisatrice pour mieux faire oublier son origine (la conquête militaire) et sa réalité (la domination blanche et le refus de la pleine citoyenneté)[1] ». Or rien n'est moins certain que la présence ici d'une véritable contradiction, ou d'un quelconque clivage « schizophrénique ».

Il faut bien en effet interroger le sens même de l'expression « mission civilisatrice » : en quoi la « mission » que la France s'assignait ainsi à elle-même pouvait-elle être qualifiée de « civilisatrice » ?

Dire que les milliers de peuples que la terre a connus depuis les origines de l'humanité ont eu chacun sa culture, sa civilisation, est un lieu commun. L'idée d'une « mission civilisatrice » est à cet égard dépourvue de sens : quelles que soient les caractéristiques de leurs civilisations matérielles, il n'existe pas de peuples à l'état sauvage[2].

1. « Occulter cette contradiction, poursuit Gérard Courtois, reviendrait à vider de leur sens les principes fondateurs de liberté et d'égalité, sans même parler de fraternité ». Sur le mythe républicain ainsi mis à contribution, voir Laurent Lévy, *Le Spectre du communautarisme*, Paris, Éditions Amsterdam, 2005.

2. L'anthropologue Annamaria Rivera développe une critique de l'usage dominant du

Il ne s'agissait donc pas d'apporter aux peuples dont on faisait la conquête « la » civilisation en général, mais « une » civilisation bien particulière : qu'on l'appelle française, occidentale ou chrétienne, qu'on la caractérise comme capitaliste, industrielle ou technicienne n'y change rien ; elle était d'ailleurs tout cela à la fois. Civiliser les peuples conquis, c'était en toute hypothèse leur « apporter » la civilisation du conquérant, non la civilisation en général.

Il est de bon ton d'objecter à la posture théorique et politique ainsi adoptée qu'elle relèverait d'un « relativisme » de mauvais aloi[3]. La civilisation occidentale (ou française, ou chrétienne, ou capitaliste, ou industrielle ou technicienne), répète-t-on, possède une supériorité intrinsèque sur les autres ; elle est porteuse de « valeurs universelles ».

L'idée – caractéristique de l'idéologie coloniale[4] – qu'il y aurait des civilisations, des races, des peuples « supérieurs » ayant vocation à apporter leurs « lumières » aux civilisations, races, peuples « inférieurs » n'a pourtant rien qui aille de soi. La civilisation technicienne est certes, quant à la technique, supérieure à celles qui ne le sont pas ; que ce soit là une échelle de valeurs pertinente n'a rien de certain, sauf à s'en tenir au critère très objectif et, il est vrai, historiquement décisif, de la supériorité militaire. À l'aune des critères occidentaux (ou français, ou chrétiens), la civilisation occidentale (ou française, ou chrétienne) est à l'évidence supérieure à toutes les autres. Que ces critères doivent être considérés comme universels est une autre histoire, et l'affirmer conduit à cet étonnant paradoxe que les Occidentaux (ou les Français, ou les Chrétiens) seraient, de tout l'univers, les seuls à être vraiment universels. Mais rien n'oblige à considérer que la supériorité d'une civilisation se juge à son aptitude à construire des chemins de fer, et à faire en sorte que les trains arrivent à l'heure à Auschwitz.

« Civiliser » les peuples conquis, c'était tout simplement leur imposer une civilisation étrangère. En définitive, « conquête militaire » et « domination blanche », voilà donc bien en quoi, et en quoi seulement,

mot « civilisation » dans le dernier chapitre de son livre *La Guerra dei simboli*, Bari, Dedalo, 2005.

3. Sur cette question, voir Annamaria Rivera, « Le Relativisme culturel. Concept scientifique et arme idéologique », *Les Mots sont importants*, juillet 2005, www.lmsi.net.

4. On se rappelle la célèbre formule de Jules Ferry, père fondateur de « l'école républicaine », selon lequel les « races supérieures » avaient « le devoir de civiliser les races inférieures ». Le même ironisait sur le fait que les « droits de l'homme » n'étaient pas faits « pour les Noirs d'Afrique équatoriale ».

pouvait consister la « mission civilisatrice » de la colonisation française. Nulle schizophrénie de l'Empire, nulle contradiction là-dedans.

L'un des mérites du débat dans le fond bien consensuel suscité par la loi du 23 février 2005 aura été d'apparaître comme ayant en son cœur la question de la « colonisation ». Cela n'allait pas de soi : le mot est en effet absent de cette loi.

Ce qu'elle évoque, c'est « l'œuvre accomplie par la France dans les anciens départements d'Algérie, au Maroc, en Tunisie, ainsi que dans les territoires placés antérieurement sous la souveraineté française ». Ah, qu'en termes galants ces choses-là sont dites ! Le cynisme des parlementaires n'est pas allé jusque nommer la colonisation par son nom. Celle-ci se donne plus noblement comme « œuvre ».

Ce n'est pas, soit dit en passant, le seul mot que le texte de cette loi remplace par un élégant euphémisme. On se rappelle que longtemps, dans le vocabulaire officiel de la république, il n'y a pas eu de « guerre » d'Algérie. On parlait d'opérations de maintien de l'ordre, on évoquait des « événements ». Puis une loi avait explicité que la décolonisation de l'Algérie n'avait été arrachée à la France que par une « guerre »[5]. Or la loi du 23 février ne parle pas de guerre ; elle ne parle pas même d'événements. Ses victimes civiles et militaires sont celles d'un simple « processus ».

D'une loi toute entière traversée par la réduction de la colonisation à une « œuvre » et de la guerre à un « processus », on n'a fait scandale que du quatrième article, qui impose aux professeurs d'histoire d'expliquer à leurs élèves le rôle « positif » de la présence française outre-mer (« présence » étant ici un nouvel euphémisme pour « domination coloniale »). Cela mérite qu'on s'y arrête.

La rébellion des historiens, qui a retenu toutes les attentions, est dans le fond un simple mouvement corporatiste. Énonçant à juste titre que, spécialistes d'une discipline relevant des sciences sociales, ils n'avaient pas de consignes à recevoir du législateur et devaient conserver leur indépendance intellectuelle et leur liberté de recherche, ils ont fait porter le débat sur le refus d'une « histoire officielle ».

Ce débat a permis de mêler dans une même critique – et, partant, dans la plus grande confusion – diverses lois rapidement qualifiées de « mémorielles », qui n'avaient pourtant pas grand-chose à voir entre elles :

5. Il est vrai qu'il s'agissait là moins d'identifier la nature des violences commises contre le peuple algérien que de reconnaître aux militaires français qui avaient participé à ces « événements » un statut d'anciens combattants.

une loi mettant au nombre des délits de presse passibles de sanctions pénales, outre la diffamation et l'injure raciale, la contestation de la destruction des Juifs d'Europe par les nazis au cours de la Seconde Guerre mondiale ; une loi affirmant que les massacres perpétrés en 1915 contre les Arméniens de Turquie constituaient un génocide ; une loi affirmant que la traite transatlantique avait constitué un crime contre l'humanité ; et notre loi du 23 février 2005, portant « reconnaissance de la Nation aux femmes et aux hommes qui ont participé à l'œuvre » coloniale.

Le seul point commun à toutes ces lois, le reproche qui leur est fait, est d'empiéter sur le travail des historiens : notons toutefois que cela ne change pourtant en réalité rien au travail de la recherche historique d'appeler « crime contre l'humanité », ou « monstruosité » la traite négrière, voire de ne pas la qualifier, d'appeler « génocide » ou « tentative d'extermination » le massacre des Arméniens, ou d'appeler « processus » ou « guerre » le combat du peuple algérien pour son indépendance et la résistance militaire à ce combat ; et que personne, de toute manière, n'interdit d'appeler extermination le génocide, d'appeler monstruosité ou de ne pas qualifier la traite, ou d'appeler guerre le processus visé par la loi du 23 février 2005.

Si toutes ces lois – plus d'ailleurs par le débat qu'elles ont suscité que par elles-mêmes – ont à voir avec la manière dont l'histoire prend place dans les consciences, elles ont peu à voir avec l'histoire elle-même. Le « mémoriel » est ici un paravent du politique.

Si l'on cherche à comprendre pourquoi c'est sur la question de l'histoire et non sur la question de la colonisation que s'est focalisé le débat, on comprend vite que c'est pour les mêmes raisons qui ont conduit à la loi elle-même : la colonisation, c'est ce que la loi recouvre d'un voile pudique, en refusant de l'appeler par son nom.

Plutôt que de faire porter le débat sur ses mécanismes, on a discuté le droit des historiens de le faire en toute liberté. Et plutôt que de s'interroger sur sa réalité comme système de domination, d'exploitation et d'oppression, on s'est penché sur l'existence ou non, pour cette « œuvre », d'un rôle historiquement positif. Une comptabilité d'apothicaire entre les massacres et les centres de soin, entre les travaux forcés et les routes, entre l'oppression culturelle et les écoles, a tenu lieu de réflexion. Il s'est trouvé un homme, chargé d'une mission de réflexion, pour dire qu'à l'évidence, un tel rôle positif existait, ne serait-ce que par l'apport fait aux peuples colonisés de « la culture » et de « l'administration »[6]. Qu'on en sourie ou qu'on s'en alarme n'y change rien : tel est l'état du débat.

La comparaison proposée à cet égard par Christophe Gaudier[7] illustre la médiocrité de cette vision des choses : il ne viendrait à l'idée de personne, évoquant les progrès considérables qu'elle a fait accomplir à la chirurgie et à la médecine, aux sciences et aux techniques, à la géographie et à l'industrie, aux arts et aux sports, de parler du « rôle positif » de la guerre. Faire les comptes des méfaits et des prétendus bienfaits[8] de la colonisation, c'est éviter de la considérer en elle-même ; la loi et le débat qui a suivi reposent sur l'idée que la page est tournée : de la colonisation elle-même, il n'y a rien à dire.

C'est ce qui conduit au paradoxe d'analyses comme celle proposée dans le dossier du journal *Le Monde*, et que l'on évoquait plus haut : pour justifier qu'on parle de « rôle positif » de la colonisation, on classe conquête militaire et domination blanche au rang des dégâts collatéraux, des accessoires dont la condamnation pourrait laisser intact le satisfecit que l'on donne au « reste ». On se prive de comprendre l'aventure coloniale dans sa globalité.

Ce faisant, ce n'est pas ou pas seulement du passé que l'on parle. La colonisation, conquête violente suivie d'une domination non moins violente, par l'Occident chrétien, du reste du monde, est une réalité qui n'appartient pas au passé, mais se poursuit aujourd'hui. On pense bien sûr à la Françafrique, à l'Irak ou à la Palestine[9]. Mais on n'aurait garde d'oublier, en France, ce prolongement des politiques coloniales que sont, d'un côté les « politiques de la ville », et de l'autre les thématiques

6. Arno Klarsfeld semble ignorer ce que, même dans l'optique bornée de la « haute culture » occidentale, on doit bien appeler les chefs d'œuvres de la culture « arabo-musulmane » ou la complexité administrative de l'empire ottoman.

7. Voir son article « Une loi », janvier 2006, www.indigenes.free.fr.

8. L'asymétrie de la formule se justifie, dans la mesure où s'il est aisé de comprendre que les méfaits de la colonisation n'auraient pu avoir lieu sans elle, il n'en va pas de même de ce que certains appellent ses « bienfaits ». D'aucun des événements ou phénomènes que l'on qualifie ainsi, il n'est possible de dire qu'ils n'auraient pas pu avoir lieu hors du contexte criminel de la colonisation.

9. Quelque paradoxe qu'on puisse y voir, et qu'il faudrait sans doute approfondir et développer, c'est délibérément que l'on évoque ici le colonialisme israélien comme élément du colonialisme de « l'Occident chrétien », même si, dans ce cas précis, l'emploi de ces mots pourrait prêter à controverse.

de « l'intégration »[10]. Transformer en « œuvre » ou en « mission civilisatrice » l'entreprise coloniale, transformer son histoire en bilan des « aspects positifs » et des « aspects négatifs », c'est aussi fermer la voie à une approche des réalités du colonialisme postcolonial qui caractérisent aujourd'hui tant le monde que la société française.

C'est ainsi, avec la loi du 23 février 2005, de politique, et de politique seulement, qu'il s'agit. En un sens, il est naturel qu'il en aille ainsi : une loi est faite par des parlementaires, femmes et surtout hommes politiques, dont le souci, plus que le passé lointain du monde, est l'avenir immédiat de leur assiette électorale[11].

La coïncidence des dates est tout un symbole : la loi a été adoptée alors que venait d'être lancé l'Appel des Indigènes de la république. Elle a été confirmée alors que les banlieues de France vivaient une révolte qui constitue l'un des épisodes historiques majeurs de ces dernières années dans ce pays. Deux événements qui secouent, chacun à sa façon, le paysage idéologique et politique de la France postcoloniale. Comment ne pas la voir comme l'élément d'une vaste contre-offensive, par laquelle les dominants entendent consolider leur domination, et préserver les structures idéologiques et sociales postcoloniales de la société française ?

Dans un séminaire de formation des maîtres tenus à l'École normale supérieure, Claude Liauzu, historien assurément anticolonialiste de la colonisation, renvoyait dos à dos comme « également blâmables » la loi du 23 février (contre laquelle il venait, avec d'autres historiens, de lancer une pétition) et l'Appel des Indigènes. Son mot d'ordre, en somme, était « touche pas à ma colonisation ». Domaine réservé. L'histoire ne serait dans cette perspective qu'un sujet d'étude, pas une réalité de la vie.

En le disant ou sans le dire, c'est cette conception des rapports entre la mémoire, l'histoire et la politique que la jeunesse des quartiers populaires aura contribué à bouleverser. En le sachant ou sans le savoir, elle aura confirmé dans toutes ses dimensions l'analyse des Indigènes de la république.

10. Sur ce dernier point, voir Laurent Lévy, *Le Spectre du communautarisme*, *op. cit.*

11. Il n'est pas anodin que les principaux artisans de cette loi aient été des parlementaires de circonscriptions où agissent d'importants « lobbies » de « rapatriés » d'Algérie.

Et si *Indigènes II* se passait en Indochine ?

Sadri Khiari

décembre 2006

C'est le scénario qu'il faudrait imaginer pour mesurer la gravité de nos ambivalences. Nous sommes fiers que le film de Rachid Bouchareb ait redonné leur place dans l'histoire à nos parents et à nos grands-parents engagés pour libérer la France. Engagés bien souvent malgré eux, d'ailleurs, dans une guerre dont il faudra bien se demander dans quelle mesure elle les concernait vraiment. Et c'est vrai qu'ils ont été traités comme des moins-que-rien une fois la guerre terminée. Massacrés, parfois, pour bien leur faire comprendre que cette guerre n'était pas la leur. La leur était la lutte contre leur propre oppresseur : la république coloniale… Alors, que penser de ceux qui, de gré ou de force, ont été se battre contre d'autres colonisés qui voulaient libérer leur pays ? Faudrait-il réhabiliter leur place dans l'histoire, même si c'est l'histoire des guerres coloniales ? Faudrait-il rendre hommage à l'Algérien, au Sénégalais ou au Tunisien qui aura crié « Vive la France ! » en tuant un résistant ou une résistante vietnamien-ne ? Ou faudrait-il plutôt rendre hommage à ceux qui ont pu refuser d'y participer ou, encore mieux, qui se sont rangés du côté de la résistance vietnamienne ? Les uns et les autres font partie de nous. Nous sommes indissociablement ceux qui ont été obligés de trahir leur camp – que le colonialisme ait contraint leur corps ou dévoré leur âme – et ceux qui ont su reconnaître le leur.

Eh, Rachid Bouchareb, Debbouze et les autres, j'aimerais bien voir ce film !

La lutte contre les discriminations raciales au travail

Sadri Khiari

juillet 2007

Après des années de déni institutionnel, d'aveuglement des instances judiciaires, des organisations patronales et, plus grave encore, des principales centrales syndicales ouvrières, la question des discriminations raciales qui concernent les travailleurs issus des migrations coloniales et postcoloniales a commencé à être reconnue depuis le milieu des années 1990.

Sous la pression de décisions prises à l'échelle européenne, des mesures législatives et des procédures diverses ont été mises en place mais il n'existe aucune volonté politique réelle d'engager les réformes profondes qu'exige le caractère systémique des inégalités raciales.

Ainsi, la loi de novembre 2001 relative aux discriminations aménage la charge de la preuve, et renforce le pouvoir des inspecteurs du travail en ce qui concerne les discriminations, reconnaissance des « discriminations indirectes » sans pour autant qu'une définition précise n'en soit donnée. La possibilité de porter plainte pour discrimination (loi L122-45 du Code du travail) se heurte aux multiples collusions entre pouvoir économique, pouvoir politique et pouvoir judiciaire. Quant à la Haute autorité de lutte contre les discriminations (Halde) mise en place en 2004, elle n'est qu'une coquille vide, sans pouvoir réel ni désir d'agir.

Des discriminations massives qui affectent tous les domaines de l'existence

Discriminés à l'embauche, à la formation professionnelle, à l'affectation, au salaire, à l'évolution des carrières, recrutés dans des emplois déqualifiés souvent même lorsque nous avons acquis compétences et formation, premiers licenciés, précarisés, nous sommes également l'objet d'humiliations, de harcèlements, de mépris, qui ne sont pas seulement le fait de l'encadrement mais aussi parfois de nos collègues de travail blancs.

Les inégalités de traitement concernent tout autant ceux qui ont des qualifications et des diplômes que ceux qui n'en ont pas. Ces discriminations sont encore plus terribles pour ceux d'entre nous qui ne sont pas français et sont privés de nombreux droits, y compris lorsqu'ils sont à la retraite, sans parler des travailleurs sans-papiers contraints de vivre dans la crainte de l'expulsion, de travailler dans la précarité la plus grande, sans aucune protection, face à des patrons qui profitent de leur détresse pour leur imposer des conditions proches de l'esclavage. Les discriminations au travail se prolongent dans les multiples inégalités raciales à tous les niveaux de nos existences : au logement, à la formation, au loisir, à l'école en ce qui concerne nos enfants, face à la justice, à la police, etc. Que l'on soit français ou non, au travail comme dans la vie, être noir, arabe ou musulman, ou considéré comme tel, c'est être un indigène de la république. L'abjecte politique de la « préférence nationale » recouvre en vérité un système fondé sur la préférence raciale.

Les syndicats divisent-ils la classe ouvrière ?

Pendant de très nombreuses années, nous avons espéré que la solidarité de tous les ouvriers face au patronat soit également une solidarité contre le racisme. Nous avons participé aux luttes sociales, nous avons mené de grands combats qui ont bénéficié à l'ensemble des travailleurs (une mémoire généralement occultée et qu'il nous appartient de restaurer). Mais force est de constater que la cause antiraciste a été marginalisée et qu'elle continue d'être considérée comme une question secondaire alors qu'elle est la condition de l'unité ouvrière qu'on invoque à longueur de temps pour délégitimer nos luttes spécifiques. Certains syndicats ont constitué des structures chargées d'enquêter sur les discriminations raciales, mené quelques campagnes de dénonciation du racisme ou se sont prononcés officiellement contre les nouvelles lois discriminatoires adoptées par le Parlement, notamment en ce qui concerne les sans-papiers, mais si dans telle ou telle entreprise des combats ont effectivement été menés contre les discriminations raciales, les principales organisations syndicales refusent d'en faire un de leurs axes fondamentaux d'intervention. Bien trop souvent, ils considèrent que le racisme au travail se réduit aux comportements répréhensibles de quelques patrons ou chefs racistes. Que de fois n'avons-nous pas entendu dire que nous serions parano et même que, d'une certaine manière, nous serions responsables du racisme parce qu'« inadaptés » à la société « civilisée », trop attachés à nos « particularismes », voire « communautaristes » ? Il faut le reconnaître, les syndicalistes comme les autres travailleurs blancs ne sont pas à l'abri d'un racisme qui traverse l'ensemble de la société et qui va, hélas, en s'aggravant, comme l'ont montré les dernières élections présidentielles. Comment expliquer sinon la très faible représentation des travailleurs indigènes dans les syndicats et dans les instances syndicales ? Comment expliquer les réticences des organisations syndicales à présenter leur candidature aux prud'hommes ? Ils ne se syndiquent pas assez, nous dit-on. Et cela est vrai. Mais s'ils ne se syndiquent pas assez, comme du reste l'ensemble des travailleurs, c'est parce que leurs revendications spécifiques ne sont pas vraiment prises en compte par les syndicats et qu'ils ne peuvent se sentir représentés par des syndicats où les travailleurs issus des anciennes colonies ont les plus grandes difficultés à accéder à des responsabilités syndicales. Qu'on le veuille ou non, nous ne sommes pas considérés comme des militants comme les autres. Dans les syndicats, nous sommes aussi des indigènes de la république. Et de même qu'il faut décoloniser la république, il faut décoloniser les syndicats ! Il est impératif que les travailleurs directement concernés par les discriminations raciales s'unissent et prennent en main leurs propres luttes dans les syndicats mais aussi en constituant des espaces de lutte autonome de travailleurs indigènes dans les entreprises où ce serait la seule possibilité de faire avancer notre combat.

Bagagistes de Roissy, un racisme d'État !

Mouvement des indigènes de la république

novembre 2006

- *Mangez-vous halal ?*
- *Faites-vous la prière ?*
- *Pratiquez-vous le jeûne du ramadan ?*
- *Avez-vous fait le pèlerinage à La Mecque ?*
- *Aimez-vous la France ?*

Autant de questions qu'un fonctionnaire, agissant au nom de la république, et à l'initiative des plus hautes autorités de l'État, a osé poser aux salariés de Roissy, trahissant ainsi l'absence de griefs à leur encontre sinon qu'ils sont ou seraient tous de confession musulmane.

Non ! Il ne s'agit pas d'un scénario imaginé par les Indigènes pour salir la république ! C'est l'interrogatoire concocté dans le cadre de l'oppression croissante que subissent les musulmans de France en ce début du XXIe siècle. Pour la première fois en temps de paix depuis le régime de Vichy et la période coloniale, au sein même de l'Hexagone, est commis un acte délibéré de discrimination raciale assumé par l'État sans autre dissimulation que d'invoquer des raisons de sécurité qui ne trompent personne.

Nous pouvons désormais affirmer que les « loups » sont dans la demeure : pas ceux que l'on avait accusé injustement, ces jeunes musulmans de banlieue, lors de la sinistre affaire du RER D, mais ces « loups » qui envahissent l'espace public, les institutions politiques, médiatiques et intellectuelles.

En France, l'heure est grave, le mal est profond. Il a suffi qu'un petit candidat d'extrême droite publie un brûlot islamophobe pour que la république avoue – allons, lâchons-nous –, pour qu'elle nous dégueule sa vérité au visage ! Non pas son masque d'égalité et de fraternité universelle mais le racisme profond qui la mine : les musulmans sont un danger pour l'ordre de France et sa sécurité. Cela avait déjà été suggéré plus ou moins directement dans les actes ou les paroles de tel ou tel personnage de la classe politique, de droite comme de gauche. La spirale islamophobe, qui s'est déchaînée ces dernières années, vient d'atteindre un nouveau palier. Peut-être pas le dernier, sans doute pas le plus haut. Désormais, il n'y a plus de tabou. L'État français a pris la responsabilité de briser les quelques digues qui contenaient le déclenchement de la détestation raciale.

Des dizaines d'employés musulmans des aéroports de Roissy (agents de sécurité, bagagistes, personnels d'entretien ou de nettoyage, à la traction sur les pistes ou dans les hangars des sociétés de messagerie, serveurs...) se sont vus retirer leur badge de travail, délivré par la préfecture, qui leur permettait d'accéder aux zones réputées sensibles en termes de sécurité. Ils sont désormais interdits de travail, des procédures de licenciement sont en cours. Leur éviction a été accompagnée de propos, d'humiliations et de chantages, dont le caractère raciste est sans équivoque. Les arguments spécieux des autorités préfectorales et policières selon lesquels ces salariés auraient été liés à « des mouvances fondamentalistes à visée potentiellement terroriste » s'écroulent d'eux-mêmes.

Suspects parce que musulmans, ils ont subi d'infâmes interrogatoires dont le seul objet était de mesurer leur respect des préceptes de la foi islamique. Les questions qui leur ont été posées n'ont de rapport avec les impératifs sécuritaires invoqués officiellement que si l'on admet que le seul fait d'être musulman est criminogène. Pour l'État, tout musulman est désormais « potentiellement terroriste » ! Un intellectuel médiatique n'avait-il pas déclaré que trois millions de musulmans en France, c'est trois millions de terroristes ?

Un musulman est présumé coupable. Ce n'est plus à l'administration de démontrer sa culpabilité mais au musulman de prouver son innocence comme l'a reconnu Jean-François Cordet, le préfet de Seine-Saint-Denis, qui a considéré que ces personnes n'avaient pas apporté la preuve d'un « comportement *insusceptible* de porter atteinte à la sûreté aéroportuaire ».

Et que dire du « principe de précaution » invoqué par le ministre de l'Intérieur, candidat à la magistrature suprême, sinon qu'il s'apparente ici à une mesure sanitaire contre un corps étranger qui menacerait la France, une mesure de purification ethnique du personnel, au sens littéral du terme. Ça n'est pas, en effet, leur supposé activisme politique qui motive le recours à une telle terminologie contre les salariés de Roissy mais bien leurs croyances religieuses, réelles ou supposées, qui justifient, aux yeux de l'État, que la présence éventuelle d'un employé musulman tenté par l'action directe soit traitée par l'élimination de tous les employés musulmans comme on abat tout le troupeau pour éviter la contamination des autres cheptels.

Il ne s'agit pas là d'un simple dérapage, d'un acte isolé commis par un fonctionnaire malveillant ; il s'agit d'une action massive, délibérément raciste, voulue et mise en œuvre par l'État, sur la base de ces fameuses « notes blanches » plus dignes de la police politique d'un État totalitaire que d'une république démocratique.

La *présomption de culpabilité*, l'arbitraire administratif, les sanctions d'exception sans obligation de fournir la moindre justification et appliquées à des individus pour l'unique raison qu'ils sont de confession musulmane, les mesures de type « sanitaire », ne sont pas sans rappeler le temps terrible des colonies et du Code de l'indigénat. Et tout cela avec l'approbation du ministre de l'Intérieur : « Je ne peux pas accepter que des gens qui ont une pratique radicale travaillent sur une plate-forme aéroportuaire. Je préfère qu'on ait le risque d'un contentieux parce qu'on a été trop sévère, plutôt qu'on se retrouve avec un drame parce qu'on n'a pas été assez sévère » (Nicolas Sarkozy). Paroles gravissimes qui font écho au couvre-feu instauré en 1961, par le préfet Papon, à l'encontre des seuls musulmans de Paris et qui a conduit au massacre du 17 octobre.

Aujourd'hui, comment pourrions-nous ne pas avoir peur ? Comment pourrions-nous ne pas craindre que cette histoire, cachée prudemment sous le tapis, ne se répète alors qu'à nouveau on fait le tri entre les personnes en fonction de leurs origines ou de leurs convictions religieuses, alors que les multiples expressions du racisme et de l'islamophobie polluent la sphère publique dans le silence général, alors que l'appareil judiciaire manifeste à nouveau ses défaillances et assure l'impunité aux actes racistes ? Écartés à Roissy pour des raisons de sûreté, d'autres musulmans ne feront-ils pas l'objet de nouvelles mesures d'exclusion dans le cadre d'une politique « sanitaire » et en application de ce même principe de précaution ? Jusqu'où ira la dérive qui consiste à assimiler les musulmans à un nouvel ennemi intérieur, la cinquième colonne d'une race fourbe, guerrière et impitoyable ?

L'affaire de Roissy constitue un précédent extrêmement dangereux ; elle ne concerne pas les seuls salariés interdits de travailler ni même les seules communautés musulmanes de France. Il s'agit, bien au-delà, de l'avenir de l'ensemble de cette société et de la nature de son régime politique.

Dès lors, la question qui se pose à toutes et tous est simple : voulons-nous d'un régime d'apartheid ? Voulons-nous vivre, les uns et les autres, dans la peur et la haine réciproques ? C'est parce que nous avons répondu « Non ! » à ces interrogations que nous avons créé le Mouvement des indigènes de la république.

Aujourd'hui,

Face à l'incurie des autorités publiques qui assument désormais ouvertement des mesures d'exclusion des musulmans en raison de leurs croyances,

Face au mutisme complice des forces politiques de droite comme de gauche,

Face à la terrible campagne de haine antimusulmane que mènent des intellectuels de tout bord, dans une tentative de légitimation du racisme antimusulmans,

Nous avons décidé de saisir les institutions onusiennes et européennes et nous en appelons également aux organisations internationales de défense des droits humains et à l'autorité morale de Nelson Mandela afin qu'elles mettent les autorités françaises en demeure de respecter leurs propres textes constitutionnels et législatifs et les conventions internationales qu'elles ont ratifiées relatives au combat contre le racisme sous toutes ses formes et au respect des droits humains.

Nous exigeons :

Le rétablissement immédiat et sans conditions de tous les employés de Roissy, interdits de travail, dans leurs droits, à l'exception de ceux dont la preuve irréfutable et transparente de leurs implications dans des actes criminels aura été apportée par les autorités policières et judiciaires.

Que des mesures soient prises pour lutter efficacement contre l'islamophobie sous toutes ses formes.

L'ouverture d'une enquête par l'Union européenne concernant l'islamophobie en France.

Cracher sur le drapeau français : un privilège de Blancs

Youssef Boussoumah

décembre 2007

Cet article a paru en janvier 2007, dans le numéro 3 de *L'Indigène de la république*. Il réagissait à la déclaration – violente et vulgaire – de Sarkozy : « La France, tu l'aimes ou tu la quittes ! »

Quelles seraient les réactions des lecteurs si, un matin, ils découvraient, en Une de leurs périodiques préférés, un Gérard Depardieu ou une Emmanuelle Béart proclamant leur amour éperdu pour la France de toujours, sous les plis protecteurs du drapeau français ? Tout simplement ceci : « Je te l'avais dit, je m'doutais bien que c'était un facho. » Ou alors ceci : « Elle avait pourtant soutenu les sans-papiers… J'y comprends plus rien ! »

Eh oui ! Car il y a longtemps que la référence au drapeau tricolore et les valeurs progressistes ne font plus bon ménage en France. Sauf en période de grand péril national comme sous l'Occupation. Même la mouvance républicaine de gauche rechigne à cet exercice périlleux et ne le réserve qu'à des événements exceptionnels. À vrai dire, il n'y a guère que les tenants des droites dures ou extrêmes pour oser s'afficher de la sorte avec l'emblème national. D'ailleurs, l'opinion française dans son ensemble ne se prive pas de se gausser de ces chauvins d'Américains et de leur amour immodéré pour la bannière étoilée.

Et pourtant ! Un Jamel Debbouze dans la même posture, en Une du *Nouvel Obs*, à l'occasion de la sortie du film *Indigènes*, non seulement n'est pas vilipendé mais se voit aussitôt gratifié de réactions approbatrices à travers tout le pays. « Merde, après tout c'est normal, ils sont Français » commenteront certains. « J'commence à bien les aimer » renchériront d'autres. Et à l'occasion de la présentation à Cannes de ce film, le comique national n'a-t-il pas été – avec il faut le dire une certaine dose d'obscénité – jusqu'à faire interpréter par de pauvres anciens combattants tout étourdis le *Chant des Africains*, ce sinistre chant de guerre de l'OAS ? Il y a encore quelques années, cela lui aurait valu une volée de bois vert de la part de la génération des « porteurs de valise » anticolonialistes ; aujourd'hui, cela donne lieu à un petit sourire attendri et rassuré, quand il n'est pas de connivence.

D'où vient que l'exhibition de ce même drapeau français par un Renaud ou un José Bové serait aussitôt interprétée par l'opinion de gauche comme une dérive « facho », alors que Debbouze est mis en scène de la sorte par le magazine emblématique de la gauche ? En fait, tout ce passe comme si les acteurs d'*Indigènes* venaient enfin de lever une ambiguïté persistante : « Oui, bien qu'indigènes, nous aimons vraiment la France ! » Comme si la vision de ces jeunes sauvageons assagis, enfin revenus dans le giron de la république, en avait soulagé plus d'un.

Souvenons-nous de cette jeune musulmane qui, à la rentrée scolaire 2004, à la porte de son lycée, s'était vue sommée, non seulement d'ôter son foulard mais surtout de crier « Vive la République ! ». Comment expliquer que de plus en plus de jeunes Français « d'origine immigrée », y compris des jeunes musulmanes portant le voile, se sentent obligés à l'occasion de telle ou telle manif de brandir le drapeau tricolore comme pour excuser l'audace qui leur fait prendre la parole ou battre le pavé ? Comme si les droits politiques, celui de manifester entre autres, ne pouvaient nous être reconnus qu'accompagnés au préalable du salut ostentatoire aux couleurs. Ainsi, s'il est permis à un Français « de souche » de s'identifier aux dissidents de la république que furent les communards, soixante-huitards, et autres anarchistes divers et variés plutôt qu'à un chantre de la patrie comme Paul Déroulède, pour les Français « bronzés », l'adhésion aux rites et symboles nationaux de ce pays est une condition préalable à la vie citoyenne.

Si l'antimilitarisme d'un Georges Brassens, celui d'un professeur Choron ou encore l'antipatriotisme des lecteurs du *Monde Libertaire* peuvent évoquer chez beaucoup de Français leur folle jeunesse et leur tirer quelques larmes d'émotion, il va sans dire que ces expressions politiques sont plus que déconseillées lorsque l'on se prénomme Diallo ou Mohammed et que l'on veut éviter les ennuis. Ainsi l'accusation d'antirépublicanisme n'est aujourd'hui proférée par les nationaux républicains qu'à l'encontre exclusive des Français d'origine coloniale. Comme si ce qui chez certains, les Blancs, peut être considéré comme une opinion politique légitime, ne saurait être apprécié chez d'autres, les bronzés, que comme un délit. Comme si nous autres, indigènes, devrions prouver en permanence que nous ne sommes pas tout à fait la cinquième colonne annoncée ; comme si l'on devait remercier en permanence la France de la gracieuse hospitalité offerte à nos parents et que par des gestes renouvelés d'allégeance à la nation, nous devrions payer éternellement une hypothétique dette à ce pays de circonstances.

Comment expliquer aux citoyens blancs de ce pays que, pour nous, le drapeau tricolore sera pour longtemps encore le symbole de l'extermination de nos aïeux et de la domination actuelle de nos frères d'Afrique ? Jusqu'à ce que l'égalité soit arrachée, il demeurera le souvenir funeste de la guerre faite par notre État à nos peuples d'origine. Qui n'a en tête cette terrible image d'Épinal illustrant la conquête de Madagascar, qui représente un officier de la Coloniale du général Gallieni enfonçant, plein d'ardeur, le drapeau de la république au cœur de la Grande Île. Le jour viendra-t-il où un Français noir, arabe ou musulman pourra, comme n'importe quel autre Français, fouler aux pieds, en toute citoyenneté, un drapeau français symbole des guerres coloniales, sans subir la loi de Lynch ?

La question qui tue : « Aimez-vous la France ? »

Sadri Khiari

janvier 2007

« La France, on l'aime ou on la quitte », dit l'autre. Certains, plus polis mais qui n'en pensent pas moins, nous demandent : « Aimez-vous la France ? ». Lorsque les enquêteurs de la police ont demandé aux salariés musulmans de Roissy s'ils aimaient la France, ils en ont révélé le sens. La question serait posée à un Américain qui aurait traversé l'océan pour découvrir le bar où Hemingway ingurgitait des litres d'alcool, ou s'adresserait à un Japonais venu photographier la tour Eiffel, on la comprendrait. Et, pour être stupide, elle n'aurait pas plus de conséquences que cela. Mais elle est posée à des gens qui vivent ici, travaillent ici, qui souvent sont nés ici et sont donc français. Ils ont tout de même une particularité qui en fait des gens suspects : ils sont noirs, arabes ou musulmans. Leur origine plonge ses racines dans l'histoire esclavagiste et coloniale de la France. Nombreux parmi nous sont désarçonnés par une telle question. Ils sont français mais, à force d'entendre dire que leur présence ici n'est pas vraiment légitime, ils ont fini par y croire. Ils passent donc leur temps à dire « J'aime la France » et à pleurer de n'être pas aimés en retour. Et, d'une certaine manière, quand nous rappelons le rôle de nos parents dans la « reconstruction » de la France ou dans les guerres, nous nous plions à ce test permanent de loyauté. Prétendre ne pas aimer le manioc ou adorer le salé aux lentilles, c'est la même chose. D'autres, qui considèrent que quand on reçoit une claque sur la joue droite, il faut répondre par un coup de pied aux fesses, préfèrent répondre : « La France est une garce ». Ceux-là ont compris le piège.

Que signifie « Aimez-vous la France » ? À première vue, il s'agit là d'une question ; en vérité, il s'agit d'une réponse. Même de deux réponses. Ou trois. La première d'entre elles, c'est la France : une entité dont l'origine se perd dans la nuit des temps (plus : qui préexisterait à sa propre existence historique) et destinée à durer éternellement. Cette France est un territoire – un hexagone parfait –, un peuple

– merveilleux –, un destin – illuminer l'humanité de ses feux libérateurs. Cette France qui en vérité n'existe pas est amenée à l'existence par cette formule magique : « Aimez-vous la France ? ». Le simple fait de poser cette question ou de dire « J'aime la France » suffit à faire du mythe une réalité. Et de nous en exclure par la même occasion. Paradoxalement, donc, quand on exige de nous d'aimer la France *imaginaire*, c'est bien la France *réelle* qu'il nous faudrait accepter sans mot dire. Tout ce qui nous offusque dans la société française telle qu'elle existe pour de vrai ne serait qu'accidents, contingences, réalités extérieures à la France fantasmée et auxquels, dans son essence, elle est censée échapper. On ne peut plus guère nous éjecter à coup de tatanes hors des frontières de la France concrète ; on nous évince alors de cette France idéelle, idéale et pure. Ce qui a pour effet très concret de nous mettre au ban de la France réellement existante. Car, quand on nous demande « Aimez-vous la France ? », on nous signifie tout d'abord qu'on est « étranger », qu'on n'est pas d'ici. C'est là la deuxième réponse que contient la question.

Si l'on décompose la question en plusieurs sous-questions, on obtient ceci :

1) Aimez-vous l'État-nation français (« un et indivisible ») tel que l'ont sacralisé la Révolution de 1789 et la IIIe République ?

2) Aimez-vous les « us et coutumes » des Blancs qui peuplent ce pays et promettez-vous de vous y conformer ?

3) Aimez-vous le passé et le futur de cet État quoi qu'il ait pu se passer et quoi qu'il advienne ?

4) Vacillez-vous d'émotion à la pensée que Clovis s'est converti à la chrétienté ? Pleurez-vous Jeanne d'arc ? Êtes-vous transportés d'allégresse en pensant aux triomphes de Napoléon ? Maudissez-vous les démons russes qui lui ont fait manger la pâtée en abandonnant leurs villes et villages comme des lâches, contraignant ainsi les pauvres soldats français à mourir de froid ? Vibrez-vous de fierté en pensant à la « prise de la smala d'Abdelkader » ?

5) Êtes-vous prêts à soutenir les causes injustes de l'État français parce qu'au fond la France ne peut qu'être juste ?

6) Êtes-vous prêts à « supporter » (odieux anglicisme) l'équipe de France contre l'équipe d'Algérie ou du Sénégal ?

7) Aimez-vous la France en bloc, y compris les inégalités raciales qui en structurent la société ?

Toutes ces sous-questions ont l'air d'un bric-à-brac contradictoire. Mais il ne faut pas se fier aux apparences : la France idéale devant laquelle nous devrions nous prosterner, l'œil humide, est une immense brocante ; on y trouve les vieilleries de son histoire monarchique et chrétienne et les « modernités » de sa république laïque. Mixé dans la centrifugeuse nationale, tout cela donne une bouillie présentée dans de la fine porcelaine et au nom très chic d'« exception française ». « Aimez-vous l'exception française, vous qui êtes des gens très ordinaires ? », voilà encore la question que l'on nous pose. La France imaginaire ne sert qu'à masquer la France concrète, historique, et sa république coloniale et raciste.

Si à cette question fatale, abruptement, nous répondons : « Non, je l'aime pas », alors de manière tout aussi fatale nous aurons avoué que nous ne sommes pas d'ici et que nous n'avons pas à nous vouloir citoyens ni à exiger quoique ce soit. Nous n'avons que les droits d'un étranger et qui plus est d'un étranger malpoli et ingrat. Si, au contraire, nous répondons « Oui, j'aime la France », alors nous avons fait acte d'allégeance, trahi les nôtres et justifié le bannissement de tous ceux qui sont suspects de ne pas aimer cette France. Bref, si nous répondons « oui », on nous a retournés. Ceux qui répondent aimer cette France-là, la France du passé ou la France qui les écarte, ne disent pas « J'aime la France », ils disent « Je ne m'aime pas moi-même ». Et c'est ce qu'on attend d'eux. Parce que nous sommes coupables et que le coupable doit demander pardon. Coupables d'être ou de sembler différents. Or la France qu'on doit aimer n'aime pas, elle, la différence puisque la différence serait la marque de son imperfection. Parfaite, la France est une essence idéale. Donc, par définition, homogène et immuable. Par conséquent, la question « Aimez-vous la France ? » signifie également ceci : « Prouvez-nous que, malgré cette différence qui fait de vous des non-Français à vie, vous êtes bien français. »

La France éternelle a une histoire mythique et, dans le même temps, comme substance, elle n'a pas d'histoire. *Or, nous, nous sommes son histoire.* L'histoire de l'esclavage, l'histoire de la colonisation, l'histoire de l'immigration néocoloniale, l'histoire que nous fabriquons au jour le jour maintenant que nous sommes là, d'ici et plus d'ailleurs. D'où le caractère anachronique de la question « Aimez-vous la France ? ». On ne nous demande pas : « Aimez-vous la France telle que vous l'avez re-créée par votre présence ? », mais « aimez-vous la France telle qu'elle existait avant que vous n'existiez ? ». Ce qui peut se dire d'une autre manière encore : « Nous, qui posons cette question, n'aimons pas cette France-là dont vous êtes malgré nous et autant que nous la chair et le sang ». En bref, la question « Aimez-vous la France ? » révèle chez ceux qui la posent et sont censés aimer *naturellement* la France un manque de confiance dans la France. Ils ont une crise d'identité. Ou, quand il s'agit de politiciens, ils instrumentalisent la crise d'identité des Français blancs dont le « sentiment national » ne trouve plus à quoi s'accrocher. Il paraît que notre présence et la mondialisation y sont pour quelque chose…

Et la façon la plus simple, sinon la meilleure, de résoudre une crise d'identité, ce n'est pas de la questionner, c'est de construire un mur. La question « Aimez-vous la France ? » est donc comme un mur qui sépare en deux la population de ce pays. Il y a ceux qui sont censés *naturellement* aimer la France, même si au fond ils ne l'aiment pas ou qu'ils s'en contre-fichent – mais ils ont le privilège d'être blancs, ce qui est synonyme d'aimer la France. Et ceux dont on imagine qu'ils n'ont aucune raison de l'aimer, de toute façon leur non-amour se lit dans leurs corps et leurs manières de vivre. On ne peut pas aimer la France et la polluer ; or leurs couleurs, leurs religions, leurs origines polluent la France. C'est de nous bien sûr, Noirs, Arabes et musulmans qu'il s'agit, coupables *par nature* d'un grave délit : le non-amour. Comme nul n'est censé ignorer la loi, nul n'est censé ignorer l'amour de la France. Le verdict est contenu dans la question de l'enquêteur. Ainsi, les bagagistes de Roissy se sont vus privés de travail. Mais pour l'ensemble des suspects-coupables, la sanction pénale du crime de non-amour supposé est le bannissement symbolique et réel à l'intérieur même des frontières de la France. Quand le tribunal France nous pose cette question, il nous montre du doigt ; il nous assigne aux yeux du reste de la communauté comme étranger à elle et potentiellement malfaisants. Aimer la France devient ainsi une nouvelle condition à la nationalité. Pour ceux qui ne sont pas français, c'est pire : aimer la France, cette France-là abstraite et mythique, est une condition pour simplement y vivre : « Aimez la France ou quittez-la ! »

La lutte pour une véritable citoyenneté de résidence et pour que le droit du sol ne débouche pas sur une nationalité *vide* ne peut donc se dire dans les seuls termes de l'égalité *réelle*. Ou plutôt, l'égalité ne sera réelle qu'à la condition de bousculer le mythe national français. Il s'agit en d'autres mots de déplacer le centre de gravité de la communauté politique pour qu'elle corresponde à la réalité présente de la France et plus encore pour qu'elle anticipe la France, région d'un monde sans centre de gravité, non « gaulois », non européocentrique, non blanco-centrique. Cette région, on pourra dire « Je l'aime », comme on aime sa rue, son quartier ou un vieux bonnet de nuit.

En attendant, on ne demandera pas à la France de nous aimer. On lui demandera simplement de se regarder dans un miroir. Non pas pour se dire « Je suis la plus belle », mais tout bonnement pour constater que la France est désormais noire, arabe et musulmane. Ce qui est ni moins bien, ni mieux. C'est comme ça, c'est tout.

« *Va te faire intégrer !* »

À l'occasion de la Marche du 8 mai 2006, vous portiez des t-shirts ornés du slogan « Va te faire intégrer ! » ou encore « Ni potes, ni soumis ». Est-ce que vous pouvez rappeler l'émergence de ces slogans dans le mouvement et ce qu'ils signifiaient ?

HB : « Va te faire intégrer ! », c'est un slogan des luttes de l'immigration. On l'a repris et, à mon avis, on lui a donné une certaine popularité, il a très bien fonctionné. Il signifie qu'on n'a de compte à rendre à personne sur la question de notre intégration ; et ça peut vouloir dire également : « C'est à vous de vous intégrer à nous, c'est-à-dire accepter notre existence. » C'est donc cette double signification et la forme provocatrice qui ont bien fonctionné, et puis les mots « intégrer » et « intégration » sont très sensibles. D'abord parce que c'est l'injonction principale qu'on fait aux indigènes. C'est un mot familier, qui nous accompagne depuis notre naissance. C'est pour ça qu'on l'a retourné : c'est un mot qui a fait notre vie.

SK : Je voudrais ajouter que le terme « intégration » est sensible parce qu'il sert avant tout de critère de démarcation : il construit une norme statutaire qui hiérarchise d'une part ceux qui seraient naturellement intégrés par naissance et d'autre part ceux qui ont à faire l'effort de s'intégrer, c'est-à-dire respectivement les « Français » et les indigènes. La différence entre un Blanc et un non-Blanc en France ne reposerait donc pas sur le système social, la structure hiérarchique raciale. Elle viendrait du fait que, malgré tous les efforts que fait la république, malgré tous les efforts que font et qu'ont faits tous les gouvernements qui se sont succédé depuis quarante ans, les indigènes refusent de s'intégrer ou marquent une incapacité culturelle à s'intégrer.
C'est pour cela aussi que le mot d'ordre est important. Quand nous disons « Va te faire intégrer ! », cela veut clairement dire : « Je refuse l'injonction et je refuse de répondre à cette question. Le problème c'est vous. Vous n'admettez pas votre responsabilité

dans le racisme et la discrimination en France ; vous n'admettez pas que la France change par notre seule présence et qu'il faille qu'elle continue à changer, « à s'intégrer », c'est-à-dire à inclure la multiplicité des vies qui la composent, des cultures, des manières d'être, des spiritualités, etc. »

HB : En définitive, ce mot d'ordre change la posture de l'indigène. Je rappelle que c'était la démarche de base que nous avons adoptée dès les premiers éléments de réflexion autour de la question des Indigènes de la république et de l'Appel. Le changement de posture, c'est ne plus se mettre en position d'accusé mais, au contraire, se mettre en position d'accusateur. Et « Va te faire intégrer ! » contient une accusation : en l'occurrence, « le problème c'est vous, la responsabilité vous incombe à vous. »

SK : Nous, nous n'avons que la responsabilité de lutter contre vous…

Et que dire du slogan « Ni potes, ni soumis ? »

HB : « Ni potes, ni soumis » c'est plus simple. Je dirais qu'il y a moins de profondeur politique dans ce slogan. Cela étant dit, il fait écho à SOS racisme et à la notion de « potes », qui sont les amis protégés des Blancs. Le « Touche pas à mon pote » de SOS racisme est très problématique car il met en scène un Blanc qui parle à un autre Blanc. C'est un Blanc-pas-raciste qui parle à un Blanc-raciste et qui lui dit : « Tu ne touches pas à mon pote-l'Arabe ou à mon pote-le-Noir. » Dans cette discussion, l'indigène est celui qui n'est pas acteur de sa vie. Ce slogan est donc fondamentalement paternaliste. Il a eu un véritable succès médiatique et politique, très longtemps, tout en étouffant les luttes. Il a marqué le vrai début de l'antiracisme moral et humaniste. Il s'agissait d'un antiracisme qui cachait tous les problèmes subis par les indigènes : les discriminations, les ghettos, le chômage, la police, etc. Cet antiracisme-là s'est substitué sur le plan médiatique à la lutte des indigènes. Et donc « Ni potes, ni soumis », c'est notre revanche au moment où, dans les années 2000-2003, la « petite sœur » de SOS racisme arrive avec le slogan Ni putes ni soumises. On peut dire que c'était un pied de nez aux deux.

SK : Le lien de parenté entre SOS racisme et Ni putes ni soumises vient aussi du fait que SOS racisme, avec son slogan, avait pour fonction de changer l'acteur principal des luttes antiracistes – les « jeunes des quartiers » comme on disait, ceux qui aspiraient à l'autonomie de leur combat – au profit des jeunes Blancs de gauche. Et dans la même lignée, Ni putes ni soumises, en s'appuyant cette fois sur les jeunes femmes blanches ou certaines jeunes femmes non blanches, cherchait à battre en brèche une des formes contemporaines de politisation et de radicalisation dans les quartiers, en l'occurrence celle qui s'est exprimée à travers l'islam.

Pour passer à la Marche du 8 mai 2007, est-ce que vous pourriez revenir sur deux des slogans forts de la mobilisation : « Ni droites, ni PS » et « Voter utile c'est nous organiser nous-mêmes » ?

HB : Il faut se rappeler qu'on est juste après les élections présidentielles. Nous avions fait une campagne avant la Marche : nous prenions position très clairement contre le PS, la droite et l'extrême droite. On n'a rien dit sur les autres forces politiques, notre position était qu'elles devaient intervenir sur nos questions et convaincre par elles-mêmes les indigènes de voter pour elles : à elles de se positionner sur l'islamophobie, sur la Palestine, sur le racisme, sur les quartiers, etc. On voulait aussi échapper au fameux : « Tous pourris ». On s'en est pris essentiellement aux formations politiques ostensiblement racistes et/ou qui ont eu le pouvoir.
On sentait que, déjà à l'époque, il y avait une tentation vers la droite au sein des milieux de l'immigration, ce qui était relativement nouveau puisque pendant vingt-cinq ans ces forces ont été le monopole de la gauche socialiste. On voyait qu'il y avait un vrai virage : les gens étaient tellement dégoûtés par le PS qu'ils trouvaient que des gens comme Villepin ou Bayrou étaient valables, voire meilleurs – ne serait-ce que parce que Villepin avait publiquement refusé d'aller faire la guerre en Irak. Dire « ni PS, ni droite, ni extrême droite », ce n'était donc pas si évident que cela. D'autant plus que, du coup, on ne condamnait pas la gauche de la gauche et c'était aussi problématique parce que l'extrême gauche ne s'était pas particulièrement distinguée pendant l'affaire du voile ou par rapport à Tariq Ramadan et à l'islamophobie. Je ne regrette pas du tout ce positionnement. On a argumenté que si on ne les condamnait pas, c'est parce qu'on retrouvait au moins une partie d'entre eux dans nos luttes : la lutte des sans-papiers, la Palestine, contre la Françafrique, contre l'islamophobie…

SK : Quand on a lancé ce mot d'ordre – indépendamment des limites qui sont les siennes –, ça a été l'expression d'une volonté des Indigènes de la république d'être de plain-pied dans les combats politiques, y compris dans les combats politiques qui se posent au niveau des élections. On essaie à ce moment-là de dépasser le stade des

ENTRETIEN

simples revendications immédiates et de la propagande générale sur nos thèses. Ça a donc marqué un moment important dans le mûrissement des Indigènes. Et en même temps, ça s'est accompagné en interne d'un vrai débat sur comment trouver une réponse qui permette d'éviter les écueils qu'a soulignés Houria, pour trouver une réponse porteuse d'une dynamique et qui ne soit pas simplement une réponse négative au sens strict. À cette époque, on va essayer dans le même temps de développer des éléments programmatiques, des éléments de réformes qu'on a publiés par nos différents moyens de communication. On a essayé de s'emparer de la campagne d'une façon clairement éducative pour nous-mêmes en interne, mais également pour l'environnement qui était le nôtre.

HB : Pour répondre à la deuxième partie de la question, « Voter utile c'est s'organiser nous-mêmes », ça signifiait qu'on ne comptait pas sur les élections. Je me souviens très bien de cette période-là où, comme d'habitude, plein d'associations, de réseaux, d'indigènes dans toute la France se sont réveillés à trois mois des présidentielles et ont commencé à faire des campagnes pour s'inscrire sur les listes électorales. C'était présenté comme une libération en soi. Je me souviens d'une campagne qui disait : « Voter, c'est comme lancer un cocktail Molotov ». Pour nous, ça reste des revendications et des projets *a minima*. On a quand même essayé de contrer ça avec les moyens du bord : « Non, on ne peut rien attendre des présidentielles. » On n'a pas dit qu'il ne fallait pas voter mais qu'il ne fallait rien en attendre et que l'essentiel pour nous, c'était effectivement l'organisation.

En 2008, l'affiche annonçant la Marche du 8 mai reprenait la célèbre photographie des Jeux olympiques de Mexico en 1968 : John Carlos et Tommie Smith, deux athlètes Noirs sur le podium, levant chacun un poing ganté noir, en protestation contre le racisme, accompagnés par un athlète blanc, Peter Norman, qui porte en signe de soutien un badge de l'Olympic Project for Human Rights dont faisaient partie Carlos et Smith. L'affiche avait pour slogan : « Noirs, Arabes, musulmans, habitants des quartiers, tous solidaires. » Ça nous permet de revenir sur votre rapport aux luttes noires américaines. Comment portez-vous cet héritage et quelle est la place de cette tradition dans les luttes de l'immigration en France ?

HB : On s'inscrit dans ces luttes sans nécessairement les connaître. Je sais que je suis complètement solidaire des luttes des Noirs, que je m'y reconnais et que je m'y identifie mais avant tout parce que je suis une indigène et que je m'identifie à toutes les luttes antiracistes. Or celles des Africains-américains sont beaucoup plus emblématiques que les luttes des pays du Sud parce qu'elles ont lieu en Occident. Comme eux, nous sommes minoritaires numériquement et dominés politiquement. Par conséquent, c'est un lien que l'on fait spontanément entre les deux rives de l'Atlantique.

SK : Je pense qu'il y a quelque chose d'intéressant qui s'est passé progressivement chez les personnes issues de l'immigration dans leur rapport aux luttes noires aux États-Unis. La figure de Luther King a sûrement joué un rôle important mais, dans les premières générations militantes, liées à l'extrême gauche, s'il y avait des figures parmi celles du mouvement noir américain qui étaient mises en avant et qui étaient utilisées comme références, c'étaient celles issues des Black Panthers. La raison est qu'aux yeux des milieux d'extrême gauche que les franges radicales de cette génération côtoyaient ou fréquentaient, les Black Panthers étaient avant tout une organisation marxiste-léniniste, maoïsante, qui s'est confrontée de manière massive à la violence répressive et qui a réagi parfois de manière armée à cette violence. Les Panthers avaient tout pour plaire à l'extrême gauche et à l'ultragauche en France. En revanche, depuis quelques années, il y a un déplacement. Quand, dans les milieux de l'immigration et dans les milieux militants de l'immigration, on cherche des repères issus du mouvement noir américain, on mobilise beaucoup moins les Black Panthers que Malcolm X. Malcolm X n'était pas marxiste, ni anticapitaliste, ni léniniste, ni maoïste, mais il était, de façon complexe, plutôt nationaliste noir et musulman revendiqué. Et ce déplacement, on le retrouve d'ailleurs également dans nos rangs, au sein du PIR, où l'on retrouve la référence à Malcolm X beaucoup plus souvent que celle aux Black Panthers ou à d'autres figures importantes comme Martin Luther King.
Sur l'héritage des luttes noires aux États-Unis, je dirais que dans la mesure où la production française sur l'immigration est assez largement hostile au prisme de la race et de la question coloniale, que la question de l'immigration n'est pas non plus pensée de manière stratégique, la référence à la littérature africaine-américaine était assez incontournable dans mon propre travail. J'ai lu les discours de Malcolm X ou des textes de Baldwin et je dois dire que j'ai été de suite complètement emporté. À mon avis, j'en ai tiré beaucoup de choses, beaucoup d'idées, beaucoup

de manières de réfléchir. La première chose en tout cas dont je suis sûr, c'est que cela m'a donné de l'assurance dans la manière que j'avais d'aborder la société française. Malgré les différences avec la situation africaine-américaine, il était saisissant de retrouver chez ces auteurs des préoccupations, et parfois même des formules, que nous avions spontanément employées en France avant de les retrouver chez eux, ou bien des projets que nous élaborions qui avaient déjà été inventés, discutés et débattus chez eux depuis au moins cinquante ans.

Cette Marche du 8 mai 2008 n'était, semble-t-il, pas une marche des Indigènes de la république mais une marche du Collectif du 8 mai qui comptait une quinzaine d'associations des mouvements de l'immigration – dont le MIR. Est-ce que vous pouvez revenir sur cette spécificité ?

HB : On a essayé d'organiser cette Marche du 8 mai avec des associations antillaises et noires pour pallier notre déficit en termes d'alliances avec les Noirs. On a essayé de travailler de manière collective et je ne sais pas dans quelle mesure ç'a été un succès. Ils nous ont donné leur accord de principe ; ils ont participé à quelques réunions mais on restait moteur – ils n'étaient pas investis au même titre que nous.

C'est vrai qu'on a souvent l'impression que les Indigènes de la république sont surtout composés d'Arabes et qu'il y a peu d'Asiatiques et peu de Noirs. Comment est-ce que vous vous l'expliquez ?

HB : On s'est beaucoup posé la question. Quand on a lancé l'Appel, on a été vraiment optimistes et je dirais même naïfs. On a pensé qu'avec un positionnement essentiellement anticolonialiste, on allait être tous ensemble, au moins Noirs et Arabes ; cela nous paraissait presque évident. Et très rapidement on s'est aperçu que non. Notre appel a d'abord rassemblé des Arabo-musulmans, des Maghrébins et ça s'est manifesté de manière très claire lorsqu'on a créé le mouvement. On a fait énormément d'efforts : dans nos écrits, le fait d'analyser la situation postcoloniale comme étant un tout, se prononcer autant contre l'occupation de la Palestine que contre la Françafrique… Cela n'a pas fonctionné. Il y a des explications : la première est que le noyau qui a composé les Indigènes de la république était un noyau qui venait d'Une école pour tous et toutes et qui s'était surtout mobilisé contre la loi sur les signes religieux, donc sur les questions qui étaient liées à l'islam. J'ai tendance

à penser que l'islamophobie est d'abord une arabophobie et que les racistes ne voient pas les femmes noires qui portent le foulard.
Depuis le 11 Septembre, l'offensive contre les musulmans a une dimension nationale et internationale. On est du même coup obligés de nous inscrire dans l'actualité et de répondre systématiquement à ces attaques. Donc, effectivement, à chaque fois qu'il y avait des offensives islamophobes on répondait, on faisait des communiqués et on se mobilisait : ce qui fait qu'on s'occupait davantage de questions qui touchent les Arabo-musulmans.
L'autre aspect qui fait qu'on attire beaucoup plus d'Arabes, c'est tout simplement la Palestine. La Palestine est une question importante en France, qu'on le veuille ou non. Elle est très présente dans le débat national pour peser contre les indigènes locaux, et elle est très présente dans les rapports internationaux. On a, par la force des choses, été amenés à beaucoup nous mobiliser sur la question palestinienne. Depuis 2005, il y a eu tout de même deux grands événements internationaux qui ont mobilisé l'opinion publique : l'attaque contre Gaza et celle du Sud Liban en 2006. Tout cela fait que, fatalement, on reste très mobilisés sur les questions arabes.
Un autre élément d'analyse que l'on pourrait mobiliser, ce sont les rapports entre Noirs et Arabes en France. Il y a évidemment un héritage colonial de division du Sud colonisé. Mais il y a autre chose, qui est de l'ordre de la « domination » des Arabes sur les Noirs : les Noirs reprochent aux Arabes d'être négrophobes. Hélas, ça n'est pas totalement faux. Même si nous, en tant qu'Indigènes de la république, nous ne mettons pas sur le même plan le racisme des Blancs à l'encontre des non-Blancs et le racisme des Arabes à l'encontre de Noirs, qui reste un racisme de subalternes, c'est-à-dire un racisme qui n'est pas directement appuyé par l'État. L'expérience des Noirs est que les Arabes jouissent d'une prééminence sur eux. Ça ne simplifie pas les relations et ça ne crée pas la confiance nécessaire pour réaliser un travail politique en commun.

SK : Je pense que cette hiérarchie entre Arabes et Noirs est même beaucoup plus ancrée. Dans de nombreux pays d'Afrique noire, par exemple – d'où viennent beaucoup d'immigrés en France – les Arabes ont fonction de relais du monde blanc et sont perçus comme y appartenant. C'est la même chose dans ce qu'on appelle les « territoires d'outre-mer », où ceux qui sont perçus comme Arabes sont perçus comme Blancs. Le système racial est un système pyramidal et, dans cette hiérarchie, les Arabes sont en France relativement privilégiés par rapport aux Noirs. Ils sont même privilégiés au niveau symbolique, c'est-à-dire qu'ils sont perçus – à tort – comme venant d'une civilisation plus élevée, plus développée, plus riche que les civilisations noires. Les Arabes sont eux-mêmes généralement convaincus de cela. Même l'offensive dont a parlé Houria, l'offensive islamophobe, valorise d'une certaine manière le musulman arabe par rapport au Noir : le musulman arabe est perçu comme menaçant voire même dangereux.

Il est vrai que sur le plan médiatique de l'offensive raciste, on vise les musulmans et derrière eux les Arabes, mais dans la réalité des pratiques sociales et des logiques racistes, les plus discriminés et les plus mal lotis sont effectivement les Noirs. C'est une hiérarchie très ambivalente. Il y a par ailleurs une grande diversité chez les Noirs eux-mêmes. Il y a beaucoup de Noirs qui sont issus d'une immigration récente, c'est-à-dire plutôt dans les années 1980, et qui ont donc une accumulation des luttes relativement plus faible que celle des Arabes. Mais il y a aussi les Antillais ou les personnes venant des « territoires d'outre-mer » qui, eux, ont une histoire beaucoup plus connue de luttes contre le colonialisme et le racisme. Cependant, en tant que Noirs, ils sont d'une certaine manière en dessous des Arabes dans la hiérarchie raciale mais aussi au-dessus de tout l'indigénat dans la mesure où ils sont considérés comme Français, qu'ils sont nombreux à travailler dans le secteur public et qu'ils ont toujours eu, sur le plan social comme sur le plan symbolique, une position privilégiée par rapport à ceux qui viennent d'Afrique noire.

Il y a donc aussi d'importantes différences culturelles. Même s'il y a certaines tendances à l'homogénéisation – ou à l'hybridation dans les quartiers populaires –, il existe des préoccupations politiques assez disparates au sein des Noirs et entre Noirs et Arabes. Par exemple, nous-mêmes, quand on a débattu du projet d'Appel, des militants antillais qui participaient aux réunions ont proposé qu'on y introduise la notion de réparation par rapport à la déportation et la réduction en esclavage des Africains. Les militants maghrébins et les militants blancs ont préféré ne pas le faire. On connaît le genre d'hostilité des Blancs vis-à-vis de la notion de réparation, mais les Maghrébins eux-mêmes n'en voyaient pas vraiment l'importance ou n'avaient pas vraiment réfléchi à la question. Il n'en demeure pas moins que, dans les milieux militants antillais, la question des réparations est centrale. Un Antillais qui lit l'Appel des Indigènes sait tout de suite que les Antillais n'ont pas eu de pouvoir puisque la question des réparations n'y figure pas. Dans nos textes aussi, et ce recueil le montre aisément, l'Afrique et les actuelles colonies françaises n'apparaissent que de manière marginale. On sent d'ailleurs qu'on n'est pas capables aujourd'hui, en tant que force politique, de proposer une articulation réelle dans notre démarche entre ces différentes facettes du problème racial et colonial. On se contente d'additionner : on ajoute les questions qui concernent les Antillais, celles qui concernent les descendants de colonisés d'Afrique noire, mais on n'arrive pas à mettre tout ça réellement ensemble.

Il faut tout de même ajouter qu'à ma connaissance, nous sommes la première organisation à avoir fait cet effort et à continuer à le faire : chercher une articulation entre préoccupations noires, arabes et musulmanes, autant au niveau théorique qu'au niveau politique et organisationnel. Et même si on n'a pas réussi à faire ce qu'on voudrait faire, on a déjà trouvé un certain nombre de pistes intéressantes. On a en tout cas réussi à diffuser une culture politique dans les milieux militants de l'immigration et des quartiers sur la nécessaire alliance des communautés noires, arabes et musulmanes.

Ni pour les droites, ni pour le PS. Les exigences du MIR pour les élections

Mouvement des indigènes de la république
janvier 2007

Les élections présidentielles nous concernent et ne nous concernent pas

Ces élections ne nous concernent pas parce qu'une grande partie d'entre nous n'a pas le droit de vote. Certains, comme les sans-papiers, n'ont aucun droit. Malgré d'innombrables promesses jamais réalisées, ceux qui disposent d'un titre de séjour se voient refuser l'accès à la citoyenneté : alors qu'ils vivent en France, parfois depuis des décennies, qu'ils y travaillent, y payent des impôts et y élèvent leurs enfants, ils n'ont pas leur mot à dire concernant le présent et le futur de ce pays ; ils ne sont ni électeurs ni éligibles.

Elles ne nous concernent pas parce que ceux d'entre nous qui sont français ont certes le droit de vote ; ils peuvent se porter candidats ; mais ces droits restent largement formels. Le monde politique exclut en pratique les Français originaires des anciennes colonies, noirs, arabes ou musulmans. À moins que, à de rares exceptions près, ils soient prêts à jouer les « beurs » ou les « nègres » de service. On parle *de* nous ; on parle *pour* nous ; mais nous n'avons pas le droit réel de porter notre propre parole.

Elles ne nous concernent pas parce que nos problèmes spécifiques, nos revendications, nos désirs, sont constamment escamotés et quand certains d'entre eux sont repris par tel ou tel candidat, ils sont présentés comme secondaires et finalement trahis. Nous n'existons par pour nous-mêmes dans ces élections mais comme enjeu des batailles que se livrent la droite et la gauche et les différentes tendances en leur sein. Depuis plus de vingt ans, on nous diabolise ou on nous instrumentalise à chaque consultation électorale. Épouvantail ou bouc émissaire pour les uns qui cherchent à capter les voix les plus à droite, électorat populaire désemparé par la crise, vivier de voix pour les autres qui se présentent comme le seul barrage possible aux courants les plus racistes de la scène politique française : nous n'aurions pas d'autre choix que de renoncer à nous-mêmes pour permettre, contre le « pire », l'avènement du « moins pire ».

Elles ne nous concernent pas parce que nous savons que tant que nous ne serons pas parvenus à nous organiser nous-mêmes, en toute autonomie, et à constituer une force politique susceptible d'imposer nos exigences, les majorités parlementaires, municipales, le gouvernement, la présidence de la république et les autres institutions de ce pays laisseront se développer ou entretiendront les discriminations raciales.

Et pourtant ces élections nous concernent !

Elles nous concernent parce que nous pouvons les utiliser comme levier pour construire notre propre puissance politique anticolonialiste et antiraciste, et imposer notre parole spécifique et autonome dans le débat.

Elles nous concernent parce que les voix de ceux d'entre nous qui ont le droit de vote et choisiront de voter peuvent être nombreuses et ces voix ne doivent pas se tourner vers les candidats racistes ni se laisser piéger par la rhétorique du vote « utile » ou « moins pire ».

Elles nous concernent parce que, si nous n'avons pas encore la force de bousculer en profondeur la situation, nous sommes en mesure de l'influencer et de faire bouger les lignes. Voter « utile », c'est voter contre les partis qui défendent un programme raciste ; c'est sanctionner les partis qui depuis des décennies mènent une politique qui alimente le racisme, aggravent les discriminations raciales, brident les différences culturelles ; voter « utile », c'est dire « Non ! » aux candidats qui défendent une politique coloniale et impérialiste en Afrique, dans les Dom-Tom et, plus généralement, sur le plan international ; c'est s'opposer à ceux qui apportent leur appui à l'hégémonie états-unienne et au colonialisme criminel de l'État d'Israël.

Pour les élections présidentielles qui viennent, nous appelons donc ceux d'entre nous qui ont le droit de vote et tous les Français qui soutiennent notre combat contre le colonialisme et le racisme à voter contre les différents candidats de la droite et contre la candidate du Parti socialiste.

Ne pas voter pour les droites ou le PS est plus qu'un acte politique, c'est un acte de dignité !

Nous luttons pour notre dignité ; nous ne pouvons pas utiliser un des instruments de la lutte politique, en l'occurrence le vote, indépendamment de tout principe moral, en mettant de côté notre dignité. Il est certes possible qu'en votant pour l'un ou en éliminant l'autre l'offensive actuelle contre les populations issues de l'immigration soit momentanément freinée voire même que le nouveau gouvernement fasse preuve de quelque « mansuétude » à notre égard pour se distinguer de son adversaire et consolider son électorat. Mais voter pour le « moins raciste », c'est toujours voter pour des racistes. Nous refusons d'être éternellement piégés par une telle alternative. Nous refusons d'être condamnés à voter pour le « moins » raciste sous prétexte que celui-ci nous concédera peut-être quelques miettes. Le vote « utile » est d'abord un vote de la dignité !

Quant aux autres, nous ne donnerons pas en ce qui les concerne de consignes de vote.

En effet, les autres candidatures qui se profilent ne nous représentent pas et ne sauraient nous représenter. Quelques-unes de nos revendications sont certes présentes dans leurs (projets de) programmes pour les élections présidentielles. Pour autant, ils n'intègrent pas la question du traitement colonial des populations héritières de l'immigration. Pour nous, cette question est centrale ; pour eux, elle est périphérique. Nous ne confondons pas cependant ces partis avec la droite et le PS parce que nous rencontrons leurs militants ou sympathisants à nos côtés dans les luttes. Trop souvent cependant comme des intermittents de la lutte antiraciste.

Il leur faudra donc nous convaincre de leur capacité à sortir du consensus postcolonial et raciste en défendant nos exigences fondamentales.

S'ils veulent nos voix, qu'ils viennent vraiment se battre à nos côtés.

Nos exigences

Les élections à venir seront pour nous l'occasion d'affirmer la nécessité d'un changement radical mais aussi de défendre nos revendications les plus urgentes.

Le Mouvement des indigènes de la république n'a pas la prétention de pouvoir formuler un programme exhaustif qui prendrait en charge l'ensemble des exigences et des besoins des populations qui subissent le racisme, le colonialisme et le néocolonialisme français. Ce programme précis ne peut être que le fruit d'un processus d'élaboration collective enracinée dans les luttes. Nous ne pouvons, ici, qu'ébaucher des lignes directrices et exprimer l'esprit du changement en profondeur qui s'impose. La finalité de ces propositions est d'engager le débat avec l'ensemble des collectifs et des mouvements autonomes mobilisés contre les discriminations raciales postcoloniales, le colonialisme et le néocolonialisme pour mener, ensemble, une campagne à l'occasion des présidentielles et préparer, dans la convergence, les échéances ultérieures de luttes sur tous les plans y compris électoral : quel que soit le candidat élu à la présidence de la république, nous aurons de durs combats à mener pour défendre notre dignité et ce n'est que par notre capacité à nous organiser de manière unifiée et autonome que nous pourrons peser sur notre destin.

Dans cette perspective, nous proposons à l'ensemble des mouvements autonomes engagés dans ces combats de mettre en commun nos énergies pour développer une campagne commune à l'occasion des élections à venir et en premier lieu des élections présidentielles. Nos propositions pourraient servir de point de départ à une large discussion permettant l'adoption d'une plate-forme commune de campagne.

Dignité, égalité, justice ! Pour un véritable programme de lutte contre les discriminations racistes

En dehors de l'extrême droite, tout le monde prétend aujourd'hui lutter contre les discriminations. Mais les discriminations liées à la couleur de peau ou à l'origine sont rarement spécifiées en tant que telles. Elles ne font pas l'objet de dispositifs particuliers ni de politiques volontaristes pour en venir à bout. Elles ne seraient pas structurelles mais simplement l'expression de dysfonctionnements et de comportements individuels répréhensibles. Les bien-pensants, arborant de petites mains jaunes paternalistes, s'offusquent d'entendre un Le Pen parler de « préférence nationale » ; mais la préférence nationale est déjà la norme et elle est raciale, produite par de multiples logiques sociales et institutionnelles qui débordent le racisme de tel ou tel individu. S'il faut évidemment prendre des mesures pour prévenir et sanctionner les comportements racistes individuels, rien ne saurait fondamentalement changer sans la mise en œuvre d'un programme d'ensemble, de dispositifs et de procédures exceptionnels de lutte contre les pratiques qui, consciemment ou non, motivées par des préjugés racistes ou non, produisent et reproduisent les hiérarchies de races héritées notamment de l'esclavage et de l'ordre colonial. Une simple loi ne suffira pas : la loi sur la parité a fait passer le pourcentage de femmes au Parlement de 10 % à 11 % !

Nous refusons les mesures en trompe-l'œil qui masquent sans la changer l'organisation raciste de la société – la Halde (Haute autorité de lutte contre les discriminations et pour l'égalité) en est le parfait exemple.

Pour une nouvelle communauté politique

Nous voulons la dignité, la justice, l'égalité. Celles-ci passent impérativement par la lutte contre tous les racismes et toutes les discriminations, contre les politiques sociales et culturelles qui les alimentent, contre les logiques et les mentalités héritées de la colonisation et du nationalisme républicain, contre les politiques néocoloniales de la France à l'égard de ses anciennes colonies et les différentes formes de domination qu'elle exerce encore dans les territoires d'outre-mer et vis-à-vis des populations qui en sont issues. Une république qui repose sur des mythes nationalistes et colonialistes ne peut pas assurer l'égalité et la reconnaissance de tous ses citoyens. Vaste programme formulé dans notre Appel fondateur (voir p. 19) et qui implique une transformation radicale de la communauté politique et de ses institutions constitutives.

De ce point de vue, une *nouvelle constitution* apparaît comme un impératif incontournable.

En premier lieu, il s'agit de reformuler l'article premier qui en indique l'esprit général :

Version actuelle :

« La France est une république indivisible, laïque, démocratique et sociale. Elle assure l'égalité devant la loi de tous les citoyens sans distinction d'origine, de race ou de religion. Elle respecte toutes les croyances. Son organisation est décentralisée ».

Version proposée :

« La France est une république *multiculturelle*, *plurilingue*, laïque, démocratique et sociale. Elle assure l'égalité devant la loi de tous les citoyens quels que soient leur *sexe*, leur origine, leur *culture*, leur *langue* ou leur religion. Elle respecte *toutes les cultures* et toutes les croyances. *Elle distingue la nationalité de la citoyenneté.* »

Une politique volontariste contre le racisme et les logiques racistes implique notamment :

I) Un plan d'urgence contre les discriminations racistes et contre la relégation sociale et l'enclavement des quartiers populaires.

1) *Lutter contre la précarité et le chômage*

Des mesures immédiates doivent être prises pour développer la formation et combattre la précarité et le chômage par la création d'emplois stables et valorisants, tant publics que privés.

Revalorisation des emplois faiblement qualifiés dont le rôle social important compense un rôle économique apparemment moindre.

Mise en place de structures d'accueil emploi socio-culturellement adaptées.

2) *Promouvoir l'égalité réelle dans l'enseignement*

Réduction des effectifs dans les zones d'éducation prioritaires (ZEP) : pas plus de vingt élèves par classe.

Institution d'un observatoire des inégalités scolaires pour partager les informations entre l'État, les enseignants, les parents, les élus, les personnels, les syndicats, les associations, pour combattre les inégalités en contribuant à l'école de la réussite pour tous.

3) *Lutter contre les discriminations dans le logement et l'enclavement des quartiers populaires*

Arrêt des démolitions et réhabilitation des logements sociaux.

Adoption d'un plan de construction massive de logements intégrant la problématique du multiculturalisme dans le vivre ensemble, dans l'articulation de l'espace public et de l'espace privé, dans l'expression des besoins des minorités, des exclus et des oubliés.

Élaboration et mise en œuvre de plans d'aménagement urbain qui remettent en question la ghettoïsation structurelle des quartiers populaires et inscrivent la carte scolaire dans une réelle diversité socioculturelle.

Garantie de transports en commun dignes de ce nom et gratuits.

4) *Stop au racisme et aux discriminations*

Abrogation de la loi sur l'égalité des chances de 2006.

Création d'une autorité administrative indépendante contre tous les racismes et toutes les discriminations disposant de relais départementaux et régionaux ainsi que d'un corps d'inspection disposant d'un statut équivalent à celui des inspections du travail.

Renforcement de l'inspection des agences d'intérim.

Sanction réelle des personnes coupables de pratiques discriminatoires, même agissant « sur ordre ». Dommages et intérêts de la part de l'entreprise.

Obligation pour les grandes entreprises qui s'installent dans les quartiers populaires de recruter à des postes à responsabilités des jeunes issus de ces quartiers ou des alentours, qui détiennent les diplômes adéquats.

II) Non à la politique sécuritaire !
Développer la citoyenneté et l'initiative populaire.

Que cessent les contrôles policiers au faciès.

Suppression des brigades anticriminalité (BAC).

Interdiction des milices privées.

Abrogation des lois sécuritaires Sarkozy-Perben-Chevènement-Vaillant...

Augmentation des subventions aux politiques de prévention.

Abrogation de la loi de 1955 sur l'état d'urgence.

Augmentation des subventions aux associations de quartiers.

Mise en place d'instances permettant de prendre en compte les initiatives citoyennes dans les débats des différences institutions où sont élaborées et prises les décisions, intégrant une représentation des minorités et des exclus issue de collectifs et/ou des associations de quartiers.

III) Pour une justice qui combatte effectivement le racisme
et les discriminations

Non à l'impunité policière.

Renforcement et publicité des mécanismes d'interpellation rapide de la justice en situation de racisme.

Suppression de la procédure de comparution immédiate.

IV) Pour une politique de soutien au développement des cultures minoritaires et le respect des différentes croyances.

Dans les dispositions juridiques relatives à la nationalité française, abandon de toute référence à l'assimilation – qui consiste à prendre comme modèles à imiter les « us et les coutumes » considérés comme caractéristiques de la vie sociale en France. Abrogation notamment de l'article 21-4 du Code civil qui stipule que « Le Gouvernement peut s'opposer par décret en Conseil d'État, pour indignité ou défaut d'assimilation, autre que linguistique, à l'acquisition de la nationalité française par le conjoint étranger » et de l'article 21-24 qui fait de l'assimilation une condition de la naturalisation puisque « Nul ne peut être naturalisé s'il ne justifie de son assimilation à la communauté française, notamment par une connaissance suffisante, selon sa condition, de la langue française et des droits et devoirs conférés par la nationalité française ».

Que cessent toutes les discriminations concernant la pratique de l'islam et des autres croyances et visions religieuses du monde.

Abrogation de la loi sur les signes religieux de 2004.

Démocratisation et indépendance totale du CFCM (Conseil Français du Culte Musulman), abandon du principe de la nomination de certains de ses membres par le ministère de l'Intérieur ; élections libres, transparentes et sans ingérence des chancelleries des pays d'origine.

Mise en place de carrés musulmans dans les cimetières.

Sanctions contre les maires qui abusent du droit de préemption pour empêcher les citoyens français de confession musulmane d'avoir ou de construire des lieux de culte décents et dignes.

Signature par la France de la Charte européenne des langues régionales ou minoritaires ; engagement à prendre en considération les besoins et les vœux exprimés par les groupes pratiquant les langues des migrants issus de la colonisation.

Action résolue de promotion des langues dominées au collège, au lycée et à l'université afin de les réinscrire positivement dans l'imaginaire culturel collectif.

V) Pour une France ouverte !

1) *Liberté effective de circulation et d'installation des personnes.*

Abrogation des lois anti-immigration Pasqua-Debré-Chevènement-Sarkozy.

Régularisation de tous les sans-papiers.

Réforme égalitaire du droit d'asile.

Fermeture des centres de rétention.

Abrogation totale de la double peine.

2) *Égalité de droit au travail pour les étrangers.*

Abrogation de la condition de nationalité qui interdit l'accès à la fonction publique et à certaines professions libérales aux étrangers non communautaires.

Ratification de la Convention de l'ONU concernant « la protection des droits des travailleurs migrants et des membres de leurs familles ».

Droit à la retraite complète des vieux travailleurs immigrés même s'ils partagent la fin de leur existence entre la France et leur pays d'origine.

3) *Pour une citoyenneté de résidence.*

Droit de vote et droit à l'éligibilité des étrangers non communautaires, résidents en France, aux élections locales, nationales et européennes.

Droit à l'éligibilité des travailleurs immigrés aux prud'hommes.

4) *Défendre le droit du sol contre le retour du droit du sang.*

Attribution automatique de la nationalité française à tous les enfants nés sur le territoire et, s'ils le souhaitent, à tous ceux et celles qui vivent en France depuis au moins trois ans.

VI) Dénationaliser et décoloniser l'histoire de France.

Reconnaissance du caractère criminel de la colonisation.

Abrogation de la loi du 23 février 2005.

Élaboration et mise en œuvre d'un programme de formation des enseignants du primaire à l'université et d'un programme scolaire, de manuels scolaires et outils pédagogiques adaptés, du primaire à l'université, traitant de la période de la traite, de l'esclavage, de la colonisation et des migrations récentes, déconstruisant le mythe de la France éternelle, homogène, dotée d'une mission pour l'humanité ; écriture d'une histoire plurielle, multiculturelle et multi-ethnique, métissée, non élitiste, prenant en compte les classes populaires, les colonisés et leurs luttes, les diversités régionales et religieuses, les vagues d'immigrations, etc., tout en intégrant l'apport des DOM-TOM, des colonies à l'histoire, à la culture, aux sciences et à l'économie de la France.

Rétablissement, dans la loi de 2001 reconnaissant la traite et l'esclavage en tant que crimes contre l'humanité, de l'article 5 tel qu'il figurait initialement dans la proposition de loi présentée en première lecture à l'Assemblée nationale : « Il est instauré un comité de personnalités qualifiées chargées de déterminer le préjudice subi et d'examiner les conditions de réparation due au titre de ce crime. Les compétences et les missions de ce comité seront fixées par décret en Conseil d'État. »

Faire un inventaire dans les collections nationales et régionales des objets relatifs à la traite négrière, à l'esclavage et à leurs abolitions, à la colonisation, ainsi qu'un état présent des lieux, musées, monuments, relatifs à la traite négrière, l'esclavage et leurs abolitions, et à la colonisation. Établir un programme national de collecte des archives privées relatives à la traite négrière, l'esclavage et leurs abolitions, la colonisation.

Création d'un lieu d'intérêt national pour honorer et promouvoir les populations d'outre-mer ou originaires d'outre-mer et des anciennes colonies et refaçonner l'image scientifique, économique et culturelle des départements et territoires d'outre-mer, des anciennes colonies comme de leurs originaires.

VII) Non à la liberté d'expression du racisme !

Adoption de mesures et procédures de contrôle pour mettre effectivement un terme à l'expression du racisme (négrophobie, islamophobie, arabophobie, etc.) et à toute forme de stigmatisation de groupes de population (« jeunes de banlieue », etc.) dans les médias et notamment dans les médias publics.

Promotion des minorités culturelles et des langues minoritaires dans les médias publics.

VIII) Pour une politique internationale favorable aux États du Sud et indépendante des États-Unis

Démantèlement des mécanismes et institutions qui maintiennent les anciennes colonies françaises dans une situation de dépendance effective sur les plans culturels, économiques et politiques.

Démantèlement des bases militaires françaises en Afrique.

Arrêt du soutien aux dictatures.

Reconnaissance de la légitimité des résistances palestinienne et libanaise.

Levée des sanctions politiques et économiques prises contre le gouvernement palestinien.

Engagement résolu pour l'application des résolutions de l'ONU, notamment les résolutions 194 et 3236, reconnaissant le droit inaliénable des Palestiniens de retourner dans leurs foyers et le droit à l'autodétermination et à la souveraineté du peuple palestinien ainsi que l'avis de la Cour internationale de justice concernant le démantèlement du mur de séparation raciste édifié en Palestine.

Sarkozy et la contre-révolution coloniale

Sadri Khiari

janvier 2008

Toute révolution est accompagnée d'une contre-révolution. C'est quasiment une loi de l'histoire. Le problème, c'est qu'on ne sait jamais d'où va venir la contre-révolution. Ni quand. Elle peut surgir de l'intérieur même de la révolution. C'est d'ailleurs un cas très courant. Au point qu'on est souvent tenté de renoncer à la révolution pour éviter la contre-révolution. Elle peut apparaître pendant, après et même avant la révolution. Dans ce dernier cas, on peut parler de contre-révolution préventive (comme, par exemple, lorsque des « indépendances » ont été concédées avant même que la contestation anticoloniale ne devienne une menace véritable).

La première phase de la révolution anticoloniale, qui a atteint son apogée au milieu du siècle dernier, s'est heurtée à toutes ces formes. Le bilan qu'on peut en tirer, c'est que la révolution anticoloniale a pu infliger de formidables défaites aux puissances coloniales sans pouvoir cependant réaliser tout son potentiel libérateur. Pour leur part, incapables de venir à bout des forces anticolonialistes et de restaurer la plénitude de leur puissance d'antan, les principaux États coloniaux ont pu néanmoins reconfigurer partiellement leurs modes de domination. La première phase de la *contre*-révolution coloniale restait inachevée. Depuis, sous de nouvelles formes, la résistance anticoloniale n'a jamais cessé de se manifester, que ce soit pour élargir les conquêtes de la période précédente ou pour en préserver les acquis face aux tentatives réitérées des pouvoirs impérialistes de récupérer ce qu'ils avaient perdu, en termes de contrôle politique, culturel et économique des peuples qui avaient accédé à l'indépendance. Préparée depuis de nombreuses années, la deuxième phase de la contre-révolution coloniale a commencé avec la première guerre du Golfe ; elle s'est déployée avec force au lendemain du 11 Septembre avec l'intervention en Afghanistan, la destruction de l'Irak, les offensives israéliennes en Palestine et au Liban. Bientôt, ce pourrait être le tour de l'Iran, voire de la Syrie. Cette deuxième phase de la contre-révolution coloniale a plusieurs objectifs. Elle est préventive dans la mesure où elle cherche à étouffer dans l'œuf l'émergence de la deuxième phase de la révolution anticoloniale qui semble s'ébaucher ; elle constitue aussi une réaction contre l'accumulation de puissance (économique, politique, militaire, etc.) de certains États anciennement dominés (la Chine, par exemple) ; enfin, elle a pour but d'effacer les principaux acquis des luttes anticoloniales qui ont été arrachés au milieu du xxe siècle. La première phase de la révolution anticoloniale et de la contre-révolution coloniale s'est développée au croisement de multiples enjeux mondiaux. De même, la deuxième phase de la contre-révolution coloniale, qui se développe aujourd'hui, se combine à de multiples conflictualités à l'échelle planétaire. Mais gardons-nous de noyer le poisson dans les eaux poisseuses de cette « complexité » qu'on nous balance systématiquement à la gueule pour nous empêcher de distinguer nos amis et nos ennemis : la contre-révolution coloniale en cours est une guerre pour préserver ou renforcer la domination *statutaire* (politique, culturelle, raciale) d'une partie du monde, d'une aristocratie planétaire qui s'autodésigne comme l'Occident, sur l'ensemble des autres peuples.

Sarkozy et de Gaulle

Pourquoi cette longue introduction très générale ? Tout simplement pour dire ceci : *Sarkozy est le premier chef d'État depuis de Gaulle à avoir été élu pour que la France joue sa partition dans la contre-révolution coloniale.* Plus précisément, de Gaulle avait pris le pouvoir pour « régler » la « question algérienne ». Il n'a pas été, comme on l'a souvent dit, l'homme de la décolonisation, mais le stratège français de la première phase de la contre-révolution coloniale. Contraint de renoncer à la domination directe des colonies, il s'est évertué, par exemple en Afrique noire, à y préserver la toute-puissance française. Sarkozy, lui, est le stratège français (bon ou mauvais, c'est une autre affaire) de la *deuxième* phase de la contre-révolution coloniale. En cela, Sarkozy est l'héritier du Général. Même s'il n'en est évidemment pas le clone, loin de là. De Gaulle a été au pouvoir à deux reprises. Une première fois, lorsque l'« identité nationale » française était menacée par l'occupation allemande puis par la montée en puissance des États-Unis, une seconde fois, lorsque l'« identité nationale » française était menacée par l'écroulement de l'empire colonial. Si, dans les deux cas, malgré la réalité défavorable des rapports de forces, il a négocié le tournant au mieux des « intérêts de la France », il n'en demeure pas moins que le socle national de l'État républicain en a été sérieusement entamé.

Mai 1968 et la crise de l'État national républicain

Alors que tout semblait aller bien, la crise de l'État national s'est exprimée de manière particulièrement spectaculaire en mai 1968. Pour dire juste un mot là-dessus, il est assez étrange (mais ô combien significatif) qu'on en parle comme d'une éruption mondiale de la jeunesse, d'une lutte des classes, d'une poussée libertaire, d'une transition brutale à la « modernité », de l'émergence des conflits « sociétaux », etc., mais trop rarement comme le produit de la révolution anticoloniale qui l'a *immédiatement* précédée ! Il faut souligner ce « immédiatement », car comment ne pas s'interroger sur une telle proximité dans le temps ? Bien sûr, on relève que les jeunes révoltés étaient fortement imprégnés des « idéaux » ou des « illusions » du tiers-mondisme, mais on n'évoque pas souvent ce fait massif, à savoir *qu'une crise politique de cette ampleur ne peut s'expliquer en dehors du bouleversement de l'État français provoqué par la décolonisation.* Il paraît ainsi assez ridicule – ridiculement ethnocentrique – que dans certains dossiers de revues mis en chantier dans le cadre de la commémoration annoncée du 40e anniversaire de Mai 1968, on puisse trouver des sujets comme « De l'influence de Mai 1968 sur la jeunesse sénégalaise » alors que la vraie question est bien plutôt celle de l'influence des luttes menées par les peuples colonisés sur la jeunesse française. Ne craignons pas, quant à nous, de l'affirmer : *Mai 1968 est le produit de la révolution anticoloniale* ! Tout bonnement, parce que celle-ci a secoué la république jusqu'en ses fondements. Et il n'est guère étonnant de ce point de vue que la réaction anti-soixante-huitarde qui s'est engagée depuis le milieu des années 1970, et qui atteint son point culminant dans le discours sarkozyste, soit également une offensive nationale, colonialiste et raciste (c'est particulièrement transparent chez Finkielkraut).

Le nouveau pacte républicain : blanchitude et chrétienté

De même qu'on parle de dépassement du « syndrome vietnamien » pour les États-Unis, il faut aussi lire les politiques qui se sont succédé depuis les années 1970 en France, en rapport avec l'immigration ou les quartiers populaires, comme des tentatives pour surmonter le traumatisme de la décolonisation, un traumatisme aggravé, à partir des années 1980, par les luttes des travailleurs immigrés et des nouvelles générations de Français issus des anciennes colonies. On doit bien sûr souligner d'autres facteurs, notamment les effets de la mondialisation libérale, du démantèlement de cet autre pilier de la république qu'est l'État-social, de la construction européenne, de l'offensive de « recolonisation du monde » dirigée par les États-Unis, mais on laisserait échapper un enjeu décisif de la situation française actuelle en ne mesurant pas l'importance pour la république de colmater enfin les brèches de son « être » national, mis à mal par la contestation de la suprématie sur les Nègres et les Bougnoules – une de ses principales composantes. Mais malgré les déclarations péremptoires de ses dirigeants de droite comme de gauche, la France est désormais une puissance de second rang ; elle est incapable de restaurer sa « grandeur » d'antan à l'étranger, et le mythe républicain-national-colonial, instauré dans un seul mouvement par la IIIe République, a pris l'eau de toute part. Aujourd'hui, le seul véritable point d'appui d'une politique nationale est cette dimension qui à la fois est au cœur du nationalisme français et qui le déborde largement : la suprématie blanche et chrétienne. C'est cette identité raciale, nationale et supra-nationale, que veut restaurer Sarkozy comme fondement d'une nouvelle stabilité de la république, c'est-à-dire d'un nouveau « pacte républicain », débarrassé notamment de sa dimension sociale et prélude à un véritable pacte européen. Dans le cadre de la deuxième phase de la contre-révolution coloniale, les États-Unis peuvent faire la guerre à l'extérieur, la France, elle, ne peut faire la guerre qu'à l'intérieur. Ou, plus précisément, elle peut appuyer les guerres américaines, mener elle-même quelques opérations « de police », ici et là, dans les territoires que continuent de lui concéder les États-Unis, mais sa guerre principale, elle la mène contre ses propres populations issues des colonies et des anciennes colonies. Sarkozy est là pour ça.

L'hyène jubile et l'autre pleure. « Vote de classe » ou « vote de race » ?

Sadri Khiari
juillet 2007

Il est donc passé, le petit bonhomme hargneux. Mégalo, sans scrupule, cynique, il voulait le pouvoir suprême ; eh bien, c'est fait ! Il a été élu haut la main à la magistrature suprême. Nouveau roi de France, au-dessus des partis et des classes, il promet de satisfaire tout le monde, les riches et les pauvres, la droite et la gauche, les Blancs, les Bougnoules et les Négros, ceux qui l'aiment et ceux qui l'aiment pas. Son but : garder le pouvoir. On l'a dit fin manœuvrier et il l'est. Non pas seulement parce qu'il a su qui trahir et quand (à quelques bourdes près), qui manipuler et comment, qui séduire, acheter, neutraliser, contourner, manipuler, éliminer, mais plus sûrement parce qu'il a su reconnaître et chevaucher des tendances profondes de l'évolution politique française. Sa victoire n'est pas la victoire d'une tactique, habile au demeurant, mais d'une intelligence de la situation. Face à lui une Ségolène Royale tout aussi cynique et ambitieuse, tacticienne et seulement tacticienne, s'appuyant sur un parti sans s'y appuyer, oscillant entre une droite de la gauche et une gauche de la droite pour finalement donner raison au centre, aurait pu néanmoins gagner si l'enjeu se limitait à la « question sociale ». Ce n'était pas le cas. Elle a perdu.

Plus que toute autre élection où les enjeux nationaux de politique générale s'entremêlent à des contingences et autres enjeux locaux, les élections présidentielles françaises – sans être à l'abri des circonstances locales, des manœuvres et des événements de la campagne électorale – donnent une image assez fidèle des rapports de force politiques, c'est-à-dire aussi des mouvements de fond de la société. Il faudra en faire une analyse précise. Pour l'heure, nous voudrions, ici, l'envisager d'un point de vue indigène. C'est-à-dire également interpeller la gauche qui se demande s'il y a un « basculement à droite » de la société française ou si la victoire de Sarkozy ne scellerait pas la victoire de l'ultralibéralisme et du néoconservatisme à l'américaine, contre le mouvement social et la classe ouvrière.

En gros, on s'interroge sur les rapports de forces entre les classes populaires et les « puissances de l'argent » dont Sarkozy serait le fidèle toutou et ne serait que cela.

Le blanco-centrisme des analyses de gauche

Ces questions ne nous semblent pas stupides, bien au contraire. Mais elles révèlent aussi le point aveugle de la grille d'analyse de la gauche. Elles font en effet l'impasse sur une dimension constitutive des rapports de force – transversale au clivage classes privilégiées/classes populaires même si elle la recouvre pour une part – en l'occurrence ce que nous appelons au MIR la fracture raciale. Certes, dans les analyses proposées à l'heure où ces lignes sont écrites, on trouve en abondance la dénonciation des politiques racistes annoncées par la campagne électorale du nouveau président, on s'inquiète des difficultés accrues que vont rencontrer les travailleurs immigrés notamment lorsqu'ils sont sans-papiers, on vitupère l'idéologie de « l'identité nationale » et la récupération de nombreuses thématiques du Front national, mais on analyse la situation comme si les indigènes étaient des Français comme les autres, ce qui, on le sait, n'est pas le cas… Les Noirs, les Arabes ou les musulmans seraient ainsi des prolo, des précaires, des chômeurs, des « exclus », comme n'importe quels Français, et c'est à partir de ces positions sociales (de classe) qu'ils agiraient sur les rapports de force ou qu'ils seraient « agis » par eux. Ils seraient certes victimes d'un racisme croissant mais ils n'existent pas comme personnes dominées/résistantes dans le cadre de rapports sociaux d'inégalités raciales. Ils existeraient seulement comme « bouc émissaire » pour détourner les classes populaires de leurs « vrais » adversaires, les classes privilégiées ; ils n'existeraient pas pour eux-mêmes dans le champ politique ; les rapports de force se construiraient sans eux, au-dessus d'eux, au mieux en les instrumentalisant. N'ayant pas de pertinence sociale en tant que racisés, ils n'auraient pas non plus de pertinence politique. Point de vue blanco-centriste autant que classiste abstrait, cet aveuglement procède bien sûr d'une analyse du racisme en tant que simple déviance psychologique d'individus amers ou manipulation idéologique portée par la droite la plus réactionnaire. Les indigènes n'interviendraient donc pas dans la constitution des rapports de forces socio-politiques, sinon comme prétexte. Dès lors, il serait inutile d'analyser la victoire de Sarkozy en tenant compte d'eux. Comme on les exclut du champ politique, on les exclut du champ de l'analyse politique. On se demande seulement pourquoi malgré la victoire du « Non » au référendum constitutionnel européen et le succès des mobilisations contre le CPE, la droite a laminé la gauche… Or un des éléments de réponse est peut-être justement que le clivage autour duquel se sont jouées ces élections ne se trouvait pas où on l'attend généralement.

La radicalisation du pouvoir blanc

Ainsi, s'il est vrai que les forces pro-libérales ont remporté les élections présidentielles, il est tout aussi clair que Sarkozy a engrangé également les voix d'une large partie des classes populaires ; non pas seulement celles qui traditionnellement votent à droite mais également des travailleurs, des chômeurs, des jeunes précarisés, etc., qu'un « vote de classe » aurait dû « naturellement » porter vers la gauche. L'une des questions qui se pose, par conséquent, est de savoir si ces dernières élections n'ont pas été caractérisées non pas par le seul clivage « de classe » mais également, peut-être même surtout, par le clivage des races *sociales*. Sarkozy n'a-t-il pas plutôt gagné grâce à un « vote de race » ? N'est-ce pas la suprématie blanche, droite et gauche confondues, qui s'est exprimée à l'occasion de ce scrutin plutôt que la domination bourgeoise ? Hypothèses à creuser, à moduler, à complexifier, en intégrant notamment les rapports internationaux, mais dont nous ne pouvons plus faire l'économie si nous voulons bousculer les prismes d'interprétation blanco et eurocentriques de la société – qui nous imprègnent également – et si nous voulons exister politiquement, pour nous-mêmes et non pas comme pauvres victimes mendiant la compassion des gauches et quelque reconnaissance.

La victoire de Sarkozy semble, en effet, exprimer à la fois une dégradation des rapports de forces en défaveur de l'ensemble des classes populaires et une amélioration de ces rapports de forces en faveur du pouvoir blanc, c'est-à-dire aussi d'une partie des classes populaires. Le processus vient de loin mais il a été marqué par un moment fort à la fin des années 1990 avec la constitution d'un consensus entre la droite et la gauche gouvernementale autour de la politique sécuritaire, suivie, particulièrement après le 11 Septembre, d'une offensive raciste articulée notamment autour de l'islamophobie. L'affaire du voile en 2003-2004 semble, de ce point de vue, exemplaire. Elle a permis de clore, dans la défaite, une lutte sociale antilibérale d'ampleur, la longue grève des enseignants, et de rassembler autour du pouvoir blanc (présenté opportunément sous le sobriquet de « république laïque » alors même qu'il remettait en cause la laïcité) un très, très large spectre de forces politiques allant de l'extrême droite à l'ultragauche. La victoire de Sarkozy, qui a su manier contre les indigènes à la fois la répression et l'instrumentalisation dans la plus pure tradition coloniale (constitution du CFCM[1] par exemple), paraît dans une large mesure le résultat de cette conjonction de forces qui n'est paradoxale qu'au regard de ceux qui réduisent la lutte sociale au bras de fer entre patronat et travailleurs ou « riches » et « pauvres » ou « inclus » et « exclus ».

« Bouc émissaire » toi-même !

Mais malgré les obstacles objectifs auxquels nous nous heurtons, nous avons notre part de responsabilité dans l'hégémonie des conceptions blanco-centriques au sein des différentes forces politiques. Dénués d'instrument politique adéquat, qui nous représente en propre, nous n'avons pu influer d'une manière positive sur le cours des événements. La révolte de novembre 2005, contre-offensive désorganisée, n'a pu rencontrer que des forces indigènes dispersées, réduites à une multitude de groupes agissant sur des thématiques particulières et préoccupées d'abord d'assurer leur propre survie. Alors que, comme nos ancêtres colonisés, comme nos parents immigrés, nous résistons, agissons, marronnons, déterminons ce que devient la société, notre existence politique durant les élections présidentielles s'est peu manifestée. Nous n'avons pas été en mesure de briser le cercle qui nous cantonne au rôle de réserves de voix pour des candidats qui représentent des intérêts totalement ou partiellement contraires aux nôtres. Il n'est ainsi guère surprenant que, dans les analyses post-électorales proposées par la gauche, nous n'existions pas sinon comme « victimes » ou « boucs émissaires », simple prétexte pour détourner la société de ses « vrais » problèmes. Pour nuancer, ajoutons que si nos résistances, aussi fragiles soient-elles, ont eu quelques effets, l'expression la plus flagrante en a été un effet pervers. Cet effet pervers s'appelle Rachida Dati. La première Arabe à être désignée à la tête d'un

1. Conseil français du culte musulman. Voir à ce propos le livre de Vincent Geisser et Aziz Zemouri, *Marianne et Allah. Les Politiques français face à la « question musulmane »*, Paris, La Découverte, 2007.

« vrai » ministère est, plus encore que le fameux « préfet musulman », le symbole de la « discrimination positive » au sens sarkozyste de la formule : permettre la promotion d'une élite indigène pour casser la contestation qui s'ébauche. En d'autres termes, une manière d'« introduire la lutte des classes » dans nos communautés.

Bâton dans une main, carotte dans l'autre, Sarkozy va poursuivre l'offensive coloniale et raciste des gouvernements précédents. Nous n'aurons pas d'autre choix que de résister, nous organiser et tenter d'investir les espaces politiques centraux notamment lors des échéances électorales qui viennent, y compris en préparant dès aujourd'hui les présidentielles de 2012. Notre présent, notre avenir et celui de nos enfants sont entre nos mains et ils dépendront de notre volonté de constituer notre propre puissance politique indigène, un mouvement décolonial capable de tisser avec certains secteurs de la gauche et des classes populaires les convergences susceptibles de faire avancer notre cause sans remettre en cause l'indépendance de notre décision politique. Cependant, il serait bien aussi que cette gauche qui se dit radicalement antiraciste s'interroge sur ses responsabilités. Par-delà ses incantations contre le racisme et ses marches avec les sans-papiers, il lui faudra analyser sa propre implication – dans l'affaire du voile[2], par exemple – dans la construction du rapport de forces en faveur d'une radicalisation du pouvoir blanc.

2. Commentaire probable de Caroline Fourest : « Je vous l'avais bien dit, les Indigènes de la république sont des intégristes islamistes ; leur seul souci, c'est de voiler les écolières ! »

Le PIR, un parti d'individus et de communautés

Sadri Khiari

octobre 2008

Un parti, c'est comme une maison. Son architecture – ses modalités d'organisation et de fonctionnement – n'est pas neutre. Elle n'est pas déterminée par des considérations techniques, ou seulement de manière secondaire. Il n'y a pas de modèle de parti standard ou universel. Un espace d'habitation est conçu à partir d'une culture et de coutumes ; il est le reflet des relations sociales – notamment familiales – propres à telle ou telle société. Eh bien, un parti, c'est exactement pareil. L'architecture d'un parti est le reflet du système politique en place mais elle exprime aussi la démarche adoptée par rapport à ce système politique.

En France, les partis sont organisés sur le modèle de la république, c'est-à-dire sur la base du dogme selon lequel la nation serait un corps politique composé de citoyens, tous individus identiques et égaux, indépendamment de leurs différences sociales, culturelles ou autres. En d'autres termes, les partis républicains sont des partis d'individus abstraits et atomisés ; ils ne reconnaissent pas l'existence de communautés particulières. Dans la mesure où notre parti se constitue dans le cadre français, il ne peut évidemment échapper complètement à l'histoire politique et culturelle de celui-ci. La manière de nous organiser ne peut donc que refléter en partie la manière dont est organisé le système politique français. Mais, à la différence des autres partis, nos modalités d'organisation sont également conçues pour favoriser la réalisation des objectifs fondamentaux qui sont les nôtres.

Surmonter nos divisions

L'enjeu stratégique premier du PIR est d'unifier l'ensemble des indigènes, de surmonter tout ce qui les oppose les uns aux autres, d'empêcher qu'en son propre sein ne se reproduisent les hiérarchisations créées par la colonisation ou par la politique de division menée actuellement par les forces blanches. Les populations qui sont traitées comme des indigènes en France sont, en effet, issues de peuples ou de communautés historiques et culturelles très diversifiées. Les rapports de chaque individu avec ses identités d'origine peuvent être très différents mais tous sont marqués par la négation de leurs histoires et de leurs cultures. Or nous voulons favoriser l'enrichissement et le développement de ces cultures ainsi que leur reconnaissance dans l'espace public. Ces histoires et ces cultures différentes peuvent avoir pour conséquence une manière différente de voir le monde, les rapports entre les êtres humains, les formes d'organisation de la société, la politique, etc. La réalisation de notre projet implique évidemment que l'ensemble de ces cultures puisse participer à égalité à la réalité de notre parti et puisse aussi s'exprimer librement. Les histoires de la colonisation et de l'immigration en France ont créé, en outre, des hiérarchies entre les différentes populations traitées comme des indigènes. Sans oublier qu'il existe aussi des formes similaires au racisme entre certaines communautés indigènes qu'il nous faut dépasser. Par ailleurs, si nous avons tous des objectifs communs, nous ne leur donnons pas tous la même importance en fonction de nos histoires particulières. Certaines communautés issues de la colonisation ou de l'immigration ont, de surcroît, des revendications ou des aspirations très spécifiques qui doivent pouvoir être prises en charge par le parti, puisqu'il se veut le parti de tous les indigènes. Enfin, il y a des inégalités numériques entre les différentes communautés. Les indigènes d'origine maghrébine, par exemple, sont plus nombreux que les Antillais. Pour que leurs préoccupations particulières ne passent pas avant celles Antillais mais que toutes soient prises en compte de la même manière par le parti, il faut que le mode de fonctionnement du parti rétablisse l'équilibre.

Instituer la reconnaissance des droits culturels collectifs

Le parti que nous voulons construire a pour finalité de promouvoir l'égalité réelle entre les individus mais aussi, *de manière indissociable*, de transformer le système politique afin que soit reconnue l'égale dignité des différentes communautés au sein de la société, de l'État et de la nation. Dans les frontières de l'Hexagone, le PIR agit ainsi pour l'établissement d'un « nouveau Pacte fondateur de la Communauté politique ». Autrement dit, il agit pour l'instauration d'un nouveau système politique fondé non seulement sur l'égalité effective des citoyens, mais également sur « la liberté des communautés particulières de préserver et de faire valoir leurs langues, leurs cultures et leurs spiritualités ». Une telle liberté implique « la reconnaissance par l'État de ces différentes langues, cultures et spiritualités comme autant de besoins sociaux et comme des composantes à part entière de la communauté politique et culturelle et des institutions qui la constituent. » Ces objectifs d'ordre programmatique doivent également distinguer nos modalités d'organisation de celles qu'adoptent les partis républicains. Il s'agit pour nous d'expérimenter un mode d'organisation conçu de façon à pouvoir traduire *à la fois* l'unité de conditions, d'intérêts et d'aspirations de l'ensemble des indigènes, et la diversité des parcours historiques, des modes d'insertion dans la société française, des cultures et des croyances, des différentes communautés indigènes.

Structures communes et structures communautaires

Ainsi, le PIR est, d'une part, « un parti composé d'individus unis par de mêmes objectifs politiques fondamentaux, indépendamment de leurs origines, de leurs croyances religieuses, de l'inspiration spirituelle qui est la leur, de leurs coutumes, ou de leurs options philosophiques. » Un parti *d'individus* dans la mesure où l'adhésion au parti est individuelle. Chaque membre du parti est rattaché à un de ses collectifs locaux, indépendamment de ses origines, de son histoire, de l'identité qu'il revendique. En tant qu'individu, chaque militant participe aux activités, aux débats, aux prises de décision et à l'élection des organes dirigeants. Les membres du parti sont donc unis par *une identité politique commune* et agissent ensemble pour la réalisation des objectifs du parti. Cette forme d'organisation est similaire à celle des autres partis.

Et d'autre part, le PIR reconnaît en son sein « l'existence de communautés indigènes organisées ». Il permet à tous ses militants qui appartiennent ou se reconnaissent dans des minorités historiques et culturelles, infériorisées dans le cadre du processus colonial, de s'organiser en son sein sous la forme de ce que nous appelons, faute de mieux, les « Communautés culturelles ». Sans rentrer dans le détail, soulignons que, outre ses activités au sein des structures communes à tous, chaque militant peut appartenir, s'il le souhaite, à une ou à plusieurs Communautés culturelles, lesquelles sont libres de s'organiser comme elles l'entendent à l'échelon local ou national et sont représentées en tant que telles dans les instances intermédiaires ou nationales de direction. Elles peuvent également, dans le respect du programme et des orientations du parti, s'exprimer publiquement en leur propre nom.

Motion sur les réparations concernant la déportation et la réduction en esclavage des Africains

Parti des indigènes de la république

avril 2010

À la suite du document-cadre intitulé « Principes politiques généraux du PIR », cette brève motion adoptée par notre premier Congrès résume la position du PIR en ce qui concerne la question des réparations concernant la déportation, la traite transatlantique et la réduction en esclavage des Africains.

Considérant que :

- La déportation et la traite des esclaves ont oblitéré ou détruit à la racine l'édification des nations africaines et enrichi leurs oppresseurs en leur permettant de construire leurs nations et leurs États.
- Les Européens blancs ont tiré profit de l'esclavage, que leurs ancêtres aient été pour ou contre la traite, grâce à une série de privilèges liés au simple fait d'avoir la peau blanche.
- La traite représente la déportation la plus importante de tous les temps, pourtant ce chapitre de l'histoire reste en grande partie dans l'ombre notamment dans les manuels scolaires.
- La traite et l'esclavage sont des crimes contre l'humanité dont l'imprescriptibilité est de droit et dont les ayants droit sont là.
- Les barbaries, les asservissements, les viols, les tortures, les massacres, les déportations, les sauvageries au quotidien des siècles durant, ne sont ni quantifiables ni réparables, mais engagent la responsabilité des États qui les ont promus.
- *A contrario*, sont quantifiables les heures, les jours, les mois, les années, les siècles de travail des esclaves. Sont quantifiables les primes versées par tête de nègre, les indemnités versées aux colons et aux petits Blancs, le remboursement exigé de Haïti.
- Sont mesurables les espérances de vie volées, les bouleversements des économies africaines dont la traite transatlantique est responsable[1].

1. Nous ne traiterons pas ici de la traite saharienne qui fut aussi atroce.

- Sont quantifiables la part qui revient aux esclaves dans la croissance économique européenne, de la constitution du capitalisme marchand à l'éclosion et au développement du capitalisme industriel.

- Les nations européennes esclavagistes doivent réparation de ce commerce criminel et du génocide qu'il a entraîné, commerce qu'elles n'ont pas hésité à légitimer et à institutionnaliser alors même que des autorités morales contemporaines le condamnaient. Est concerné au premier chef l'État français, dont la continuité est constamment réaffirmée par l'usage de la notion de « France éternelle » repris dans le cadre du débat sur l'identité nationale.

Le PIR :

- Soutient la procédure contre l'État français engagée en 2005 par le Mouvement international pour les réparations, et l'extension de son champ d'application à l'ensemble des terres d'esclavage et de travail forcé sous le joug français.

- Exige la restitution à Haïti de la rançon de cent cinquante millions de francs-or exigée par la France républicaine dans la continuité de la France impériale.

- Exige la remise intégrale de la dette des pays africains sans préjuger des réparations nécessaires.

- Soutient la lutte des collectifs, des organisations, des peuples des colonies françaises d'outre-mer, qu'elles soient dénommées départements ou territoires, pour la suppression des inégalités abyssales entre les héritiers des colons et les descendants des esclaves, pour la reconquête de leurs droits, de leurs cultures, de leurs histoires, de leurs futurs.

Obama président. Pas un rêve, un mirage…

Houria Bouteldja

novembre 2008

« Je ne peux m'empêcher de penser combien mon père serait fier, fier de Barak Obama, fier du parti qui l'a nommé et fier de l'Amérique qui va l'élire. » Ces paroles ont été prononcées par le fils de Martin Luther King lors du 45e anniversaire du discours « I have a dream ». En effet, à cette époque, le célèbre pasteur n'aurait jamais osé imaginer qu'un jour un Noir briguerait la plus haute instance de la nation la plus puissante du monde.

Le pasteur Martin Luther King aurait eu raison d'être fier, car s'il n'avait pas existé, si Malcolm n'avait pas existé, si les luttes pour les droits civiques n'avaient pas existé, Obama n'existerait pas. Comme Luther King, nous, indigènes de France ou du monde, ne pouvons nous empêcher d'être fiers. Qu'Obama soit là où il se trouve est indéniablement un événement à l'échelle américaine, mais aussi à l'échelle mondiale.

Pourtant, nous savons qui est Obama. Un homme de l'establishment américain. Même s'il nous tarde de voir Bush et consorts dégager, nous savons qu'Obama poursuivra la politique impérialiste de son pays. Il serait en effet naïf de croire que le système américain et ses institutions permettent à quiconque ne leur est pas acquis l'accès à un tel niveau de pouvoir. Comme le dit ce frère africain sur le blog de *L'Express*[1] : « Pour moi, Obama est américain avant d'être noir et en tant que tel il anéantira les Africains, les Irakiens, les Palestiniens, etc., s'il le faut pour le bien-être des Occidentaux ». Les Irakiens et les Afghans savent intimement qui sont les Colin Powell et Condoleezza Rice. Nous ne pouvons ignorer ce que Obama sera.

Alors pourquoi, nous indigènes, sommes-nous si fiers ? Pourquoi, nous indigènes, avons-nous, quand même, le sentiment qu'Obama nous représente ?

1. Commentaire en ligne sur l'article de Henri Haget, « La France vote Obama », 29 mai 2008.

Pourquoi, alors que nous savons qu'Obama prendra soin de défendre le système américain, construit sur la destruction des Indiens, l'esclavage des Noirs, le pillage incessant de l'Afrique, avons-nous pourtant le sentiment qu'il représente cette même Afrique dévastée par les impérialismes ? Qu'est-ce qui nous brûle la bouche au point de détourner pudiquement nos regards de ce champ de bataille que ne cesse d'être l'Afrique où s'affrontent les puissances américaines, européennes et chinoises ? Comment notre cerveau peut-il faire abstraction de ces fleuves de sang qui vont continuer de couler chez nous en Amérique latine, chez nous dans le monde arabo-musulman, chez nous dans notre terre ancestrale, de l'autre côté de la Méditerranée ?

La réponse est douloureuse : nous sommes fascinés par cette puissance même qui nous a soumis et nous réclamons notre part de cette puissance. Nous sommes fascinés par le G8, nous sommes fascinés par le Conseil de sécurité, par leur modernité et donc par celui qui va l'incarner pour nous. Obama président des States, c'est moi, c'est toi qui dirige le monde. Désormais, on fait partie de la race des seigneurs. Cet état de fait est au cœur de notre impuissance à nous libérer de la suprématie occidentale. Elle est constitutive de ce que nous sommes, nous la protégeons. Nous sommes ses sentinelles.

Obama, c'est notre triste revanche sur l'histoire. J'ai pitié de nous. Voyez comment ils, les Blancs, nous regardent d'un œil satisfait et sarcastique !

Une à qui on ne la fait pas, c'est Angela Davis : « Quand l'intégration de personnes noires dans l'appareil d'oppression a pour but de rendre cette oppression plus efficace, cela ne représente en aucune façon un progrès. Nous avons plus de Noirs dans des postes de pouvoirs prestigieux. Mais du même coup nous avons plus de Noirs qui se sont retrouvés poussés tout en bas de l'échelle. Quand la population demande que la justice et l'égalité passent par la diversité ethnique, c'est bien. Mais il y a une façon d'envisager la diversité qui rappelle l'adage selon lequel « pour que rien ne change, il faut accepter que tout change ». »

Pourquoi l'Europe adore Obama

Sadri Khiari

novembre 2008

L'article ci-dessous a été publié dans le numéro d'octobre 2008 de *L'Indigène de la république.* Il a donc été rédigé avant le résultat des élections présidentielles étatsuniennes.

C'est quand même étrange l'enthousiasme que suscite Obama en Europe et notamment en France. Cette Europe qui rejette la Turquie parce qu'elle est musulmane, cette Europe qui ne compte aucun dirigeant de premier plan qui ne soit pas bien blanc et bien chrétien (au moins d'origine), cette Europe qui met en place un système d'apartheid en son propre sein, eh bien cette Europe adooorrre le Noir Obama !

Lors des dernières présidentielles, nombreux étaient ceux qui avaient soutenu Ségolène Royal, convaincus qu'une femme à l'Élysée serait une véritable révolution. Les mêmes pourtant, s'ils ont préféré Hillary Clinton à Mc Cain, ont quand même préféré Obama à Hillary Clinton.

Déduction n°1 : il vaut mieux être un homme noir qu'une femme blanche ;

Déduction n°2 : il vaut mieux être démocrate que républicain.

En vérité, qu'on penche en Europe pour le démocrate contre le républicain n'est pas étonnant. Le bilan de Bush n'est pas très reluisant. Et un nouveau mandat républicain multiplierait les risques d'une déflagration militaire au Moyen-Orient et d'une aggravation des tensions avec la Russie. Or, généralement, en Europe, on n'aime pas trop les conflits interminables qui déstabilisent des régions entières sans même qu'on puisse en tirer profit. Avec un démocrate à la Maison blanche, on sait bien que la politique américaine ne changera guère sur le fond, mais il y aura, espère-t-on, un peu plus de jeu.

On peut donc proposer cette déduction n° 3 : si Mc Cain était noir, il n'aurait pas suscité autant d'engouement qu'Obama.

On peut risquer aussi la déduction n° 3 bis : si Mc Cain était une femme, ça n'aurait rien changé.

Et oser une déduction n° 3 ter : si Mc Cain était une femme noire, il n'aurait pas suscité plus de sympathie que l'abominable Mme Rice.

Résumons-nous : Obama est démocrate, les Européens soutiennent. Il est noir, l'Europe craque. Si, en plus, il avait été une femme, l'Europe aurait fait une crise d'épilepsie ! Mais pourquoi donc, aux yeux de l'Europe qui expulse les Noirs à tour de bras, 1 démocrate noir = 2 démocrates blancs ? Réponse et…

déduction n° 4 : parce que, paradoxalement, dans le cas qui nous préoccupe, 1 Noir = ½ Noir + ½ Blanc. J'ai lu quelque part cette question : pourquoi dit-on qu'Obama est noir alors qu'il est *à moitié* blanc ? Réponse et…

déduction n° 5 : on voit en Obama un Noir parce qu'il y a quelques avantages à le voir noir *tout en le pensant comme pas vraiment noir*. C'est tordu ? Non, c'est la subtilité de l'universalisme égalitaire du racisme européen. Pourquoi les Européens voient-ils en Obama un Noir non-noir ? Parce que : 1) sa mère est blanche ; 2) il ne descend pas d'esclaves ; 3) il ne vient pas d'un ghetto crasseux, misérable, plein de drogués et de criminels ; 4) il est chrétien – mieux encore : il est né musulman mais il a eu l'intelligence de se débarrasser de cette tare et de le faire savoir haut et fort ; 5) il est propre sur lui, diplômé, fier d'être américain et fidèle aux « valeurs » de sa civilisation ; 6) il n'a pas de grosses lèvres, des grandes dents toutes blanches qui rigolent tout le temps et un large nez épaté. En tant que Noir, Obama a donc des circonstances atténuantes ; c'est un Noir *atténué* ; inoffensif et même bénéfique comme les virus *atténués* avec lesquels on fait les vaccins.

Déduction n° 6 et dernière : Le Noir atténué Obama est un vaccin dont use l'Europe pour se protéger contre sa propre histoire. Plus : il est l'instrument d'une guerre idéologique, je dirais presque identitaire. L'élection d'un Noir à la tête de la première puissance mondiale, qui pratiquait encore récemment la ségrégation raciale, serait la « preuve » que le monde blanc est civilisé ; qu'il a pour identité le progrès et les droits de l'Homme ; qu'il est capable, de par son seul dynamisme, de dépasser ses propres archaïsmes. Obama joue le même rôle pour la réaffirmation de la supériorité blanche que la commémoration permanente de l'Holocauste et que la dénonciation obsessionnelle de l'« antisémitisme des musulmans ». De même que le monde blanc croit pouvoir évacuer ainsi de son histoire le génocide des juifs, en soutenant Obama, il prétend se dédouaner des horreurs de la colonisation et du racisme mondialisé. Pour les Européens, il y a un enjeu supplémentaire qui procède de la concurrence interne au monde blanc. L'« Obamania » est aussi une manière de donner une leçon aux Américains : « Vous allez peut-être voter pour un républicain presque centenaire ; eh bien, nous, sans hésiter, nous choisissons le jeune Noir. Nous sommes donc plus évolués que vous ! »

Conclusion : mon champion à moi, c'est Mohamed Ali Clay.

Il faut une véritable alternative à la politique raciste de l'« identité nationale »

Mouvement des indigènes de la république

novembre 2009

Cette déclaration a été rédigée lorsque Éric Besson, alors ministre de l'Immigration et de l'Identité nationale avait relancé la campagne raciste sur l'identité nationale, laquelle avait joué un rôle majeur dans la victoire de Sarkozy aux élections présidentielles de 2007. Les arrière-pensées électoralistes de cette nouvelle campagne étaient évidentes à la veille des élections régionales. Très probablement, il s'agissait également d'une stratégie de diversion alors que les mouvements de mécontentement social se généralisaient dans un contexte de croissance du chômage, de précarité et de dégradation du pouvoir d'achat. On peut supposer aussi qu'elle visait à enterrer médiatiquement la polémique suscitée par la discrimination très positive dont avait bénéficié Jean Sarkozy.

Mais quelles que puissent être les motivations immédiates de ces basses manœuvres politiciennes, cette dernière bessonnerie est révélatrice de la pensée profonde de ceux qui nous gouvernent et, par-delà les discours sur la promotion des « élites » de la « diversité » ou, plutôt, en harmonie avec eux, elle confirme le choix stratégique de consolider le pilier blanc-européen-chrétien du « pacte républicain » dans le cadre du nouvel espace impérial européen en construction. Ne nous y trompons pas : cette orientation est loin d'être l'exclusivité de l'UMP. Comme le montre l'affaire de la burka, initiée par le communiste André Gérin avec le soutien de la plupart des forces politiques, et reprise aujourd'hui par Besson, il y a longtemps que la défense de l'« identité nationale » contre les cultures portées par les minorités originaires des anciennes colonies est un thème largement partagé à droite comme à gauche. Il est, de ce fait, parfaitement vain et bien souvent hypocrite de prétendre s'opposer à la politique raciste du gouvernement en l'accusant d'aller chasser sur les terres du Front national.

La seule riposte efficace dans la durée impose de déblayer le terrain pour une véritable alternative multiculturelle et décoloniale. Il s'agit de mettre en place des dispositifs permettant la promotion des cultures populaires écrasées par deux siècles de centralisme parisien uniformisateur et par la mondialisation libérale, de reconnaître et d'encourager le développement des cultures portées par les populations issues de l'immigration coloniale, de favoriser enfin des échanges interculturels égalitaires. Le multiculturalisme ne peut être une simple profession de foi ou la promotion d'un folklore dont les couleurs se perdraient dans les plis du drapeau français. Il exige une refonte du modèle instauré par la république, l'inscription institutionnelle des droits collectifs des minorités culturelles, linguistiques et nationales, anciennes et nouvelles, dans les domaines qui les concernent particulièrement et dans le respect des libertés individuelles. Le multiculturalisme et l'interculturalisme, comme nouveaux fondements de l'« identité nationale », nécessitent une pratique ouverte et égalitaire d'une laïcité, marquée aujourd'hui à la fois par son sectarisme vis-à-vis des cultes et par l'empreinte chrétienne qui, paradoxalement, la caractérise. Une autre laïcité devra préserver la séparation de l'État et des religions mais considérer les spiritualités chrétiennes, musulmanes, juives, les religions dites traditionnelles d'origine africaine, antillaise ou d'ailleurs, comme autant de besoins sociaux et comme des composantes à part entière de l'identité de ce pays. Le multiculturalisme et l'interculturalisme réellement assumés ont également comme impératif une réforme des programmes de l'enseignement destinée à battre en brèche le national-chauvinisme et le suprématisme blanc qui les caractérisent actuellement.

Telles sont, rapidement ébauchées, les principales lignes directrices de la réforme politico-culturelle qui doit refonder l'identité populaire dans le respect des identités de tous et de leur égale dignité. C'est à ces questions que devrait réfléchir une opposition véritablement antiraciste qui verrait plus loin que le bout de son nez ; lequel, hélas, s'allonge ou rétrécit en proportion exacte de la durée des mandats électoraux.

« *Notre mot d'ordre était le soutien au Hamas* »

Dans la marche du 8 mai 2008, on comptait aussi la participation de la GUPS, le principal syndicat des étudiants palestiniens. Comme cela a déjà été évoqué dans cet entretien et dans le recueil, vous accordez à la Palestine une place centrale…

HB : D'abord, la Palestine est centrale indépendamment de nous. Il se trouve qu'on est un mouvement anticolonial et qu'on est un mouvement principalement constitué de Maghrébins qui ont une très forte sensibilité par rapport à la Palestine. Donc pour toutes ces raisons, la question palestinienne est centrale, et j'ajoute qu'elle est centrale parce que nous sommes les héritiers des luttes de l'immigration, que les premiers immigrés de l'immigration maghrébine se sont battus sur la question palestinienne ; ils ont toujours été pro-palestiniens et ont toujours été extrêmement isolés en France dans cette lutte. Il faut vraiment se pencher sur l'extrême gauche des années 1970 pour trouver des Blancs qui s'intéressaient à la question palestinienne. Cela a toujours été une lutte des postcoloniaux menée de façon très isolée – et d'après ce qu'on m'a dit, les générations d'ouvriers qui nous ont précédés l'ont vraiment vécue dans la douleur : qu'une cause aussi juste soit si peu comprise par les Français.
Une autre dimension importante fait qu'elle est centrale : on est opprimé en France à cause de la question palestinienne. Il s'est passé une chose dans les années 1980 : pendant la Marche pour l'égalité, les marcheurs sont sortis avec le keffieh parce que les massacres de Sabra et Chatila venaient d'avoir lieu. La question palestinienne allait être prise en charge par la deuxième génération de jeunes issus de l'immigration. Cela a dû être vécu comme une sorte de traumatisme par les sionistes, mais aussi peut-être par la gauche socialiste. En tout cas, les sionistes ont dû y voir un grand danger parce qu'ils voyaient surgir une génération de jeunes qui ne venaient pas de l'histoire du nazisme, qui n'avaient pas l'héritage de la culpabilité et qui étaient donc complètement décomplexés par rapport à la

question juive. À mon avis, toute l'entreprise de SOS racisme représentait une convergence d'intérêts entre d'une part le Parti socialiste, qui ne voulait pas voir émerger une force sociale un peu radicale alors qu'il faisait son tournant libéral, et d'autre part les sionistes. BHL était au lancement d'SOS racisme.

Et c'est d'ailleurs dans ce contexte qu'il a fallu construire l'indigène comme antisémite. Ce n'était pas une donnée de départ. Il a fallu vingt-cinq ans pour construire l'indigène antisémite ; il a fallu nous faire endosser le poids de la Shoah. Le combat des Indigènes de la république consiste justement à nous désinscrire de cette histoire, ou plutôt à nous réinscrire dans notre vraie histoire qui n'est pas l'histoire de l'antisémitisme. Ce qui fait l'importance de la question de l'antisémitisme à mes yeux, ce n'est pas tant qu'il s'agisse d'un racisme mais plutôt que ce racisme ne fait pas partie de notre héritage. Il est le signe manifeste de notre intégration, de notre blanchisation. Cela dit, je préfère ne pas utiliser le terme « antisémitisme » pour désigner les sentiments antijuifs qui peuvent s'exprimer dans les diverses communautés indigènes car ce mot a une histoire spécifique qui s'inscrit dans l'histoire européenne. Il ne peut pas s'appliquer à un phénomène nouveau, lié notamment au conflit colonial en Palestine.

SK : La question palestinienne sert également aujourd'hui à purifier les Blancs, pas seulement de leur culpabilité par rapport à la Shoah. Il s'agit pour eux de dire : « Nous avons en héritage une catastrophe à laquelle un certain nombre d'entre nous ont participé, mais maintenant nous l'avons dépassée. En revanche, le mal est toujours là, et il est chez les Arabes. » Ce discours permet d'une part de dédouaner les Blancs et d'autre part de construire le statut qui est le nôtre : l'antisémitisme joue le même rôle que d'autres formes de stigmatisations telles que celles qui sont liées à l'islam, à la couleur pour certains, etc.

De notre côté, nous essayons de faire en sorte que la question de la solidarité avec les luttes palestiniennes soit d'abord en France la question des indigènes au sens large. Les indigènes perçoivent et pensent la question palestinienne, la forme et le contenu politique de leur solidarité, avec une logique qui n'est pas du tout la même que les organisations blanches. Ils en ont pourtant été longtemps dépendants. Nous voudrions contribuer à autonomiser la solidarité des non-Blancs avec la Palestine. Non pas que nous disions « il ne faut pas que la gauche ou l'extrême gauche soit solidaire de la Palestine », mais nous disons « il faut que nous ayons la possibilité

de développer de manière autonome notre propre politique de solidarité avec la question palestinienne ». Pour donner un exemple, lorsqu'il y a eu les bombardements de Gaza, la question principale était pour nous de défendre une force palestinienne qui était directement menacée, en l'occurrence Hamas. Cette position était impossible à digérer pour les mouvements de solidarité blancs, qui en restaient à des mots d'ordre pacifistes classiques et qui, parce que Hamas est une organisation de tradition islamiste, ne pouvaient même pas envisager de la soutenir.
Ce n'est pas simplement une question de radicalité des uns ou des autres ; ce n'est pas que nous aurions été plus radicaux que les Blancs ou les Blancs moins radicaux que nous ; le problème est que leurs enjeux ne pouvaient pas leur permettre de poser certains problèmes, que la politique que nous suivons dans ce cadre-là dépend de paramètres et de coordonnées qui ne sont pas les mêmes que les leurs et qui nous permettent de mettre le doigt là où il faut le mettre.

HB : Les associations maghrébines, anticoloniales et les associations palestiniennes ont été prisonnières du champ politique blanc, c'est-à-dire qu'elles ont été complètement dépendantes du choix majoritaire blanc. Je ne sais pas quelles étaient leurs positions respectives, mais je ne vois pas quelles sont les associations pro-palestiniennes, maghrébines ou palestiniennes qui ne comprendraient pas la lutte armée. Donc elles comprennent la lutte armée et comprennent sa nécessité, elles peuvent parfaitement la soutenir, mais elles ont été bridées et n'ont pas pu avoir le luxe de notre indépendance, et je le comprends. J'ajoute que le choix global qui était celui des mots d'ordres pacifiques pouvait parfaitement être justifié. Si on se met du point de vue de la lutte armée, le Hamas ne cherchait pas spécialement à ce qu'on le soutienne lui en tant que tel, mais qu'on soutienne les Palestiniens contre le bombardement de Gaza et je pense qu'un front large, même s'il ne soutenait pas le Hamas, était plus profitable au Hamas qu'autre chose. Politiquement, je peux considérer que ceux qui ont fait ce choix avaient raison.
Simplement nous, à la différence des associations maghrébines ou palestiniennes, nous avions des enjeux locaux précis en tant qu'organisation décoloniale. Pour nous, et c'est là où je justifie notre soutien au Hamas, outre la nécessaire solidarité avec une organisation de résistance, principale cible de l'armée israélienne, l'enjeu local était de soutenir un mouvement qui se réclame de l'islam politique. Il était de dire aux Blancs « les Palestiniens ont le droit d'être des religieux, ils ont le droit

d'avoir des référents culturels islamiques », parce que nous avons le même problème en France ! Nous-mêmes n'avons pas le droit en France de nous référer à l'islam. Nous avions donc un double enjeu qui n'était pas que la question palestinienne, il y avait aussi la question de l'islamophobie. Et au-delà de l'islamophobie, il nous fallait affirmer le droit à d'autres références que celles admises par la gauche, le marxisme ou l'universalisme abstrait par exemple. C'est ce qui faisait la cohérence générale de notre position.

SK : Ce que je voudrais ajouter, c'est que la question d'un large mot d'ordre pacifiste, en lieu et place d'un soutien spécifique au Hamas et à la résistance armée, peut se poser dans un cas où un tel mot d'ordre est capable de créer une mobilisation gigantesque susceptible d'embarrasser Israël et par conséquent d'entrer en compte dans ses calculs politico-militaires. Mais ce n'était pas concevable à ce moment-là. D'ailleurs, la capacité de mobilisation générale est restée relativement faible au niveau de l'ensemble de la population française : les Blancs qui se sont mobilisés en solidarité avec la Palestine ont été un nombre assez faible dans l'ensemble du pays. Ça ne justifie pas un mot d'ordre pacifiste.
Le deuxième problème avec le mot d'ordre pacifiste, c'est qu'il a été, souvent indirectement, imposé aux organisations issues de l'immigration. La plupart des mouvements de l'immigration n'ont aucun problème à soutenir la résistance armée, aucun problème à soutenir le Hamas au moment où il faut le soutenir, même si ces mouvements sont sur des positions laïques de gauche ou d'extrême gauche. Mais pour obtenir le soutien des Blancs et des organisations de gauche et d'extrême gauche blanches, ils sont obligés de masquer les positions réelles qui sont les leurs, d'arrondir les angles de leurs démarches et donc d'être complètement dépendants politiquement des Blancs. C'est ça qui pour nous fait problème et qu'il faut briser. Qu'on arrive par la suite, dans des rapports d'égalité et de respect entre indigènes et organisations blanches, à considérer qu'un mot d'ordre pacifiste est le bon mot d'ordre, d'accord. Mais ce n'est pas ce qui se passe : ce qui se passe, c'est que les indigènes attendent de la part des Blancs le bon mot d'ordre et s'y soumettent parce qu'ils considèrent qu'ils n'ont pas le choix s'ils veulent les garder avec eux.

HB : Quand Sharon est venu à Paris, l'Association France Palestine Solidarité (AFPS) a organisé une grande manifestation. Tout le monde se prépare, et la veille ou l'avant-veille ont lieu des attentats dits islamistes

– je ne sais plus si c'était en Espagne ou en Angleterre. Le jour de la manifestation, le Parti communiste retire sa signature, alors même qu'on accueillait Sharon ! Autre exemple : je crois que c'était pour la manifestation pour Gaza. Lors des réunions préparatoires du collectif national est proposée une banderole de tête avec des mots d'ordre pacifiques du genre « La paix maintenant » ou « Arrêt des bombardements » écrits en plusieurs langues dont l'arabe... Eh bien, le représentant des Verts menace de ne pas défiler derrière une banderole écrite en arabe ! Il a donc imposé une autre banderole sans les écritures en arabe parce qu'il ne pouvait pas défiler dans le cas contraire. Et je me souviens que certains Arabes du collectif national ont obtempéré. Encore un exemple, après des bombardements et des meurtres en Palestine, dans les mêmes années. Il y avait eu une manifestation avec des slogans sur les martyrs palestiniens. À un moment donné, en hommage à ces martyrs, un groupe de jeunes a décidé de faire une prière musulmane dans la rue. À partir du moment où ils ont commencé leurs prières, une grande partie des cortèges anarchistes et la LCR ont quitté la manifestation.

SK : Ou alors je me souviens d'une grande manifestation pour Gaza. La tête du cortège était organisée par la Coordination nationale de solidarité avec la Palestine. Comme au sein de ce collectif ils savaient que notre mot d'ordre était le soutien au Hamas, après avoir tenté de nous exclure, ils ont fini par se résoudre à nous laisser en queue de cortège. Les gens affluaient de toute part et on voyait que ça allait être une manifestation importante et qu'il allait y avoir beaucoup d'Arabes et notamment des organisations musulmanes qui venaient de quartiers populaires. Alors que le cortège était encore en train de s'organiser, on a appris que le départ avait déjà été donné et que le cortège de tête était parti un quart d'heure avant l'heure prévue ! Sans vouloir faire de procès d'intention, on a trouvé très étrange que, alors qu'en général la moindre petite manifestation part en retard, celle-ci parte un quart d'heure à l'avance.

HB : Il y en a eu une où l'Union des organisations islamiques de France (UOIF) avait signé l'appel à manifester à la suite de l'attaque de la flottille de Gaza. À la fin il y avait les prises de paroles. On avait notre camion et puis il y avait le camion de tête. Les communistes et le Parti de gauche ont refusé de donner le micro à des signataires et, en l'occurrence, l'UOIF, alors que les trois quarts des gens qui participaient à la manifestation étaient de l'UOIF ! Du coup, on a leur a donné

notre micro. Il faut souligner qu'on n'a pas d'affinités particulières avec l'UOIF. Mais, en tant qu'indigènes, on se dit « en quoi le Parti communiste est-il plus légitime que l'UOIF pour s'exprimer sur la Palestine ? En quoi sont-ils plus légitimes qu'une organisation musulmane qui mobilise autant de monde ? »
Si l'on veut résumer en deux mots la réponse à la question sur la centralité de la question palestinienne, on peut rappeler ceci : si l'on met de côté la révolte des quartiers de novembre 2005 et la Marche pour l'égalité de décembre 1983, la seule question politique qui a fait sortir dans la rue, dans tout le pays, y compris dans de toutes petites villes, de manière massive, toutes les populations issues de l'immigration maghrébine en France, toutes générations confondues, tous milieux sociaux confondus, tous courants politiques confondus, toutes interprétations de l'islam confondues, ce sont les massacres qui ont eu lieu à Gaza en 2009. D'ailleurs, la révolte de 2005 et la Marche de 1983 n'ont à chaque fois concerné qu'une partie de la population maghrébine. La mobilisation pour la Palestine est allée au-delà en termes de capacité de mobilisation.

On va revenir à cette Marche du 8 mai 2008 et plus particulièrement sur un slogan qui a été dit dans le camion et repris par la foule. Le slogan en question est « Non à l'intégration par le jambon ». Pourquoi ce slogan et comment a-t-il été reçu ?

HB : D'abord, comme Sadri l'a dit, la gauche ne comprend pas les questions de dignité. Quand on écrit « Non à l'intégration par le jambon », les militants de gauche se disent « c'est qui ces fous ? C'est quoi cette histoire de Non à l'intégration par le jambon ? » C'est vrai qu'on est complètement décalés par rapport à eux et c'est ce qui fait la pertinence de la question raciale pour comprendre cette incompréhension. La question raciale s'exprime aussi par le fait que lorsqu'un indigène entend ce slogan, il comprend tout de suite ce que cela signifie, mais un Blanc qui l'entend ne comprend pas.
Alors que faut-il comprendre ? De la même manière que les questions liées à l'islam, ou à la couleur de peau pour les Noirs, il y a des questions qui sont très sensibles et qui sont de l'ordre du sacré, de l'ordre de l'intime. Le fait de manger du porc, chez nous, ça signifie qu'on est passé de l'autre côté, chez les Blancs. Manger du porc, c'est grave. Quand on était petits, on était terrorisés tant c'était grave d'en manger. On avait peur d'en manger à l'école. Cette question a construit quelque chose d'intime en

nous, un rapport à nous-même, à notre famille, à notre religion. On est élevés en France, et on a été confrontés à la question du rapport à l'autre : le eux et le nous. Eux mangent du porc, nous n'en mangeons pas tandis qu'eux nous incitent à en manger. Mais il y a surtout le système intégrationniste qui vise à faire de nous des Blancs. Et face à ce système, il y a toute la résistance qu'on met en place pour ne pas devenir Blancs, et cette résistance s'exprime à travers cette histoire de « jambon ». Quand on dit « Non à l'intégration par le jambon », ça ne veut pas dire comme certains l'ont entendu qu'on ne veut pas que les indigènes mangent du jambon. Ce n'est pas ça notre problème. On veut d'une part, que les indigènes aient le droit d'affirmer qu'ils n'en mangent pas, mais ça veut dire d'autre part qu'on aimerait que ceux qui en mangent ne se vantent pas d'en manger comme preuve de leur bonne intégration.

À cette marche il y avait aussi une banderole du Mouvement des indigènes de la république qui disait « Si nous sommes ici, c'est que vous étiez là-bas ». Qu'est-ce que résumait cette banderole ?

HB : Ça signifie que les rapports de domination économiques, politiques, culturels avec les colonies ou les anciennes colonies expliquent notre présence en France. Mais à mon avis, il faut le lire à un autre niveau, beaucoup plus important : il donne un outil aux indigènes qui passent leur temps à dire « Aimez-nous... Nous sommes intégrés et d'ailleurs, on n'a pas à faire nos preuves (mais on les fait quand même), parce que nos grands-parents sont morts pour la France, parce que nos parents ont travaillé dur et qu'ils payent des impôts, qu'on consomme, qu'on a construit les routes, qu'on a fait ci, qu'on a fait ça, qu'on n'est pas tous des délinquants et que l'islam est la religion de la paix. » Nous disons qu'il faut arrêter avec cette rhétorique, qui est une rhétorique lepéniste : être Français ça s'hérite ou ça se mérite. Quand ils répondent « nos parents sont morts pour la France », eh bien ils disent à Le Pen : « Vous dites qu'être Français s'hérite ou se mérite. Certes nous ne sommes pas des Français d'apparence, mais on a mérité d'être Français. Pourquoi ? Parce qu'on a payé l'impôt du sang. » Les Indigènes de la république coupent court à cette rhétorique. Ce slogan dit : « on n'a pas à se justifier d'être là ». C'est la France qui est endettée auprès de nous. On ne doit rien à la France. C'est elle qui nous a amenés là, on n'a pas choisi, on n'a pas à s'excuser.

Légendes des photos (de haut en bas) :

Page I : Affiche de la marche du 8 mai 2008. ♦ Couverture du premier numéro du mensuel *L'Indigène de la république*. ♦ Stand de vente de *L'Indigène de la république*.

Page II : Tariq Ramadan au meeting des Halles le 14 avril 2007. ♦ Meeting en plein air aux Halles à l'occasion des élections présidentielles, 14 avril 2007. ♦ Prise de parole de M'baïreh Lisette lors de l'Agora des Indigènes à Nanterre le 25 juin 2005.

Page III (*les deux images*) : Marche des Indigènes du 8 mai 2008.

Page IV : Joby Valente au micro et Mehdi Meftah, pendant la marche du 8 mai 2008. ♦ Marche des Indigènes du 8 mai 2008. ♦ Affiches de la marche du 8 mai 2009.

Page V : Cortège du Collectif des féministes indigènes à l'occasion de la journée dédiée à la lutte des femmes du 8 mars 2007. ♦ Table d'adhésion à l'occasion des « États Généraux de l'islamophobie » à la bourse du travail de Saint-Denis, le 11 avril 2010.

Page VI : Cortège des Indigènes de la république à l'occasion de la manifestation contre l'agression israélienne à Gaza, 3 janvier 2009. ♦ Conférence des Indigènes de la république à la Sorbonne « Gaza, un an après », avec Ali Fayad, député du Hezbollah, 12 décembre 2009.

Page VII : Cortège du PIR lors de la manifestation de soutien à la flotille après l'attaque israélienne du Mavi Marmara du 31 mai 2010. ♦ Stand des Indigènes de la république à la fête de l'Humanité, septembre 2009.

Page VIII : Youssef Boussoumah jouant le rôle de Botul, avocat de la défense lors du procès intenté à BHL par le PIR à la Bourse du travail de Saint-Denis, le 28 janvier 2011. ♦ Prise de parole de Ramata Dieng (Collectif vérité et justice pour Lamine Dieng) et d'Abdelkarim Aichi lors de la commémoration nationale des victimes de la police organisée par le collectif « Vies volées », 24 mars 2012. ♦ Sadri Khiari et Houria Bouteldja, les auteurs.

DIGNITÉ RÉSISTANCE JUSTICE
IMMIGRÉS
HABITANTS DES
QUARTIERS
NOIRS
MUSULMANS
ARABES
Tous ensemble à la
MARCHE DU 8 MAI
CONTRE
LA RÉPUBLIQUE RACISTE ET COLONIALE
Jeudi 8 mai 2008, 14 h, Barbès, Paris
Le Collectif de la Marche décoloniale du 8 mai est composé des associations suivantes :
Association des Étudiants de Culture Africaine de Lyon (AECAL), Association des Étudiants kanaks, Cercle de Réflexion Citoyenne de Mantes-la-Jolie, Collectif Racisme et Discriminations de la Société Renault, Comité des familles pour survivre au SIDA, Groupe Frantz Fanon de Bagnolet, Les Indigènes de Belgique, KARITE panafricaine des droits de l'homme et de la diversité (LYON), Kolektif réunionnais SORT DOVAN, Mouvement des Indigènes de la République (MIR), Mouvement pour une Nouvelle Humanité (MNH), Rencontre culturelle Euro-Arabe, les Républicains Basanés, Union des Travailleurs Immigrés Tunisiens (UTIT), Véto ! (Garges-Sarcelle)
06 50 12 38 74 / collectif@marche8mai.org / www.indigenes-republique.org

21/10/2006
N°1
Mensuel
2,00 €
L'INDIGÈNE
DE LA REPUBLIQUE
LA FRANCE EST LE PAYS DES DROITS DE L'HOMME...
...BLANC
LIBAN
UNE RÉSISTANCE ÉXEMPLAIRE
P.8
LEUR HISTOIRE EST LA NÔTRE
LE BLACK PANTHER PARTY
P.10
DOSSIER
UN AN AVANT LA PROCHAINE RÉVOLTE DES QUARTIERS POPULAIRES
P.3

L'INDIGÈNE
AIMEZ-VOUS LA FRANCE ?
NOIRES, ARABES, MUSULMANES...
...FIÈRES ET OSTENTATOIRES !
INDIGÈNES
ELECTIONS
VOTER UTILE C'EST NOUS
ORGANISER NOUS-MÊMES !

STOP à la FrançAfric
Soutien aux résistances
libanaise et Palestinienne
Troupes americaines hors d'Irak
Non à la négrophobie

VOTER UTILE, C'EST NOUS
ORGANISER NOUS-MÊMES !

SANKARA N'KRUMAH
NOUSAVONS DES
DROITS DANS
CE PAYS.
NOUSAVONSDES
DROITS SUR

AIME CESAIRE

SOUVENIRS
NOUS PRENONS LE PARTI DE NOUS-MÊMES
CONSTRUISONS NOTRE FORCE POLITIQUE
COLLECTIF 8 MAI
SANKARA
JAMES BALDWIN
FELIX MOUMIE

De Setif à Gaza...
N'oublions pas !
الله يرحم الشهداء
Vendredi
8 Mai 2009
15 H à BARBES
Françafrique = colonialisme
Vive l'Afrique libre !
MARCHE DES INDIGÈNES
DE LA RÉPUBLIQUE
Gwadloup, Matinik, Rényon...
Cé ta nou, cé pa ta yo !

MACHISME TUE TOUS LES JOURS
DES FEMMES
PAS DE FÉMINISME SANS
IMPÉRIALISME !!!
INDIGENES

ADHESIONS
P.I.R
RÉPUBLIQUE FRANÇAISE
Prénom(s) : INDIGÈNE
Nom : DE LA RÉPUBLIQUE
Signe Particulier : FOURBE
CARTE D'ADHERENT

NASI = SIONISTE
SOUTIEN AU
AS ET
ANCE ARMÉE
PUBLIQUE

AD&A

PARTI DES INDIGENES
DE LA RÉPUBLIQUE
P.I.R
P.I.R

Al Quds

INSÉCURITÉ
MICROMANIA

Lettre à la Résistance libanaise

Mouvement des indigènes de la république

juillet 2006

Notre première réaction à l'annonce de la capture des deux soldats israéliens a été la fierté. Notre deuxième réaction a été l'inquiétude. Notre troisième réaction est la confiance.

Notre première réaction a été la fierté

Depuis de trop nombreuses années, l'impérialisme américain et l'ennemi sioniste nous écrasent sous leurs bombes en Palestine, au Liban, en Irak. L'occupation de l'Afghanistan, présentée comme une « mission civilisatrice » dans la plus pure tradition coloniale, avait inauguré un processus de recolonisation du monde sous l'hégémonie des États-Unis. Les puissances européennes soutiennent ces guerres infâmes ou laissent faire. La plupart des États arabes se taisent, complices. Mais le peuple palestinien refuse de capituler malgré la force dévastatrice de l'armée d'occupation israélienne. La libération, certes encore partielle, du Sud Liban avait déjà constitué une première victoire. L'opération du 12 juillet, la résistance farouche des combattants libanais, et notamment du Hezbollah, face à l'offensive destructrice d'une des plus puissantes armées du monde, nous rendent notre dignité. Nous relevons peu à peu la tête.

Notre deuxième réaction a été l'inquiétude.

La colère et l'inquiétude. La colère face aux massacres perpétrés par Israël au Liban. Ces centaines de civils assassinés, ces familles décimées, ces enfants déchiquetés. La colère face aux gouvernements occidentaux qui, fidèles à eux-mêmes, font porter la responsabilité de la crise au Hezbollah et s'acharnent à en exiger le désarmement alors qu'ils n'ont pas un mot pour dénoncer les crimes israéliens et l'usage de bombes interdites par les conventions internationales. La colère face à la France, plus particulièrement, qui prétend de manière mensongère avoir une politique souveraine, indépendante de celle des États-Unis. La colère, toujours, face à ces régimes arabes qui manœuvrent en coulisses pour casser la Résistance. L'inquiétude, aussi. La crainte que, malgré l'héroïsme des combattants arabes, leurs forces ne soient détruites par le rouleau compresseur sioniste arc-bouté aux puissances occidentales. La crainte que nos peuples, habitués à la défaite, n'aient plus l'énergie de la victoire. La peur que tout redevienne comme avant. Peut-être pire qu'auparavant…

Mais notre troisième réaction est la confiance.

Car, contrairement à l'adage bien connu, le pot de terre finit toujours par l'emporter contre le pot de fer. D'autres empires se sont écroulés. Les peuples colonisés ont chassé les colonisateurs. L'empire américain mourra. L'axe Washington/Tel-Aviv s'écroulera. La détermination et la confiance avec lesquelles la Résistance libanaise mène son action sont *notre* détermination et *notre* confiance.

Nous menons, en France, notre propre combat contre la domination coloniale et postcoloniale. Ici, les Arabes, les Noirs et les musulmans sont traités comme la république coloniale traitait ses « indigènes ». Depuis que Bush a déclaré sa « guerre des civilisations », nous sommes considérés comme la cinquième colonne du « terrorisme islamique ». D'une certaine manière, ils n'ont pas tort. Si tous ceux qui luttent pour la dignité sont des « terroristes », comme Jean Moulin, l'icône de la résistance française à l'occupation nazie était un « terroriste », alors nous sommes des « terroristes » ! Si tous les peuples qui luttent contre l'oppression sont des « terroristes », alors évidemment nous sommes des « terroristes » ! Si affirmer notre soutien indéfectible à la résistance palestinienne et libanaise, c'est en être la cinquième colonne, alors nous sommes fiers d'en être la cinquième colonne ! La barbarie, la réaction, l'obscurantisme sont du côté de ces États qui veulent dominer la planète. Oui, là où un peuple est soumis au joug impérialiste et colonialiste, au Moyen-Orient, en Afrique, en Amérique latine ou ailleurs, sans hésitation, nous sommes aux côtés de la résistance !

Alors, et pour conclure : Merci ! Merci d'avoir osé. Merci d'oser encore !

Nous soutenons Hamas et les autres forces de la résistance armée, parce que...

Mouvement des indigènes de la république

janvier 2009

1) En massacrant et en blessant des milliers de civils, Israël a tenté de terroriser l'ensemble du peuple palestinien, de lui montrer le « coût » de la résistance et de le pousser à la rébellion contre Hamas et les forces qui refusent de capituler.

2) L'offensive militaire israélienne avait pour but de désarmer la résistance et de diviser sa direction pour l'obliger à se soumettre à l'autorité de Mahmoud Abbas.

3) En voulant briser Hamas, qui est aujourd'hui l'épine dorsale de la résistance, c'est l'ensemble de la résistance du peuple palestinien que l'ennemi sioniste veut anéantir.

Nous soutenons Hamas et les autres forces de la résistance armée, parce que...

4) Le Hamas est la direction démocratiquement élue des Palestiniens, contrairement à ce que prétend la propagande sioniste qui présente le gouvernement de Gaza comme issu d'un simple coup d'État.

5) Le Hamas n'a pas renoncé à la libération de la Palestine et à la résistance.

6) La résistance de Hamas et des autres forces de la résistance armée rappelle obstinément à Israël que jamais le hold-up de 1948 ne sera légitime et que sans résistance il n'y a plus de peuple palestinien.

Nous soutenons Hamas et les autres forces de la résistance armée, parce que...

7) Ne pas soutenir explicitement Hamas, c'est accepter l'idée que Hamas serait une force « infréquentable » et illégitime.

8) Ne pas soutenir Hamas et le reste de la résistance armée, c'est faire le choix implicite d'une stratégie basée sur la seule négociation, telle qu'elle est portée par la direction du Fatah.

9) Ne pas soutenir Hamas et le reste de la résistance armée, c'est capituler devant les forces qui mettent sur le même plan la violence

anticolonialiste des Palestiniens et la violence coloniale de l'État d'Israël ; c'est contester la légitimité des Palestiniens à défendre leurs droits par la force des armes.

10) Ne pas soutenir Hamas, c'est faire profil bas devant les courants islamophobes qui veulent bien soutenir la résistance à condition qu'elle ne soit pas musulmane.

Nous soutenons Hamas et les autres forces de la résistance armée, parce que…

11) Nous espérons que le mouvement palestinien de libération s'unisse sur la base de la résistance effective à l'ennemi sioniste.

12) Comme d'autres avant nous avaient soutenu les résistances vietnamienne, algérienne et autres, sans s'interroger sur leurs idéologies ou leurs croyances, seule nous importe aujourd'hui la lutte anticoloniale que mènent Hamas et les autres forces de la résistance armée.

13) Dans une guerre coloniale, nous n'hésitons pas : nous sommes toujours aux côtés du peuple colonisé et des forces qui mènent effectivement la résistance.

14) Pour nous l'État d'Israël n'est pas sacré. Nous n'avons pas à porter la culpabilité d'un Occident qui a tenté d'exterminer les juifs. Nous nous opposons à Israël en tant qu'État colonial.

Nous continuerons à soutenir Hamas et les autres forces de la résistance armée, parce que…

15) Israël a échoué à atteindre ses objectifs par les armes et cherche désormais à les réaliser par la voie politique et diplomatique, en alliance avec les États-Unis, l'Union européenne et certains régimes arabes, notamment l'Égypte et l'Arabie Saoudite.

Nous soutenons Hamas et les forces de la résistance parce que notre anticolonialisme est total !

Ma dette palestinienne

Youssef Boussoumah

décembre 2009

Entre la Palestine et moi, c'est une longue histoire. Depuis trente-cinq ans, cette cause n'a jamais cessé de me porter plus que je ne l'ai portée. Comme le dit Jean Genet dans *Un captif amoureux*, « d'emblée j'en reconnus la note juste ».

Dans le marasme et la désolation politique de la France de la fin des années 1970 puis des années Mitterrand, face à la trahison des uns, au désespoir et au renoncement de beaucoup, face à la répression et aux crimes racistes, pour nous, les rescapés des ghettos de banlieue, la Palestine a été l'exemple d'une magnifique résistance. En effet, un peuple qui depuis plus d'un siècle refusait avec une impressionnante dignité d'abdiquer de ses droits sur sa terre, malgré tous les massacres, toutes les trahisons, le nombre impressionnant de ses ennemis, évidemment, ça forçait le respect. À tel point que la lutte palestinienne prenait valeur de thermomètre politique. Pour juger d'un groupe politique ou d'un individu, on commençait par lui demander sa position sur le conflit, on disait « faire la preuve par la Palestine ». En un mot, pour nous, la Palestine a été une boussole, un révélateur. C'est elle qui nous a offert l'asile politique.

Je me souviens, c'était un jour de septembre 1982, nous venions juste d'apprendre l'horrible massacre de trois mille Palestiniens à Sabra et Chatila par l'armée israélienne et ses alliés fascistes libanais. Un ami, un ancien du Mouvement des travailleurs arabes, venait juste de devenir papa, une petite fille. Il lui choisit sur le champ le prénom d'Amal Filastine, Espoir de la Palestine. Nous étions de tous les combats. Dénonciation des meurtres racistes et des taudis pour travailleurs immigrés ici, contre l'imposture SOS racisme, pour le soutien à la Kanaky, aux militants guadeloupéens emprisonnés, contre les exécutions en Turquie, pour le Kurdistan ou pour le Tamil Elam, contre l'apartheid d'Afrique du Sud, ou contre les agressions états-uniennes. Partout nous brandissions, en guise de profession de foi, l'étendard palestinien.

Pendant trente-cinq ans, cette question m'a habité. Comment faire avancer en France cette cause qui nous est si chère, mais aussi comment m'acquitter de ma dette morale ? Nous nous sommes dépensés sans compter. On a tout connu. Tout essayé. À Paris et dans toute la France, dans les années 1980, pour la Palestine, c'est manif sur manif. La plupart sont interdites. Les combats contre les milices sionistes sont fréquents.

Comme ce jour de septembre 1982 où on se retrouve, à une poignée de militants, à défendre le siège de l'OLP de Paris, face à plusieurs centaines de nervis pro-israéliens, armés de barres de fer et casqués, sous le regard attendri des forces de police complices. C'est l'époque où certains des nôtres, exaspérés par la collusion du gouvernement PS avec Israël, iront plus loin encore. C'est à ce moment que j'ai fait la connaissance d'un militant dont la compagne partie deux ans plus tôt comme infirmière au Liban s'était enrôlée dans une organisation palestinienne et est tombée martyre dans une opération commando contre Israël. Elle s'appelait Françoise Kesteman.

Plus tard, surviennent la guerre des camps, l'attaque et le siège des camps palestiniens du Liban par des milices libanaises. On ne savait que faire. C'est le moment où on expérimente pêle-mêle les jeûnes de solidarité à la grande mosquée de Paris, les occupations pendant plusieurs jours du siège de la Ligue arabe, des sittings dans des bureaux dépendant de l'ONU. Précisons que manifester pour la Palestine en ces années 1980 peut coûter cher. C'est ainsi que j'ai connu de l'intérieur tous les commissariats de Paris. En vérité, de 1988, la première Intifada, jusqu'à l'agression contre Gaza l'hiver dernier, il est clair que les manifs, marches, colloques, séminaires, pétitions, occupations de locaux, concerts de solidarité et autres « 6 heures pour la Palestine », pour moi, n'ont jamais cessé. Jusqu'en en 2001 où je participe avec enthousiasme au lancement des premières missions civiles vers la Palestine.

En bref, depuis trente-cinq ans, des militants pour la Palestine, j'en ai connu des centaines. Certains n'ont fait que passer, ont tenu plusieurs années avant de s'évaporer. Exaspérés par l'inertie du dossier et le sentiment d'impuissance face à des autorités françaises, de droite et de gauche, indécrottablement sionistes, ils ont abandonné la lutte. Il y en a même qui sont morts désespérés. Il y a pour finir la catégorie de celles et ceux qui, partagés entre la nécessité de faire avancer de concert les questions sociales et celle de la Palestine, ont intégré des partis politiques français, pensant ainsi lutter pour l'une et pour l'autre de ces causes. Il faut reconnaître que, tributaires de l'opportunisme politique de ces mêmes partis pour qui l'antiracisme et la Palestine n'ont jamais été qu'un fonds de commerce électoral – l'occasion de rafler les voix des bronzés –, ceux-ci ont souvent fini par oublier leurs engagements premiers. Ils ont oublié que les questions qui nous préoccupent, celle de la Palestine comme celle de l'égalité entre souchiens et bronzés, ne sont pas des causes humanitaires, pas plus qu'elles ne sont réductibles à une simple lutte de classes. Sans parler de tous ceux pour qui la Palestine et les Palestiniens n'ont jamais été que l'occasion de surenchères aussi stériles que nauséabondes, objets de marchandages honteux avec une extrême droite décomplexée.

Alors bien sûr, il reste des centaines et des centaines de militants sincères et actifs, manifestant, organisant le boycott des produits israéliens, allant en Palestine, agissant à leur niveau pour conscientiser la société française. Je tiens ici à saluer leur action courageuse et pleine d'abnégation. Mais est-ce suffisant ? La société française sera-t-elle conscientisée avant que les sionistes aient fini par coloniser la dernière parcelle de Palestine ? En ce qui me concerne, j'en suis arrivé à la conclusion que, dans ce monde cynique, seul un parti qui prendrait enfin en charge les questions qui nous taraudent depuis toujours : le racisme, l'égalité, la dignité, le respect pour nos parents, pour notre foi, pour nos martyrs mais aussi l'indispensable et inconditionnel soutien à la Palestine résistante, pourrait répondre à mon attente. Un parti pour nous et par nous. Sans craindre de déplaire, ni d'être politiquement incorrect. Sans être obligé de donner des gages de respectabilité ou de montrer patte blanche à chaque instant. Je me suis souvent dit au cours de ma vie militante que si c'était un colonialisme qui avait jeté mes parents sur les rives de la Seine et qui avait ôté la vie à des centaines de nos frères ici, c'en est un aussi qui, depuis soixante ans, étrangle nos sœurs et frères de Palestine, entre Jourdain et Méditerranée. Un parti anticolonial et antiraciste est indispensable. Pour que l'on soit forts et efficaces, pour imposer des changements à la politique française, notre parti peut faire ce qu'aucun autre parti français ne pourra jamais faire. Tout simplement parce qu'il sera nous. C'est dans sa construction que j'ai eu l'honneur de m'engager il y a déjà cinq ans, en participant à la fondation du MIR, puis très bientôt du PIR. Le Parti de nous-mêmes.

De la Palestine au PIR

La conscientisation d'un Français musulman d'origine africaine sur son statut d'indigène

Sofiane ould Bechaouche

avril 2011

Au Nom de Dieu, Le Tout Clément, Le Tout Miséricordieux,

« Qu'avez-vous à ne pas combattre dans le sentier d'Allah et pour la cause des opprimés, hommes, femmes et enfants qui disent : « Seigneur ! Fais-nous sortir de cette cité dont les gens sont injustes et assigne-nous de Ta part un allié, et assigne-nous de Ta part un secoureur » ». (sourate 4 *An-Nissâ* « Les femmes », verset 75).

Voici le récit de mon (petit) parcours militant :

Depuis l'année 2005, une pensée m'obsède : *venir en aide à la Palestine.* Auparavant, je ne connaissais presque rien de cette cause, étant un être exclu d'une communauté mise en marge de l'histoire et atomisée par le colonialisme, et étant passé par les cases que le système m'a « gentiment » concocté (exclusion du système scolaire-délinquance-gardes à vue répétées-prison-foyer d'urgence) : je ne pensais qu'à ma gueule !

Ma quête spirituelle a été le déclic qui me poussa à me préoccuper de la situation du monde, conformément à l'esprit coranique qui nous fait comprendre que nous sommes responsables de tout devant tous, que le but est de se réformer soi-même tout en réformant le monde. Étant donné que Jérusalem est un des trois lieux saints de l'Islam (et non le troisième, ou la médaille de bronze sur « le podium de l'importance des lieux saints » dans le cœur des musulmans, comme voudraient nous le faire croire les sionistes) et que la Palestine est une métaphore des rapports de force qu'il y a dans le monde – Nord/Sud, Occident/tiers-monde, oppresseurs/opprimés –, j'ai décidé de suivre mon cœur et de m'engager ; j'espérais même « mourir en martyr » pour Elle. Mais plus j'essayais de faire des choses pour cette cause plus je me sentais impuissant ! Et, c'est Elle qui m'a aidé… en m'ouvrant les yeux sur moi-même ! Moi qui voulais lui donner ma vie parce qu'elle me faisait de la peine et que son sort me révoltait, Elle me tendit un miroir en me disant de garder ma pitié pour moi et de contempler plutôt la situation dans laquelle je vis : ma condition d'*indigène*.

À l'ère de la mondialisation et de l'interdépendance des États, là où un crash boursier à New York provoque une crise à Tokyo, là où un missile en France peut frapper Le Caire, là où un transfert électronique émis par une personne de Londres à sa famille à Islamabad arrive avant qu'on ait le temps de boire un café, comment se fait-il que je ne puisse pas l'aider de l'endroit où je me trouve ? Je compris alors que si je ne pouvais lui apporter l'aide de là où je suis (en France), c'est qu'en fin de compte, je ne suis rien sur « mon » propre sol : je suis *inexistant*. Nous ne sommes en France qu'un pâle reflet de ce qu'Elle vit ! Si Elle se fait martyriser là-bas, c'est que nous, indigènes sociaux, sommes faibles ici parce que nous sommes victimes du même système discriminatoire qu'Elle (à moindre échelle certes, mais victimes quand même) ! Alors je me suis demandé : « Comment pourrais-je aider une personne qui se noie alors que mon propre bateau coule ? » C'est de moi-même que je devais avoir pitié (et honte !), de la condition dans laquelle je vis et dont (consciemment ou pas) je ne cherche pas à me libérer, celle d'un indigène dans un système colonial.

Il fallait en priorité que je répare ce bateau qui nous mènerait vers la liberté, et pour cela, agir par étapes, ne pas mettre la charrue avant les bœufs, si je voulais vraiment être efficace. En gros, je ne devais plus être seulement dans l'émotionnel mais surtout dans le rationnel ; il me fallait identifier qui et comment combattre, ne pas confondre la vérité et la réalité car si, comme vérité universelle aux yeux de Dieu, nous sommes tous égaux et frères, la réalité est toute autre. Nous vivons dans un monde régi par les hiérarchies de genre, de classe et de race, et si le patriarcat a créé le genre, le capitalisme la classe, le colonialisme, lui, a *créé la race*. J'ai toujours entendu dire que « les races n'existent pas » ; oui, c'est une vérité scientifique : les races biologiques n'existent pas… mais la réalité politique fait que les races sociales existent, aussi bien que les classes et les genres. Tout le monde s'accorde à dire, dans le système dans lequel on vit, que quand la femme est discriminée c'est au bénéfice de l'homme ; quand le pauvre est discriminé c'est au bénéfice du riche, quand l'infirme est discriminé c'est au bénéfice du valide ; mais on ne dit jamais au bénéfice de qui le Noir, l'Arabe et autre indigène sont discriminés. Comme si c'était un tabou ou que c'était au bénéfice d'une race sociale invisible ! La réponse la plus logique que j'ai trouvée à cette question est que c'est au bénéfice du *Blanc*.

Et c'est cette hiérarchie des races que je devais combattre en priorité, parce qu'elle est ce qui détermine ma condition et celle du monde. Mais à l'image des femmes qui quand elles combattent le privilège mâle ne combattent pas pour autant l'homme, je ne dis pas que c'est l'homme blanc qu'il faut combattre mais le pouvoir blanc avec ses structures qui créent les privilèges d'une race au détriment des autres. On doit retirer les privilèges de l'homme blanc sans toucher à ses droits ; ainsi, comme le préconisait Fanon, la mise à mort de ce système engendrera la libération et l'inauguration d'une autre voie incha'Allah.

Il y a des situations qui sont révélatrices de cette condition d'indigène : Pourquoi, par exemple, je ne peux pas faire un appel aux dons pour la Palestine sans passer pour un terroriste alors que le CRIF ou Mac Do peuvent le faire ostensiblement pour Israël, par le biais même des chaînes nationales dont nous payons la redevance télé et cela, pendant l'opération « plomb durci » ? Pourquoi ma mère, sous prétexte qu'elle porte le voile, ne peut pas accompagner mon petit frère lors de sorties scolaires ? Pourquoi ma sœur ne peut pas porter le voile ou porter des robes jugées « trop » longues à l'école ? Pourquoi un enfant prénommé Islam se voit refuser l'accès d'un jeu télévisé à cause de son prénom alors qu'il avait été sélectionné ? Pourquoi mes frères de condition (arabes et noirs) se font contrôler huit fois plus qu'un Blanc par la police raciste ? Et pourquoi est-ce qu'ils prennent une peine plus grande quand ils sont suspectés de vendre de la drogue hors du quartier, dans les campagnes où la population est blanche ? Pourquoi les médias et le gouvernement utilisent les mêmes termes militaires quand ils parlent de « reconquérir les territoires perdus des banlieues » que quand par exemple ils comptent envahir injustement l'Afghanistan ? Pourquoi dans les cités quand on se fait molester et/ou tuer par la police, la victime prend le rôle du coupable et du bourreau aux yeux des médias et du gouvernement… un peu comme ces Palestiniens assassinés que l'on fait passer pour des terroristes ? Pourquoi, quand par exemple des agriculteurs ou des jeunes lycéens cassent et brûlent parce que le gouvernement se fout de leur gueule, les médias disent que ce sont des agriculteurs et des jeunes « en colère », mais quand ça se passe dans les quartiers populaires, ce sont des « casseurs », « des guérillas urbaines », « des voyous », « des islamistes » ? Pourquoi, ayant un « faciès coloré » ou un nom à consonance non européenne, on me refuse l'accès à un logement ou à un emploi ? Pourquoi on nous tutoie et nous appelle par nos prénoms, en nous infantilisant quand on passe à la télé ou devant le juge (comme pour Omar Raddad) ? Pourquoi, dans la commission contre la burqa, on a retrouvé un consensus politique de l'extrême gauche à l'extrême droite en étant d'accord sur une chose, à savoir qui est l'ennemi, alors que d'habitude ils n'arrivent même pas à se mettre d'accord sur la couleur du crottin ? Et ainsi de suite. Et tout ceci n'étant pas le fruit d'un racisme populaire mais d'un *racisme d'État*, celui qui découle des institutions, pas un racisme qui vient du bas, mais qui vient du haut !

Alors a résonné dans ma tête la phrase de Abdelmalek Sayyad : « exister, c'est exister politiquement ». Et puisque le monde n'est que rapports de force, je compris que le seul moyen de combattre ces structures et ce système colonial (qui est le même qui sévit en Palestine sous une autre forme), c'est de rejoindre une structure qui vit et voit les mêmes choses que moi, car rejoindre un parti politique c'est comme être dans un couple : il ne s'agit pas de se regarder dans les yeux mais surtout de regarder dans la même direction ! Il ne s'agissait pas pour moi de rentrer dans un parti qui aurait de beaux discours avant les élections, qui présenterait des têtes auxquelles je m'identifierais facilement mais qui fera passer mes priorités en dernière position une fois élu pour finalement les ignorer voire les combattre, tout en virant ou occultant les têtes qu'on nous avait aimablement et machiavéliquement présentées, comme cela s'est toujours passé avec la gauche. Ou de ces mouvements et partis qui fricotent avec (ou qui sont de) l'extrême droite, qui voudraient nous faire croire que l'on devrait unir nos forces car notre ennemi commun est le sionisme, alors que ce dernier n'est qu'une des tentacules appartenant à la pieuvre qu'est l'impérialisme occidental blanc. L'ennemi de mon ennemi n'est pas forcément mon ami !

C'est pour cela que j'ai rejoint le Parti des indigènes de la république qui, pour moi, représente le bateau que je dois participer à construire et à manœuvrer à l'aide de mes « frères et sœurs de condition, de lutte et de projet » : la flottille de la liberté ! Il est nécessaire de peser sur le ring politique, et de devenir une « force indigeste », ni avalable ni absorbable par les partis à dominante blanche, sans avoir honte de prôner le communautarisme et les alliances entre dominés victimes de ce système colonial, car le plus grand communautarisme en France est le communautarisme dominant blanc, et surtout parce que ce n'est pas en tant qu'individus que l'on se fait discriminer mais en tant que membres identifiés comme faisant partie d'une communauté… ce qui ne signifie pas qu'à long terme, nous ne ferons pas des alliances avec les forces blanches qui combattent et nous rejoignent sur certaines luttes, au contraire ! Mais comme le disait Simone de Beauvoir en parlant de Sartre qui était pourtant un fervent soutien de la cause féministe : « dans un système où il est privilégié, l'homme ne pourra jamais comprendre le « vécu de la femme » » ; nous, nous disons que le Blanc ne pourra jamais comprendre le « vécu de l'indigène » (mis à part ceux qui vivent dans les quartiers). Voilà pourquoi nous devons être le parti de nous-même par nous-même !

Le PIR est un parti qui parle pour nous avec nos références, où nos sœurs peuvent nous représenter avec ou sans hidjab, avec ou sans boubou. Il n'a pas peur de soutenir la résistance qu'ont choisie démocratiquement les Palestiniens, le Hamas, ou d'inviter un membre du Hezbollah sur le sol français, de dénoncer et combattre le racisme d'État sans pour autant oublier les problèmes sociaux, etc. Nous voulons et devons être une force qui participe à créer la norme, en rejetant celle que l'on nous impose ! Tout cela en s'inspirant des « anciens », que ce soit Sankara ou ceux de la Marche pour l'égalité et contre le racisme de 1983, non pour des commémorations commémoratives mais pour nous inspirer de leurs luttes. Ça n'arrange pas l'État de rendre visibles nos histoires, car elles prouvent que c'est le rapport de force que nos anciens se sont efforcés de créer qui a apporté le peu d'amélioration dont on bénéficie aujourd'hui… et non la « main charitable » du pouvoir blanc à qui on aurait mendié quelques miettes et qui nous aurait pris en pitié. Il nous faut rendre visibles ces histoires tout en étant dans leur continuité. Les libertés ne se donnent pas, elles se *conquièrent.*

Donc, rejoindre le PIR ne signifie pas que je renonce à la Palestine mais c'est au contraire le dépassement d'une limite : pour ne pas la trahir, nous devons faire en sorte d'être une force ici qui aurait un impact là-bas, changer notre condition au niveau national et international incha'Allah. Je dois bien ça à cette cause universelle car en fin de compte c'est la Palestine qui m'a secouru… de mes illusions !

Enfin, la Révolution arabe !

Sadri Khiari
janvier 2011

Le Procès de Bernard-Henri Lévy qui a eu lieu le 28 janvier 2011 à la Bourse du travail de Saint-Denis (93) à l'initiative du PIR s'est déroulé alors que venait d'éclater une révolte de grande ampleur en Égypte. Pour rendre hommage au peuple égyptien, les organisateurs ont demandé au romancier et militant anti-impérialiste Tariq Ali, et à Sadri Khiari (PIR) d'intervenir sur le sujet avant que la séance ne commence. Le texte qui suit constitue l'intervention de Sadri Khiari.

Chers frères, chères sœurs, chers amis,

J'ai un aveu à vous faire : Je suis un imbécile ! Pendant des années et des années, je me suis battu pour la Révolution arabe et, juste quand je me demandais s'il fallait encore y croire, la voilà qui resurgit !

Belle, impétueuse, populaire, elle est à nouveau là.

Elle a jailli là où on ne l'attendait pas. En Tunisie. Mon pays, dont je suis si fier aujourd'hui. *Notre* pays, dont nous nous sommes tous si fiers aujourd'hui.

Ce pays étouffé pendant un quart de siècle par une clique de prédateurs, de voyous sans foi ni loi appuyés sur un gigantesque appareil policier. Une clique de prédateurs qui, non contents de voler les richesses du peuple, ont vendu le pays aux puissances financières internationales et aux investisseurs étrangers. Une clique de prédateurs qui, contre monnaie sonnante et trébuchante, ont vendu la cause palestinienne à la diplomatie impériale.

Le peuple tunisien a renversé le dictateur mais la situation reste incertaine. La mobilisation est toujours puissante mais les forces antipopulaires sont toujours au pouvoir.

Chers frères, chères sœurs, chers amis,

L'avenir de la Révolution tunisienne ne se joue pas seulement en Tunisie. Il se joue dans l'ensemble de la région. Il se joue notamment en Égypte. Ce grand pays. Ce pays qui est aussi *le nôtre*. Ce pays qui est gouverné par un despote qui n'a rien à envier à Ben Ali. Ce pays dont le président ne cesse de trahir la cause sacrée de la libération palestinienne.

Eh bien, en Égypte aujourd'hui le peuple se soulève. Les médias impérialistes parlent de « contagion » comme si la révolution était une maladie. Pour nous, cette maladie s'appelle l'espoir.

L'extension régionale de la révolution est notre espoir. C'est l'espoir de notre libération. C'est l'espoir de la libération des peuples arabes. C'est l'espoir de l'unité des peuples arabes. C'est l'espoir de la libération de la Palestine.

Chers frères, chères sœurs, chers amis,

En Tunisie, en Égypte, au Yémen, en Jordanie, en Algérie, au Maroc et ailleurs, nos peuples sortent d'une longue hibernation. Progressivement et à des rythmes différents. L'effervescence est partout. Une fois de plus, l'histoire démontre qu'au-delà des particularités de chaque pays, la nation arabe est un fait.

Elle existe. Elle existe *dans* le peuple. Elle existe dans cette révolution qui se propage. Elle existe contre les dictateurs arabes qui ont détourné les luttes anticoloniales à leur profit. Elle existe contre ces dictateurs qui sont des relais de la domination impériale sur nos pays.

Les chasser, c'est reprendre le chemin interrompu de la lutte anticoloniale. Oui, au-delà des revendications démocratiques qui nourrissent les mobilisations populaires, la révolution à laquelle nous assistons aujourd'hui n'est autre qu'un nouvel épisode de la révolution anticoloniale.

En vérité, je vous le dis, la révolution arabe n'a pas commencé en Tunisie. Elle a commencé ou plutôt recommencé avec la victoire du Hezbollah en 2006 ; elle s'est poursuivie à Gaza avant de rebondir en Tunisie, en Égypte et peut-être désormais dans d'autres pays arabes.

Ne nous leurrons pas, cependant. La route est encore longue. Les forces de la réaction puissantes. La Révolution ne suivra pas un chemin linéaire vers la victoire. Mais un nouveau cycle de luttes s'est ouvert dans toute la région arabe et nous devons tout faire pour qu'il mène à la victoire.

Chers frères, chères sœurs, chers amis,

La Révolution arabe nous concerne tous, directement, nous qui vivons au cœur d'une des plus puissantes métropoles impérialistes. Notre solidarité avec les peuples arabes en lutte doit être totale et active ! Par nos mobilisations, nous pouvons entraver le cours de la contre-révolution que la France et les autres puissances impérialistes ne manqueront pas d'organiser.

La victoire de la révolution arabe est notre victoire. Vive la révolution arabe ! Vive la révolution décoloniale ! Et que tremblent ceux qui écrasent les peuples !

Pour un islam de justice et de libération

Cercle de réflexion islam, libération et anticolonialisme

septembre 2010

Ce texte constitue la première déclaration publique du Cercle de réflexion : islam, libération et anticolonialisme (CRILA/PIR). Le CRILA est un groupe de travail interne au PIR, mis en place dans le cadre de la volonté qui anime le PIR de promouvoir une pensée indigène autonome et de favoriser le développement et l'enrichissement des cultures et des spiritualités opprimées dans le cadre de l'idéologie européocentrique dominante. À l'instar du CRILA, des cercles de réflexion analogues articulés autour d'autres références culturelles opprimées seront créés dès que possible. Le CRILA regroupe exclusivement des militants du PIR qui s'affirment comme musulmans et se revendiquent politiquement en tant que tels. Comme son nom l'indique, il a pour vocation de produire une réflexion et de formuler des propositions politiques décoloniales à partir du référent islamique, au sein du PIR et de l'ensemble du mouvement décolonial. *Aidkom moubarek.*

Au nom de Dieu, le Clément, le Miséricordieux

« Ô les croyants ! Observez strictement la justice et soyez des témoins (véridiques) comme Dieu l'ordonne, fût-ce contre vous-mêmes, contre vos pères et mères, ou proches parents. Qu'il s'agisse d'un riche ou d'un besogneux, Dieu a priorité sur eux deux (et Il est plus connaisseur de leur intérêt que vous). Ne suivez donc pas les passions, afin de ne pas dévier de la justice. Si vous portez un faux témoignage ou si vous le refusez, [sachez que] Dieu est parfaitement connaisseur de ce que vous faites. » (sourate 4 « Les femmes », verset 135)

Nous sommes musulmans…

Nous nous affirmons musulmans et satisfaits de l'être : l'islam pour nous est un cadre structuré et structurant, il ne nous accompagne pas uniquement à la mosquée, mais aussi au foyer, au travail, au marché, à l'école.

Le Coran éclaire notre vie. Nous aimons notre Prophète صلى لله عليه سلم [1] : il est notre modèle : c'est sur ses pas que nous nous efforçons de marcher. Par conséquent, nous ne demandons pas le droit de croire, nous sommes croyants et nous déclarons légitime l'affirmation de notre foi dans la sphère publique. Nous participons, en tant que ce que nous sommes, à la construction de la société dans laquelle nous vivons. Cette société est aussi la nôtre.

La France est à nous et la langue française aussi. Elle est notre langue, nous la parlons et l'écrivons comme bon nous semble et assumons seuls le fait de nous rendre intelligibles ou pas. Langue sacrée du Livre, l'arabe est aussi notre langue, vivante, poétique, et où la langue française a puisé nombre de ses mots. Nous nous affirmons comme les témoins de la grande civilisation islamique. Celle dont les savoirs ont fasciné de nombreuses cultures, y compris européennes, même s'il est à déplorer que ces dernières en aient négligé le message essentiel à savoir celui de la transcendance et de l'unicité de Dieu (*At Tawhid*) et de l'affirmation de la communauté des hommes. Nous sommes ici et maintenant les héritiers et continuateurs de quatorze siècles de civilisation.

Face à tous ces pseudo-prophètes de la théorie du choc des civilisations, nous opposons notre volonté de vivre en harmonie avec notre milieu : dans l'équité, la fraternité, le respect et la liberté. Tout en refusant l'idée que le vivre ensemble impliquerait une obligation de ressemblance. Nous ne serons donc ni les adeptes de l'islam de France concocté par ce gouvernement et quelques musulmans dociles, ni de cet islam des salons mondains, où fleurissent les fatwas « halalisant » l'intégration par le jambon. L'islam n'est pas à l'aval de nos vies, bien au contraire, il en est le principe actif. Il est la structure de notre existence, il en est la lumière et il est la source de notre éthique.

… et nous le resterons…

Le CRILA est un espace de réflexion critique interne au PIR. Il entend problématiser les discours et les pratiques d'exclusion dont les musulmans font continuellement l'objet, en France notamment. Inscrite au sein du Parti des indigènes de la république, cette structure se veut forte des dialogues engagés avec d'autres acteurs, qu'ils soient musulmans ou non. Nous sommes convaincus du potentiel émancipateur de l'islam, en dépit de ce

1. Que la paix et la bénédiction de Dieu soit sur lui.

que prêche une certaine vulgate laïciste. Nous n'avons pas honte de notre foi islamique. Nous ne cherchons ni à nous justifier de cette foi, ni à offrir le visage « modéré » du musulman civilisé.

Ce cercle n'a cependant pas la prétention de fournir un islam exemplaire, il se propose d'insuffler aux stratégies des luttes décoloniales l'élan libérateur de l'islam. Dans le contexte idéologique actuel – climat de méfiance, de peur, voire de haine de l'islam – nous offrons un « témoignage musulman », comme en leur temps des résistants français de confession catholique ont offert un « témoignage chrétien ».

En prenant appui sur ses références islamiques et en harmonie avec les principes fondamentaux du PIR, le CRILA contribuera à l'élaboration de réponses politiques et programmatiques face à la répression et aux débats imposés par le gouvernement. Nous appelons l'ensemble des espaces de résistance qui, comme le nôtre, critiquent l'islam institutionnel, à unir leurs forces autour d'une démarche décoloniale car nous rejetons fermement toute division entre les musulmans.

Quelle que soit la tendance à laquelle ils appartiennent, nous considérons comme nos frères toutes celles et ceux qui prennent parti contre l'oppression.

Nous offrons un espace ouvert aux théologiens et aux croyants qui, forts du référent islamique, peuvent s'engager au sein du Parti des indigènes de la république et offrir de nouvelles perspectives aux combats qui sont les leurs.

... car nous ne craignons que Dieu

Aussi le CRILA se fixe-t-il pour but l'élaboration d'une pensée islamiste débarrassée des oripeaux du consumérisme, comme de la vaine béatitude. N'en déplaise aux chantres des lumières aveuglantes, notre démarche, fraternelle et collective, correspond à un retour à Soi, à rebours des injonctions occidentales. Nous opérons, en tant que musulmans, un mouvement autonome, dans la continuité du Message délivré par les prophètes. C'est un retour sur nous-mêmes : l'émancipation des hommes dans le processus de l'histoire est bien conforme au message du prophète Muhammad صلى الله عليه سلم délivré dans le Coran.

Le Livre Saint n'est nullement réservé à un peuple élu. À cet égard, Allah nous dit dans la sourate *Al-Anbiyâ*[2] : « Et Nous ne t'avons envoyé qu'en miséricorde pour l'univers », et l'ultime sermon du Prophète

2. Sourate « Les Prophètes », verset 107.

s'adresse aux « Hommes ». Pour nous, enfin, l'action politique ne se réduit ni à la simple gestion de la cité, ni à un calcul populiste à court terme : il s'agit bien de réformer les hommes. Nous considérons comme un devoir religieux l'implication active dans les affaires du monde, sans quoi nous subirions passivement les contraintes fixées par d'autres, celles des injustices. S'engager politiquement est un continuum de la foi : une prolongation, et non pas un renoncement. Sans cette action, nous serions incomplets, nous trahirions l'idéal de plénitude « *Insan al Kamil* » de notre bien aimé Prophète Muhammad صلى لله عليه سلم. Aussi, nous ne fuirons pas nos responsabilités ici-bas. Nous ne fuirons pas physiquement, en quittant la France. Nous ne fuirons pas psychologiquement, en renonçant à notre identité, la foi et la culture islamique. Rester, c'est résister.

Or la résistance exige une structure, une organisation au sein d'un parti fédérateur où les enseignements de l'islam s'imprègnent de la mémoire des luttes de l'immigration et du combat anticolonial des peuples d'Asie et d'Afrique. L'arrogance conjuguée des capitalistes, des racistes et de ceux qui considèrent la planète toujours comme un moyen et jamais comme une fin n'est pas acceptable. Nous sommes nombreux, par-delà ces mêmes convictions religieuses qui nous animent, à lutter contre les oppressions : racisme, hiérarchie des rapports humains, économie spéculative et destruction de l'environnement. Le CRILA, solidaire des résistances anticoloniales – notamment celles portées par l'islam politique décolonial – sera présent aux côtés des déshérités en lutte, conformément au principe islamique d'Unicité Divine. Parce que nous ne haïssons que l'oppression et nous ne craignons que Dieu.

لله علم

Témoigner du Tawhid.
Pour une théologie de libération dans les quartiers populaires

Sofiane ould Bechaouche

novembre 2011

Au Nom de Dieu Le Clément, Miséricordieux,

« Si vos parents, vos enfants, vos frères (et sœurs), vos épouses (vos époux), vos proches, les biens que vous avez acquis, un commerce dont vous craignez le marasme et des demeures qui vous sont agréables, vous sont plus chers que Dieu, Son Prophète et la lutte pour Sa Cause, alors attendez que vienne l'Ordre de Dieu, car Dieu ne dirige point les pervers. » (sourate 9, verset 24)

Aujourd'hui, pour beaucoup d'entre nous qui prétendons avoir pris pour religion l'islam, il est courant de croire que les salat, le jeûne, le pèlerinage, les tenues vestimentaires licites et la consommation d'aliments halal sont les seuls actes valables et prioritaires pour notre salut. Si appliquer l'islam c'est seulement cela… alors que Le Tout Puissant nous pardonne d'être musulmans !

Comment peut-on ne chercher qu'à s'acquitter des devoirs individuels et cultuels (*fiqh al 3ibadat*), et ne pas chercher à s'acquitter des devoirs collectifs d'organisation et de résistance (qui font partie du *fiqh al mou3amalat*) ? Faisons-nous une lecture sélective du Livre Sacré ? N'allons-nous garder que les sourates de la période pré-hégirienne (rapport entre le Créateur et sa créature) et délaisser les sourates de la période post-hégirienne (rapport des créatures entre elles pour qu'elles s'organisent) ? Sommes-nous devenus ce que décrit ce verset : « Croyez-vous donc en une partie du Livre et rejetez-vous le reste ? Ceux d'entre vous qui agissent de la sorte ne méritent que l'ignominie dans cette vie, et au Jour de la Résurrection ils seront refoulés au plus dur châtiment, et Dieu n'est pas inattentif à ce que vous faites » (sourate 2, verset 85) ?

Certes, les pratiques cultuelles sont indispensables mais elles sont des moyens et non des finalités. Nous devons puiser dans la salat, le jeûne, le pèlerinage, la méditation, etc., la force d'accomplir la tâche qui nous incombe : devenir une puissance organisée afin de réformer ce monde et le système inique qui le régit.

Malheureusement, en 2011, nous avons beau remplir les mosquées, prier et méditer, nous y allons pour la plupart d'entre nous comme dans un refuge qui puisse nous préserver du monde réel, tout comme le dépendant à des jeux vidéo se complaît dans son monde virtuel.

La mosquée ne doit pas être un anesthésiant mais un moteur, un lieu de ressourcement pour recharger ses batteries, pour mieux se dépenser dehors ! Elle doit être un champ où l'on cueillera individuellement et collectivement la lumière qui illuminera notre âme afin, en retour, d'éclairer la société, plongée dans les ténèbres de l'ignorance, de l'individualisme et de l'oppression. À l'image du Prophète (*saws*) qui dans la solitude et l'obscurité de la grotte Hira ramena la lumière afin d'éclairer le monde.

Nous n'appliquons plus les actes cultuels d'adoration pour y puiser la force qui nous permettrait de combattre, de « partir pour mieux revenir » afin de changer le monde, ce qui est l'essence même de l'Hégire (*al hijra*), comme le faisaient nos pieux prédécesseurs. Non, nous les appliquons pour fuir la réalité de notre condition et déléguer ainsi le fardeau du vicariat aux « agents du Mal ». Tout en nous concentrant sur des problèmes secondaires, tertiaires… voire inexistants. Pourtant, le classement des priorités est une science en Islam (*fiqh al awlawiyyat*) qui change selon le contexte du lieu et de l'époque dans lesquels on vit.

Lorsque l'on constate le peu d'implication de notre communauté dans le champ politique (c'est-à-dire la volonté de créer un rapport de force pour réaliser nos finalités), comment peut-on aller et sortir de la mosquée l'esprit tranquille ? La Oumma n'est pas un postulat mais un projet, c'est à nous de la construire. Si l'action ne suit pas, alors ce sera un coup d'épée dans l'eau. Dieu ne se trouve pas seulement dans l'architecture de la mosquée mais d'abord dans le cœur de l'Humanité, là où se livrent les batailles… conformément au hadith qui dit : « Le monde est une mosquée ». Nous nous devons d'avoir une foi active et non passive, sinon nous trahissons l'essence même de l'islam qui est une religion de l'acte ancrée dans la réalité.

Une des preuves de cela est que, dans le saint Coran, la croyance est souvent liée à une action : « *ila ladhina aminou wa 3amilou salihati* » (sauf ceux qui croient et commettent de bons actes). De la même façon, les racines « *SaLaW* » et « *ZaKaW* » s'y retrouvent vingt-trois fois conjointement. Cela est aussi confirmé par le Prophète (*saws*) qui, voyant un jour des musulmans étudier ensemble dans la mosquée de Médine, leur dit : « Acquérez autant de connaissances que vous le pourrez. Mais n'oubliez jamais que ce n'est que par l'action que vient la récompense divine. »

Bien entendu, pour ne pas agir précipitamment et risquer de foncer dans le mur, il est nécessaire de méditer avant. Mais nous vouer seulement au culte et à la méditation n'est en rien la garantie que nous agirons. Nous en voulons pour preuve la profusion de ces courants musulmans piétistes existants et actifs en France. Il n'y a aucun doute à jeter sur la sincérité des frères et sœurs qui suivent et appellent à suivre ces courants, seul l'Omniscient peut le faire, mais prôner l'apolitisme est en soi une position politique puisqu'elle renforce et fait objectivement le jeu de ceux qui nous oppriment.

L'histoire nous enseigne que des savants et des imams corrompus ou faibles, à la solde de l'impérialisme et des gouvernements occidentaux injustes, émettent des fatwas qui nous déconseillent voire nous font interdiction de nous préoccuper de politique, de près ou de loin. Ces avis religieux et juridiques ont un seul but, affaiblir la communauté musulmane en la rendant irresponsable et dépendante. Mais nul ne peut nous ôter notre responsabilité face à Dieu si ce n'est Lui-même. D'ailleurs L'Éternel et Son Messager (*saws*) nous mettent en garde quant au fait de suivre aveuglément les avis des savants alors que l'illicéité de leur position est avérée. « Ils ont pris leurs moines et leurs rabbins comme divinité en dehors de Dieu » (sourate 9, verset 31). À propos de ce dernier verset d'ailleurs, l'Élu de Dieu (*saws*) dit : « Ils ne les adoraient pas mais lorsqu'ils leur disaient que telle chose était interdite et que telle chose était autorisée, ils les suivaient » et Il (*saws*) ajoute : « S'ils leur avaient demandé de les adorer en dehors de Dieu, ils ne l'auraient pas fait, par contre, ils leur ont donné un ordre en déclarant licite ce que Dieu avait déclaré illicite et illicite ce que Dieu avait déclaré licite ; ils ont obéi et c'est là que se trouve leur adoration. » Patience et méditation n'ont jamais été synonymes d'inaction, de passivité, d'indifférence ou de fuite.

Au VIIe siècle, quand l'Égypte fut conquise, le Calife Omar Ibn Al Khattab (*ra*), n'a pas imposé dans le traité de reddition que le peuple se convertisse à l'islam. L'Égypte n'est devenue majoritairement musulmane que sept siècles plus tard. Ce qui primait pour le Calife (*ra*) ce n'était pas que les gens se convertissent mais plutôt qu'ils vivent sous les Lois de Dieu, des lois justes. Alors que malheureusement aujourd'hui où l'islamophobie d'État bat son plein et que nous vivons sous des lois injustes, ce qui prime pour la plupart d'entre nous, les musulmans, ce n'est pas que nous fassions en sorte de vivre dans un système régi par des lois justes mais plutôt que nous fassions nos salat et jeûnions au mois de Ramadan convenablement… En attendant patiemment le jour du Jugement dernier pour être déclarés innocents du mal que nous subissons ou que d'autres subissent. Ainsi, nous nous détachons de notre responsabilité envers le Créateur, en tant que gérants de Sa création… Et cela malgré notre témoignage (*chahada*) et bien que le Prophète (*saws*) nous ait ordonnés : « Ne soyez ni oppresseurs ni opprimés ! » Nous nous retrouvons donc à la fois victimes et complices par notre silence de cette oppression tout en nous félicitant que les mosquées s'emplissent de plus en plus… Cela n'est pas sans rappeler malheureusement cette parole du Messager de Dieu (*saws*) : « Viendra un temps où les mosquées seront pleines mais où les cœurs seront vides. »

Beaucoup disent que nous ne pouvons pas combattre car nous ne sommes pas assez pieux, pas assez forts… pas assez musulmans.

Nous ne pouvons continuer de trouver des excuses à notre passivité alors que nous avons les capacités d'agir collectivement pour changer les choses. L'Éternel Seigneur n'est pas dupe :

> Il n'y a de voie (de reproche), vraiment, que contre ceux qui demandent d'être dispensés (de lutter), alors qu'ils sont riches (d'argent, de santé, de temps). Il leur plaît de demeurer avec celles qui sont restées à l'arrière. Et Dieu a scellé leurs cœurs et ils ne savent pas. (sourate 9, verset 87)

Pour la grande majorité des savants, l'idéal dans le processus de notre vie réside dans l'étude pendant la jeunesse, puis l'action dans la force de l'âge et enfin la contemplation dans le troisième âge. En fait, ces étapes doivent s'appliquer à chaque moment de la journée, étudier après *salat as-sobh*, agir dans la journée et enfin faire des prières surérogatoires et méditer dans la nuit. Nous devons agir sans attendre d'être purs ou parfaits. Les cultes et l'action nous purifieront incha'Allah.

Certes, pour les musulmans vivant en milieu hostile à l'islam, en village ou en centre-ville et qui sont plutôt victimes d'une islamophobie populaire, aller seulement à la mosquée, porter le hidjab ou la barbe, etc., sont des actes courageux et fort admirables en soi car relevant d'un véritable parcours du combattant. De par leurs actes individuels et quotidiens, ils témoignent d'une résistance et d'une confiance en Dieu (*tawakkul 3alAllah*) à l'image d'Ibrahim (*as*), ce prophète qui est l'incarnation même du mot « sacrifice » et qui disait à ses ennemis : « Dieu me suffit et quel Meilleur Protecteur ! » alors qu'il (*as*) était seul contre tous et se voyait menacé d'être jeté au bûcher.

Mais ce n'est pas la même chose pour nous, musulmans qui vivons dans des quartiers à majorité musulmane, là où affirmer son identité islamique est au contraire bien vu, et qui sommes plutôt victimes d'une islamophobie institutionnelle. La forme de résistance que l'on applique doit s'adapter et varier de degré selon le contexte. De la même manière qu'au temps du Prophète (*saws*) montrer que l'on était de la religion de ce dernier (*saws*) n'avait pas la même valeur à La Mecque où les croyants étaient une minorité opprimée qu'à Médine où ils étaient devenus une majorité gouvernante. Le témoignage se fait de façon différente selon le lieu et le moment. Comme à Médine, dans les quartiers populaires nous sommes majoritaires mais la différence réside dans le fait que nous sommes une majorité opprimée, désorganisée, où l'individualisme prédomine aussi bien spirituellement que matériellement, chacun craignant de perdre son petit confort malgré la mise en garde énoncée dans le Coran :

> Ô vous qui croyez ! Qu'avez-vous ? Lorsque l'on vous dit : Élancez-vous dans le sentier de Dieu, vous vous êtes appesantis sur la terre. La vie présente vous agrée-t-elle plus que l'au-delà ? Or la jouissance de la vie présente ne sera que peu de chose comparée à l'au-delà. Si vous ne vous lancez pas au combat, Il vous châtiera d'un châtiment douloureux et vous remplacera par un autre peuple. Vous ne Lui nuirez en rien. Et Dieu est Omnipotent. (sourate 9, versets 38-39)

Compte tenu de notre situation en France en ce début de XXIe siècle, nous ne devons pas fuir géographiquement pour mieux revenir comme l'ont fait l'Aimé de Dieu (*saws*) et ses compagnons (*ra*), mais fuir notre aliénation pour revenir à l'essence de notre identité individuelle et collective et ainsi créer ici « notre Médine », notre lieu organisé, au centre même de « La Mecque », lieu d'oppression par définition. Nous devons pour cela créer une fraternité comme l'ont fait les muhajirounes de La Mecque avec les ansar de Yathrib, une fraternité dans l'acte. Et non pas une fraternité abstraite qui ne dépasserait pas le seuil de la langue. À la différence d'Ibrahim (*as*) qui était seul, nous devons agir ensemble en ayant confiance en Dieu et en nous faisant confiance. Cette confiance doit être le ciment de notre fraternité, comme nous le rappelle ce hadith : « Le croyant est à un autre croyant ce que les pierres d'un édifice sont les unes aux autres, elles se maintiennent entre elles. » Le *tawakkul* ne peut être conditionné que par une ambition saine :

> Certes ceux auxquels l'on disait : Les gens se sont rassemblés contre vous ; craignez-les – cela accrut leur foi – et ils dirent : Dieu nous suffit ; Il est notre meilleur garant. Ils revinrent donc avec un bienfait de la part de Dieu et une grâce. Nul mal ne les toucha et ils suivirent ce qui satisfait Dieu. (sourate 3, versets 173-174)

Loin de nous l'idée de dire que les quartiers populaires seraient des lieux saints, mais nous affirmons que devenir une force dans l'endroit même où l'on nous opprime est sacré. Dans ce contexte et cette situation islamophobe, pour être fidèle à l'esprit coranique et passer à l'étape supérieure, il nous faut nous organiser là où nous vivons et subissons l'injustice, afin de devenir une force avec pour base, moteur et finalité le *Tawhid* (l'Unicité divine).

Dans le système (*nizam*) dans lequel nous vivons et qui nous régit, nous sommes passés d'un racisme biologique à un racisme culturel. L'Islam étant entre autres une culture, l'islamophobie est bien un racisme. Cette islamophobie transcende tous les partis politiques mais nos priorités sont les discriminations raciales sous toutes leurs formes. Concernant le caractère halal ou non des partis politiques et des intellectuels, nous nous fierons, entre autres, au plan international à ce que l'on nomme « la preuve par la Palestine » et au niveau national à « la preuve par le voile ». Les positions que les partis défendent sur ces deux sujets sont pour nous révélatrices. Le consensus politique de l'extrême gauche à l'extrême droite concernant la loi sur les signes religieux à l'école en 2004 et la commission sur la burqa en 2009 démontre sans appel que nous, musulmans, n'avons rien à espérer des partis politiques et que nous devons créer notre propre force politique si nous voulons nous faire entendre et faire triompher nos revendications. À une condition, ne jamais solliciter aucune subvention de l'État ou autres instances de pouvoir. Les subventions sont des chaînes qui, tout au long de l'histoire de l'immigration en France, nous ont asservis. L'expérience a prouvé à quel point est vrai le dicton bantou cité par Lumumba « la main qui donne est la main qui dirige ».

Dans la mesure où parmi les minorités nous sommes la religion majoritaire, il nous incombe d'être le fer de lance politique de la lutte des opprimés, une nécessité que nous rappelle le Livre Saint : « Et préparez contre eux tout ce que vous pouvez comme force et comme cavalerie équipée, afin d'effrayer l'ennemi de Dieu et votre ennemi » (sourate 8, verset 60). C'est également un serment que nous devons honorer : « Quand ton Seigneur tira une descendance des reins des fils d'Adam, Il les fit témoigner envers eux-mêmes : Ne suis-Je pas votre Seigneur ? Ils dirent : Certes oui, nous témoignons ! et cela pour que vous ne disiez pas le Jour de la résurrection, nous avons été pris au dépourvu… » (sourate 7, verset 172). Ce témoignage, ancré dans notre « *Fitra* » (nature primordiale), concerne notre rôle de vicaire de Dieu sur Terre et donc notre responsabilité individuelle et collective concernant l'état du monde dans lequel nous vivons, aussi bien à l'échelle locale que globale.

Nous devons nous unir dans tous les quartiers avec ceux qui subissent ces discriminations et qui les combattent… même s'ils ne sont pas musulmans. Nous devons devenir une force politique et économique réelle, dotée de ses moyens propres, une force autonome.

> Dieu ne vous défend pas d'être bienfaisants et équitables envers ceux qui ne vous ont pas combattus pour la religion et ne vous ont pas chassés de vos demeures. Car Dieu aime les équitables. Dieu vous défend seulement de prendre pour alliés ceux qui vous ont combattus pour la religion, chassés de vos demeures et ont aidé à votre expulsion. Et ceux qui les prennent pour alliés sont les injustes. (sourate 60, versets 8 et 9)

Rappelons qu'au temps du Califat, les non-musulmans qui combattaient aux côtés des musulmans pour défendre ses frontières n'avaient plus à payer l'impôt de protection (*jizya*) et étaient considérés comme faisant partie des leurs. Rappelons également que depuis son exil en Égypte le grand émir marocain Abdelkrim al Khattabi, comprenant que les indigènes, musulmans et non-musulmans, combattaient en fait un ennemi commun, l'impérialisme occidental, exhortait les soldats musulmans de l'armée coloniale française engagée dans la guerre d'Indochine à déserter celle-ci pour rejoindre les rangs du grand dirigeant vietnamien, Ho Chi Minh. De nombreux soldats suivirent cet appel.

Cette unité ne doit donc pas se faire sur la base d'une identité de confession religieuse mais sur la base d'une identité de commune oppression et face au même oppresseur.

Le Sceau des Prophètes (*saws*) a prôné une religion en fondant un État, c'est-à-dire un système ayant pour base et but le *Tawhid*, fonctionnant grâce à des structures politiques. Ce ne sont pas seulement les prêches qui ont concrétisé la victoire de l'islam mais surtout le rapport de force.

Cette force n'a pas vocation à être suprématiste, à devenir un lobby nous octroyant des privilèges au détriment des autres. Elle a pour but de réformer la société et le système qui la régit pour le bien commun (*maslaha*) de tous sans exception.

Il ne s'agit donc pas de vivre en parasite de ce système malade mais d'en être un remède puissant. Si la communauté musulmane arrivait à établir un rapport de force, serait-ce pour profiter de privilèges au détriment par exemple des Noirs non-musulmans, des blancs indigénisés ou des Roms ? Chercherions-nous seulement à défendre les intérêts des Palestiniens, parce que majoritairement musulmans et parce que Jérusalem est une ville sainte tout en gardant le silence sur le carnage que constitue la Françafrique ?

La Justice et les biens de ce monde doivent profiter à tous. Notre responsabilité devant tous doit être éprouvée à chaque instant de notre vie. Dieu n'a pas envoyé le Prophète (*saws*) seulement pour les musulmans : « nous ne t'avons envoyé que comme miséricorde pour les êtres de l'Univers » (sourate 21, verset 107). Ce verset est particulièrement bien appliqué par Omar Ibn Al Khattab (*ra*) lorsqu'il offrit une pension à un juif aveugle dans le besoin. Il se sentait responsable de tout le monde, pas seulement en tant que « *Amir al Mouminin* » (commandeur des croyants) mais surtout en tant que Lieutenant de Dieu sur Terre, comme devraient l'être tous les hommes et femmes conscients de leur témoignage. Ce sens aigu de la responsabilité envers la Création et les créatures de Dieu qu'avait le Prophète (*saws*), les quatre califes bien guidés (*ra*), les Compagnons (*ra*), les pieux prédécesseurs et tous ceux qui ont lutté, doit revenir à l'ordre du jour et être notre priorité. Car nous rendrons des comptes dans ce bas monde et dans l'autre.

Par le biais du Coran et les grands principes qu'il contient, l'islam est un cadeau universel et intemporel que Le Tout-Généreux fait à l'Humanité. Il a pour but de créer une harmonie aussi bien autour de nous qu'en nous-mêmes. Sa bonne application est la condition ultime pour être fidèle à ce que Dieu attend de nous. Aussi, en plus de la sincérité, il nous faut être conforme à ce qu'attend de nous le Créateur en effectuant une lecture lucide du monde et de l'époque dans laquelle nous vivons. Il nous faut comprendre ce qu'est vivre au XXIe siècle, afin d'atteindre les finalités de la voie islamique (*maqasid ach-chari3a islamiya*) que sont entre autres la Justice, la Liberté et la Paix.

Le but ultime de tous les prophètes (*as*) est de mettre en cause et de défier les systèmes humains fondés sur l'ignorance et l'oppression, afin d'établir le système de vie révélé par le Créateur pour le bien de l'Humanité. Nous devons nous situer dans la continuité de cette lutte, non en mimant bêtement le passé mais en étant fidèle aux principes immuables de la *Chari3a*. Il y va de notre responsabilité vis-à-vis de Dieu, de ses créatures et de notre conscience.

« Dieu ne change pas l'état d'un peuple tant qu'il ne change pas ce qu'il y a en lui-même. » (sourate 13, verset 11)

Alors quel sera notre comportement durant notre existence physique : indifférence individualiste et donc inexistence politique, ou unité combative et donc existence politique, face au désastre ?... *Allahou a3lem* (Dieu est Plus Savant).

Que L'Unique nous permette de changer ce qu'il y a en nous-mêmes, afin que nous changions l'état de notre peuple pour que ce dernier change l'état du monde.

Qu'Il nous permette d'assumer notre rôle de vicaire dans ce bas monde (*dounia*) et de faire en sorte que Ses Lois deviennent le système spirituel, politique, économique et écologique qui régit le monde des Humains.

> Le combat vous a été prescrit alors qu'il vous est désagréable. Or il se peut que vous ayez de l'aversion pour une chose alors qu'elle vous est un bien. Et il se peut que vous aimiez une chose alors qu'elle vous est mauvaise. C'est Dieu qui sait, alors que vous ne savez pas. (sourate 2, verset 216)

Je ne porterai pas l'étoile verte

Houria Bouteldja
mars 2011

Plus qu'une faute morale, ce serait une faute politique.

Je comprends les promoteurs de cette initiative[1] mais je n'en partage pas l'esprit. Certes, la haine antimusulmans va crescendo. Notre désarroi est immense. Le consensus islamophobe s'enracine à tel point que même une Marine Le Pen peine à se distinguer. D'André Gérin, élu communiste, initiateur du débat sur la burqa, jusqu'aux éructations, approuvées par Jean-Luc Mélenchon, de la présidente du FN sur ces musulmans qui « occupent » l'espace public, en passant par Martine Aubry, qui, pathétiquement retire son soutien à un appel contre l'islamophobie au prétexte que Tariq Ramadan l'a signé, plus que jamais, les musulmans sont livrés à la vindicte populaire. Musulmans et habitants des quartiers sommes d'autant plus isolés qu'on ne voit guère poindre à l'horizon politique le début du commencement d'une résistance large, organisée et déterminée contre les vieux démons de la France. À savoir, une résistance radicalement antiraciste, en d'autres termes, *décoloniale*.

C'est vrai, sous nos cieux, la stratégie est connue. D'abord stigmatiser une cible et l'isoler du corps de la société pour mieux l'écraser ensuite. La Seconde Guerre mondiale, que je préfère appeler « guerre européenne », a été le théâtre tragique d'un génocide précédé par de longues années d'oppression et de persécutions des juifs. Certes, nous n'en sommes pas là mais le climat est délétère. Et Dieu seul sait ce qui adviendra de nous dans les prochaines années si la contre-offensive ne s'organise pas.

1. En mars 2011, l'ex-conseiller à l'Élysée chargé de la Diversité Abderahmane Dahmane appelait les musulmans à porter une « étoile verte » pour protester contre le débat sur la laïcité et l'islam voulu par l'UMP. Voir « Un ex-conseiller de Sarkozy appelle les musulmans à porter une « étoile verte » », *Le Monde*, 28 mars 2011, disponible en ligne à l'adresse : www.lemonde.fr.

Pour autant, le port d'une étoile verte est, je le répète, une faute morale et politique. En effet, la brandir n'est pas seulement faire de la provocation (ce qui ne me gêne pas) ou même engager un bras de fer victimaire (plutôt obscène) avec les juifs, mais c'est surtout abonder dans le sens de tous ces faiseurs d'histoire pour qui la destruction des juifs d'Europe est l'étalon universel de la souffrance humaine. C'est reprendre à son compte le mythe de l'unicité de la « Shoah » (que je préfère appeler « génocide ») comme fait anhistorique postulant le sort des juifs comme référence suprême de la souffrance humaine. Y aurait-il une hiérarchie dans les crimes contre l'humanité ? Des génocides plus égaux que d'autres ? Or c'est bien cette interprétation du destin des juifs qu'agitent les propagandistes de l'État d'Israël.

Une question à celles et ceux qui vont manifester avec l'étoile verte : Pourquoi faut-il toujours halaliser la lutte contre l'islamophobie en convoquant l'antisémitisme ? Ne se justifie-t-elle pas en soi ? Mais surtout, comment faire reconnaître la légitimité de la lutte des Palestiniens si, implicitement, vous participez à donner corps à l'argument principal qui fonde l'idéologie sioniste ?

En défense des traîtres

Sadri Khiari

octobre 2007

Pour une fois, nous n'allons pas dénoncer les Noirs, les Arabes ou les musulmans qui trahissent la cause indigène pour se rallier à l'ennemi. Nous allons les défendre. Pour ce qu'ils sont : non pas seulement des bouffons, des arrivistes, des cyniques prêts à faire leur beurre sur le dos de leurs sœurs et frères originaires des colonies mais également des indigènes qui résistent à l'indigénat.

Oh, certainement pas comme ils le prétendent hypocritement pour changer les choses de l'intérieur même du système – ils savent tout autant que nous que c'est là une illusion – mais dans l'espoir tout aussi vain de trouver une voie de sortie individuelle de leur condition indigène. Si ces quelques ministres, secrétaires d'État et autres responsables politiques dits « de la diversité » ne ratent pas une occasion de rappeler les difficultés qu'ils ont rencontrées pour accéder à leurs postes et la racialisation permanente qu'ils subissent encore, c'est, bien sûr, une manière de remplir la fonction pour laquelle ils ont été nommés : nous faire croire que la république, certes imparfaite, est fondamentalement ouverte et que, pour peu que nous fassions nous-mêmes quelques efforts, nous pourrions, comme eux, surmonter les préjugés à notre égard. En bref, ils font ainsi le jeu du pouvoir raciste. Ce n'est pourtant pas que cela. Lors des dernières « Marianne de la diversité » qui se sont réunies au début du mois d'octobre à l'Assemblée nationale, c'est Rama Yade qui a révélé en quoi la traîtrise peut contenir en elle-même une forme de résistance dont l'existence confirme que même aux sommets de l'État un indigène reste un indigène. Après avoir souligné que, quoiqu'elle fasse, elle continue en France d'être considérée uniquement comme Noire, la secrétaire d'État aux Droits de l'homme raconte le bonheur intense qui l'a saisie lorsque, dirigeant une délégation française lors d'une conférence internationale à l'ONU, elle n'était pas perçue comme Noire mais comme « être universel », représentant la France, toute la France, sans distinction de races ou d'origines : « Représenter la France aux Nations Unies, c'est l'ultime arrachement à la condition de minorité », a ainsi déclaré triomphalement la ministre. Sur son crâne, il n'y avait plus marqué « Noire » mais « France » ; elle s'est sentie enfin libérée de la couleur de sa peau ; elle n'était donc plus une indigène ! Très momentanément bien sûr, puisque la pauvre Rama Yade est redevenue toute noire une fois rentrée en France et, qu'en bonne indigène soumise, elle va continuer, avec les Rachida Dati et autres Fadela Amara, à faire le sale boulot qu'on attend des représentants officiels de la « diversité » : cautionner le racisme républicain.

Cher Amine

Houria Bouteldja
septembre 2009

Cher Amine,

Je viens de lire le témoignage de Moustapha Kessous, journaliste au *Monde*. J'ai mal pour lui comme j'ai eu mal pour toi lorsque Hortefeux t'a humilié. Permets que je te tutoie, parce que tu es mon frère et que le vouvoiement n'existe pas chez nous, les Arabes. Et Arabe, tu le resteras aux yeux du ministre de l'Intérieur *quoi qu'il arrive*. Sans doute n'as-tu pas suffisamment médité l'expérience des harkis. Tu le sais, de gré ou de force, ils ont pris le parti de la France. Beaucoup sont morts pour elle, d'autres par elle. Français leurs descendants ? Comme toi, comme moi, comme Moustapha, ils restent indigènes. Nous n'appartenons pas à la race des seigneurs…

Pour autant, je ne remets pas en cause tes ambitions : elles sont légitimes. Quel Bougnoule, quel Nègre, n'a jamais ressenti de lassitude à porter le fardeau indigène ? Mais persistant dans la défense de ceux qui t'insultent, tu te voiles la face, Amine. Au final, ton seul succès sera d'être passé pour un traître aux yeux des tiens et un khoroto domestiqué aux yeux des autres : perdant, perdant.

Naïf ou arriviste, tu veux jouer au plus malin, te distinguer de la masse indigène mais ni la bière ni le jambon ne te mettront à l'abri du mépris raciste ou de la condescendance amicale de tes « camarades » de l'UMP. Au contraire, ils prendront toujours un soin particulier à te rappeler que tu n'es pas des leurs – ou alors un produit dérivé, soldé et re-soldé, à l'instar de Fadela Amara ou d'Azouz Begag.

À ce stade, cher Amine, tu ne mérites pas notre mépris. Tu as deux excuses : ta jeunesse et ta volonté désespérée d'échapper à ta condition d'indigène. Une bonne *treha*, voilà ce qu'il te faut. En espérant qu'elle te soit salutaire car la prochaine fois, tu nous perdras.

Mon salam,

Houria Bouteldja

« Le petit rien contre l'Empire »

Avec la Marche du 8 mai 2009 apparaît l'image de la chaussure brandie, nouveau logo des Indigènes de la république. À quoi cela fait-il référence ?

HB : C'est une référence au lancé de chaussure du journaliste irakien Montadhar Zaïdi qui visait Georges W. Bush en protestation contre la destruction de l'Irak. C'était là un geste anti-impérialiste. Il a été réalisé en Irak, au cœur d'une guerre impérialiste menée par un des plus grands pays impérialistes, les États-Unis. Cela a eu une grande portée médiatique : le monde entier a vu ce lancé de chaussure. Tout le monde peut s'identifier à ce lancé de chaussure : c'est la bataille du dominé contre le dominant, le petit rien contre l'Empire. Avec une chaussure, on ne peut rien faire, on ne peut tuer personne, mais c'était un grand acte de résistance, de fierté, de dignité, et cela nous ramène un peu à nous-mêmes. Nous qui sommes ici, tous petits face à un système contre lequel nous ne pouvons pas prendre les armes, nous nous battons avec les moyens des indigènes, les moyens des pauvres : nous n'en avons pas les moyens, mais nous nous battons quand même. Cette chaussure, c'est tout un symbole. Ce geste, c'est le nôtre.

SK : Houria a dit que beaucoup de gens pouvaient s'identifier à ce lancé de chaussure ; j'ajouterai que beaucoup de gens se sont identifiés à ce symbole : il y a eu de nombreuses manifestations à travers toute la planète à l'occasion desquelles les manifestants ont brandi leur chaussure à la manière de Montadhar Zaïdi. Cela a été le cas lors de différentes mobilisations en France, tout comme en Guadeloupe et dans d'autres territoires sous dépendance française. Plus récemment, des chaussures ont été brandies dans les révolutions arabes – même si on peut dire que les révolutions arabes ont complètement bouleversé le contexte dans lequel la chaussure a été initialement brandie.

Entre cette Marche et la fondation du parti, il y a environ huit mois. Quel travail avez-vous mené pendant ce laps de temps pour préparer votre premier Congrès ?

HB : Ce travail avait déjà été entamé en préparation de la marche de 2008 : comme nous le disions, à ce moment-là, on a essayé d'associer d'autres espaces de résistance à ce projet de parti politique. On a longtemps travaillé dans cette direction avant de s'apercevoir que si on recueillait l'approbation des différents espaces pour un projet politique ou une organisation politique, cela ne s'accompagnait pas d'une implication réelle dans le processus de construction. Par conséquent, il a bien fallu en tirer des conclusions : soit on poursuivait ce type d'effort – patiemment, lentement – en espérant qu'un jour quelque chose se cristallise ; soit on accélérait le cours des choses, quitte à partir tous seuls dans la création de ce parti. C'est là où nous en étions entre la marche de mai 2009 et la fondation du Parti des indigènes de la république en février 2010 : nous avons finalement décidé de partir seuls, quitte à ce que plus tard d'autres composantes, d'autres forces, viennent nous rejoindre si elles le souhaitaient.

SK : À cette époque, notre tâche principale a consisté à relever des défis importants pour pouvoir faire le saut vers le parti. Le premier défi était celui de l'élaboration d'une vision politique plus cohérente, plus globale et, même si cela devait rester quelque peu abstrait, nous devions définir un certain nombre d'orientations stratégiques. Le second défi résidait dans notre capacité à modifier nos méthodes de fonctionnement – qui tenaient jusque-là du copinage. Il s'agissait de passer d'un fonctionnement informel et hyper horizontal à un fonctionnement plus organisé au sein duquel se distingueraient les différentes instances, et notamment des instances de direction. Ce processus a également nécessité un certain effort pour construire ou pour lancer des embryons de collectifs ou de structures à l'échelle d'autres villes. Voilà les défis que nous avions à relever durant ces huit mois, et que nous avons partiellement réalisés. Ce travail sur l'orientation générale, les axes stratégiques et la tactique a abouti à une synthèse des différentes idées que nous avions et qui étaient jusque-là dispersées. Cette synthèse, on la retrouve dans le texte intitulé « Les principes politiques généraux adoptés par le Congrès constitutif du PIR[1] ». Sur le plan organisationnel, on a entamé la transition vers une forme d'organisation plus apte à un travail organisé et, en même temps, on a tissé un certain nombre de liens plus ou moins fructueux avec différentes villes du pays qui, au lendemain de la fondation du PIR, ont donné naissance à des collectifs proprement dits.

1. Voir p. 263.

HB : À propos du fait que nous avons essayé d'associer au processus d'autres espaces de résistance et que cela a échoué, j'aimerais rappeler quelque chose d'important : en 2007, il y a eu les élections présidentielles et, lors de ces élections, dans les milieux militants non blancs, on a senti un désarroi très important et la recherche d'alternatives au PS – vote dédié de l'immigration – sans tomber dans le vote UMP. Du coup, de larges franges se sont abstenues, mais on a aussi vu de nombreux militants ou cadres associatifs issus de l'immigration voter pour Bayrou sous prétexte qu'il s'agirait là d'une force d'opposition à la droite ou à la gauche hégémonique. Il y avait là la volonté de trouver quelque chose d'autre que ces deux grands partis…

SK : À ce moment-là, il y a eu un nombre incalculable de candidatures qui se sont exprimées comme portant la voix des personnes issues de l'immigration. Évidemment, elles n'ont pas pu aller jusqu'au bout des élections puisqu'elles n'ont pas pu avoir les signatures requises ; mais le nombre de candidats était frappant. On a assisté à une véritable demande de participation au combat politique, en tout cas électoral. Dans les milieux militants avec qui on travaillait en lien étroit, s'exprimait tout à fait clairement l'idée qu'« il nous faut un instrument politique qui soit indépendant des instruments déjà existants ». Certains ont pensé cet instrument politique comme une force de lobby en prenant pour modèle le CRIF (Conseil représentatif des institutions juives de France). D'autres l'ont posé directement en termes de « nous avons besoin d'un parti politique ». Il se trouve que, par la suite, ce mouvement s'est progressivement épuisé et que la plupart – je dirai même l'écrasante majorité de ceux qui disaient « il nous faut un parti, pour avoir notre propre représentant, notre propre voix dans le champ politique » – ne sont pas allés jusqu'à faire le pas. De notre côté, on comptait vraiment sur cette volonté exprimée pour faire réussir un processus de constitution de parti politique qui soit effectivement large et qui ait immédiatement un poids dans le champ politique.

Quand ces indigènes disent : « il nous faut une force politique », comment l'imaginent-ils à votre avis ? Simplement comme une force électorale ?

HB : Aux Indigènes de la république, on pense le parti politique comme un outil pour transformer les rapports de force actuels. En revanche, les indigènes sociaux – les non-Blancs en général – envisagent probablement

plus un parti comme un outil qui permettrait d'obtenir une représentation électorale, que ce soit au niveau national comme au niveau local, à des fins de lobbying ou à des fins de « reconnaissance ». De notre côté, évidemment, on ne néglige pas cet aspect-là : on comprend la nécessité de vouloir se reconnaître dans ceux et celles qui nous représentent – mais on sait bien la limite de tout ça... On préférerait que ce soit nos idées qui soient en premier lieu représentées et qu'elles existent au travers d'une force politique à même de faire pression sur tout le champ politique.
La question la plus récurrente qu'on nous pose aujourd'hui reste : « Est-ce que vous allez présenter des candidats ? » Et si on ne présente personne, on n'est pas vraiment pris au sérieux. Quand on dit « contre-pouvoir », « rapport de force », « travail de terrain *et* travail sur le long terme », quand on explique que le renversement du rapport de force ne va pas tomber du ciel, on se rend compte d'à quel point notre démarche est difficile à comprendre. Pour éviter cette difficulté, un trop grand nombre est tenté par l'idée d'un lobby – ou en tout cas par le fantasme du lobby...

Pourquoi est-ce un fantasme ?

HB : Parce que nous restons des indigènes ! Oui, il existe des lobbies financiers ; oui, les multinationales peuvent créer des lobbies ; oui, des pays comme Israël ont leur lobby en France. Mais, non, les populations dominées ne peuvent pas avoir leur lobby. C'est ce que beaucoup ne comprennent pas. Certains s'imaginent que les juifs ont un lobby parce qu'ils sont juifs... Évidemment, c'est faux ! Ce n'est pas parce qu'ils sont juifs, mais parce qu'une puissance comme l'État d'Israël permet aux sionistes juifs d'avoir un lobby.

SK : Il faut ajouter à ce que tu as dit que c'est le sentiment d'illégitimité profonde chez la plupart des indigènes, y compris ceux « de la deuxième et troisième génération », qui fait qu'ils ne se donnent pas le droit de changer profondément les bases du système français : que ce soit les bases du système politique, social ou culturel dominant. Ils considèrent qu'ils ne peuvent qu'intervenir à la marge et qu'ils ne peuvent obtenir que sur certaines questions précises la satisfaction de leur revendication, mais guère plus. D'autre part, c'est le sentiment d'impuissance – lié notamment au fait que les indigènes dans leur ensemble sont numériquement inférieurs – qui les pousse à considérer qu'ils ne peuvent pas intervenir en tant que tels sur la scène politique, et qu'ils doivent donc s'en remettre à d'autres… Ils doivent s'en remettre à ceux qui sont légitimes et ceux qui sont susceptibles de rassembler une majorité numérique – en l'occurrence les Blancs. Ces derniers ont l'avantage d'être organisés en partis politiques et de participer aux élections ; ils ont également l'avantage d'être légitimes en France ; et enfin, ils sont majoritaires numériquement. Dès lors, les indigènes ont tendance à penser que c'est à travers eux que réside le seul moyen d'améliorer leur condition. Quand je dis « à travers eux », je pense à n'importe laquelle des tendances politiques blanches. Nous sommes donc confrontés à cette situation éminemment difficile…

HB : J'aimerais compléter ce que tu dis. Je crois qu'il y a une grosse ambivalence chez les indigènes. Une grosse ambivalence et de grosses contradictions. Pour ma part, avant la constitution du Mouvement des indigènes de la république, j'ai souvent entendu des indigènes dire : « Il faut qu'on ait notre parti, notre organisation, notre force politique ». Cela fait des années que j'entends dire ça quand on est entre nous. « Nous », « notre » force, tout ça n'était jamais défini. En réalité, il s'agissait bien de dire : « Nous, les non-Blancs ».

Le besoin est profond mais lorsqu'on essaie de répondre à ce besoin, on ne rencontre pas vraiment d'enthousiasme – même si cela est à nuancer. En réalité, on a souvent l'impression que pour susciter cet enthousiasme, il faudrait qu'on soit tout de suite une force politique de l'envergure du PS ! Il faut passer à la télé, il faut exister en tout lieu, il faut des moyens colossaux et tant qu'il n'y a pas tout ça, on n'est pas pris au sérieux, on est assimilés à l'extrême gauche, impuissante et ringarde. Quand on a proposé un projet politique, on s'est heurté à cette espèce de perplexité : on nous regarde mais on ne nous voit pas. Aujourd'hui encore, des gens viennent me parler et me disent : « il faut qu'on ait une force politique », alors que le PIR existe. Et ces gens nous connaissent et militent à nos côtés ! Mais on n'est pas crédibles.

La deuxième chose que je voulais ajouter, c'est à propos des critiques exprimées par les Blancs. On nous a dit : « Ah, « la forme parti » ! », « Pourquoi un parti ? », etc. La « forme parti », c'était le reproche incessant de la part des Blancs. J'ai fini par comprendre que ça correspondait à des débats chez les Blancs alors que nous n'avions même pas eu l'occasion d'être nous-mêmes traversés par ces débats : « Vous, vous pouvez critiquer les partis, mais parce que vous y avez goûté ! » Les indigènes, eux, n'ont pas eu de force politique propre pour les décevoir. Donc, oui, on veut notre parti. Encore une fois, il y a une vraie incompréhension liée à nos espaces-temps respectifs.

SK : Pour poursuivre, je dirai que, effectivement, beaucoup de Blancs de gauche ou d'extrême gauche nous ont dit dès la formation du PIR et nous disent encore aujourd'hui : « J'ai toujours soutenu les Indigènes mais, vraiment, j'ai commencé à bloquer à partir du moment où vous avez décidé de construire un parti. Pourquoi avez-vous fait cette erreur de vous constituer en parti ? Il fallait rester dans le travail associatif… maintenant, je ne peux plus vous suivre. » Ce genre d'arguments, que j'ai entendu d'innombrables fois, me renvoie justement aux raisons pour lesquelles on considère qu'il est décisif de constituer un parti en tant que tel. Le parti est une réponse à ce qui est essentiel dans l'indigénat. L'essentiel pour l'indigénat aujourd'hui, ce n'est pas d'être discriminé dans tel endroit ou tel autre ou de subir des insultes à la télévision ; le caractère essentiel de l'indigénat, c'est d'être désapproprié de tout pouvoir politique : c'est l'exclusion du champ politique, de ses mécanismes, de la définition de ses normes et de ses institutions. Nous, justement, en disant : « On crée un parti politique, au sens plein du terme, et qui est notre parti politique », on dit tout simplement : « Nous allons nous réapproprier les droits politiques dont on nous a évincés ; nous allons pousser à la redéfinition des normes du politique en fonction de nos convictions ; nous allons forcer la porte des élections de manière autonome, forcer tous les champs du combat politique. » Si l'on veut, le contraire de l'indigène, c'est le citoyen : celui qui a des droits politiques sur l'État et sur la politique en général. Nous, même si la loi dit le contraire, nous sommes dépossédés de ce droit politique minimum qui est celui de la citoyenneté et notre tâche première consiste à le récupérer pour entamer le dépassement de la condition indigène qui est aujourd'hui la nôtre. Quand on nous reproche d'avoir constitué un parti politique, on nous reproche en fait de vouloir récupérer les droits politiques qui nous ont été volés.

HB : C'est le propre de l'indigène que de porter ce savoir intrinsèque : « Il faut s'organiser pour être fort, sinon on va se faire bouffer. » Il y a cette volonté d'exister politiquement, même si on ne sait pas comment. De l'autre côté, il y a une réalité : celui qui a cette conviction, il est quand même bien isolé dans la société française, il est dans la merde, il est dans son quartier, il a plein de problèmes, il a peur, il ne se sent pas légitime… Passer le cap de la politique – de là où il est, c'est-à-dire depuis la condition sociale indigène –, c'est extrêmement difficile. C'est difficile de se mettre en situation d'affrontement et, surtout, de se dire : « il va falloir que je patiente longtemps » – notamment quand on sait combien les partis politiques existants offrent des possibilités objectives. Ce que je veux dire c'est que quel que soit le parti en question – du Parti socialiste à Mélenchon –, quand tu y entres, tu vas bénéficier de moyens et il y a de fortes chances que tu y sois propulsé ; tu vas évidemment devoir faire des concessions – sur la laïcité, sur un certain nombre de choses – mais, si t'es un bon Arabe, tu vas finalement être récompensé. Ceux qui vont chez Mélenchon, c'est quand même les moins arrivistes : en y allant, ils restent tout de même de gauche. Ceux qui vont au PS, ceux-là, ils savent qu'ils vont devoir abandonner nombre de leurs convictions, mais ils y trouvent de réelles possibilités de promotion. Et de l'autre côté, tu as celui qui se dit : « Je vais me remonter les manches, m'occuper de mes frères dans mon quartier, me coltiner la mairie, les forces politiques, les associations, les institutions existantes, me coltiner aussi la concurrence avec untel et untel, me coltiner les dealers, etc. » Ça, c'est vraiment le sacrifice de toute une vie… Celui qui fait ça, c'est vraiment un héros.

SK : Tout au long du processus que nous avons décrit, nous avons déduit qu'il ne suffisait pas de vouloir répondre à l'attente des uns et des autres – celle de constituer une force politique –, même en la constituant sur une base programmatique minimale, pour réussir à structurer tous ces gens et à poser réellement les bases d'un projet politique. Nous avons donc fait un choix que nous savions plus difficile, plus précaire et qui s'inscrivait dans une durée beaucoup plus longue : commencer par constituer un petit parti avec une base programmatique et stratégique relativement claire et, disons-le, avec un contenu justement plus ferme et plus précis, même si cela pouvait éloigner de nous un certain nombre de militants ou de personnes en recherche de cadre. On s'est dit que dans la mesure où cela n'était pas possible de faire un large regroupement en tant que parti politique sur une base minimale, il valait mieux créer un instrument qui travaille à la construction future d'une force politique qui soit bien plus large ; un instrument qui non seulement expose et teste dans la pratique ce que signifie construire un parti politique, mais également qui déblaye le terrain programmatique et stratégique, entame un début d'élaboration qui n'existait pas auparavant au sein de l'immigration et qui puisse servir de base pour plus tard – pour nous-mêmes aux côtés d'autres, ou peut-être pour une génération future. Cet instrument agit pour dès à présent commencer à tisser des liens, à créer des convergences avec différents espaces. Ces convergences doivent se jouer à tous les niveaux possibles, que ce soit sur le terrain, dans les luttes, au niveau idéologique, etc. Nous avons donc opté pour un processus lent de maturation, en termes d'élaboration sociale, en termes d'élaboration politique et en termes de construction de liens avec d'autres espaces de résistance, de façon à pouvoir plus tard constituer un cadre beaucoup plus large.

Pour finir, je voudrais ajouter une chose que ceux d'entre nous qui avaient une expérience politique pouvaient anticiper intuitivement mais qui s'est progressivement manifesté au cours de notre expérience au PIR : nos militants apprennent, et notre environnement immédiat apprend, à travers le type de travail, d'activité et de réflexion, ce que nécessite le fait d'agir politiquement, c'est-à-dire de penser la lutte, de penser l'action, de penser la pratique, de penser le programme dans la double perspective qui est celle de construire un rapport de force et celle d'accéder aux sphères décisionnelles de l'État. Dès lors, réfléchir à l'action dans cet horizon-là constitue une démarche complément différente de celles de type associatif ou syndical, auxquelles l'écrasante majorité des nôtres est habituée. Nous avons vécu dans cette difficulté : pour la plupart d'entre nous, et surtout pour ceux qui ont eu une expérience pratique avant le PIR, réfléchir d'une autre manière, par rapport à une association de quartier ou une association de défense des sans-papiers, s'avère être quelque chose de considérablement différent. C'est d'ailleurs la première difficulté que l'on rencontre dans le milieu militant indigène quand il s'agit de poser la nécessité d'investir le champ politique : c'est toujours pensé comme un travail de type associatif ou revendicatif immédiat, défensif de résistance, un travail de pression et non comme une lutte pied à pied pour construire un rapport de force, pour réaliser un projet. Et ça, au PIR, on apprend à faire ça et on transmet autour de nous ce savoir accumulé progressivement.

Construire une organisation politique autonome anticolonialiste

Sadri Khiari

décembre 2007

Le texte qui suit a été présenté à l'occasion de la réunion publique organisée par le collectif IDF du Mouvement des indigènes de la république en collaboration avec la Maison verte, le vendredi 14 décembre 2007, autour du livre de Sadri Khiari, P*our une politique de la racaille* (Paris, Textuel, 2006).

Je commence par remercier Saadane pour la présentation qu'il a faite de mon livre *Pour une politique de la racaille*, paru il y a déjà un an et demi. Je ne sais pas si ce livre mérite autant de louanges dans la mesure où cet ouvrage a tenté de faire le point sur les débats qui ont traversé le MIR depuis sa fondation et que, de ce point de vue, il ne constitue qu'un moment dans un processus de réflexion et d'élaboration que nous poursuivons et que, j'espère, nous poursuivrons, au sein d'une organisation commune à l'ensemble des militants issus des anciennes et des actuelles colonies qui luttent aujourd'hui en France contre les inégalités raciales. J'avoue cependant que les commentaires de Saadane me font vraiment plaisir dans la mesure où ils sont ceux d'un militant qui a l'expérience des luttes de l'immigration et des quartiers populaires depuis une vingtaine d'années, luttes auxquelles il a fortement contribué notamment à l'occasion de celles contre la « double peine ».

Je ne vais pas reprendre, dans cette intervention, le contenu de mon livre, sinon en rappeler, en passant, certaines idées pour éclairer quelques conclusions auxquelles je suis parvenu aujourd'hui et qui, je le souhaite, susciteront un débat à l'occasion de cette réunion publique. Je vais donc aborder, ici, deux grandes questions, en essayant d'aller à l'essentiel et d'être clair.

La première concerne l'actualité de l'anticolonialisme en France, face à l'offensive contre les quartiers populaires, l'immigration et, plus généralement, les Noirs, les Arabes et les musulmans… La seconde concerne la nécessité d'un mouvement politique autonome organisé de l'ensemble des populations soumises à l'indigénat. Je n'apporterai pas de solutions concrètes immédiates (par exemple, « que faire lors des prochaines municipales ? ») ; je me contenterai de poser un cadre général, une ébauche d'analyse de la situation, et les grandes lignes d'une hypothèse stratégique. Je ne traiterai pas, cependant, des rapports de la France avec ses anciennes colonies et avec les peuples qui sont toujours directement dominés par elle.

I) Anticolonialisme postcolonial

La formule « anticolonialisme postcolonial » semble *a priori* contradictoire. Comment parler d'actualité de l'anticolonialisme pour une époque historique définie justement comme succédant à l'époque coloniale ?

Je répondrai à cette question en deux temps. En premier lieu, je l'aborderai en soulignant que les rapports sociaux et politiques, en France, restent, au lendemain des décolonisations, profondément marqués par l'histoire coloniale. En second lieu, j'essaierai de montrer que la période politique que nous vivons depuis au moins les années 1980 est caractérisée par ce qu'on peut appeler une nouvelle contre-révolution coloniale.

Je précise, pour ceux qui pourraient y voir un manque de « complexité », que je n'ignore pas l'existence de multiples autres formes de conflictualité. Mais ce qui m'intéresse ici, c'est ce qui me semble fondamental du point de vue de la production d'un racisme contemporain.

1) Commençons par le niveau que l'on peut dire « structurel »

Par « postcolonial », nous n'entendons pas, au MIR, qui succède *radicalement* à la période coloniale, dans le sens où celle-ci appartiendrait désormais au passé. Nous savons que le passé et le présent se chevauchent. Prenons un exemple. Il est courant d'interpréter la Révolution française comme un événement qui a mis un terme à la monarchie absolue et au féodalisme. Il ne viendrait pourtant à l'idée de personne de nier qu'il a fallu au moins un siècle de plus, ponctué d'autres révolutions et de nombreuses contre-révolutions, pour que la république soit enfin stabilisée. Aujourd'hui encore, la république reste marquée de nombreux traits qu'elle a hérités de la monarchie absolue.

Il en va de même de la décolonisation. L'accession de la plupart des colonies à l'indépendance n'a pas mis un terme définitif à l'histoire coloniale. Elle a inauguré un processus d'émancipation, un processus où l'émancipation *devient possible*, un processus qui, comme on l'a vu depuis le milieu du siècle dernier, comme on le voit aujourd'hui et comme on le verra encore un certain temps, se développe avec de multiples contradictions, des flux et des reflux, de nouvelles révolutions et de nouvelles contre-révolutions.

La grande fracture raciale mondiale qui s'est constituée avec l'esclavage européen des Noirs et le partage colonial de la planète continue d'être une réalité, un demi-siècle après les décolonisations. Bien qu'ayant subi des défaites majeures et bien que soumis encore à la résistance des autres peuples, le monde blanco-européen (les États-Unis n'en sont qu'une extension) qui s'auto-définit comme Occident reste dominant sur les plans politique, économique et culturel.

Les formes de cette domination se sont, bien sûr, en partie renouvelées et elles se mêlent différemment avec d'autres formes d'oppression. Ce sont, entre autres, des questions sur lesquelles il nous faudra travailler. Ainsi, par exemple, l'idéologie ou les représentations racistes se sont modifiées entre le milieu du XIXe siècle où elles avaient un caractère « biologisant » très fort, et aujourd'hui, où elles s'appuient surtout sur des considérations d'ordre culturaliste, comme c'est le cas de l'islamophobie, c'est-à-dire du racisme antimusulman.

Je vais faire, ici, une remarque pour éviter tout faux débat. Quand je parle de fracture raciale mondiale, je ne présuppose évidemment pas l'existence de races en dehors des rapports sociaux qui les constituent. La race est un rapport social. Le Noir n'est pas une couleur, il est un rapport social. Le musulman n'est pas l'adepte de la foi musulmane, il est un rapport social. Je dis bien rapports sociaux et non pas rapports économiques, comme on a souvent tendance à y réduire les rapports sociaux. Je dis rapports sociaux dans toutes leurs dimensions (économique, politique, culturelle, morale, etc.). Dans l'analyse, pour des raisons pratiques mais sans doute aussi idéologiques, on s'est habitué à les distinguer, parfois à chercher à les articuler en essayant de détecter laquelle serait déterminante. Le premier problème, c'est que souvent on a fini par croire que ces distinctions existaient réellement dans la vie. Le deuxième problème, c'est que souvent aussi on a généralisé à l'ensemble des histoires particulières une méthode d'analyse peut-être valable en Europe et, si elle est pertinente, probablement significative seulement à l'époque contemporaine. Je dis ça juste pour souligner qu'il nous faudrait pouvoir revisiter également les méthodes d'analyses pour les débarrasser de l'européocentrisme qui les pollue (constitue ?).

Je ne m'étends pas là-dessus. Je voudrais juste souligner deux choses. La première, c'est que les races, comme je l'ai dit, sont une forme historique particulière de rapports sociaux inégalitaires. La deuxième, c'est que ces rapports sociaux se sont cristallisés progressivement dans l'histoire comme hiérarchie *statutaire*. C'est-à-dire comme une différence de *statut* inégalitaire entre différents groupes d'êtres humains. Ce *statut* (et là je vois mal comment distinguer systématiquement les dimensions économiques, politiques et morales) se construit dans l'opposition entre les Blancs-européens-chrétiens, supposés supérieurs, naturellement ou culturellement, et les autres populations du monde, notamment lorsqu'elles ont été esclavagisées et colonisées, supposées inférieures. Avant tout autre bénéfice matériel, le Blanc-européen-chrétien a ce privilège immense de se penser supérieur au non-Blanc comme, dans la France féodale, le noble, ruiné et misérable, continuait néanmoins de se penser supérieur au roturier le plus riche. Plus : le noble était pensé comme supérieur par l'ensemble de la société. Les institutions féodales et monarchiques le considéraient comme supérieur et lui conféraient moult privilèges qui consacraient cette supériorité. Il est pauvre, mais il est *statutairement* dominant. Il a fallu une révolution pour que le roturier brise ce statut !

Il en va de même des rapports sociaux de races. Dominée sur de multiples plans, une Blanche américaine pauvre bénéficie pourtant de ce privilège de statut par rapport à tous les Noirs, même si dans la loi plus rien officiellement ne les sépare. De même, tout dans la société française renvoie au Blanc l'image de sa supériorité morale, indépendamment de tous les autres privilèges d'ordre strictement matériel dont il dispose *au moins potentiellement*, parce qu'il est blanc.

Beaucoup d'antiracistes qui pensent que le racisme est juste une affaire de mentalités rétrogrades se réfèrent, à juste titre, aux vieux textes d'Albert Memmi. Or celui-ci soulignait justement que le racisme n'existe que comme rapport de domination, c'est-à-dire qu'il repose sur et constitue un *système de privilèges*. Ce qui l'a conduit d'ailleurs, j'ouvre ici une parenthèse, à considérer que la haine raciale du colonisé vis-à-vis du colon n'est pas vraiment un racisme, même si elle lui emprunte ses formes et en est le produit. Il parlait à ce propos de « *racisme édenté* », c'est-à-dire *qui ne repose pas sur une réelle puissance de domination*, qui est *désarmé*. À proprement parler, sauf si l'on réduit le racisme à la catégorie fourre-tout de « haine de l'Autre », il n'existe pas de racisme du dominé racialement, si ce n'est comme expression inversée de la domination qu'il subit, un racisme que je dirais même antiraciste dans la mesure où il exprime une forme de résistance qui reste prisonnière des catégories produites par le système racial/colonialiste. De ce point de vue, le « racisme antiblanc », dont on accuse les nôtres aujourd'hui, est un leurre de même que l'« antisémitisme » de certains Arabes ou Noirs qui ne repose absolument pas sur l'exercice effectif par ceux-ci d'une domination statutaire sur les juifs. De ce point de vue, combattre le racisme *édenté* de certains des nôtres, premièrement, *est notre affaire à nous*, deuxièmement, est une tâche effectivement importante, non pas, *surtout pas*, pour rassurer ou plaire aux Blancs mais *pour nous décoloniser nous-mêmes* et sortir d'une forme de compréhension du monde qui nous mènerait directement à des impasses politiques. Plus importante encore à mes yeux, la nécessité de combattre les oppositions, nourries sinon fabriquées par la colonisation, au sein même des anciens peuples colonisés (et notamment le mépris racial de nombreux Arabes à l'égard des Noirs), qui font de nous les complices de l'oppression que nous subissons.

Bon, je ferme cette longue parenthèse et je reviens à l'anticolonialisme postcolonial dans la France contemporaine. Je ne vais pas, ici, vous soûler avec l'énumération de l'ensemble des inégalités raciales et des politiques publiques racistes ni essayer de démontrer qu'elles plongent leurs racines dans l'histoire coloniale. Je ne vais pas non plus tenter de démontrer les rapports entre ces inégalités et les formes de domination que la France continue d'exercer sur ces anciennes colonies, ni les rapports entre ces inégalités et la persistance de situations coloniales, aux Antilles, par exemple.

Je vais vous soûler avec autre chose.

Les rapports sociaux de races en France sont, pour une part, le produit de l'histoire mondiale de la construction sociale des races. Mais ils sont aussi le produit spécifique de l'histoire particulière de la France. Et, pour commencer, ils sont le produit d'une période fondatrice, en l'occurrence la IIIe République, dont la France d'aujourd'hui est largement l'héritière.

Juste quelques mots, rassurez-vous.

Quelques mots pour dire ceci : C'est sous la IIIe République que l'extension de l'empire français a atteint son apogée *en même temps* que se formaient et se stabilisaient les principales institutions de la république et que s'est cristallisée réellement la nation française. C'est elle qui fabrique la notion juridique de la nationalité, qui crée véritablement l'opposition entre « Français » et « étrangers » ; c'est elle qui distingue la nationalité de la citoyenneté, qui invente l'immigration au sens contemporain (force de travail qu'on « choisit », ennemi intérieur, sous-homme…), qui instaure institutionnellement la sélection et la discrimination raciale, qui développe l'idéologie assimilationniste, etc. On pourrait, bien sûr, repérer des formes similaires, inachevées, confuses, qui ont préparé tout cela, mais leur systématisation en *politique d'État* est bien l'œuvre de la IIIe République. C'est à elle que l'on doit l'institutionnalisation du nationalisme français, du racisme et du colonialisme, comme autant de réalités indissociables.

Tout cela se crée, j'insiste là-dessus, *dans un seul mouvement.* Le « Français », au sens où on l'entend aujourd'hui, n'existe pleinement que depuis la IIIe République. L'« identité nationale » n'existe pleinement, c'est-à-dire comme réalité institutionnelle largement partagée au sein de la population, que comme produit du travail de « nationalisation » de la population réalisée par la IIIe République. Et cette identité nationale, construite à la fois par rapport à l'Europe et aux peuples colonisés, emboîte deux niveaux, partiellement antagoniques. L'un, spécifiquement *national*, construit autour du mythe de la France éternelle aux origines gauloises, l'autre, *transnational*, construit autour de la suprématie blanche-européenne-chrétienne. L'identité nationale française est à la fois une identité de nation et une identité d'empire, c'est-à-dire coloniale/raciale.

Je tiens à le souligner pour deux raisons. La première, c'est qu'aujourd'hui on évoque souvent la crise d'un des piliers de la république, qu'on appelle le pacte social républicain ou l'État-social et qu'on sous-estime la crise de cet autre pilier de la république, à savoir la crise du pacte national-racial républicain, ou alors on l'aborde en occultant sa dimension raciale. C'est cette dernière crise que veut d'ailleurs résoudre Sarkozy. La seconde raison, c'est que, à mon avis, une politique d'émancipation non intégrationniste doit être un combat pour un autre pacte national, tant du moins que le cadre politique et idéologique de la nation semble indépassable. J'y reviendrai à la fin.

Ces remarques me permettent de passer à la deuxième partie de ma première partie, consacrée à la situation actuelle.

2) Je l'intitule : la contre-révolution coloniale

La dimension nationale de l'État républicain a été mise en crise une première fois par l'occupation allemande et l'instauration du régime de Vichy. Cette crise a été résolue par l'union nationale autour de de Gaulle à la Libération. Partiellement, cependant, puisque la France, comme l'Angleterre, sont devenues alors des puissances de second rang face à la montée des États-Unis. Quoi qu'il en soit, les dimensions coloniales/raciales de la république se sont maintenues.

Depuis, le pacte national/colonial/racial a subi trois chocs d'importance différente.

Le premier choc a été celui de la succession de défaites françaises face à la révolution anticoloniale dont les moments majeurs ont été la victoire vietnamienne à Diên Biên Phu et celle du FLN algérien.

Le deuxième choc a été celui de la mondialisation libérale et de l'accélération, qui en est consécutive, de la construction européenne. Dans ce cas-là, outre le pilier social de l'État, le « contrat social », c'est la dimension nationale de la république qui est bousculée.

Le troisième choc, c'est la découverte, dans les années 1980, que la France était désormais noire, arabe et musulmane. Et cette découverte est notamment l'effet des grandes luttes de travailleurs immigrés dans les années 1970 et des luttes des enfants issus de l'immigration au cours de la décennie suivante.

Je suis de plus en plus convaincu que, entremêlée à d'autres enjeux, parfois contradictoires avec cet objectif, la contre-offensive coloniale en France vise à réorganiser le « pacte républicain ». Il s'agit de redéployer le moment national de ce pacte, en le recomposant notamment autour de sa dimension blanche-européenne-chrétienne, qui est adaptée à la place seconde de la France dans le monde, à la construction européenne et à la mondialisation. Ce qui ne signifie pas pour autant que le nationalisme franco-gaulois soit d'ores et déjà obsolète. Je pense seulement que l'articulation entre ces deux dimensions, partiellement antagoniques, qui constituent l'« identité nationale » française, je veux dire le blanco-centrisme et le franco-centrisme, se modifient tendanciellement au bénéfice de la première.

C'est cela qu'il y a, je crois, au cœur de la politique de l'État vis-à-vis de l'immigration postcoloniale et des populations qui en sont issues, telle qu'elle a commencé à se mettre en place dans les années 1970 pour se développer à partir des années 1980.

Et ce n'est évidemment pas sans raison que cette offensive a pris pour cible principale les quartiers populaires, prenant la forme de la « politique de la ville », de la « mixité sociale », de l'ANRU, de la question sécuritaire, de la prétendue défense des femmes, du combat contre l'islamisme, etc. Ces quartiers sont, en effet, le lieu de concentration des immigrés et de leurs enfants ; ce sont des lieux de vie et pas seulement de logement, des lieux de mémoires, des lieux où se tissent des liens de toutes sortes ; ils sont aussi le lieu de leur visibilité et, surtout, le lieu privilégié de leur puissance sociale et politique : pouvoir de résistances multiformes, pouvoir de création/subversion culturelle, pouvoir d'influencer les décisions politiques à partir des institutions locales, pouvoir d'organisation en termes de réseaux, de communautés, d'associations, de familles, de mosquées, pouvoir de défractionnement des différents segments de l'immigration, de construction de solidarités, entre eux mais, aussi, enracinés dans des enjeux communs, avec une partie des Blancs.

Mais les quartiers sont aussi l'espace où se déploie un autre enjeu. Car s'y concentre également la majorité des classes populaires blanches. Et malgré les solidarités qui s'y tissent entre personnes issues de l'immigration et certaines catégories de Blancs, malgré le brouillage parfois des frontières raciales, ils sont aussi le lieu où la compétition statutaire avec les Blancs est la plus forte. Alors que progresse le démantèlement de la dimension sociale du pacte républicain, les quartiers apparaissent ainsi comme le lieu privilégié où doit se recomposer ce pacte autour du noyau identitaire franco-blanc. En un mot, il s'agit de substituer au contrat social qui permettait l'intégration à l'État des ouvriers, des employés et des chômeurs, un contrat basé sur le privilège statutaire blanc : « Vous serez de plus en plus pauvres ; mais vous serez aussi de plus en plus blancs ! »

Pour toutes ces raisons, les quartiers populaires sont la cible privilégiée de la contre-offensive coloniale, ici, en France. J'ajouterai, pour conclure sur les quartiers, ceci : la question de la rénovation urbaine paraît sûrement plus spécifique des quartiers, mais celle du voile a exactement la même signification *politique*, du point de vue même des quartiers.

Revenons donc à un niveau plus général.

S'il faut situer un moment où la politique française a franchi un seuil qualitatif qui permet de la définir comme une contre-révolution coloniale, il faut évoquer, bien sûr, le 11 septembre 2001. À partir de ce moment-là, la France est entrée de plain-pied dans la contre-révolution coloniale mondiale. On peut dire que, préparée antérieurement, celle-ci a commencé avec la première guerre américaine contre l'Irak. L'engagement décisif commence cependant après la destruction des tours jumelles, avec l'intervention militaire en Afghanistan. Si elle se développe sur plusieurs fronts, utilisant des moyens non seulement militaires mais aussi économiques, politiques et culturels, l'espace majeur où se déploie aujourd'hui cette offensive est le Moyen-Orient. Le nom de code de la contre-révolution coloniale mondiale est la « guerre des civilisations », son adversaire officiel est l'islam. Les États-Unis et Israël en sont bien sûr les forces principales. La réalité de la situation mondiale actuelle, ce n'est pas la menace que ferait peser une « civilisation musulmane » archaïque sur une « civilisation occidentale » moderne, c'est la guerre que mènent les puissances impérialistes pour recoloniser le monde.

Pourquoi parler de contre-révolution ? Parce qu'elle cherche à bloquer dans l'œuf l'émergence de la révolution anticoloniale qui pourrait s'ébaucher ; surtout, parce qu'elle constitue une réaction contre l'accumulation de puissance (économique, politique, militaire…) de certains États anciennement dominés (la Chine, par exemple) ; et qu'un vieil objectif semble, depuis la chute de l'URSS, désormais possible : effacer les principaux acquis des luttes anticoloniales qui ont été arrachés au milieu du XXe siècle. Il s'agit d'une guerre pour préserver ou renforcer la domination *statutaire* (politique, culturelle, morale, économique, etc.) d'une partie du monde, d'une aristocratie planétaire blanche-européenne-chrétienne, sur l'ensemble des autres peuples.

Il ne me paraît pas possible d'analyser la victoire de Sarkozy aux dernières élections en dehors de ce contexte international doublé par la situation française de crise de l'État national-racial et de la volonté de résoudre cette crise. Pour cette raison, je n'hésite pas à qualifier de vote colonial/racial le vote qui a permis à Sarkozy de prendre le pouvoir.

On comprendra ainsi aisément pourquoi je suis sceptique quand on distingue la politique vis-à-vis des quartiers populaires de celle qui est menée vis-à-vis de l'immigration, comme de la campagne islamophobe, celle qui vise à réhabiliter la colonisation ou le négationnisme par rapport à l'histoire de l'esclavage. À mon avis, toutes procèdent, malgré leurs particularités, d'une même logique, celle de la contre-révolution coloniale. Et une riposte à celle-ci ne saurait, je crois, être efficace, pleinement politique, que si elle intègre ces différents fronts de lutte dans une même démarche anticolonialiste, tout en tenant compte, bien sûr, des spécificités de chaque champ d'action et des engagements autonomes que cela implique.

Ce sera le sujet du deuxième grand point de mon intervention, que j'intitule :

II) La question du mouvement politique indigène autonome

1) D'abord, s'autodéfinir.

a) Indigène de la république : une définition politique

Le premier pas de l'émancipation, c'est de savoir qui nous sommes, parvenir à nous autodéfinir. Jusqu'à présent nous avons été définis par les autres et nous avons repris des catégories élaborées en dehors de nous pour parler de nous-mêmes : travailleurs immigrés, Français issus de l'immigration, « beurs », jeunes de banlieue, représentants de la « diversité », Noirs, Arabes, Berbères, Maghrébins, musulmans, etc. Autant de catégories qui nous fractionnent et, surtout, expriment notre extériorité par rapport à la société française où nous vivons. Mais, de fait, il nous est impossible de nous autodéfinir en dehors d'elles pour la simple raison que, pour stigmatisantes qu'elles soient, elles contiennent une part de vérité.

Nous sommes effectivement fractionnés par des histoires en partie différentes, forgées notamment par la colonisation, et nous sommes, malgré nous, effectivement extérieurs à la société française tout en en faisant partie.

En d'autres termes, on ne peut pas vraiment s'extraire des catégories imposées mais on peut les subvertir, voire les retourner contre elles-mêmes. La république, qui privilégie les Blancs-européens-chrétiens, se dit non raciale, non ethnique, se dit égalitaire, citoyenne, universelle. Nous lui répondons : « C'est faux. Il y a une masse de gens, en France, qui sont racialisés, privés, d'une manière ou d'une autre, de la citoyenneté et ne sont pas considérés comme des êtres humains à part entière. » Cette réponse est toute entière résumée dans la formule que nous avons mis en titre de notre Appel de janvier 2005 : « Nous sommes les indigènes de la république ». Nous autodéfinir comme « indigènes de la république », c'est un acte fort de résistance en ce qu'il nous permet de dévoiler la réalité de la république et de mettre en relief la communauté d'intérêts politiques, qui est celle de tous ceux qui sont originaires des colonies ou des anciennes colonies.

Lorsque nous utilisons les formules « Noirs », « Arabes », « musulmans », nous n'ignorons pas tout ce qu'elles peuvent avoir de réducteur, mais nous soulignons ainsi quelles sont les populations qui constituent aujourd'hui les principales cibles de la stigmatisation raciste. C'est également une manière de dire : « Il n'est pas vrai que dans cette république, il n'y a que des citoyens, des « êtres universels » ; il y a une fracture raciale opposant les Blancs-européens-chrétiens à ceux qui ne le sont pas. » Surtout, c'est dire : « Nous refusons l'injonction républicaine à nous blanchir, nous dés-arabiser, nous dés-islamiser. »

b) Indigène de la république : un rapport social

La formule « indigènes de la république » est donc une formule politique, mais elle recouvre aussi un rapport social. En d'autres termes, on ne peut pas définir les *indigènes* de la république indépendamment des *citoyens* de la république. La question n'est pas : « Qu'est-ce qu'un indigène de la république ? » ; c'est : « Qu'est-ce qui spécifie la relation sociale que nous appelons l'indigénat ? »

Pour répondre à cette question en quelques mots, je dirai : l'indigénat est le rapport, issu de la colonisation, qui produit et reproduit des races. L'indigénat fabrique des hiérarchies de statut, symboliques et politiques, entre groupes humains, en fonction de leur degré d'humanité, que celui-ci soit évalué en termes biologiques, religieux ou culturels, et qu'il soit transmissible de génération en génération par hérédité ou par acquisition. L'indigène regarde le monde à partir de sa position dans le monde ; le Blanc, même gentil, a un regard blanc.

Mais, en disant que l'indigénat est un rapport qui produit et reproduit des races, je n'ai évoqué qu'une des faces de ce rapport. La seconde face, ou la seconde façon de dire exactement la même chose, c'est l'inverse : l'indigénat est le rapport qui interdit, on pourrait dire qui « dé-produit », les races. Ou, si l'on veut, l'indigénat est un rapport de *lutte* sociale dont l'enjeu est la production ou la destruction des races. Ou encore, l'oppression raciale est constamment accompagnée de son contraire, la résistance raciale contre l'existence des races. C'est pourquoi, par analogie avec une autre forme de relation sociale conflictuelle, je pense qu'on peut parler de « *lutte des races sociales* ».

Une petite remarque concernant la notion de *résistance.* Juste pour dire qu'il ne faut pas l'entendre nécessairement comme une lutte collective, frontale, consciente d'elle-même et de ses objectifs. Celle-ci en est sans doute la forme suprême, mais il faut aussi saisir une logique de résistance dans le moindre des comportements individuels y compris lorsqu'il consiste à chercher à contourner l'oppression raciale. Ainsi, dans le comportement de ceux que nous appelons parfois des « traîtres », ou des « idiots qui n'ont rien compris et qui se font des illusions sur la république », il faut toujours chercher l'ambivalence : leur soumission ou leurs illusions contiennent aussi pour une part une forme de résistance, ne serait-ce que dans la tentative illusoire d'échapper individuellement au statut de personne racialisée. Dire cela ne veut évidemment pas dire qu'il ne faut pas combattre vigoureusement ceux qui, parmi nous, collaborent directement au système, quelles que soient les significations contradictoires et les motivations de leur action.

Poursuivons.

2) Rapport de force politiques et puissance politique indigène

Dire qu'un rapport social est un rapport de lutte, c'est dire qu'il est un *rapport de force politique*. Dire que la société française actuelle est, entre autres, coloniale, indigénale, raciale, c'est donc dire qu'on doit la saisir comme l'espace où se déploie en permanence un rapport de force politique opposant deux pôles principaux qui s'incarnent humainement : ceux qui subissent, d'une façon ou d'une autre, les conséquences directes ou indirectes de l'oppression raciale et y résistent, même sans s'en rendre compte, et ceux qui bénéficient, d'une façon ou d'une autre, des conséquences de l'oppression raciale et contribuent à sa reproduction, même sans s'en rendre compte.

On objectera qu'il existe quantité de situations intermédiaires et de chevauchements, que chaque groupe social est lui-même traversé d'autres clivages, sans parler des autres types de conflits et de ces fameuses « articulations » dont on nous rebat sans arrêt les oreilles. Mais, justement, *l'enjeu politique est là.* Il se pose d'ailleurs dans des termes similaires pour ceux qui réfléchissent à la relation sociale capitaliste. Il s'agit donc, pour nous, non pas de la résoudre théoriquement mais de la résoudre comme *l'enjeu même* de la lutte politique. Autrement dit, de donner une *incarnation* politique à cette relation sociale fondamentalement bipolaire qu'est l'indigénat. Et, parce que cette relation sociale est complexe, son incarnation politique, à construire, n'est pas le reflet politique des indigènes *stricto sensu* ; ce n'est pas la photocopie politique d'un groupe social que les sociologues pourraient délimiter avec un chapelet de critères. C'est la manifestation d'un *rapport*. C'est l'expression d'une réalité politique, la *force anticolonialiste*, qui est là, qui agit, mais qui, en même temps, n'est pas là, ou plutôt existe en creux, qui est trouée de contradictions et apparaît de manière manifeste seulement par moments, parfois par la médiation d'autres réalités politiques.

Le « nous » des indigènes est donc un « nous » politique à construire et il ne saurait exister qu'en tant que tel. Plus concrètement, il y a à la fois un travail de délimitation politique entre indigènes et Blancs et un travail d'englobement des Blancs. Cette question est bien sûr au cœur de la question de l'autonomie.

J'aborde, pour l'instant, la conjoncture, on comprendra mieux ce que j'essaye de dire et où je veux en venir. Dans notre journal, j'ai écrit un papier qui interroge les analyses de la victoire de Sarkozy produites par la gauche (plutôt la gauche de la gauche)[1]. En gros, et sans grandes surprises, il y est question de victoire des patrons, du Medef, du libéralisme, sur les classes populaires. Je n'ai pas vu de textes qui analysent cette victoire comme une victoire blanche.

Sans rentrer dans le détail des subtilités de ces analyses, notamment en ce qui concerne la place du PS dans ce champ de conflits, leur noyau dur c'est bien sûr que la société est clivée en classes et que ces classes s'incarnent politiquement dans la droite et la gauche. Ces analyses ont pour point commun d'occulter, ou de ne pas voir, le clivage racial et par conséquent de ne pas voir comment celui-ci s'incarne politiquement, même indirectement, c'est-à-dire aussi sous quelle forme se manifeste le rapport de force racial.

Cette négation peut s'expliquer par différents facteurs. Mais ce qu'il nous faut d'abord souligner, c'est qu'elle est, elle-même, une des formes politiques de la lutte des races sociales. Exactement de la même manière que cette gauche peut dire que la négation de la lutte des classes est une des armes de la bourgeoisie.

1. Voir « La Hyène jubile et l'autre pleure. « Vote de classe » ou « vote de race » ? », p. 151.

Parmi les facteurs de cet aveuglement, il y a aussi le fait très concret que si, sans se reconnaître comme telle, l'expression politique du pôle colonialiste est apparue de manière manifeste dans sa tendance la plus ultra à travers l'UMP, le pôle anticolonialiste n'est pas apparu en tant que tel. La résistance indigène s'est exprimée sous des formes différentes, que l'on peut considérer parfois comme contradictoires avec les intérêts de la lutte anticoloniale, à travers les partis blancs.

En d'autres termes, la puissance politique anticolonialiste ne s'est pas incarnée en positif ; elle ne s'est pas cristallisée de manière *indépendante*, à l'occasion de ces élections. Le rapport de force a semblé opposer les forces blanches entre elles. Mais ce qui révèle l'existence, en quelque sorte souterraine, d'une puissance politique anticolonialiste, c'est bien le fait que la question raciale (sous ses différents pseudonymes : immigration, islam, laïcité, colonialisme, identité nationale, etc. ; et à travers lesdits représentants de la diversité) a constitué un des enjeux majeurs de ces élections.

On peut même aller plus loin et dire que si cet enjeu a été si important, c'est bien la preuve que cette puissance anticolonialiste est *croissante* (ce qui ne veut pas dire que la force colonialiste est déclinante : les rapports de force politiques ne sont pas un jeu à somme nulle).

Compte tenu de tout ce que j'ai dit tout à l'heure, personne ne sera étonné que je considère la révolte des quartiers en 2005 non seulement comme une révolte *anticolonialiste*, malgré ce que cette révolte a pu dire d'elle-même, mais aussi comme son expression la plus forte, depuis la Marche pour l'Égalité de 1983.

Il importe peu, du point de vue qui nous préoccupe ici, que les propos explicites qui ont été tenus ne contestaient pas le système de l'indigénat. Ou que des causes sociales liées à la libéralisation économique ou à l'action de la police en étaient également la cause. Cette révolte a été tout de même été une protestation en actes, rassemblant une fraction des Blancs et les non-Blancs, contre la politique racialiste et d'indigénisation des quartiers menée par les différents gouvernements depuis des années. La réaction colonialiste qui l'a suivie, à commencer par le couvre-feu pour terminer par l'élection de Sarkozy, me semble également en attester.

J'insiste là-dessus pour souligner que la puissance politique indigène n'est pas la puissance des seuls indigènes, que le rapport de force politique qui exprime la lutte des races sociales n'est pas constitué par les luttes des seuls indigènes autour des seules questions liées à l'indigénat.

La puissance politique indigène est la résultante de multiples dynamiques de luttes, portées par différents groupes sociaux ; une résultante dont l'effet est d'affaiblir la domination raciale.

Je veux en venir à cette idée que dans un contexte où les « colonisés de l'intérieur » sont minoritaires, où les frontières entre indigènes et non-indigènes sont poreuses, où on ne peut pas être séparatistes, où la guerre que nous menons est asymétrique, où elle ne peut être qu'une guerre de positions et non une guerre de mouvement, dans toutes ces conditions, donc, l'horizon stratégique doit être réfléchi en termes de *construction d'un pôle anticolonialiste*, c'est-à-dire d'un pôle dont la dimension anticolonialiste est majeure, susceptible, lui, de par sa puissance sociale, politique, culturelle et morale, de battre en brèche voire de conduire au démantèlement du système racial-colonial. Ce pôle, pour faire court, je l'appellerai dans la suite de cet exposé le pôle anticolonialiste *large*.

3) La question de l'autonomie doit se poser dans ce cadre.

C'est-à-dire qu'on ne peut pas penser notre propre autonomie politique, comme population issue des anciennes et actuelles colonies, sans penser la non-autonomie, c'est-à-dire le rapport contradictoire qui est le nôtre avec le champ politique blanc. L'autonomie dont nous parlons inclut nécessairement la non-autonomie, ou, plus concrètement, les alliances. Elle n'est pas un état donné ; elle est un combat permanent pour construire des frontières et, à la fois, les déborder sans cesse.

L'équation concrète qu'il nous faut résoudre en permanence est donc celle-ci : comment construire ce pôle anticolonialiste large sans qu'il ne se contredise lui-même, en reproduisant en son propre sein le privilège blanc ?

La réponse, nous ne pouvons pas l'anticiper. Elle se résout dans chaque conjoncture. Par contre, il est possible d'affirmer que, quoi qu'il en soit, nous devons commencer par nous décoloniser nous-mêmes, c'est-à-dire constituer *notre propre instrument de lutte politique*. Cette condition s'impose *et* pour avancer vers le pôle anticolonialiste large *et* pour contrecarrer les tendances inhérentes à la société coloniale/postcoloniale à reproduire la domination raciale y compris au sein des dynamiques de résistance qui s'opposent à elle.

Je peux le dire plus simplement : il faut d'abord que les indigènes s'organisent eux-mêmes et qu'ils établissent avec les Blancs anticolonialistes des rapports qui ne permettent pas à ceux-ci de les dominer, même sans le vouloir. Et ça n'est pas une mince affaire ; nous en avons l'expérience au sein du MIR !

Agir pour réaliser cet objectif premier, c'est le sens que je donne au mot d'ordre de *construction d'un mouvement politique indigène autonome*, que je distingue ainsi de la finalité politique de celui-ci, en l'occurrence, la construction d'un pôle anticolonialiste large.

Je précise encore : quand je dis mouvement, je n'entends pas une simple dynamique de luttes portées par des indigènes, dans différents espaces, sur différentes questions et sans connexions. J'entends une *organisation*, une organisation *commune*. Je n'ai pas de conception précise de la forme matérielle de cette organisation (certains parlent de constituer un parti), mais je suis convaincu que l'organisation est le seul moyen de donner une dimension pleinement politique à nos luttes, c'est-à-dire non seulement de les faire converger, donc de les centraliser, mais de leur donner une direction stratégique. Une organisation est le seul moyen de surmonter, c'est-à-dire d'intégrer dans un combat commun les différents groupes sociaux et communautés indigènes, tout en respectant leurs dynamiques propres et leurs enjeux spécifiques.

Sans organisation capable d'investir le champ proprement politique, dans toutes ses dimensions y compris institutionnelles, nous continuerons à mener une résistance de type syndicaliste, éclatée, sur telle ou telle question particulière, en étant bien souvent contraints de subordonner ces résistances à des forces non-indigènes et à leurs enjeux.

Construire cette organisation n'impose pas, bien sûr, qu'elle ait dès ses premiers pas une conception stratégique parfaitement claire et partagée ; elle se construira à partir de l'état actuel des espaces de luttes existant et au travers d'un engagement collectif dans les résistances immédiates, en commençant peut-être par un partenariat multilatéral dans l'action.

Dans l'action et dans la réflexion, car il s'agira aussi de mener un travail de clarification politique qui permettra progressivement de déterminer un fil à plomb en termes de stratégie et de programme. De ce point de vue, une des questions fondamentales qu'il nous faut poser, en ce qu'elle permet de faire converger autour d'elle la multitude des résistances possibles et de leur donner une dimension politique anticolonialiste, me semble être celle-ci : qu'est-ce qui spécifie l'anticolonialisme au sein même de l'Hexagone ?

4) Intégration ou libération ?

Ce sera mon dernier point, que j'aborderai à travers cette autre question : Quelle est la différence entre « intégrationnisme » et « libération » ?

L'intégrationnisme, c'est tout simplement l'illusion républicaine. Autrement dit, l'illusion que les Noirs, les Arabes, les musulmans et, au-delà, l'ensemble des populations non blanches-européennes-chrétiennes, peuvent trouver leur place en France sans un bouleversement de la société et de l'État. Donc que le racisme est un dysfonctionnement de la république et non pas son fonctionnement normal (j'emprunte cette formule à quelqu'un). Je ne vais pas développer la question, mais juste donner quelques exemples.

L'intégrationnisme peut s'exprimer dans l'idée que le racisme est une question de mentalités. Il faudrait agir sur les mentalités, les représentations, l'imaginaire, pour que les gens acceptent la « différence », changent de « regard » sur l'« Autre ». À la limite, pour les encourager, il faut les rassurer, leur ressembler au maximum. « Je suis musulman, leur dit-on, mais à part ça, je suis tout comme vous. Je partage les mêmes valeurs que vous. D'ailleurs, vos valeurs, elles sont présentes dans l'islam. »

L'intégrationnisme se manifeste également dans la théorie du « bouc émissaire ». Nous serions le « bouc émissaire » de crises qui n'ont pas de rapports avec notre présence, qu'elles soient économiques ou politiques. Et, pour mettre un terme au racisme, il faudrait lutter sur les terrains où se développent ces crises.

L'intégrationnisme, c'est aussi la défense d'une « discrimination positive » *élitiste*. Il faudrait que des mesures soient prises qui permettent la promotion sociale et politique de certains d'entre nous pour que, progressivement, nous soyons tous reconnus comme citoyens à part entière.

L'intégrationnisme, c'est également l'illusion lobbyiste ; laquelle s'inspire, bien souvent, d'un pseudo « modèle juif ». C'est d'abord oublier que l'antisémitisme en France n'a pas la même histoire que le racisme que nous vivons. C'est surtout négliger ce fait massif que pour que décline l'antisémitisme en France, il a fallu la Révolution française, plus d'un siècle de conflits par la suite, que les juifs développent des résistances, les secousses et les conflits de la IIIe République, la Seconde Guerre mondiale, que l'Europe se vide de ses juifs, la fondation de l'État d'Israël, la crise toujours inachevée de la décolonisation. Et, malgré tout cela, l'antisémitisme reste latent dans la société française. Le juif est globalement accepté, mais il est d'autant mieux accepté qu'il semble le moins juif possible. C'est-à-dire à condition qu'il soit bien blanchi.

On pourrait évoquer encore bien d'autres formes d'intégrationnisme. Mais la forme principale d'intégrationnisme est le *produit de la parcellisation des luttes*, quand bien même elles se revendiquent d'une politique radicale. Je veux dire par là que les luttes éclatées dans l'espace ou qui se développent autour de revendications particulières peuvent très certainement aboutir à quelques conquêtes, mais celles-ci resteront locales ou particulières et resteront subordonnées aux rapport de force locaux et conjoncturels, c'est-à-dire aux forces blanches. Elles peuvent, certes, agir favorablement sur les rapport de force globaux, et, de ce point de vue, s'inscrire aussi dans une dynamique anticolonialiste, mais cette dynamique restera probablement sans lendemain, tant qu'elle ne parviendra pas à prendre la forme organisée d'un mouvement politique centralisé et autonome. Je suis convaincu que des luttes de type syndicaliste sont condamnées à rester « intégrationnistes » dans la mesure où, cherchant seulement à obtenir des améliorations partielles, elles ne s'insèrent pas, en même temps, dans un projet de transformation globale de la société et de l'État que l'on peut dire en termes de « *libération* ».

Je vais dire maintenant quelques mots sur la libération, ce qui permettra aussi de mieux comprendre, par contraste, ce qu'il faut entendre par intégrationnisme.

Dans les colonies, libération signifiait évidemment constitution d'un État indépendant. Dans les mouvements noirs américains, la libération a pu se dire, alternativement et parfois en même temps, en termes de « séparation » ou de « pouvoir noir ». Je ne sais pas trop ce qu'il en est aujourd'hui. En France, l'indigénat contemporain s'inscrit dans une autre histoire, qui est celle de la fondation de la république nationale et de la constitution de l'empire colonial, auquel différentes formes de néocolonialisme se sont substituées aujourd'hui. Il en a résulté une imbrication profonde entre république, forme et contenu de la nation, et inégalités raciales. Je l'ai déjà dit plus haut. Je voudrais souligner, ici, ceci : la forme fondamentale de l'indigénat contemporain, intérieure à la société française, c'est *l'exclusion en dehors de la nation*. Pas seulement de la citoyenneté, mais de la nation. La nation qui est au fondement de la république est à la fois politique et ethnico-raciale. La république exclut ses indigènes à la fois de la souveraineté populaire et de la nation, qui se réalise dans le même mouvement. Dans la conjoncture actuelle, cela se manifeste explicitement à travers la politique de défense de l'identité nationale.

Cela implique que l'égalité ne peut devenir une réalité qu'à la condition d'un changement profond des institutions politiques, au cœur desquelles il y a la nation. La libération, de ce point de vue, et je pourrais même dire la libération nationale, se pose, pour nous, en termes de *recomposition de la communauté nationale* parce que la réalité de celle-ci conditionne la réalisation de la citoyenneté. Ce que j'ai appelé plus haut une refonte du pacte national, qui apparaît de plus en plus à l'ordre du jour en ce temps de crise du pilier national de l'État républicain, que j'ai également évoqué dans la première partie.

Je n'ai pas à proposer de mode particulier d'organisation politique qu'on pourrait souhaiter voir s'établir en France ; mais je pense que la notion de libération peut déjà constituer, pour nous, une grille d'analyse, un instrument intellectuel, un mode de pensée qui brise la conception du modèle républicain comme seul modèle concevable et souhaitable.

Je vais donner un exemple qui pourrait choquer républicains et intégrationnistes. Beaucoup d'entre nous, pour ne pas prêter le flanc à l'accusation de « communautarisme », se revendiquent d'un des fondements des institutions françaises, en l'occurrence que la république ne reconnaît que des individus, que la nation est composée d'individus, que la citoyenneté est strictement individuelle. On lui oppose généralement le « modèle anglo-saxon », dit communautariste. Ne serait-il pas temps de désacraliser et de réfléchir sérieusement au « modèle français » sur cette question comme sur d'autres, sans tabous ? Il me semble que la notion de libération, telle que je l'ai définie plus haut, peut être un instrument dans cette perspective.

À l'intérieur du paradigme de la libération peuvent converger, voire se coordonner, nos luttes en France et celles qui se mènent dans les anciennes colonies et dans les dépendances coloniales actuelles de la république.

Conclusion

Dans la conjoncture actuelle, marquée par l'accession au sommet de l'État d'un ultra du camp colonialiste, il y a un grand sentiment de défaite parmi les nôtres. La révolte croissante se combine à un grave sentiment d'impuissance. Cette combinaison peut alimenter à la fois des manifestations de colère dispersées et sans lendemain, la formation de regroupements aventuristes séparatistes, et des politiques ultra-défensives recroquevillées sur le local ou sur des thématiques particulières, liées à l'urgence de réagir aux attaques gouvernementales. Cela peut déboucher aussi, pour les uns, sur une intégration à la droite en se disant que finalement pour agir il faut être avec ceux qui décident, et, pour les autres, sur une subordination à la gauche, dans l'espoir de sauver ainsi les meubles.

Tous ces chemins, me semble-t-il, mènent à de plus grandes défaites encore. L'alternative, certes pas facile à réaliser dans ce contexte, me semble résider dans la construction de notre propre organisation politique, à nous indigènes, Noirs, Arabes et musulmans, en réfléchissant sérieusement à quelle place donner éventuellement aux Blancs pour qu'ils n'y soient pas, d'une manière directe ou indirecte, hégémoniques.

Voilà, j'ai formulé des hypothèses, des pistes de réflexions. J'espère qu'elles seront utiles. Merci de m'avoir écouté jusqu'au bout.

Prendre le parti de nous-mêmes

Houria Bouteldja
décembre 2008

Ce discours a été prononcé par Houria Bouteldja le 10 décembre 2008 au Cabaret sauvage à l'occasion du meeting-concert organisé par le Mouvement des indigènes de la république pour célébrer le 25e anniversaire de la Marche pour l'égalité de 1983.

Salam à toutes et à tous, bonsoir à tous nos amis anticolonialistes et antiracistes qui sont là avec nous ce soir. Je ne serai pas longue, je sais que vous êtes tous impatients d'écouter Médine – merci à lui d'être là.

Le Mouvement des Indigènes a organisé cette soirée pour célébrer ce grand moment de lutte qu'a été la Marche pour l'égalité et contre le racisme en décembre 1983.

Si notre mouvement existe, si nous sommes là aujourd'hui ensemble, c'est grâce à tous ces marcheurs qui ont dit :

Nous sommes ici chez nous ! Nous sommes des citoyens de ce pays et nous avons le droit de le transformer !

Nos parents y ont travaillé, vécu, lutté… La France est à eux !

Nous y sommes nés, la France est à nous !

Nous n'acceptons plus d'être des citoyens de seconde zone ! Nous n'acceptons plus d'être traités comme des indigènes de la république !

Nous n'acceptons plus les violences policières !

Nous n'acceptons plus les discriminations !

Nous n'acceptons plus l'islamophobie !

Nous n'acceptons plus la négrophobie !

Nous n'acceptons plus le racisme !

C'est ce qu'ont dit les Marcheurs en 1983, ceux de Convergence 84, ceux de la marche de 1998 pour la mémoire de l'esclavage. C'est ce que nous disons aujourd'hui.

Les marcheurs nous ont appris une chose précieuse. Nous ne pouvons compter que sur nous-mêmes. Nous devons prendre le parti de nous-mêmes. Nous devons créer notre propre force politique.

Chères sœurs, chers frères, chers amis,

Cette force sera celle de nos *mémoires*,

Ce parti sera celui de nos morts,

Ce parti sera celui de nos martyrs,

Le parti qui les ressuscitera,

Le parti qui les fera vivre parmi nous,

Qui fera vivre leurs combats,

Le parti qui va nous transmettre leur souffle, le souffle de la *dignité*, de la *justice*, de l'*estime de soi*.

Ce sera le parti de Félix Moumié, ce grand leader camerounais assassiné par la France,

Le parti d'Abdelkrim el Khattabi,

Le parti de Lumumba, de Omar Mokhtar, de Ben Barka,

Le parti de Rosa Parks, de Luther King, de Malcolm X,

Le parti d'Aimé Césaire et de Frantz Fanon,

De Sankara, d'Amilcar Cabral, d'Abdelkader, d'Ho Chi Minh, de Larbi ben Mhidi, d'Ali la Pointe, de Farhat Hached, de Steve Biko, de Mandela et de Myriam Makeba,

Ce sera le parti de Yasser Arafat, de Georges Habache et de cheikh Yassine.

Le parti de Yasser Arafat, de Georges Habache et de cheikh Yassine !

Notre parti sera le parti des tirailleurs sénégalais assassinés à Tiaroye,

Le parti de nos frères malgaches massacrés en 1947,

Le parti des trois cents Algériens jetés dans la Seine le 17 octobre 1961.

Notre parti sera aussi le parti de *tous les travailleurs immigrés*,

Ceux des usines, des chantiers, du bâtiment,

Ceux qui tenaient le marteau-piqueur,

Ceux qui plongeaient dans les mines,

Ceux qui s'épuisaient à la chaîne ou travaillaient la terre…

Ce sera le parti de tous ceux qui ont résisté en silence,

Le parti de tous ceux qui ont résisté à haute voix,

Le parti de tous ceux qui se sont battus pour préserver leurs cultures,

De tous ceux qui se sont battus pour avoir des papiers,

De tous ceux qui échouent aujourd'hui encore sur les plages de Ceuta et Mellila.

Ce sera le parti de tous ceux qui se sont battus dans les bidonvilles, les cités de transit, les foyers, et qui se battent encore dans les quartiers.

Notre parti sera un *hommage permanent* à ces hommes, à ces femmes, à leurs luttes, à leurs résistances, à leurs combats.

Chères sœurs, chers frères, chers amis,

Nous allons construire un parti *pour ne pas oublier qui nous sommes,*

Pour ne pas oublier d'où nous venons,

Nous allons construire un parti pour résister à l'intégration par l'oubli,

Un parti pour maintenir vivantes nos cultures et nos croyances,

Pour les transmettre aux générations qui viennent.

Ce sera ça ou notre disparition morale et collective,

Ce sera ça ou la perte de nos histoires et de nos identités,

Ce sera ça ou l'individualisme et l'égoïsme forcené qui va avec.

Notre parti sera d'abord le parti de la *réconciliation*. De la réconciliation avec nous-mêmes.

Il sera le parti du *respect de nos parents*, trop souvent dénigrés,

Un parti pour cesser de nous mépriser nous-mêmes,

Un parti pour arrêter de nous dévaloriser nous-mêmes.

Notre parti refusera toutes ces injonctions contradictoires par lesquelles on nous piège.

Nous refuserons d'avoir à choisir entre cette vie moderne et nos cultures, entre cette vie moderne et la foi.

Notre parti agira pour améliorer notre sort au quotidien, pour construire nos solidarités, pour penser par nous-mêmes, pour peser politiquement dans nos quartiers, dans nos villes et au niveau des centres de décision politique.

Chères sœurs, chers frères, chers amis,

Nous serons un parti anticolonial, un *parti de la libération des peuples*.

Nous serons le parti de *l'antisionisme décomplexé*. Un parti qui affirmera haut et fort son soutien à la résistance légitime des peuples palestinien et libanais contre l'État colonial d'Israël.

Nous serons un parti de lutte contre la Françafrique, contre l'occupation et la départementalisation de Mayotte,

Un parti solidaire de nos frères des Dom-Tom, colonisés depuis quatre siècles !

Chères sœurs, chers frères, chers amis,

Notre parti tendra la main aux autres, à tous ceux qui respectent notre volonté d'autonomie.

Ce sera un parti généreux, ouvert, attentif à l'humanité.

Non, nous ne sommes pas seuls ni impuissants. Non, nous ne

sommes pas une minorité. Toutes celles et tous ceux qui dans le passé ont combattu à nos côtés et qui aujourd'hui continuent de le faire sont *nos sœurs et frères de combat.*

Louise Michel est notre sœur,

Maurice Audin est notre frère,

Jean Genêt est notre frère,

Peter Norman est notre frère. Peter Norman, c'est l'athlète australien, qui aux Jeux Olympiques de 1968, a soutenu, au péril de sa carrière, les deux athlètes noirs qui ont levé le poing.

François Xavier Vershave est notre frère.

Marek Edelman est notre frère. Marek Edelman, c'est l'un des chefs de la résistance du ghetto juif de Varsovie pendant la Seconde Guerre mondiale, qui a toujours refusé de cautionner le sionisme et l'État d'Israël.

Je pourrais en citer tant et tant.

Toutes celles et tous ceux qui ont combattu aux côtés des sans-papiers,

Toutes celles et tous ceux qui se sont opposés à la loi contre les signes religieux,

Toutes celles et tous ceux qui protestent avec nous contre les crimes policiers,

Toutes celles et tous ceux qui soutiennent la lutte des Palestiniens, qui se mobilisent contre les guerres américano-sionistes en Irak, au Liban, en Afghanistan et ailleurs,

Toutes celles et tous ceux qui s'élèvent contre le pillage et le dépeçage de notre continent, l'Afrique,

Toutes celles et tous ceux qui défendent le droit des populations des Dom-Tom à choisir leurs destins,

Tous ceux-là sont nos sœurs et nos frères de cœur.

Oui, nous serons un parti généreux, ouvert et attentif à l'humanité.

Chères sœurs, chers frères, chers amis,

Il est grand temps pour nous d'exister sur la scène politique.

Il est grand temps pour nous de surmonter nos divisions. Arabes, Berbères, musulmans, Africains, Antillais, habitants des cités par-delà nos nationalités, nos cultures, nos spiritualités, *notre combat est le même, il faut le mener ensemble* !

Il est temps de prendre le parti de nous-mêmes.

Construisons notre propre parti !

Voilà ce que je voulais vous dire au nom de tous les Indigènes de la république… Merci et bonne soirée.

Le PIR est avenir !
Entretien avec Sadri Khiari

par Danièle Obono *(ContreTemps)*

octobre 2009

L'Appel des Indigènes qui avait suscité de nombreuses controverses a déjà plus de quatre ans ; le Mouvement des indigènes de la république (MIR) a été créé quelques mois plus tard. Où vous en êtes aujourd'hui du point de vue de votre démarche, notamment en ce qui concerne votre projet de construire un « parti politique des indigènes » ?

L'Appel des Indigènes est le document fondateur du MIR et il demeure notre référence première. Depuis, nous avons effectivement précisé certaines questions, développé nos conceptions et entamé l'élaboration d'un véritable projet politique positif, qui ne soit pas uniquement de l'ordre de la contestation mais puisse être aussi un instrument de reconstruction politique du pays où nous vivons. Cela nous a amenés à adopter un autre document important intitulé « Qui sommes-nous[1] ? », à concevoir des propositions formulées à la veille des dernières présidentielles[2] et à prendre de nombreuses positions sur différents événements politiques qui ont été autant d'occasions de préciser et d'élargir nos vues. Sans oublier les nombreuses contributions individuelles de nos militants ou de certains de nos amis. La plupart de ces textes sont disponibles sur notre site. Cela étant, il n'y a pas de miracle. Un véritable programme et une stratégie, toutes choses indispensables pour qui ne fait pas de la politique politicienne, sont une œuvre collective ; ils ne se conçoivent pas en bibliothèque. Il faut encore avoir une insertion sociale réelle, se frotter durablement à la réalité des conflits, tester, essayer, expérimenter des orientations et, parfois, se casser la gueule ; il faut aussi que puissent s'engager de longs débats y compris avec ceux qui ne partagent pas nos vues ; il faut un organe d'accumulation, de sédimentation et de synthèse de ces multiples efforts. En bref, il faut

1. En ligne sur le site www.indigenes-republique.fr.

2. « Ni pour les droites, ni pour le PS. Élections : les exigences du MIR », voir p. 137.

un parti ! Pour l'heure, nous avons un cadre problématique qui permet de concevoir des solutions, un minimum d'expérience et une volonté certaine de penser par nous-mêmes. Comme Luther King – mais certainement pas comme Obama – nous avons un rêve. Le rêve d'un monde sans impérialisme, sans colonialisme, sans racisme. Nous avons une ambition collective en tant qu'héritiers de la colonisation, qu'immigrés ou enfants de l'immigration, l'ambition d'être partie prenante du gouvernement de la France, de participer à la détermination de ses choix politiques, d'agir sur son présent et son avenir, à partir de la base mais aussi des plus hautes instances de décision de l'État. En bref, nous ne voulons plus être en dehors de la politique, nous ne voulons plus qu'on décide à notre place, nous voulons participer au pouvoir pour engager ce pays dans une politique décoloniale.

Notre projet n'est pas de constituer un lobby, mais un mouvement populaire de mobilisation. La participation aux instances de pouvoir est en effet un leurre si elle ne s'appuie pas sur un véritable rapport de force ancré dans les résistances. Autrement dit, nous ne sommes pas là pour faire pression, ni pour pleurer, ni pour nous indigner, ni seulement pour protester. Nous n'avons pas le complexe de ceux qui pensent n'avoir aucun droit sur la France, ni le sentiment d'impuissance de ceux que paralyse la crainte de la « récupération » ou qui se considèrent comme les victimes de quelques complots machiavéliques fomentés par des forces obscures. Nous ne sommes pas non plus des isolationnistes désespérés pour lesquels tout est fichu et qui tissent avec aigreur leurs cocons ou leurs « entre-nous », s'excluant ainsi eux-mêmes de la politique. L'autonomie n'est pas le séparatisme ; elle est construction d'un rapport de force. Nous ne sommes ni maximalistes ni ultimatistes mais nous ne ferons pas la danse du ventre pour plaire. Nous sommes conscients cependant que la réalisation de nos rêves ne se fera pas d'un seul coup, qu'il faudra de nombreuses batailles, des transitions, des réformes intermédiaires, une évolution des rapports de force philosophiques, moraux, culturels et politiques. Nous savons que l'émergence d'une majorité politique décoloniale impliquera de profondes recompositions du champ politique, qu'elle devra s'enraciner dans de larges couches populaires malgré les contradictions qui les traversent et qui nous traversent. Mais nous sommes convaincus aussi qu'un tel changement ne pourra se réaliser sans notre volonté indépendante, c'est-à-dire sans notre propre parti, un parti qui représente l'ensemble des populations indigénisées, un parti au sein duquel nous serons maîtres de notre propre pensée, de nos priorités politiques, de nos alliances, de notre « agenda » comme on dit maintenant. C'est à sa construction que nous nous attelons depuis la Marche des indigènes du 8 mai 2008, dont la banderole de tête proclamait précisément : « Prenons le parti de nous-mêmes ».

Sous une forme ou sous une autre, nous essayerons, de ce même point de vue, d'être présents lors des principales échéances électorales qui viennent. Nous ne serons pas prêts pour les régionales mais aux municipales, dans certaines communes, il faudra sans doute compter sur nous. Nous nous orienterons probablement vers la constitution de listes indigènes autonomes là où ce sera possible. Nous réfléchissons également aux législatives et aux présidentielles.

Ce choix de construire un parti « à soi » sonne en partie comme un désaveu des organisations politiques de gauche et d'extrême gauche vers lesquelles se sont pendant longtemps tournées les populations immigrées et leurs enfants. Comment expliques-tu que vous n'y ayez pas trouvé votre place ? Ou peut-être cette façon de penser la politique, par l'« intégration » aux partis existants, est-elle encore trop dogmatique et marquée d'une certaine acceptation du monde « blanc »…

J'ai déjà évoqué certains éléments de réponse mais pour réagir plus directement à ta question, je dirais d'abord que c'est de l'ensemble du système politique que les non-Blancs sont exclus et que cette exclusion est la principale incarnation du néo-indigénat. J'ajoute que cette exclusion, si elle recoupe la minorisation politique des couches économiquement défavorisées, ne s'y réduit pas et procède d'une autre logique qui est celle, justement, que nous analysons comme raciale. Pour ce qui est des partis, nous sommes bien obligés de faire le constat que des générations de militants de l'immigration ont tenté d'y agir sans résultat. Au contraire, les grands partis, de droite comme de gauche, ont mené des politiques qui allaient de plus en plus à l'encontre de nos intérêts. Quant aux organisations plus petites, à gauche, elles n'ont jamais considéré que nos préoccupations méritaient d'occuper une place centrale dans leurs interventions. Il est significatif par ailleurs que dans aucune des formations politiques existantes, les populations issues de l'immigration coloniale ne sont représentées en proportion de leur réalité sociale, pour ne pas parler de leur quasi-absence des organes de direction. Et s'il y a, aujourd'hui, une très légère amélioration, bien ambivalente à vrai dire, il faut sans doute la rapporter à l'influence de la révolte des banlieues et, plus récemment, à l'« effet Obama ». Comment, dans cette situation, nous sentir représentés par ces partis ? C'est évidemment impossible. Tu as souligné que pendant longtemps les immigrés et leurs enfants se sont tournés vers la gauche et l'extrême gauche mais, pour être plus précis, il faudrait dire que pendant longtemps – et d'ailleurs, c'est encore le cas –, la majorité des immigrés d'origine coloniale et leurs enfants ont *voté* pour la gauche. Cela ne signifie aucunement qu'ils se reconnaissaient massivement dans la gauche et ses combats mais, plus prosaïquement, que la gauche leur a semblé un moindre mal ou, à tout le moins, ils ont pensé qu'elle ne mènerait pas les politiques racistes prônées par la droite. Ce qui s'est avéré également une illusion. D'ailleurs, depuis les dernières élections présidentielles, on a vu de nombreux Français immigrés voter pour le Modem, tout simplement parce qu'ils ont constaté que sur les questions qui les intéressent en premier lieu, le PS ne faisait pas mieux que l'UMP et, tant qu'à faire, pourquoi ne pas essayer le Modem ? En aucun cas on ne peut imaginer qu'ils se sont sentis représentés par le Modem. L'incapacité de tous ces partis à nous représenter n'est pas seulement circonstancielle. Si leur politique ne tient compte de nos besoins que de manière occasionnelle, si nous n'y avons pas de place, c'est parce que, comme l'ensemble des institutions de ce pays, ils sont partie prenante du système racial. Ils se combattent mais participent tous, à des degrés divers et selon des modalités plus ou moins complexes, de la préservation du privilège blanc. La structuration apparente du champ politique entre droite et gauche masque l'opposition raciale en même temps qu'elle contribue à la reproduire. Si nous voulons constituer un parti indigène, c'est justement pour déchirer ce voile, faire apparaître sur la scène publique cette autre conflictualité qu'est la question raciale. Si nous voulons constituer notre propre parti, c'est parce que ce qui fonde la politique proprement indigène, c'est l'oppression raciale. Et l'une de ses incarnations, c'est l'assimilationnisme républicain dont les partis existants sont également les instruments. En effet, ces partis sont peu ou prou conçus sur le modèle républicain : en leur sein, il n'y a officiellement que des individus ou des citoyens abstraits, atomisés, dépourvus de déterminations.

Dans une partie de la gauche, il est vrai, on a tenu compte du fait qu'un individu était en fait socialement déterminé par sa place dans le procès de travail, d'où les différentes moutures de partis des travailleurs ou de la classe ouvrière, mais on a occulté cette puissante détermination sociale qu'est la position dans le procès de reproduction de ces groupes statutaires que j'appelle les races sociales et qui résultent de la hiérarchisation entre Blancs et non-Blancs produite par les différentes moutures coloniales, mais aussi par les résistances qu'elle génère. Cette occultation conduit non seulement à ne pas concevoir le rôle de ces partis dans la préservation de la suprématie blanche, mais également à ne pas intégrer en leur propre sein, dans leurs modalités mêmes de structuration, la réalité de collectifs sociaux ayant des attentes particulières en termes par exemple de culture, de rapport à l'histoire, à la nation, etc. Les partis blancs ne peuvent pas résoudre ce problème parce qu'ils sont forgés dans le moule républicain à la sauce jacobine, renforcé par la tradition assimilationniste coloniale. Dès que nous évoquons cette question, on nous balance à la figure le spectre du communautarisme à l'anglo-saxonne. Je ne crois pas que ce modèle soit intéressant pour nous – il n'y a qu'à voir l'ampleur des discriminations raciales en Grande-Bretagne et aux États-Unis – mais, en tout état de cause, il me semble de plus en plus clair que le modèle républicain français doit être dépassé, bien sûr pas dans le sens que suggère Sarkozy dans certains de ces discours. La question se pose pour nous dans la conception même du parti que nous voulons construire. Nous sommes conscients en effet que les indigènes sont eux-mêmes, de par leurs histoires différentes mais aussi de par les politiques menées à leur encontre, insérés de manière différenciée et hiérarchisée dans la société, ce qui pourrait se refléter au sein du parti que nous entendons construire. C'est pourquoi nous réfléchissons à une forme de parti qui tiendrait compte de ces différences, articulant dans son mode de fonctionnement, d'élaboration et de prises de décision, des espaces rassemblant tous les militants unis par leur condition d'indigène et des espaces organisant comme collectivités les différentes composantes du nouvel indigénat sur la base de leurs particularités historiques et culturelles revendiquées.

Qui dit parti dit projet politique concret et pas seulement l'affirmation d'un modèle de société idéale…

Effectivement, comme je l'ai dit, nous avons un rêve mais nous ne nous contentons pas de rêver. Nous savons que le processus sera long et heurté, qu'il nous faudra convaincre, contraindre, et souvent négocier. C'est le propre de l'action politique ; c'est encore plus le cas pour nous, qui constituons actuellement une minorité sociale. C'est pourquoi je pense qu'il faudra nous appuyer sur une sorte de programme intermédiaire qui ne soit pas un répertoire de revendications immédiates de type « syndical indigène » mais qui esquisse les lignes directrices d'une démarche réformatrice susceptible d'entamer un processus décolonial, c'est-à-dire d'enrayer et de battre en brèche les logiques impériales et raciales de l'État et de la société française, tout en intégrant des demandes politiques autres que celles qui nous concernent spécifiquement, voire même qui tiendra compte des inquiétudes des « autres », les Blancs. Sans renoncer à nous-mêmes, il s'agira à travers ce programme intermédiaire de nous doter d'un outil évolutif, destiné à rassembler les indigènes et les habitants des quartiers populaires, souvent eux-mêmes indigénisés, à construire des liens de partenariat et de coopération, ponctuels ou durables, avec d'autres forces y compris blanches, à développer une stratégie de construction à long terme d'une majorité politique décoloniale, enracinée dans l'ensemble des catégories défavorisées de la population. En somme, il s'agira d'esquisser une démarche qui ne soit pas incantatoire mais capable d'impulser des consensus dynamiques – j'entends par là que conflits et consensus sont les deux faces d'une même pièce –, entraînant des cercles de plus en plus larges de la société française autour d'un projet décolonial. Nous savons que notre combat s'inscrit dans la durée mais nous n'avons pas peur du temps.

Pourrais-tu nous en dire plus sur le contenu de ce programme intermédiaire ?

Je peux faire bien sûr quelques remarques génériques mais elles ne feront sens que par leur traduction en propositions concrètes. Je voudrais dire, pour commencer, que les inégalités raciales sont produites par de multiples logiques sociales, culturelles, administratives et politiques, produites notamment par la colonisation et l'impérialisme ; par conséquent, une politique qui n'appréhenderait pas tous les niveaux où s'enracine ce racisme institutionnel serait nécessairement vouée à l'échec. Des mesures contre les discriminations au travail, pour ne prendre que cet exemple, n'aboutiraient pas sans une transformation des relations de citoyenneté au sein des entreprises, une réforme culturelle, une nouvelle approche de l'immigration ou des révisions profondes de l'ordre républicain. Il faut donc effectivement un « Plan global » contre les inégalités raciales. Il faut penser des mécanismes qui enrayent les logiques racialisantes, des instances au niveau des autorités exécutives qui auraient la charge de veiller à leur application, de permettre leur déclinaison dans tous les secteurs de l'action publique mais également d'exercer un pouvoir de contrainte – et non pas seulement d'incitation – sur le secteur privé. Un tel plan devrait, entre autres choses, inclure l'enseignement. L'École est en effet une institution fondamentale dans la construction de la conscience collective et de la nation. Il ne suffit pas d'introduire quelques lignes sur la mémoire de l'esclavage pour changer l'idée que les Français se font d'eux-mêmes et de la France. Pour bousculer l'européocentrisme blanc, il faudrait revoir de fond en comble les programmes d'enseignement dans les différentes matières. Plus généralement, c'est sur l'ensemble de la politique culturelle qu'il faut agir. Il y a aussi la politique de l'immigration, la question de la laïcité, les rapports avec les « Dom-Tom », la politique internationale de la France notamment à l'égard de ses anciennes colonies ou de la question palestinienne. À tous ces niveaux, il y a des logiques qui créent du racisme.

Mais ce sur quoi je voudrais insister ici, c'est sur la citoyenneté. Le système indigénal contemporain, c'est d'abord le déni de citoyenneté. Il est frappant de constater que dans tous les projets qui sont présentés officiellement, les instances chargées de négocier ou de contrôler l'application des mesures antidiscriminatoires sont celles-là mêmes qui à un degré ou un autre participent de la reproduction des inégalités raciales. Par exemple, que peut-on attendre d'une négociation entre les chefs d'entreprises et les syndicats majoritaires, eux-mêmes soucieux avant tout de défendre les privilèges des travailleurs blancs ? Il faudrait imaginer au contraire des dispositifs qui garantissent l'implication de ceux qui sont discriminés dans le contrôle des politiques publiques et du secteur privé. Pourquoi, par exemple, ne pas prévoir, dans les entreprises comme dans la fonction publique, le contrôle des recrutements, des promotions, de l'organisation du travail par des instances représentatives des salariés indigènes et des organisations antiracistes ? On peut concevoir également des dispositifs similaires dans les organismes qui s'occupent des logements sociaux. Plus largement, il ne saurait y avoir de progrès dans la lutte contre le racisme institutionnel si ceux qui en sont les principales victimes sont exclus des sphères de contrôle, de décision et de conception. Ils doivent y être présents en toute autonomie. Tout cela pose évidemment la question de leur auto-organisation mais aussi le problème immense de leur représentation politique dans le champ institutionnel. Jusque-là, il a été posé seulement en termes d'intégration dans les partis blancs : comment faire pour ouvrir ces partis à la « diversité » ? Je ne suis pas sûr que ce soit la bonne question. À mon avis, il y a des mesures à prendre pour faciliter l'accès des indigènes aux instances de représentation et d'autorité. On a parlé de scrutin proportionnel et ce serait effectivement une bonne chosc. La reconnaissance de la citoyenneté des immigrés en est une autre. De nombreuses réformes qui iraient dans ce sens pourraient être mises en œuvre à tous les échelons de la société politique pour que celle-ci soit vraiment représentative des différentes composantes de la population. Nous présenterons celles qui nous paraissent les plus importantes. Mais il y a aussi une révision institutionnelle majeure à concevoir qui n'ira pas sans heurter les républicains orthodoxes. Elle viserait à donner véritablement corps au multiculturalisme. Il ne suffit pas de dire « oui, la France est multiculturelle » ; il faut aussi développer des dispositifs qui permettent aux minorités culturelles d'exister, dans l'État, en tant que corps collectifs, et d'avoir réellement leur mots à dire sur les questions qui les concernent plus particulièrement. Ainsi, les courants « régionalistes » ne se privent pas de demander des droits collectifs pour les minorités territoriales « anciennes » mais, bizarrement, ils n'envisagent pas qu'une telle revendication puisse être également légitime pour les nouvelles minorités indigènes. Dans cette perspective, il importera de définir aussi des dispositifs qui garantissent les droits individuels ; il n'est pas question en effet d'assigner qui que ce soit à une minorité contre son gré. L'ensemble de ces questions, évoquées ici en vrac, font naturellement partie du travail programmatique que nous avons entamé. Cela dit, il ne faut pas que ces réflexions soient portées uniquement par nous. Elles devraient être centrales dans l'agenda de tous ceux qui considèrent que l'impérialisme et le racisme ont engendré la barbarie et continueront de le faire.

Vous parlez de « lutte des races sociales », d'« indigènes », de « colonisés de l'intérieur », d'un « nous » auxquels vous opposez un « vous », les « autres », les « non-indigènes », les « Blancs », les « souchiens », etc. Cette lecture des rapports sociaux en termes de catégories « identitaires » n'est-elle pas trop figée ? Ne craignez-vous pas que ces catégories n'interdisent les convergences autour de ce programme intermédiaire ?

Ce qui pourrait interdire de telles convergences, ce ne sont pas les catégories d'analyses ou le fait de nommer explicitement ce que l'on s'accorde généralement à taire, en l'occurrence le clivage racial qui traverse l'ensemble de la société française, couches populaires inclues. C'est le clivage racial lui-même, ce sont les privilèges souvent socio-économiques, toujours symboliques, culturels, politiques, dont bénéficient les Blancs-européens-chrétiens, qui constituent l'obstacle réel à ces convergences. Quand nous parlons de races sociales, nous soulignons seulement que le colonialisme/impérialisme fabrique des groupes sociaux hiérarchisés selon qu'ils sont définis comme Blancs-européens-chrétiens ou non. En dehors de cette forme de domination mondialisée et des résistances qu'elle suscite, les races n'ont pas d'existence historique. Par conséquent, quand nous parlons d'indigènes, de Blancs ou de races sociales, il ne s'agit nullement de catégories identitaires, selon ton expression, mais d'un rapport social colonial. Mais les identités sont aussi des rapports sociaux dans leurs dimensions culturelles et symboliques et ces identités recouvrent souvent aujourd'hui des rapports sociaux de races. Il y a des identités dominantes et des identités écrasées qui, quoiqu'elles-mêmes le reflet partiel des identités dominantes, peuvent constituer des leviers de résistance à la domination. En tant que mouvement politique, cette question identitaire nous concerne donc du point de vue de notre combat décolonial. Et elle devrait concerner tous ceux qui se réclament de l'antiracisme et de l'anti-impérialisme. Tant que la gauche ne reconnaîtra pas la réalité des privilèges blancs – y compris sur le plan identitaire –, elle pourra lancer autant de « travailleurs français, immigrés, même patron, même combat », cela sera du vent et rien que du vent, ou, pire encore, une forme comme une autre de subordination des immigrés et de leurs enfants aux enjeux propres des travailleurs blancs. Déblayer le terrain pour de futures convergences exige donc d'abord de saisir le monde tel qu'il est, même si cela peut paraître désagréable à certains. C'est ce que nous essayons de faire. Sans négliger les autres fractures sociales, les catégories que nous utilisons cherchent à appréhender la vraie vie, sans les faux-semblants de l'idéologie républicaine. Que parfois nous schématisions à notre tour la situation ou que nous utilisions des formules trop crues aux yeux de certains, d'abord ça nous fait du bien, ensuite ça suscite un débat très utile. On l'a vu, par exemple, avec l'Appel des Indigènes qui ne paraît plus du tout choquant après avoir soulevé de nombreuses controverses qui ont fini par intégrer la réflexion collective.

Penses-tu qu'une alliance soit un jour envisageable entre vous et des organisations de la gauche radicale ?

La question posée est, de manière plus générale, celles des rapports que nous pourrions établir avec d'autres formations politiques dans la perspective de constituer cette majorité décoloniale à laquelle nous aspirons. C'est un mouvement qui s'inscrit dans la durée et probablement dans un échiquier politique qui sera bien différent de celui que nous connaissons aujourd'hui. Sauf à penser selon une logique binaire, la réalité des conflictualités raciales ne rend pas absurde toute convergence. Malgré les oppositions réelles, il y a évidemment des intérêts communs entre les couches populaires blanches et les indigènes, qui pourraient permettre de négocier des alliances. C'est en tout cas le pari que nous faisons. Penser le contraire nous conduirait, d'ailleurs, à une impasse stratégique ; l'objectif d'une majorité politique décoloniale en France ne serait qu'une utopie de plus. Notre priorité aujourd'hui est néanmoins de rassembler les indigènes et de construire leur indépendance politique, et, quand le moment sera venu, je suppose que nous serons ouverts à toutes les forces qui respecteront notre autonomie et s'engageront dans une perspective décoloniale, pour de bon et non pas de manière intermittente. Nous n'avons pas d'*a priori* idéologique dans la manière d'envisager nos alliances éventuelles, sous forme de coopérations ponctuelles ou plus durables. Celles-ci sont déterminées par leur capacité à faire avancer notre combat. Nous ne demandons pas aux organisations de la gauche radicale qu'elles partagent nos grilles d'analyse. Nous savons pertinemment qu'un Blanc de gauche se vexe quand on lui fait remarquer que, pour nous, il fait partie des dominants. Ce que nous espérons, c'est un accord sur des propositions politiques, sur les luttes à mener, sur les réformes à engager. Ce que nous exigeons, c'est le respect de notre autonomie. Nous en sommes loin.

J'ajouterai qu'il peut y avoir disjonction entre les impératifs sur le court terme ou à l'échelle locale et les impératifs sur le long terme et sur le plan national. Prenons un exemple : les dites « statistiques ethniques » qui ont été l'objet de débats violents, au début de l'année 2009, lorsque Yazid Sabeg a été nommé Commissaire à la diversité. C'est un sujet de controverse qui ne recoupe pas le clivage droite/gauche. Un autre exemple : peut-on jeter la pierre aux électeurs issus de l'immigration qui, ici ou là, votent contre un candidat de gauche qui organise le jumelage de sa ville avec une ville israélienne ? Ou encore : tel maire communiste multiplie les manœuvres contre la construction d'une mosquée dans sa commune, croyez-vous qu'il est possible de dénoncer les électeurs musulmans qui voteraient en faveur du candidat de droite parce que lui s'engage à donner les autorisations pour la construction de cette mosquée ? Tous ces exemples illustrent à leurs niveaux que l'opposition droite/gauche ne recouvre pas, à l'heure actuelle, le clivage racial. Autrement dit la gauche, même radicale, n'est pas, contrairement à ce qu'elle croit, synonyme d'antiracisme, et il lui faudra bien changer si elle veut être considérée comme un partenaire crédible aux yeux des populations issues de la colonisation. Quant à nous, il est clair qu'un des enjeux majeurs de la formation d'un parti politique indigène agissant à l'échelle nationale, sera de parvenir à combiner des impératifs multiples : ne plus être prisonniers de l'opposition droite/gauche, gagner la capacité de mener une politique indépendante, mais aussi articuler les enjeux conjoncturels ou locaux avec nos perspectives décoloniales sur le long terme. Dans la durée, j'espère que les conditions seront réunies pour que nous puissions envisager un « tous ensemble » décolonial, capable de prendre le pouvoir puisque tel est le but d'un parti politique. Si la gauche radicale s'engage effectivement dans cette voie, tant mieux. Il lui faudra faire une véritable révolution culturelle et comprendre notamment l'importance que revêtent pour nous des questions qui à ses yeux ne sont que secondaires ou, pire, des diversions.

Il en va ainsi de la question de l'islam que j'évoque en particulier parce que je sais bien qu'elle fait mal. La gauche radicale se mobilisera-t-elle, avec nous, contre l'islamophobie, pour l'abrogation de la loi sur le voile et, plus généralement, pour que les musulmans puissent bénéficier de droits équivalents aux autres cultes ? Autre chose : la question de l'histoire ou de la mémoire. Pour nous, elle est fondamentale. Quand on a une histoire et *a fortiori* quand elle est dominante, on peut en faire le bilan voire la rejeter partiellement ou totalement comme référence identitaire ; quand on est privé d'histoire, comme c'est notre cas, que cette privation est une des formes de l'oppression subie, il faut d'abord la conquérir. Et le rôle de la gauche radicale, c'est de nous soutenir dans cette entreprise, pas de dénoncer nos mythes réactionnaires. Le contrôle de l'histoire est, en effet, une question éminemment politique. Elle est au cœur de la constitution nationale française comme nation impériale et raciale. Je vais vous citer un passage d'un essai[3], typique des aveuglements de la gauche radicale. L'auteur, un américain dénommé Walter Benn Michaels qui ne se gêne pas, soit dit en passant, pour déformer nos thèses, s'appuie à moment donné sur un roman de Leslie Marmon Silko intitulé *Almanac of the Dead*. Celui-ci raconte l'histoire d'un communiste cubain, qui présente un curieux parallèle avec les positions de la gauche radicale en France : « le Cubain passe son temps à leur expliquer qu'ils sont exploités et qu'ils devraient entrer en lutte contre

3. Walter Benn Michaels, *La Diversité contre l'égalité*, Paris, Raison d'agir, 2009.

le capitalisme ; les Indiens passent leur temps à lui expliquer que ce contre quoi ils veulent lutter, c'est le peuple blanc. Quand le marxiste se lance une fois de trop dans une diatribe sur les méfaits de la propriété privée, refusant de se taire pour les écouter lui parler de leur héritage (les massacres, les spoliations, l'assimilation forcée), ils le pendent pour « crimes contre leur histoire ». » Je vous le dis tout de suite : je suis du côté de l'Indien. Walter Benn Michaels est évidemment abasourdi par une telle ignominie. Pour lui, ces sauvages envahis par des émotions irrationnelles, qui refusent d'entendre la voie de la Raison et coupent le sifflet d'un valeureux communiste, sont des contre-révolutionnaires. Pour moi, le communiste agit comme un colonialiste de gauche. Et je reconnais que, bien souvent, j'ai eu envie de donner de grands coups sur la tête d'un militant d'extrême gauche qui s'évertuait à m'expliquer que mes revendications « identitaires » et « communautaristes », c'étaient du bidon, du concentré de réaction, et que je devais m'élever à l'universalité de la lutte des classes.

Pour concevoir des alliances solides et durables, il faudrait que la gauche radicale rompe avec son matérialisme froid qui l'empêche de comprendre le besoin – apparemment universel – d'histoire, d'identité, de spiritualité et de dignité, une dignité qui ne soit pas seulement la dignité de consommer. Plus grave, je crains que la gauche radicale ne saisisse pas non plus ce qui mobilise les classes populaires blanches. Les prolos français qui ont voté pour Sarkozy n'attendaient sûrement pas de lui qu'il augmente leurs salaires. Ils ont voté pour des « valeurs », quoiqu'on puisse penser de ces valeurs. Et à des valeurs, on n'oppose pas 1 500 euros mais d'autres valeurs ; on oppose de la politique et de la culture. À la politique sarkozyenne de « l'identité nationale », on ne peut plus se contenter d'opposer un internationalisme universaliste et uniformisateur (et, de notre point de vue, très européocentriste). Il faut trouver d'autres réponses. Je suis convaincu que la présence désormais massive en France de populations opprimées culturellement peut aider à renouveler la réflexion sur ce sujet. Je crois vraiment que la gauche radicale a beaucoup à apprendre des mouvements indigènes parce que ceux-ci savent, de par le statut qui est le leur en tant que descendants de colonisés brisés dans leurs identités, que la politique ne peut se réduire à la question socio-économique.

Principes politiques généraux

Parti des indigènes de la république
mars 2010

Traitant de manière synthétique des questions stratégiques et organiationnelles fondamentales, le texte ci-dessous, adopté par le Congrès constitutif du PIR, les 27 et 28 février 2010, définit les principes généraux du PIR. Avec l'Appel de 2005 et la déclaration intitulée « Qui sommes-nous », il constitue le socle de notre action actuelle.

I) Un parti de la dignité humaine

Considérant que :

La dignité humaine a pour principale négation l'impérialisme, le colonialisme et la hiérarchisation raciale qui en est consécutive ;

La libération des peuples et l'abolition des hiérarchies raciales sont la condition première du libre épanouissement et de l'enrichissement réciproque des individus, des communautés et des peuples ;

1) Le PIR est un parti politique qui s'inscrit dans le mouvement historique des luttes pour l'accomplissement de la dignité, de l'épanouissement culturel, moral et spirituel de l'ensemble des êtres humains, de la fraternité universelle et de l'égalité entre les individus, entre les communautés et entre les peuples.

2) Le PIR s'inscrit dans la filiation des résistances et des guerres de libération des déportés africains réduits en esclavage, des luttes des peuples colonisés pour leur libération et des combats de l'immigration coloniale et postcoloniale. Il en restaure la mémoire. De par son action, il leur rend un hommage permanent et les prolonge.

3) Le PIR est un parti politique qui agit, au sein de l'Hexagone, pour l'avènement d'une société mondiale débarrassée de toute forme de domination politique, sociale, économique, culturelle, spirituelle, d'un peuple par un autre, que cette domination se réalise directement ou indirectement.

II) Un parti de libération indigène

Considérant que :

Les luttes anticoloniales qui ont permis l'accession de la plupart des colonies à l'indépendance ont inauguré le processus décolonial sans pouvoir cependant aboutir à l'émancipation véritable des peuples ;

La fracture coloniale et raciale qui s'exprime dans l'oppression multidimensionnelle des peuples dits du Sud au bénéfice des peuples dits du Nord, demeure une réalité dans des formes nouvelles ;

Les États-Unis en particulier, mais aussi l'Union européenne et l'État d'Israël constituent aujourd'hui les principaux centres politiques sur lesquels s'appuie la domination coloniale mondiale ;

1) Le PIR est partie prenante de la lutte que mènent de nombreux mouvements populaires de par le monde contre la fracture coloniale et raciale.

2) Le PIR s'attachera, en conséquence, à développer des liens d'entraide, de solidarité et de partenariat avec toutes les forces qui luttent contre les différentes formes politiques, économiques, culturelles, de domination impériale et contre le colonialisme contemporain, avec les résistances du peuple palestinien qui subit depuis 1948 le joug meurtrier de l'État d'Israël, celles des peuples d'Afrique, des colonies d'outre-mer et d'ailleurs.

Considérant, par ailleurs, que :

Le processus actuel de construction de l'Union européenne a notamment pour objectif de renforcer la domination du Nord par le Sud ;

Il a pour objectif également de fermer les frontières européennes aux populations du Sud qui veulent y émigrer et de renforcer au sein même des États européens les inégalités raciales dont sont victimes les populations issues de l'immigration et leurs enfants ;

1) Le PIR s'oppose à une Europe impériale blanche et à tous les dispositifs qui sont mis en œuvre dans cette perspective.

2) Le PIR s'attachera à développer des liens d'entraide, de solidarité et de partenariat avec toutes les forces qui luttent, dans l'ensemble des États européens, contre le projet de construction d'une Europe blanche.

Considérant, en outre, que :

La république est un système politique, idéologique et social fondé sur les inégalités raciales au sein de l'Hexagone, à l'encontre de l'immigration coloniale et de ses enfants et plus spécifiquement des Noirs, des Arabes et des musulmans ;

La république repose également sur la persistance de liens de domination avec les anciennes colonies ;

Elle poursuit une politique coloniale dans les « Dom-Tom » ;

Elle participe aux dispositifs internationaux de préservation des rapports de domination coloniaux à l'échelle mondiale.

1) Le PIR est un parti politique qui agit pour défaire le caractère impérial, colonial et racial de l'État français ainsi que tous les mécanismes qui contribuent au sein de la société à reproduire les hiérarchies raciales.

2) Le PIR agit pour la satisfaction des revendications légitimes des populations issues de l'immigration coloniale et postcoloniale, pour leur affirmation morale, spirituelle et intellectuelle, pour le développement de leur créativité et de leurs capacités d'auto-organisation, pour le plein exercice de leurs droits civils et politiques, pour l'amélioration de leurs conditions de vie et de leurs situations sociales et économiques, qui sont autant d'impératifs nécessaires à la conquête de la dignité.

3) Le PIR agit pour l'institution, dans les frontières de l'Hexagone, d'un nouveau Pacte fondateur de la Communauté politique notamment basé sur :

- la citoyenneté de résidence,
- l'égalité effective entre les citoyens, dans l'égale dignité de leurs couleurs, de leurs origines, de leurs cultures et de leurs croyances,
- la liberté des communautés particulières de préserver et de faire valoir leurs langues, leurs cultures et leurs spiritualités,
- la reconnaissance par l'État de ces différentes langues, cultures et spiritualités comme autant de besoins sociaux et comme des composantes à part entière de la communauté politique et culturelle et des institutions qui la constituent.

4) Le PIR a pour objectif politique l'avènement d'une majorité politique contrôlant les principaux leviers institutionnels et déterminée à engager les profondes réformes institutionnelles, sociales, économiques et culturelles nécessaires pour poursuivre le processus décolonial, dans ses différentes dimensions, et combattre les inégalités raciales.

Considérant, enfin, que :

Malgré un adversaire et des intérêts communs, un parti constitué au sein de l'Hexagone ne peut pas intervenir dans les colonies d'outre-mer sans contribuer à la reproduction de la relation coloniale ;

1) Le PIR ne construira pas d'organisations dans les « Dom-Tom ».

2) Le PIR s'attachera à développer des liens de résistance et de solidarité avec les organisations décoloniales des colonies d'outre-mer.

III) Un parti pour construire la puissance politique autonome des indigènes

Considérant que :

L'indépendance politique est la condition première de la libération des indigènes. Elle ne constitue pas une simple profession de foi en faveur de l'autonomie, mais la conquête par les indigènes de leur liberté de pensée, de décision et d'action par rapport à l'idéologie coloniale et raciale, par rapport à l'État et ses institutions ainsi que par rapport à l'ensemble des forces politiques non indigènes ;

L'indépendance politique n'est pas contradictoire avec l'unité d'action avec d'autres forces non indigènes pourvu que ces convergences soient décidées en toute liberté, qu'elles contribuent à l'évolution des rapports de force au bénéfice des indigènes et qu'elles participent effectivement de la construction de la puissance politique indigène ;

1) Le PIR a pour objectif la construction d'une puissance politique indigène indépendante, représentant les intérêts et les aspirations légitimes des indigènes et capable d'organiser et d'orienter leurs résistances dans une perspective décoloniale.

2) Le PIR agit pour réaliser les conditions nécessaires – dont l'indépendance politique indigène est la condition première – à la constitution d'alliances avec des forces décoloniales non indigènes, indispensables à l'avènement d'une majorité politique capable d'infléchir la politique de l'État dans un sens décolonial.

IV) Un parti de solidarité et de résistance

Considérant que :

L'action de solidarité et de résistance quotidienne est indispensable à la dignité indigène, à la constitution d'une identité indigène commune, à l'amélioration des conditions de vie, à l'affirmation intellectuelle, morale et spirituelle des indigènes ainsi qu'à la satisfaction de leurs revendications et à l'évolution favorable des rapport de force ;

La pluralité des institutions, des réseaux de solidarités informels et du tissu associatif indigène, qu'ils soient politique, familial, culturel, cultuel, économique ou d'entraide sociale, constitue la base fondamentale de la puissance sociale et politique indigène. Leur hétérogénéité, expression de la diversité des conditions et des attentes, est la manifestation de la richesse et du dynamisme de l'initiative indigène. Elle est aussi le produit des politiques de division menées par le pouvoir blanc – une notion qui, à l'instar d'autres catégories comme noir, arabe, indigène, etc., est une catégorie sociale. L'isolement, la précarité, la dispersion, la compétition qui opposent souvent les espaces de solidarité et de résistance indigène, la dépendance plus ou moins importante des unes et des autres par rapport aux autorités en place, entravent, de ce point de vue, la consolidation de la puissance politique indigène.

Considérant, par ailleurs, que :

La convergence entre l'ensemble de ces espaces et leur autonomisation sont une condition indispensable à la libération indigène et à la construction d'un rapport de force et d'une dynamique décoloniale ;

1) Le PIR agit pour stimuler l'expansion de l'initiative indigène, de sa créativité, de ses capacités d'auto-organisation, de son autonomie.

2) Le PIR agit pour faire converger au sein d'une dynamique harmonieuse l'ensemble des espaces de résistance que se donnent les indigènes, pour construire leur unité et leur indépendance politique.

V) Un parti pour construire une Direction politique indigène

Considérant que :

Pour nécessaire qu'elle soit, l'initiative associative indigène est cependant impuissante à converger spontanément, à développer une politique unifiée et indépendante et à agir à l'échelle nationale pour engager les institutions de l'État dans une politique décoloniale ;

La constitution d'une identité politique commune des indigènes exige l'existence d'un pôle unifié représentatif ;

La réalisation de ces objectifs impose la constitution d'une Direction politique indigène à l'échelle nationale, capable d'élaborer et de proposer un programme et une stratégie, de représenter les indigènes dans le champ politique et l'ensemble de ses institutions ;

1) Le PIR se donne pour tâche de contribuer à la formation d'une Direction politique unifiée.

2) Le PIR agit pour construire une organisation politique à l'échelle nationale, articulant décentralisation, nécessaire à la prise en compte des

enjeux locaux et sectoriels, et centralisation, nécessaire à la convergence des énergies déployées dans le cadre d'une stratégie nationale.

3) Le PIR agit pour former et développer un réseau de cadres et de militants politiques aguerris, sérieux, responsables, créatifs et disciplinés.

VI) Un parti pour rassembler les indigènes

Considérant que :

Malgré leurs conditions communes et leurs intérêts communs, les indigènes ne constituent pas une entité homogène. Des communautés différentes existent en leur sein, ayant des origines diverses, des parcours historiques spécifiques, des cultures, des spiritualités et des attentes particulières. De nombreux indigènes se considèrent par ailleurs comme n'appartenant à aucune communauté particulière. Des Blancs sont partiellement indigénisés par les politiques de stigmatisation, de relégation, de discrimination qui sont menées à l'encontre des quartiers populaires. Ils sont par ailleurs dans une démarche de solidarité voire d'identification avec les indigènes.

1) Le PIR a pour objectif de constituer un espace politique organisé et autonome de l'ensemble des communautés et des individus résidants au sein de l'Hexagone, indépendamment de leurs nationalités officielles, qui subissent le racisme et les discriminations raciales ou qui subissent, dans les quartiers populaires, les conséquences de ces politiques.

2) Soucieux de battre en brèche les cloisonnements, la méfiance et la concurrence que la république coloniale a construits et aggrave constamment entre les différentes communautés et populations qu'elle domine, PIR est un parti composé d'individus unis par de mêmes objectifs politiques fondamentaux, indépendamment de leurs origines, de leurs croyances religieuses, de l'inspiration spirituelle qui est la leur, de leurs coutumes ou de leurs options philosophiques.

3) Le PIR reconnaît cependant en son sein l'existence de communautés indigènes organisées. Dans le cadre des objectifs fondamentaux qui sont les siens et des conditions fixées par ses statuts, le PIR intègre dans ses principes d'organisation, ses mécanismes de prise de décision et les modalités de son expression publique, la possibilité pour ses membres de s'organiser en communautés, parallèlement à leur participation aux instances communes à l'ensemble des militants.

4) Le PIR veillera, au moyen d'instruments organisationnels et politiques, à préserver son identité politique en tant que parti indigène, parti des indigènes, c'est-à-dire en tant qu'espace de pensée et de décision autonome des indigènes dans une perspective décoloniale.

VII) Un parti de représentation et de responsabilités

Considérant que :

La configuration du système politique actuel fait de la participation aux processus électoraux l'un des principaux instruments de l'intervention politique dans l'espace public, de la prise de parole et de la construction d'une représentativité ;

L'accès et la participation aux institutions de représentation et de décision constituent l'un des moyens privilégiés pour impulser des réformes favorables aux indigènes et, au-delà, ouvrir une perspective décoloniale ;

Considérant, cependant, que :

Les institutions représentatives constituent également un des instruments de la « récupération », de l'« intégration » et de la « clientélisation » des militants politiques ;

Les institutions représentatives sont dotées d'une marge de manœuvre très étroite et sont souvent cantonnées à la gestion passive de décisions prises en dehors d'elles ;

1) Le PIR agit par tous les moyens autorisés par la loi, sur toutes les questions concernant les indigènes, pour développer leurs luttes dans l'espace civil et exercer une pression sur les institutions représentatives et exécutives.

2) Le PIR agit dans tous les espaces institutionnels, y compris les processus électoraux et les instances représentatives, afin de faire entendre la voix des indigènes, renforcer les luttes sur le terrain et réaliser ses objectifs.

3) Le PIR s'engagera dans les élections en fonction des circonstances concrètes évaluées au cas par cas, et seulement dans la mesure où cela contribue à renforcer la puissance indigène et où cela ne remet pas en cause son autonomie.

4) Le PIR prend toutes les dispositions qui lui semblent nécessaires pour préserver son autonomie de décision et d'action, la fidélité de ses militants engagés dans les processus électoraux et la loyauté de ses éventuels élus.

Considérant, par ailleurs, que :

L'espace médiatique, et plus largement de la communication, constitue aujourd'hui une des institutions fondamentales de reproduction de l'idéologie coloniale et raciale ;

Il constitue également un champ de lutte entre les forces politiques ;

Il constitue l'un des canaux par lequel se construit la représentation ;

1) Le PIR agit pour combattre l'expression du racisme et des idéologies coloniales dans l'espace médiatique.

2) Le PIR agit pour que les indigènes puissent largement s'exprimer dans les médias.

3) Le PIR agit pour la construction d'instruments de communication propres aux indigènes.

« *Transformer notre organisation* »

Est-ce que la création du PIR a été à la hauteur de vos espérances et en quoi cela a-t-il constitué un saut qualitatif ?

SK : À l'occasion de l'émergence du PIR, on espérait – entre autres choses – un renforcement de la structuration interne et des mécanismes de fonctionnement de notre courant ; et notamment la constitution d'instances de direction nationale qui soient à la fois des organes de synthèse de l'expérience acquise à travers l'enracinement dans les collectifs locaux, de synthèse des débats traversant l'organisation, et d'élaboration collective et de retransmission à l'ensemble des militants du savoir collectif jusque-là accumulé. En ce qui concerne ce dernier point, des progrès ont été faits – très certainement. Des instances ont été constituées mais, aujourd'hui encore, nous avons des difficultés à transformer notre organisation en une machine bien huilée avec ses structures, ses articulations, ses réseaux de communication interne et une direction qui soit vraiment ce que l'on espérait qu'elle soit.

Enfin, l'objectif était de transformer nos modes d'actions, de transformer nos types d'initiatives et d'interventions sur la scène des luttes et dans le champ politique. Il fallait pour cela dépasser les habitudes et les réflexes simplement revendicatifs ou associatifs, pour penser politiquement, en termes de construction progressive de rapports de force avec des finalités plus larges qui concernent directement la politique – le pouvoir politique – et les mécanismes fondamentaux de reproduction de la « race », pour le dire en un mot. Je pense que nous avons aussi fait des progrès, mais hélas nous avons toujours un déficit au niveau de l'organisation, qui ralentit ce processus de politisation, de métamorphose politique de notre parti. Ce déficit d'organisation se traduit souvent par le fait que des expériences très fructueuses au sens politique du terme, de la part de militants à Paris, en banlieue parisienne, ou dans d'autres villes ou d'autres banlieues, ne sont pas transmises à l'ensemble de l'organisation, et ne participent donc pas à l'effort d'élaboration collective d'une orientation et d'une stratégie.

HB : Ce qu'il faut quand même dire aujourd'hui, c'est qu'en sept ans d'existence, il n'existe pas d'organisation de l'immigration qui a la même influence, la même audience, le même rayonnement et le même impact que la nôtre. Il y a certes les organisations musulmanes qui sont très puissantes en France mais, même si leurs activités ont nécessairement une dimension politique, elles se positionnent comme des organisations de gestion de l'islam en France, ou bien agissent sur un terrain strictement revendicatif en termes de pression, d'éducation et de formation. Il n'en existe pas aujourd'hui qui se positionnent directement sur le terrain politique. C'est très regrettable parce que si des organisations aussi puissantes prenaient effectivement en main le combat politique qui s'impose aujourd'hui en France, l'ensemble de l'immigration, l'ensemble des populations des banlieues, quelles que soient leurs origines, ferait un énorme pas en avant en termes de construction de leur propre puissance.
Bien sûr, on pourra nous dire : « Je suis allé dans les quartiers, les gens ne savent pas qui vous êtes. » C'est vrai et je le constate. Mais on rencontre, dans de nombreux quartiers en France, de nombreuses villes et surtout dans tous les milieux militants, non seulement une connaissance et une très forte sympathie pour nous, mais également une obligation à tenir compte de ce que nous disons et de ce que nous faisons. En résumé, pour moi ce qui fait la force d'une organisation, c'est l'impact réel qu'elle a sur les rapports de force, sur le champ politique et les évolutions en cours et, de fait, aujourd'hui le PIR a une influence sur les dynamiques de luttes, les idéologies, les manières de faire, etc.
Je voudrais juste dire un mot sur nos limites : je pense que notre projet est trop difficile à prendre en charge localement. Il est complexe, la question décoloniale n'est pas facile à appréhender. Cette pensée politique est pour nous-mêmes en construction et couvre un grand nombre de champs. Il est très compliqué de décliner localement notre problématique parce que, au niveau local, il faut s'occuper de questions concrètes. On est surtout confrontés à des militants associatifs qui ne sont pas des cadres politiques et qui n'ont pas l'habitude de parler dans les termes d'une organisation politique, c'est-à-dire en termes de rapports de force. Nous manquons de cadres politiques qui, à la fois, produisent des analyses politiques, connaissent le terrain, les partis en concurrence, l'état des rapports de force entre les différentes forces politiques, qui soient implantés localement, qui aient la confiance des gens et qui, par ailleurs, aient le courage de porter un projet radical.

SK : Le problème que nous rencontrons c'est que, précisément parce que nous n'avons pas dépassé un certain seuil en termes d'enracinement social, en termes de construction de liens entre nous et les populations sur lesquelles nous comptons pour construire le parti, celui-ci n'est pas capable de traduire ses préoccupations, ses propositions en fonction des réalités quotidiennes, du niveau de conscience politique et des formes d'organisation et de résistance de ces populations. De même, nous n'arrivons pas à bénéficier nous-mêmes de ces expériences – c'est-à-dire à les traduire dans notre propre grille de lecture. Cette double opération, qui consiste à traduire dans un sens mais également dans l'autre sens, n'est possible que si nous arrivons à dépasser un certain seuil en termes d'enracinement structuré et non pas de rayonnement large et, d'autre part, si nous arrivons à effectivement construire une organisation qui fonctionne comme un corps politique collectif, élaborant de manière collective ses orientations politiques, ses modes d'actions, ses mots d'ordre, en fonction de l'expérience acquise sur le terrain.

La constitution des Indigènes de la république en parti politique semble inscrire plus explicitement l'organisation dans ce que vous avez appelé l'horizon du pouvoir. À quoi cela correspond-il ?

SK : Ce que cela peut signifier est assez flou, et ça ne peut qu'être flou pour une raison évidente : la disproportion gigantesque en termes de rapport de force aujourd'hui. Tant qu'il n'y a pas de force politique organisée ayant une grande capacité de mobilisation des populations issues de l'immigration en France, la question du pouvoir restera floue ou abstraite, voire, comme le pensent certains, complètement incongrue. Et c'est vrai que beaucoup, aussi bien dans l'immigration qu'en dehors de l'immigration, ne comprennent même pas que l'on puisse s'interroger sur cette question du pouvoir. Je crois qu'il y a une raison fondamentale à cela, hormis celle que je viens d'évoquer : il est habituel de considérer en France que le champ politique est un et qu'il est structuré par le conflit, disons pour aller vite, entre la gauche et la droite, et que c'est à ce niveau-là que se pose la question du pouvoir – entre la gauche et la droite, entre la classe ouvrière et la bourgeoisie, entre progressistes et réactionnaires, entre démocrates et fascistes, etc. Nous avançons une conception qui est complètement différente, puisqu'on dit qu'il existe en France un autre clivage fondamental qui produit de la politique, des luttes, qui oppose un pouvoir installé distributeur de privilèges aux uns et un pouvoir de résistance aux autres, qui produit donc un espace ou un champ politique avec ses propres logiques, ses propres rythmes, articulés de manières très diverses avec le champ politique dominant. Évidemment, à partir de cette manière d'appréhender les conflictualités sociales et politiques en France, on aboutit nécessairement à une interrogation sur la question du pouvoir, sur la manière d'opposer un pouvoir à un autre pouvoir, de casser, ou de démanteler, ou de défaire le pouvoir blanc – le pouvoir reproducteur de la hiérarchie raciale – pour lui substituer un autre pouvoir qui, au contraire, fissurerait cette hiérarchisation raciale.

HB : Et j'ajouterai que pour élaborer tout ça, on n'est pas aidés par une histoire, par un héritage. On est souvent obligés de bricoler, de déblayer tout un terrain. Il ne faut pas oublier que les mouvements de l'immigration en France sont justement nés comme des mouvements issus de l'immigration. C'est-à-dire que tout le monde, et les immigrés eux-mêmes, considérait à partir de la fin des années 1960, début 1970, qu'ils étaient là pour une période provisoire, qu'ils allaient rentrer au pays. Évidemment leurs exigences consistaient à améliorer leur situation ou remettre en cause un certain nombre de lois répressives contre l'immigration. C'était effectivement une série de revendications qui pouvaient justifier qu'on ne se pose pas la question en termes de pouvoir.
Par la suite un nouvel acteur est apparu sur la scène française, en l'occurrence les enfants issus de l'immigration, les immigrés de très longue durée qui n'ont plus aucun objectif de retour au pays. Avec l'enracinement de ces populations, le problème se pose d'une façon différente, sauf qu'il se pose dans la continuité des luttes de l'immigration de la fin des années 1960 et 1970, comme un travail revendicatif. D'autre part, ces populations se sentent illégitimes sur le plan politique. Les deux phénomènes se renforcent mutuellement, et alors on est confrontés à cette idée chez les nôtres que « nous n'avons pas le droit de cracher sur le drapeau français » – alors qu'un Blanc en a le droit. Cette idée n'existe pas seulement chez des Blancs républicains nationalistes ou chez les politiques blancs en général, elle imprègne également l'immigration : « on n'a pas le droit de changer la France, on a juste le droit soit de faire pression, soit de participer comme entité secondaire et marginale à la politique ou y participer, non pas en tant que personne issue d'anciens pays colonisés, mais y participer en tant que Blanc soi-même ».

Est-ce qu'on pourrait revenir sur d'autres aspects de la construction du parti, à savoir la participation à des mobilisations ? Il y a par exemple des mobilisations où, du MIR jusqu'au PIR, on vous voit

systématiquement. Pour exemple : les manifestations commémorant le 17 octobre 1961. Pourquoi y participez-vous ?

HB : D'abord parce que c'est une lutte qui est menée depuis longtemps par les immigrés, les immigrés algériens et les travailleurs immigrés en général, les milieux antiracistes conséquents. On s'y est inscrits naturellement. Le 17 octobre 1961, les Algériens manifestaient à Paris pour l'indépendance algérienne et pour la levée du couvre-feu : ils ont été jetés à la Seine par les agents du préfet Papon. C'est un crime d'État qui n'a pas été reconnu. On ne le fait pas seulement pour la commémoration, on tient aussi à faire le lien avec aujourd'hui. À propos du 17 octobre, depuis le départ, notre discours a toujours été de dire : « les flics hier, les flics aujourd'hui ». Les associations qui se mobilisent pour le 17 octobre le font pour faire reconnaître que c'est un crime d'État, et c'est très bien. De notre côté, parce qu'on fait le lien avec les crimes policiers d'aujourd'hui, s'il y a une chose qu'on a accomplie, c'est d'avoir relativement rajeuni l'âge des manifestants. Les milieux traditionnels n'arrivent pas à attirer les jeunes générations sur ce genre d'événement commémoratif. Je crois vraiment qu'on a modestement aidé à populariser le 17 octobre.

À propos des violences policières systématisées, est-ce que le MIR puis le PIR s'est beaucoup mobilisé auprès des collectifs des comités de familles frappées par les brutalités policières ?

HB : Lorsqu'on affirme être héritiers des luttes de l'immigration, on est également héritiers des méthodes et des manières de faire, des pratiques et des erreurs qui ont été faites. S'il y a des choses qui sont absolument traumatisantes dans l'immigration, c'est tout ce qui concerne la récupération. C'est quelque chose qu'il ne faut pas faire. Nous, nous avons pour principe depuis qu'on existe d'aller là où l'on est implanté et, cela va de soi, d'aller là où l'on nous appelle. C'est vrai que les crimes policiers nous concernent complètement sur tout le territoire, mais ce n'est pas parce qu'il y a un crime policier quelque part qu'on va aller pratiquer cette espèce d'activisme – aller sur place, suivre le dossier, etc. – et cela pour plusieurs raisons. On ne va pas là où on est susceptibles de gêner, il se peut en effet qu'on fasse du tort parce qu'on est trop radicaux. Les personnes qui portent un collectif en lutte contre les crimes policiers tiennent à ce qu'il soit bien encadré, que leur parole soit entendue, que la lutte avance. Ils peuvent considérer qu'un mouvement comme le nôtre, « trop connoté », peut leur nuire. Par conséquent, nous n'y allons pas avec nos gros sabots : on va là où l'on nous dit explicitement que nous ne sommes pas indésirables, ou encore lorsque nous avons déjà des relais localement. Il y a eu par exemple un mort à Bagnolet suite à une course-poursuite avec la police. Nous nous sommes rendus cette fois sur place car certains de nos militants étaient connus de la famille. Même chose avec le collectif Ali Ziri[1], ce retraité mort « plié » par des policiers à Argenteuil. Nous nous y sommes investis dès le départ parce qu'on nous a sollicités et qu'on avait des militants locaux. Bref, on préfère ne pas en être plutôt que faire les dilettantes et ne pas assurer le travail régulier. Dans le cas d'Ali Ziri, on avait un ou deux référents pour le PIR et on a fait un vrai travail de terrain : participer à toutes les réunions, suivre le dossier de A à Z, participer au rapport aux médias, aux élus locaux, aux autres associations, etc. Tout ça, ça s'est fait en concertation avec la famille et les autres membres du collectif. Si on n'a pas les militants disponibles alors on préfère décliner et dans ces cas-là, notre attitude est de donner de la visibilité sur notre site à la campagne, à toutes les luttes qui sont menées.

Vous êtes restés sur cette manière de faire bien qu'on vous ait reproché régulièrement votre manque de présence dans les quartiers, le fait que vous ne soyez pas « sur le terrain » ?

HB : Oui, on est restés là-dessus parce qu'on ne veut pas faire les guignols, on ne veut pas se discréditer. Nous ne sommes ni des activistes ni des gauchistes. C'est vraiment un choix qu'on a fait : ne pas nous agiter. On est tout à fait touchés par les crimes policiers, par la discrimination, le racisme et par les femmes voilées tabassées dans la rue, etc., mais quand on ne peut pas, on ne peut pas. Quand on nous appelle et qu'on n'a personne localement, eh bien on ne peut pas. On prend acte de nos faiblesses.

SK : Je voudrais tout d'abord souligner qu'effectivement notre présence dans les quartiers populaires est faible en termes d'insertion et en termes de capacité de mobilisation. Mais l'essentiel des militants du PIR et des sympathisants directs est constitué de gens qui vivent dans les quartiers populaires et qui participent aux mobilisations de leur quartier, voire essaient de les impulser si l'opportunité existe. La deuxième chose que je voudrais dire c'est que ne peuvent prétendre exister à l'échelle nationale ou d'une manière plus large dans les quartiers que les organisations musulmanes. Ce sont les seules forces qui existent aujourd'hui. À part ça, il existe des groupes locaux qui parfois tissent un ou deux liens avec

1. http://collectif-ali-ziri.over-blog.com.

d'autres groupes locaux, mais il n'existe aucune force plus implantée que nous dans les quartiers populaires – quand je dis plus implantés que nous, c'est qu'il peut effectivement y avoir un groupe qui a quelques militants de plus dans un quartier mais ça ne signifie rien, c'est un ordre quantitatif ou de capacité d'action qui ne mérite pas d'être noté. Par ailleurs, j'ajouterais qu'une présence dans le quartier qui ne s'intègre pas dans un projet politique plus large, qui ne cherche pas à mettre en lien la contestation et la revendication dans les quartiers avec l'ensemble des questions qui se posent dans le pays, constitue une forme assez inefficace, qui peut permettre d'obtenir quelques acquis sur tel ou tel point mais qui n'ira pas loin dans la résolution des problèmes fondamentaux que vivent les populations dans les quartiers en France.

HB : Quand on fait le bilan de nos limites et de nos difficultés, il s'agit pour nous de savoir comment on les contourne. Notre manière à nous de les contourner – c'est-à-dire d'avoir un vrai lien avec les quartiers populaires – c'est de tisser du lien avec les associations locales. Le monde associatif est extrêmement riche et on a amorcé un travail avec d'autres réseaux, notamment dans le cadre des Rencontres de l'immigration. Ces rencontres, il y en a eu trois : une dans le Nord de la France autour d'anciens ouvriers de la mine avec Saïd Bouamama, une deuxième à Marseille fin 2010 à laquelle nous avons été conviés, et enfin un troisième volet qui a eu lieu à Créteil en novembre 2011.

Ce troisième volet a marqué un affermissement politique des Rencontres, c'est bien ça ?

HB : Ce troisième volet a effectivement marqué un saut qualitatif. Avec le réseau associatif qui s'était organisé autour des deux premières rencontres, on a poursuivi tous ensemble et on a décidé d'organiser les Troisièmes Rencontres de l'immigration en élaborant un cadre politique beaucoup plus ferme. On a notamment fait deux appels : l'un signé exclusivement par les associations de l'immigration et des quartiers, et un autre signé par les associations et organisations de gauche qui estimaient que notre action était juste et qu'ils devaient nous soutenir de l'extérieur. C'est déjà un acquis très important. Les Troisièmes Rencontres de l'immigration se sont donc organisées sur cette base-là et autour de différents axes de travail comme les discriminations raciales ou encore l'impérialisme.

À l'issue de cette troisième rencontre, on a décidé de constituer un Front uni des quartiers populaires où toutes les associations de l'immigration étaient conviées. Ce regroupement s'est fait sur la base de trois questions centrales qui étaient des questions « assumables » par les associations – on a effectivement pris en compte le fait que les associations ne pouvaient pas se permettre le luxe de la radicalité politique portée par le PIR et par d'autres mouvements. Ces questions regroupaient les crimes policiers, les discriminations raciales, les rapports Nord-Sud et l'impérialisme. L'idée était de pouvoir rassembler un maximum d'associations sur le territoire français et de réagir de manière concertée et organisée lorsqu'il y a des crimes policiers, une discrimination islamophobe ou une attaque impérialiste, tout en gardant chacun sa propre identité. C'était une formule souple qui permettait aux associations de rester sur leur champ d'action et, en même temps, de s'investir à un niveau supérieur politiquement qui ne les mettait pas en contradiction avec leur action locale.

Qu'est-ce qui définit les priorités en termes de mobilisations dans lesquelles le PIR s'investit ?

HB : La priorité pour nous est en général de construire le mouvement et donc de nous mobiliser sur ce qui mobilise le plus les indigènes « sociaux ». Malheureusement, ça nous pousse à écarter des questions. Et effectivement, notre absence de la lutte des sans-papiers par exemple, ou de la lutte pour le logement, ou contre les discriminations syndicales ou au travail, s'explique par le fait que nous ne sommes pas assez forts pour être présents partout, mais également par le fait que ce ne sont pas les luttes « préférées » des non-Blancs. Je regrette que la question des sans-papiers ne mobilise pas plus dans nos rangs. Je regrette que la lutte sur des questions socioraciales (logement, travail) ne mobilise pas les indigènes « sociaux ». On a été, par la force des choses, obligés d'aller vers les mobilisations qui attiraient le plus de monde et, ce faisant, d'aller dans le sens « des goûts politiques » des non-Blancs. Entre une réunion publique sur le Hezbollah et une sur la crise du logement (qui concerne beaucoup plus d'indigènes), la première aura une audience indigène beaucoup plus large que la seconde : c'est un fait. Et sur la question des sans-papiers, on voit sur le terrain essentiellement des militants de gauche, mais on ne voit pas d'indigènes qui s'intéressent à ces questions-là. Du coup, on va dans le sens des indigènes, et on négligera dès lors un certain nombre de luttes. On renforce ainsi les tendances à se tourner vers l'anti-impérialisme, l'antisionisme, l'islamophobie, le racisme antinoir. C'est ce qui détermine la priorité de nos interventions.

17 OCTOBRE 1961 : NOTRE MÉMOIRE NE SE BRADE PAS !

Parti des indigènes de la république

17 octobre 2011

L'année 2011 marque le 50e anniversaire d'une date funeste : le massacre du 17 octobre 1961. Ce jour-là, des manifestants (femmes, hommes et enfants) marchaient pacifiquement, à l'appel du FLN, pour dénoncer le couvre-feu discriminatoire dont ils étaient victimes et la dure répression qu'ils subissaient alors.

Même s'il a fallu pour ce faire attendre quarante années, la plaque commémorative inaugurée en 2001 sur le pont Saint-Michel par le maire de Paris a constitué un premier pas dans la reconnaissance officielle de ce crime. Cette avancée est le fruit du travail de nombreuses générations d'immigrés et de leurs enfants, et perpétué notamment par le collectif « 17 octobre 61 » qui, cette année encore, se mobilise pour que soient pleinement reconnues les responsabilités de l'État français dans ce massacre.

Un arc de forces de plus en plus large se prononce aujourd'hui en faveur de cette revendication. Il faut s'en réjouir. Mais il est nécessaire également de s'interroger sur les conditions et les ambiguïtés de ce grand ralliement.

« Ni vengeance, ni repentance », voilà en effet le credo final de l'appel signé par nombre de personnalités et relayé par *Mediapart* pour la « reconnaissance officielle de la tragédie du 17 octobre 1961 à Paris ». Pour ses rédacteurs, c'est la « justice de la vérité » et la « réconciliation des peuples » qui motivent leur initiative.

Si l'on s'accorde sur la nécessité d'une reconnaissance du crime par l'État français, qu'est-ce qui est au juste mis en cause sous les termes de « vengeance » et de « repentance » ? Les initiateurs de cet appel craignent-ils que les anciens colonisés et leurs descendants aillent « trop loin », qu'ils et elles fassent preuve de « ressentiment » ou de « haine » ? Même si ces craintes ne sont pas forcément partagées par tous les signataires, cette mise en garde (« Ni vengeance, ni repentance ») est au moins un gage que cette revendication sera portée par des mains supposées responsables. Des mains dont les intentions seraient claires, et qui sauraient, elles, les expliciter face aux sommations récentes d'« en finir avec la repentance coloniale ». Des sommations comme celles énoncées par Nicolas Sarkozy lors de son discours de Toulon (début 2007), qui nous demandait alors, à propos des colons d'hier, « de quel droit jugez-vous ? », « de quel droit demandez-vous aux fils de se repentir des fautes de leurs pères, que souvent leurs pères n'ont commises que dans votre imagination ? » Le président de la République nous a ainsi prévenus : « si la France a une dette morale, c'est d'abord envers eux ». Pour contrer cette injonction et ce renversement des torts, un débat responsable impliquerait notamment de reconnaître la légitimité du ressentiment des anciens colonisés et de leurs descendants. Nous n'exigeons pas de chaque Français qu'ils se « repente » mais de l'État qu'il reconnaisse ses crimes comme nous exigeons de lui des excuses officielles ainsi que l'inscription dans les programmes scolaires des crimes coloniaux. Les mises en garde de l'appel parrainé par *Mediapart* sont donc au mieux inappropriées, au pire insultantes.

La « soirée de fraternité » qui a médiatisé l'appel de *Mediapart* a aussi été l'occasion de donner une tribune à David Assouline, sénateur, secrétaire national à la communication et la mobilisation du Parti socialiste, et acteur de l'équipe de campagne de Martine Aubry. À ce titre, et à l'aune des prochaines élections présidentielles, il est clair que sa présence et sa prise de parole n'ont rien d'hasardeux. Il est pour le moins particulièrement optimiste d'attendre du Parti socialiste qu'il se saisisse de l'occasion pour entreprendre la reconnaissance de sa propre implication dans les exactions coloniales et sa collaboration dans la consolidation de l'État raciste. L'histoire de ce parti en est indissociable. Souvenons-nous de François Mitterrand qui, en 1954, alors ministre de l'Intérieur, parlait d'« abjecte rébellion algérienne », de sa « volonté de maintenir l'Algérie dans la République française » ainsi que celle d'« employer tous les moyens pour préserver la France » : c'est bien lui qui n'admettait pas « de négociations avec les ennemis de la patrie » car « avec eux, la seule négociation, c'est la guerre, la guerre totale jusqu'à leur élimination. » C'est aussi le gouvernement du socialiste Guy Mollet qui, ayant obtenu des « pouvoirs spéciaux », donna pleins pouvoirs à l'armée qui en disposa de la manière que l'on sait en Algérie (tortures de masse, quadrillage de la population, etc.). Cette politique se poursuit aujourd'hui dans l'implication de ce parti dans toutes les politiques impériales de l'État français, sans négliger son soutien à la colonisation de la Palestine.

Le rôle des collectifs engagés autour de la mémoire du 17 octobre 1961 n'est pas de livrer cet engagement sur un plateau au Parti socialiste qui feint de se montrer tout disposé à entendre nos revendications alors que des échéances électorales de premier ordre l'attendent.

La mémoire de cette histoire n'est pas à brader, elle doit être une force vive pour façonner nos luttes d'aujourd'hui et pour comprendre les défis auxquels nous faisons face. Se contenter de mettre l'accent sur la responsabilité exclusive du préfet Maurice Papon constitue, par exemple, un obstacle à la prise en considération de l'implication des plus hauts niveaux de l'appareil d'État dans le crime du 17 octobre.

Notre travail consiste à faire le lien entre cet événement et le racisme qui organise notre société contemporaine, et notamment avec la perpétuation de violences policières systématisées. Pour exemple, on relève souvent que c'est la petite phrase de Papon (« Pour un coup donné, nous en porterons dix ») qui a donné l'élan suffisant aux agents de la police française et à ses supplétifs pour déchaîner une violence hors du commun qu'ils savaient « autorisée ». Mais aujourd'hui, combien de petites phrases pour déchaîner l'appareil policier ou judiciaire à l'encontre des descendants de colonisés ?

Deux jours après les révoltes de Villiers-le-Bel, le 29 novembre 2007, Nicolas Sarkozy déclarait devant des policiers et les gendarmes réunis au ministère de la Défense : « Mettez les moyens que vous voulez [...], ça ne peut pas rester impuni, c'est une priorité absolue. » Ces moyens ont notamment consisté en une distribution massive de tracts proposant la rémunération de témoignages anonymes. Il ne faut pas non plus oublier l'extraordinaire descente de CRS, de membres du Raid comme de la police judiciaire, tous en tenues antiémeutes, qui ont pénétré les immeubles des habitants du quartier, armés de béliers pour défoncer les portes. Aujourd'hui, on parle de probables subornations de témoins. Ces déploiements d'exception ont conduit à l'arrestation de cinq présumés coupables dont le procès en appel est aujourd'hui en cours.

Garder en mémoire le massacre organisé du 17 octobre 1961, c'est ne pas cesser de remettre en cause le caractère colonial, racial et impérialiste de l'État français.

Pap Ndiaye tire à blanc

Sadri Khiari

janvier 2010

Pap Ndiaye est connu en France comme un intellectuel noir engagé, attaché à réintégrer la « question raciale » dans le débat public. Contre la rhétorique républicaine – de droite comme de gauche – qui l'occulte, il n'hésiterait pas ainsi à formuler des analyses considérées comme hérétiques. Pour peu, cependant, qu'on examine de près son livre *La Condition noire*[1], récemment réédité en poche, on s'aperçoit – tristement – qu'il n'en est rien. Chaque fois que Pap Ndiaye énonce une idée qui pourrait faire mouche, il s'empresse de désamorcer son arme ou de noyer son propos dans un flot de digressions et de commentaires consensuels qui lui font perdre tout impact : en somme, face à une opinion française, médiatique et intellectuelle, qui adore qu'on lui fasse un peu peur, Pap Ndiaye tire à blanc.

L'imaginaire qui marche sur l'eau

De prime abord, le livre de Ndiaye peut sembler audacieux. Il conteste, en effet, un dogme persistant au sein d'une gauche française, incapable de penser la « question sociale » dans la complexité de ses médiations et non en termes strictement socio-économiques – dans lesquels se résout, pour un certain marxisme borné, la lutte des classes. « Au-delà des Noirs de France, écrit-il ainsi, je propose une approche consistant à élargir l'analyse sociale pour y incorporer les inégalités fondées sur la « race » – entendue au sens de catégorie socialement construite –, bref à considérer que la « question sociale » ne se dissout pas dans les rapports de classe mais qu'elle doit incorporer, sans hiérarchie

1. Pap Ndiaye, *La Condition noire. Essai sur une minorité française*, Paris, Calmann-Lévy, 2008. Je précise, à toutes fins utiles, que je ne commente dans l'article qui suit que les analyses proposées dans cet ouvrage ; je ne tiens pas compte des travaux ultérieurs de son auteur.

prédéterminée, d'autres rapports sociaux, en particulier ceux fondés sur des hiérarchies raciales[2]. »

Si la gauche intégrait la question raciale dans sa lecture des conflictualités qui organisent la société, ce serait assurément un progrès notable. Pour avoir une chance de lui faire entendre raison, il n'y a que deux manières de faire. La première, sans doute un peu brutale, consiste à la bousculer vigoureusement pour lui imposer une réflexion sur elle-même et sur ses limites. La seconde consiste à lui assurer que la notion de race est parfaitement gaucho-compatible, qu'elle n'affecte pas son mode de pensée habituel, s'intègre gentiment aux catégories traditionnellement en usage à gauche ou, mieux, contribue à l'enrichir, comme le couscous a enrichi les coutumes alimentaires françaises. Comme la politique dont elle est l'expression dans le champ intellectuel, nous appellerons cette façon de faire « démarche intégrationniste ». C'est celle qu'a choisi d'adopter Pap Ndiaye. Ainsi, pour commencer par là, ne rate-t-il aucune occasion de réaffirmer la nécessité de prendre en compte la fameuse « articulation » classes/genres/races. L'« articulation », c'est en effet le passeport de la race. Si vous voulez avoir une chance de convaincre la gauche qu'il y a une question raciale, alors il vous faudra passer par la case « articulation ». Il deviendra clair aux yeux de tous que vous êtes bien de gauche, que, contrairement à vos congénères, vous n'êtes ni sexiste ni homophobe, et, bien évidemment, que la « race » dont vous parlez n'ira pas bien loin, les pattes scellées au sol par la « classe » et le « genre ». Et, de fait, force est de constater que la race que Ndiaye se propose d'accrocher aux wagons de la classe et du genre est une notion parfaitement inoffensive, sans contenu, sans identité théorique propre ; j'ai failli dire « assimilée », tant elle est proche du Noir déculturé que Ndiaye propose à la république de déracialiser. J'y reviendrai plus loin. Quant à l'« articulation » classes/genres/races, si sa simple évocation fera certainement plaisir à des lecteurs de gauche, elle est pourtant réduite à bien peu de choses : les négriers s'en sont mis plein les poches sinon ils auraient trouvé un autre job et les Noirs vivent, plus souvent que les Blancs, dans des conditions économiques difficiles. « Toute réflexion historique sur les couleurs de peau, assure-t-il, se mêle inextricablement à une analyse des rapports de domination et des modes de production[3]. » Cette analyse, cependant, on ne la trouvera pas dans son ouvrage.

2. *Ibid.*, p. 23.

3. *Ibid.*, p. 76.

La race, affirme justement Ndiaye, n'est pas un fait biologique ; elle est une « catégorie socialement construite ». Est-elle pour autant *sociale* ? La relation raciale est-elle socialement structurante ? Est-elle constitutive du lien social contemporain et des logiques qui l'animent ? Forme-t-elle une modalité à travers laquelle s'organise le corps social, dans ses multiples dimensions institutionnelle, politique, économique, culturelle ? S'incarne-t-elle dans la structure hiérarchique, les interactions et les conflits entre groupes humains, délimités par des statuts raciaux que ne dit pas nécessairement la loi ? Se manifeste-t-elle seulement par des discriminations ou, plus encore, par ce que Carmichael et Hamilton ont appelé le « racisme institutionnel », autrement dit la reproduction de l'inégalité raciale par la logique sociale caractéristique du système racial[4] ? L'« articulation classes/genres/races », à travers laquelle Ndiaye propose de lire la société, laisse penser que sa réponse à l'ensemble des questions qui précèdent est positive. Pour être « articulées », ces notions doivent recouvrir des réalités d'un ordre similaire, qui font sens les unes par rapport aux autres. De même qu'on ne compare que le comparable, on n'articule que l'articulable. La race est-elle, pour Ndiaye, une réalité analogue à la classe ? Au genre ? Rien n'est moins sûr. Parfois, il semble que ce soit le cas. Le plus souvent, non. Ou, comme on le verra, lorsque Ndiaye perçoit que les éléments d'analyse qu'il expose pourraient donner de la matérialité sociale aux races, et donc introduire de la conflictualité dans les relations interraciales, il s'empresse aussitôt de suivre un sentier moins risqué.

Pragmatique, il s'attache d'abord à souligner l'« utilité » de la notion de race. « Outil de mesure des discriminations[5] », elle serait également

4. Voir Stokely Carmichael et Charles V. Hamilton, *Le Black Power*, Paris, Payot/Rivages, 2009. À moins d'un moment de distraction, nulle part je n'ai rencontré la notion de « racisme institutionnel » dans le livre de Ndiaye. Elle est pourtant décisive quoi qu'en pense Michel Wievorka qui lui reproche de laisser « entendre que le racisme relève de mécanismes fonctionnant sans acteurs sociaux » (*Le Racisme. Une introduction*, Paris, La Découverte, 1998, p. 31). Carmichael et Hamilton diraient, à la fois, qu'il n'y a pas de racisme individuel et feraient « porter sur tous la responsabilité » (p. 30) du racisme. Ce qui est une interprétation abusive. La notion de « racisme institutionnel » souligne par contre avec raison l'existence d'« acteurs sociaux » abstraits-concrets, c'est-à-dire de logiques (racialisantes, dans ce cas) produites par le corps social dans son mouvement d'ensemble et la multitude des interactions entre individus. Wievorka formule une seconde critique : « Dans ses applications concrètes, la notion de racisme institutionnel réifie les « races » dans le cadre d'une représentation superficielle de la société réduite à la domination des Blancs sur les Noirs. » (p. 31) C'est sans doute ce qui explique que Ndiaye s'abstient de l'employer.

5. Pap Ndiaye, *op. cit.*, p. 36.

« utile pour la réflexion et l'action sur les discriminations raciales » et « utile » pour « la réflexion sur les processus de constitution des groupes raciaux, autrement dit sur la représentation racialisée des sociétés d'hier et d'aujourd'hui ». Il y aurait donc bien des « groupes raciaux » qu'il appelle « race » avec des guillemets « pour différencier son usage catégoriel de son usage objectivant[6] ». Admettons, pour l'instant, que par « usage objectivant », il entende biologisation. Il n'en demeure pas moins que son insistance à souligner le caractère exclusivement « catégoriel[7] » de la notion de race est problématique. D'autant plus problématique qu'il suggère également que n'étant pas « un produit de la nature », les races ne sont pas non plus « pure mystification » : elles existent « minimalement[8] » (!), elles « existent dans les imaginaires[9] ». Il faut donc nous demander en quoi consiste l'existence imaginaire.

« Être noir, affirme-t-il un peu plus loin, n'est ni une essence, ni une culture, mais le produit d'un rapport social : il y a des Noirs parce qu'on les considère comme tels.[10] » S'il s'agissait, ici, de dire qu'appréhender les êtres humains en fonction de leurs couleurs est une caractéristique majeure des rapports sociaux contemporains, c'est-à-dire du lien social et des hiérarchies de groupes qui le soudent, nous aurions pu nous en contenter. Ce n'est cependant pas exactement ce qu'il énonce. Par « produit d'un rapport social », il entend uniquement comme effet du regard de l'Autre : être noir, c'est être « considéré » comme tel (et subir des discriminations)[11]. Ce rapport social serait donc de l'ordre des seules

6. *Ibid.* En ce qui me concerne, malgré les acceptions biologisantes de la race, j'emploierai le terme sans lui ajouter de guillemets. J'en fais donc effectivement un « usage objectivant » en tant que réalité sociale. Je lui conserverai par contre les guillemets chaque fois qu'il s'agira d'une citation de Ndiaye.

7. Dans le même sens, il propose également d'employer les expressions « question raciale » et « discrimination raciale », en prenant soin d'utiliser « l'adjectif et donc la catégorie. » (!!!) (*ibid.*, p. 36).

8. *Ibid.*, p. 31.

9. *Ibid.*, p. 33.

10. *Ibid.*, p. 71.

11. Alors que l'on attendait d'autres développements sur la question, son propos bifurque soudainement : « Mais il existe, au sein de cette catégorie historiquement construite, des sous-groupes caractérisés par des peaux plus ou moins foncées et qui ont pu faire l'objet de traitements différenciés » (*ibid.*). Pourquoi traiter cette problématique à ce moment précis de son exposé ? Tout simplement pour relativiser l'ampleur du fossé racial : « Une réflexion sur le colorisme, ajoute-t-il en effet, permet alors de nuancer l'opposition « noir »/« blanc ». » (*ibid.*) Une remarque que j'imagine d'autant plus séduisante aux yeux des Blancs, que Ndiaye propose alors un long commentaire

représentations, celles-ci suscitant ensuite des discriminations. C'est ce qu'il appelle « exister dans l'imaginaire ».

L'imaginaire à tout faire

La « race », note-t-il à l'appui de sa thèse, « est une catégorie valide d'analyse sociale, à l'instar d'autres catégories sociales comme la « nation » ou le « genre », notions tout aussi imaginaires [...] au sens où elles sont historiquement et politiquement construites et sous-tendues par des relations de pouvoir qui ont changé dans le temps. Les « races » n'existent pas en elles-mêmes, mais en tant que catégories imaginaires historiquement construites[12]. » Cette analogie pourrait être fructueuse si Ndiaye n'identifiait pas, comme il semble le faire, les catégories construites par la sociologie, l'imaginaire sociologique, et les catégories construites dans l'espace même des relations de pouvoirs, l'imaginaire social, même si, évidemment, celles-ci ne sont pas sans rapport avec celles-là. La « nation », pour être « imaginée », comme on le répète à tout bout de champ depuis le bouquin d'Anderson[13], ou encore le « genre », n'est pas seulement une « catégorie valide d'analyse sociale ». Parler de nation « imaginée » ne signifie aucunement qu'« elle n'existe pas en elle-même », comme Ndiaye le souligne à propos des races, tout en leur concédant – provisoirement – une certaine matérialité sociale en affirmant qu'elles sont « sous-tendues par des relations de pouvoir ». Il aurait été plus judicieux d'ailleurs de dire qu'elles *participent* des relations de pouvoir, des dispositifs et des institutions dans lesquels prennent corps ces dernières. La nation n'est généralement pas ce qu'on prétend qu'elle est, mais elle est. Elle s'imagine – dans l'histoire et les conflits – en même temps qu'elle se réalise comme réalité sociale bien vivante (bien que souvent meurtrière...). Les nations et les genres, mais

---

sur les différenciations raciales et les inégalités sociales qui clivent les populations noires elles-mêmes ! Le lecteur blanc saura ainsi que Ndiaye n'essentialise ni les Blancs ni les Noirs, qu'il est conscient que la hiérarchie raciale n'est pas une polarisation entre Blancs et Noirs mais une architecture complexe où tout le monde opprime tout le monde, un continuum de couleurs hiérarchisées, où tendent à se diluer les responsabilités fondamentales. À moins qu'il ne s'agisse d'une simple erreur d'aiguillage dans la rédaction du livre...

12. *Ibid.*, p. 33.

13. Benedict Anderson, *L'Imaginaire national. Réflexions sur l'origine et l'essor du nationalisme*, Paris, La Découverte, 2002.

aussi les États, le Capital, les classes, etc., sont ainsi tout aussi imaginés que réels. Il en est de même des races. Le pouvoir est un concept, mais la matraque qui le manifeste fait mal. La race, mon frère, c'est pareil…

Cependant, pourrait-on objecter, Ndiaye n'écrit-il pas que « l'identité racialisée imposée […] fabrique […] un groupe de personnes unies par leur condition prescrite, et la conscience de cette condition » ? Oui, assurément, et ce « groupe de personnes », il pourrait y reconnaître une race sociale, bien réelle, un « objet » social concret, susceptible de s'insurger contre un autre « objet » social qui l'opprime. Il s'abstient de le faire, préférant se réfugier dans une équation, elle, imaginaire : la race « existe » mais elle « existe dans l'imaginaire », et donc « elle n'existe pas en elle-même[14] » ! De crainte que, malgré toutes ses précautions, on ne lui reproche encore d'« objectiver » la race, il prend soin, en outre, de souligner la nécessité de « distinguer l'objet de la notion », car, précise-t-il, si « en tant qu'objet, la « race » n'a aucun sens ; en tant que notion pour rendre compte d'expériences sociales, elle est utile[15]. » On comprend ainsi que, lorsqu'il propose de lui assigner des guillemets pour échapper à son « usage objectivant », il ne fait pas seulement référence, comme on l'a supposé plus haut, à un éventuel usage biologisant mais également à son usage en tant que réel social, parfaitement tangible. Et c'est bien cette notion concrète de race que rejette vigoureusement l'idéologie française et non pas la « race imaginaire », telle qu'elle se dit couramment dans l'usage habituel du mot « racisme ».

La fabrication de la race et la question coloniale

Il y a une autre chose qu'abhorre l'idéologie française hégémonique. C'est de voir afficher la « colonialité » de la république. Depuis la conquête des indépendances politiques au tournant des années 1960, le dossier est clos. Évoquer une continuité coloniale sous de nouvelles formes est incongru, relève de l'anachronisme, est au pire une supercherie. Le racisme contemporain à l'encontre des Noirs et des Arabes n'a aucun rapport avec le colonialisme mais se rapporte à cette haine universelle de l'Autre, alimentée par certains pervers politiques mais qu'il serait

14. Il serait intéressant de savoir si Ndiaye s'aviserait à employer des formulations similaires pour rendre compte des catégories de classe et de genre auxquels il propose d'articuler la race…

15. *Ibid.*, p. 33.

possible de réduire par une éducation à la tolérance et par quelques sanctions, voire en boostant la promotion sociale de certains Noirs et Arabes, histoire que l'Autre comprenne bien que tous ne sont pas des imbéciles. À la limite, on concédera que la circulation d'images coloniales, comme le fameux « Ya bon Banania », ne favorisent pas l'apprentissage de la tolérance. En un mot, il faut juste décrasser les imaginaires.

Ndiaye parle beaucoup de l'esclavage et du colonialisme. C'est vrai. Se risque-t-il, cependant, à contester vraiment la mythologie républicaine ? À première lecture, on pourrait s'y tromper. En se montrant plus attentif, cependant, on s'aperçoit vite que, malgré quelques passages ambigus, il n'établit jamais de lien structurel entre la période actuelle et l'esclavage/colonisation. Plus : il ne cache pas sa défiance vis-à-vis d'une telle approche.

Le lien entre colonialisme et racisme contemporain lui paraît être, en effet, un raccourci regrettable produit par… les militants, ignorants que les évidences sont souvent trompeuses. Dans le cadre des luttes menées en France pour la mémoire de l'esclavage et contre les discriminations, « des liens d'évidence, regrette-t-il, se sont construits entre des situations de domination passées et présentes ». Une illusion d'optique aurait conduit ces militants à la conclusion « outrageusement simpliste » que « les discriminations raciales contemporaines sont dues à l'ancien ordre colonial esclavagiste ».

Les Indigènes de la république, un mouvement dont je suis membre, auraient commis la même bourde. Ndiaye, qui semble méconnaître les productions de ce mouvement, se contente de tirer des déductions, caricaturales et fausses, de la simple appellation d'Indigènes de la république, forgée par des militants issus des anciennes colonies pour dire en un mot la « colonialité » persistante de l'État français et certainement pas pour stipuler une reproduction à l'identique du colonialisme depuis cinq siècles. Cette appellation, note-t-il ainsi, « peut difficilement servir de point d'appui robuste à la description des situations sociales contemporaines, puisqu'il tend à assimiler le présent au passé et trivialise le fait colonial, qui devient ainsi une simple référence métaphorique. Si les situations sociales contemporaines des personnes affiliées au continent africain sont évidemment caractérisées par l'expérience discriminatoire, elles n'équivalent pourtant pas (heureusement, pourrait-on ajouter) à l'indigénat, qui avait des caractéristiques politiques et juridiques bien précises[16]. » La « critique » de Ndiaye se conclut par ces truismes : « Il me semble intellectuellement et politiquement important de penser les problèmes contemporains dans leurs particularités relatives, ce qui ne signifie pas qu'ils n'entretiennent pas de filiation avec le passé colonial[17]. » On apprend ainsi que le présent est fils du passé ! Les Indigènes de la république ont maintes fois répondu à ce genre de « critiques » ; je n'y reviendrai pas[18]. Il est plus important, ici, d'en comprendre les présupposés théoriques, c'est-à-dire à partir de quelles considérations Pap Ndiaye réfute la thèse du continuum colonial-racial.

La notion moderne de race, explique-t-il, a été « inventée, pour justifier des rapports de domination coloniale, en particulier l'esclavage[19] » et « parce que [les races] étaient utiles au développement et au maintien de structures de pouvoir, y compris symbolique, et de systèmes socio-économiques généralement fondés sur l'exploitation de la force de travail[20] ». Jusqu'à la fin du xve siècle, ajoute-t-il, l'esclavage n'était nullement réduit aux Noirs et ne s'accompagnait pas d'une idéologie raciale. Ce n'est qu'avec le développement de l'esclavagisme moderne, adossé au capital européen, et dès lors que la traite négrière est devenue transatlantique, qu'ont été jetées les bases de « la « racialisation » du monde, c'est-à-dire l'émergence d'un ordre social fondé sur une hiérarchie raciale[21] ». À l'encontre d'une

16. *Ibid.*, p. 362.

17. *Ibid.*

18. Je ne résiste pas, toutefois, à proposer une petite parodie de la critique de Ndiaye. Un social-démocrate, rallié au libéralisme, répondrait de même à un marxiste qui parle encore de prolétariat et de capitalisme : « le terme de prolétariat peut difficilement servir de point d'appui robuste à la description des situations sociales contemporaines, puisqu'il tend à assimiler le présent au passé et trivialise le fait capitaliste, qui devient ainsi une simple référence métaphorique. Si les situations sociales contemporaines des personnes affiliées à l'entreprise sont évidemment caractérisées par l'expérience d'une distribution non équitable des revenus du travail, elles n'équivalent pourtant pas (heureusement, pourrait-on ajouter) à la condition prolétarienne, qui avait des caractéristiques économiques et sociales bien précises. » Pour une réponse plus consistante, on pourra se reporter aux nombreux textes disponibles en ligne sur le site des Indigènes de la république ou à mes propres ouvrages sur le sujet : Sadri Khiari, *Pour une politique de la racaille. Immigrés, indigènes et jeunes de banlieue*, Paris, éditions Textuel, 2006, et *La Contre-révolution coloniale en France. De de Gaulle à Sarkozy*, Paris, La fabrique, 2009.

19. *Ibid.*, p. 176.

20. *Ibid.*, p. 204. Regrettons au passage que Ndiaye ne souffle mot du génocide et de la réduction au travail forcé des Indiens d'Amérique.

21. *Ibid.*, p.198.

opinion majoritaire, il n'hésite pas à affirmer que « la distinction raciale n'est pas une survivance prémoderne attendant d'être balayée par la modernité, l'éducation. Elle est au contraire constitutive de la rationalité moderne et de ses régimes de classification et de régulation[22] » ; elle est, complète-t-il plus loin, *constitutive* des Lumières[23]. Les rapports sociaux de races semblent donc être appréhendés, ici, comme mode de structuration fondamental de la modernité européenne. À aucun moment, cependant, Ndiaye n'explicite clairement ce qui différencie, selon lui, la notion de race appliquée à l'époque esclavagiste, et cette même notion, prononcée à voix basse – « *minimalement* » –, aujourd'hui. Il reste sur ce point prudemment allusif.

Essayons d'en savoir plus et examinons scrupuleusement son texte. Cette phrase, par exemple : « La race noire est clairement la race de l'esclavage à la fin du XVIIIe siècle, assimilant le « nègre » à l'« esclave »[24]. » Ici, la « race noire » n'apparaît pas comme une race « minimale ». Ce qui lui donne une épaisseur sociale, c'est de se confondre au statut d'esclave et donc de prendre forme dans le cadre de la division du travail. Mais qu'en est-il dès lors que le « nègre » n'est plus esclave ? Je ne crois pas déformer la pensée de Ndiaye en affirmant que, pour lui, à partir de la fin du XVIIIe siècle, alors que l'abolition s'impose et que la traite reflue, la « race noire » commence sa métamorphose en race « minimale » et « l'ordre social fondé sur une hiérarchie raciale » à se déliter. Ndiaye n'a-t-il pas reconnu pourtant que cet ordre racial était « constitutif » de la modernité européenne ? Si. Mais il entend ainsi que la distinction raciale a joué un rôle central lorsque s'est *constituée* cette modernité, et non qu'elle serait l'une des composantes de sa texture profonde. Et la colonisation, n'a-t-elle pas connu sa plus grande phase d'expansion au XIXe siècle ? Certes. Cependant, bien qu'il arrive à Ndiaye de parler d'un « ordre colonial esclavagiste[25] », le lien entre les deux phénomènes n'est pas clairement établi. Hormis quelques passages confus qui pourraient sans doute être interprétés différemment, esclavage et colonialisme tendent à se dissocier. Ce qui est normal, dira-t-on, puisque le

22. *Ibid.*, p.196.

23. « On peut même considérer que le racisme, loin de n'être qu'une scorie du passé attendant d'être balayée par la modernité, était bien constitutif des Lumières. » (*ibid.*, p. 201)

24. *Ibid.*

25. *Ibid.*, p. 362.

colonialisme s'est effectivement poursuivi au-delà de la traite négrière et de l'esclavage, renouvelant ses formes d'oppression et d'exploitation. Mais ce n'est pas de cela qu'il s'agit ici. Pap Ndiaye semble dissocier l'esclavage, comme producteur d'un ordre racial dont il ajoute qu'il est constitutif de la modernité européenne jusqu'à la fin du XVIIIe siècle, et le colonialisme post-esclavagiste dont on ignore, à la lecture de son livre, sur quel type de relations sociales il repose exactement. Il évoque bien sûr les inégalités raciales qui se sont développées en dehors de l'esclavage noir, dans le cadre de la colonisation ; mais ces formes de racialisation ne sont dotées par lui d'aucune signification propre. Elles sont juste mentionnées. On n'en saura pas plus concernant leur rapport à la modernité européenne. La théorie claudicante de Ndiaye laisse penser que l'« ordre social fondé sur une hiérarchie raciale » n'est pas le rapport social qui sous-tend le colonialisme dont la racialisation de l'esclavage des Noirs serait en quelque sorte la forme fondatrice, mais seulement un effet du système esclavagiste dans les premiers siècles de la modernité européenne. Autrement dit, sans être occulté – chose évidemment impossible à faire –, le racialisme post-esclavagiste apparaît secondaire ; il semble perdre en tous les cas son statut en tant que forme constitutive – au sens fort – du lien social colonial et celui-ci de la modernité européenne. On comprend déjà mieux pourquoi Ndiaye se refuse à donner un sens autre que « minimal » à la notion de race dans la société contemporaine : la notion d'« ordre social fondé sur une hiérarchie raciale », identifié au moment esclavagiste de l'histoire coloniale, n'étant plus complètement pertinente au moment colonial post-esclavagiste, comment le serait-elle, aujourd'hui, alors que, pour Pap Ndiaye, le colonialisme lui-même appartient au passé ?

Faut-il en déduire que Ndiaye ne voit aucune relation entre le passé et le présent ? Non, il admet, là encore « minimalement », qu'ils ne sont pas sans rapports. Si les élucubrations excessives des militants ne sauraient emporter son adhésion, il ne peut cependant négliger un certain nombre de travaux de recherche, estampillés par l'Académie, comme ceux élaborés dans le cadre du « projet postcolonial » qui « invite à réfléchir au maintien des structures de domination après la colonisation, en proposant de ne pas considérer comme rigides et indépassables les frontières de la décolonisation politique. Le lien entre les situations coloniales (esclavage, sujétion, travail forcé) et les situations contemporaines de domination et de discrimination est un lien problématique. La réflexion sur cette différence non indifférente entre situations passées et présentes est un enjeu intellectuel majeur des sciences sociales contemporaines[26] ». C'est un peu court, mais peu importe. Ce qui est intéressant dans ces paragraphes, ce n'est pas tant que Ndiaye reconnaît seulement avec des pincettes qu'il y a peut-être quelques rapports entre les « structures de domination » d'hier et celles d'aujourd'hui, c'est qu'il évoque, pour la première fois dans l'ouvrage le moment qui trace une « frontière » (« rigide et indépassable » ou pas, c'est encore à « réfléchir » !) entre le passé et le présent, en l'occurrence, la « décolonisation politique » ! En mettant de côté les imprécisions et les incohérences de son propos pour en suivre la ligne directrice, c'est bien là que, pour lui, tout s'est joué, le moment où tout a basculé. L'« ordre social fondé sur une hiérarchie raciale » aurait sinon disparu, du moins périclité avec l'abolition de l'esclavage, la conquête des « indépendances politiques » par la plupart des anciennes colonies l'aurait finalement anéanti. Désormais, ne persisteraient des anciennes « structures de domination » que des représentations en retard sur l'évolution de la société et des déséquilibres sociaux que, sans doute, suffiraient à compenser la mal-traduite « discrimination positive » et l'émergence d'élites noires, susceptibles d'encourager leurs frères de couleur moins chanceux à se hisser plus haut dans l'échelle sociale[27]. Il ne resterait plus de soubassement social à la notion de race sinon un imaginaire faisandé. Sa seule « utilité » se bornerait désormais à servir d'« instrument de mesure » statistique dont pourraient s'emparer sociologues, experts et bureaucrates pour mener à bien des actions positives. La race « minimale » de Ndiaye est là. Et, pour tout dire, elle n'a rien à y faire.

Qui dit action positive dit, en effet, ciblage de populations et qui dit ciblage de populations dit nécessairement construction d'un appareil statistique adéquat. Si l'on veut mener une action positive en faveur des Noirs, il faut donc que l'appareil statistique intègre la catégorie de Noirs, ce qui, on le sait, n'est actuellement pas possible en France. D'où l'effort de Ndiaye pour à la fois légitimer la catégorie de race, comme « instrument de mesure », face à une idéologie républicaine qui y est rétive[28], et en même temps la rendre totalement inoffensive. Dans les

26. *Ibid.*, p. 346.

27. Voir les derniers chapitres de *La Condition noire* où Ndiaye propose ses solutions pour « déracialiser » la société française. Je précise que je ne suis pas opposé à toute forme d'action positive et de statistiques dites ethniques. Ça dépend.

28. Ce qui explique probablement les quelques flèches que Ndiaye adresse à l'universalisme républicain.

limites que lui trace Ndiaye, elle n'autorise cependant pas l'appréhension réelle des relations sociales qu'elle devrait mettre au jour, et sans laquelle un appareillage statistique quel qu'il soit et les catégories qu'il mobilise resteront toujours bancals. La catégorie de Noir, qu'il voudrait établir, risque fort, en vérité, de se construire autour de ces mêmes paramètres d'ordre biologique qu'il conteste. Conscient du problème, Ndiaye ne peut que signaler la difficulté inhérente à toute « opération de catégorisation[29] » sociale et par conséquent à la catégorisation raciale : « Il est également vrai, écrit-il ainsi, que le groupe des Noirs est infiniment divers socialement et culturellement, et que ranger toutes les personnes à indice mélanique élevé dans la même catégorie d'analyse est une opération très problématique[30]. » Une remarque qui pourrait sembler parfaitement justifiée à un taxinomiste. Pour qui aborde les races, comme produit de relations sociales, il ne s'agit pas de mesurer « l'indice mélanique », ni de définir la culture ou la place dans l'échelle socio-économique de ses différentes composantes, pour cerner les contours de la race. C'est la logique sociale raciale, à travers diverses médiations institutionnelles dont les individus, qui distribue racialement les personnes ou, dit autrement, les privilèges aux uns, l'opprobre aux autres. Il est symptomatique, ainsi, que Ndiaye évoque l'indice mélanique des Noirs alors qu'il ne parle évidemment pas de l'indice mélanique des Blancs. En vérité, il n'y a ni indice mélanique des Noirs, ni indice mélanique des Blancs ; il y a un indice mélanique des êtres humains, sans distinction. S'il est d'usage d'attribuer seulement aux Noirs une concentration plus ou moins élevée de mélanine, c'est justement un effet de la logique raciale qui peut s'incarner dans la loi, comme c'était le cas en Afrique du Sud, mais qui peut aussi s'exercer par d'autres biais.

Simple « outil », la « race » de Ndiaye finit par ressembler au fameux « couteau sans lame auquel il manque le manche ». D'où la difficulté à la nommer.

Comment nommer l'innommable ?

Si l'on adopte le point de vue de Ndiaye, les Noirs n'étant, en tant que Noirs, qu'un artefact imaginaire, produit du regard de l'Autre, il conviendrait, comme pour la race, de n'en parler qu'affectés de guillemets (et, ajouterais-je, « minimalement »). J'ignore pourquoi il ne le fait pas, mais

29. *Ibid.*, p. 29.

30. *Ibid.*

peu importe. Il emploie par contre l'expression « race noire » quand il évoque l'esclavagisme de type américain. Il a recours également, on l'a vu plus haut, à d'autres formulations telles que « groupes raciaux », « groupes racialisés » ou, plus sommairement, « groupe des Noirs ». On pourrait admettre que l'instabilité du vocabulaire procède d'un souci d'ordre littéraire d'éviter les répétitions. Ce n'est probablement pas sa seule raison. Ayant vidé de tout contenu la notion de race, tout en prétendant en défendre la « légitimité », Pap Ndiaye ne peut nommer la race. Par crainte de donner incidemment à ces termes une signification sociale inopportune, il ne peut parler de « race noire » quand il évoque la période contemporaine, et encore moins de « race blanche ». Même pas avec des guillemets[31]. Il ne lui reste plus qu'à trouver d'autres mots. Des mots plus délicats. Des mots qui n'incommodent pas trop les Blancs. Des mots, donc, qui ont l'immense avantage de masquer le fait racial. Ne me demandez pas pourquoi tant de contorsions, pourquoi parler de races pour, après, se dédire sans le reconnaître. Je n'en sais rien. De par ma propre expérience en tant qu'indigène j'imagine qu'il s'agit là d'une forme de résistance paradoxale dont nous sommes coutumiers, pour sortir de notre condition quand toutes les portes semblent fermées. En gros, ce que Michael Jackson a tenté de faire avec son corps, Ndiaye essaye de le faire avec la notion de race…

Revenons à notre propos. Le terme de race pour désigner la réalité collective noire et sa condition étant, de fait, invalidée par ses propres soins, Ndiaye rejette également la notion de « peuple » qui impliquerait, suggère-t-il, une « épaisseur » culturelle propre que n'auraient pas les Noirs, lui préférant la notion de « communauté noire » qu'il rejette aussitôt parce qu'elle aurait « l'inconvénient d'une forte connotation américaine[32] », c'est-à-dire, pour dire les choses comme elles sont, de bousculer par trop la tradition républicaine française. Il opte, par conséquent, pour la notion de « minorité », laquelle, selon lui, « sert à la fois à décrire des situations sociales (ce que font les universitaires) et d'instrument de politique publique[33] ». Si l'on suit cette première définition, la notion de « minorité » aurait ainsi le mérite d'être une pure

31. Sauf quand il cite la « race blanche » des raciologues du XIXe siècle. Il parle de Blancs, par contre, rarement mais dans quelques phrases très justes où il souligne qu'« être blanc » en France est un privilège « puisque le Blanc est pensé comme une référence universelle » (p. 220).

32. *Ibid.*, p. 55.

33. *Ibid.*, p. 56.

catégorie destinée à figurer dans les rapports d'experts et les nomenclatures établies par les différentes espèces de bureaucrates. « Une minorité, précise encore Ndiaye, est un groupe de personnes qui font l'objet de traitements discriminatoires, en raison de leur sexe, ou de leur origine réelle ou supposée, ou de leur phénotype (couleur de peau ou autre trait physique)[34]. » La notion de minorité noire, pour sa part, « délimite minimalement » (!!!) un groupe de personnes « en fonction du critère de l'expérience sociale partagée selon le marqueur socialement négatif de la peau noire[35]. » Ce qui la justifie, c'est uniquement le « lien *ténu*[36] » (!!!) constitué par le fait d'être « *considérées comme noires* ». Cette acception de la minorité ressemble furieusement à la notion de « race » façon Ndiaye, mais en mieux, en plus nébuleux ; elle dilue la singularité des rapports raciaux dans le fatras des victimes de « discriminations » (ainsi dix-huit motifs de discriminations sont accolés arbitrairement dans la loi française censée les combattre – et la liste n'est sans doute pas close !).

Pourtant, Ndiaye n'est toujours pas rassuré... Il est vrai que la notion de minorité, même anémique comme il la voudrait, risque encore, dès lors qu'elle est noire, de s'identifier à peuple ou communauté, ces mots qui répugnent à la république. La minorité doit donc devenir encore plus falote, inclure ceux qui sont l'objet « d'assignations identitaires » et surtout pas ceux qui ont fait des « choix identitaires[37] ». Ce qui fonde la minorité noire ne saurait être par conséquent l'identité qu'elle a d'elle-même ; elle ne doit pas impliquer « l'existence de liens culturels communs » et encore moins de « reconnaissance institutionnelle ». La république pourrait avaler de travers...

Mais que reste-t-il à la notion de minorité noire, une fois qu'en a été retranché tout ce qui pouvait lui donner une identité singulière et autonome ? Rien, sinon le sentiment qu'elle désigne sa propre infériorité. Il n'est donc guère surprenant que de nombreux Noirs considèrent que cette

34. *Ibid.*, p. 56. « L'avantage théorique principal de la notion, écrit-il encore, est qu'elle permet d'embrasser un ensemble de groupes aux situations disparates et de penser des problèmes qui leur sont communs : des groupes migrants (sur lesquels pèsent souvent des stigmates discriminatoires, comme les migrants africains en France ou brésiliens au japon), mais aussi des groupes installés de longue date : par exemple les Indiens natifs ou les Africains-Américains aux États-Unis ou les Burakumin au Japon. » (p. 57)

35. *Ibid.*, p. 55.

36. *Ibid.*

37. *Ibid.*

notion les « infantilise[38] », comme le note Pap Ndiaye. Que fait-il, alors ? S'attache-t-il à lui redonner un sens plus valorisant et mobilisateur ? Eh bien non ! Au contraire, il se saisit de cette opportunité pour lui substituer un terme qui atomise plus encore qu'elle ne l'est la collectivité noire. Comme il « n'est pas question, écrit-il ainsi, de désigner ces personnes par un terme qui les rebute ou les gêne[39] », il se propose d'adopter le terme « minoré », lequel n'aurait « pas la même connotation que celui de « minoritaire » [...]. Les personnes minorées sont celles qui font précisément l'objet d'un processus social de minoration par le fait de leur appartenance supposée à un groupe stigmatisé[40]. » La définition est substantiellement la même que celle qu'il donnait précédemment pour « minorité », à cette différence près que celle-ci conservait au moins l'idée d'une collectivité singulière.

Nous voilà donc passés de la « race » aux « personnes minorées » !

Les Noirs n'auraient pas d'identité en tant que tels

Les Noirs n'étant noirs que parce qu'ils sont « considérés comme tels », c'est-à-dire un pur objet d'une « condition » sur laquelle ils n'agissent pas, ils ne peuvent évidemment avoir d'identité propre en tant que Noirs, sinon pelliculaire. C'est ce que va s'attacher à démontrer Pap Ndiaye, tout en prenant une infinité de précautions pour ne pas blesser une partie du public auquel il s'adresse[41]. Les Noirs, justement, ceux qui s'inscrivent dans une « perspective identitaire », polarisée par la demande de reconnaissance culturelle, à laquelle s'oppose la « perspective minoritaire », articulée quant à elle autour des « phénomènes par lesquels des groupes spécifiques, les « minorités », se trouvent discriminés[42] ». Ndiaye se revendique naturellement de cette seconde approche, même si, nous prévient-il, son livre « emprunte parfois à la « perspective identitaire »[43] ». Difficile, effectivement, de faire autrement quand on est noir, en France...

38. *Ibid.*, p. 58.

39. *Ibid.*

40. *Ibid.*

41. Anticipant l'objection, Ndiaye écrit : « Les Noirs ne seraient-ils qu'une invention raciste ? Une réponse possible consiste à dissocier la racialisation des personnes (identité fine) des identités choisies. » (p. 353) Comme si les « identités choisies » par les personnes pouvaient, dans le réel, être indépendantes de la relation raciale dans laquelle elles sont insérées !

42. *Ibid.*, p. 21.

43. *Ibid.*

Ndiaye reprend la distinction proposée par le sociologue américain Tommie Shelby entre « identité noire épaisse » et « identité noire fine » :

> Par identité épaisse, il signifie une identité fondée sur une culture, une histoire, des références communes, une langue qui marquent une différence nette entre ceux qui en sont les porteurs et les autres. L'identité épaisse renvoie à des groupes circonscrits, en quelque sorte intentionnels, qui ne procèdent pas d'injustices subies mais sont appuyés sur des éléments de culture communs. Quant à l'identité fine, elle délimite un groupe qui n'a en commun qu'une expérience de l'identité prescrite, celle de Noir, en l'occurrence, qui a été historiquement associée à des expériences de domination subie, et qui peut s'accompagner de la conscience du partage de cette expérience. Cette identité fine paraît pertinente pour caractériser les populations noires dans leur plus petit dénominateur commun : le fait d'être considérées comme noires, avec un ensemble de stéréotypes attachés à elles[44].

Les Noirs de France auraient, de ce point de vue, une « identité fine » et non une « identité épaisse ». Au sein de la minorité noire, précise Ndiaye, il existe certes des cultures particulières – Ndiaye tire son chapeau à « la force et à la beauté des cultures afro-antillaises[45] » – mais aucune identité partagée en dehors de la « conscience » d'être l'objet de préjugés similaires et d'avoir, par conséquent, quelques intérêts communs. En vérité, la distinction à laquelle il se réfère n'est pas opératoire. Entre les deux pôles idéal-typiques proposés par Shelby, il existe, en effet, une multiplicité de situations médianes qui sont la règle et non l'exception. J'aurais même tendance à penser que l'« identité fine » n'est qu'une vue de l'esprit qui n'existe pas dans la réalité. Je serais tenté de croire en effet que l'émergence et la sacralisation de la nation – de l'identité nationale – a conduit à considérer comme « fines » toutes les autres formes d'identité. D'où, probablement, la définition que donne Shelby de ce qu'il appelle « identité épaisse » et que reprend Ndiaye en spécifiant qu'elle caractérise uniquement les « peuples ».

L'hétérogénéité culturelle ne signifie pas l'absence d'une culture et de référents identitaires communs, profondément enracinés[46]. À moins de la réduire aux traditions culinaires et autres coutumes, l'identité

44. *Ibid.*, p. 41.

45. *Ibid.*, p. 49.

46. De même, la singularité culturelle ne signifie pas l'absence de partage de cette culture, dans ce qu'elle a de particulier, avec d'autres secteurs de la population ni ne s'oppose à des phénomènes d'hybridation culturelle.

peut prendre une densité sociale à travers de multiples médiations et notamment les résistances à l'oppression[47]. Se dire noir est *déjà* une « identité épaisse » et qui vient de loin. Les quelques millions de Noirs qui vivent en France[48] ont effectivement de multiples origines, leurs parcours historiques et individuels sont multiples, leurs modes d'insertion dans la société française diversifiés et socialement hiérarchisés, ils ont plus ou moins fait leur la culture française (commune, elle aussi, malgré sa propre diversité), les relations entre leurs différentes composantes sont parfois conflictuelles, pourtant, dans leur grande majorité, ils ne correspondent pas au Noir dont parle Ndiaye – et qui ressemble comme deux gouttes d'eau au juif qu'avait pour modèle Sartre lorsqu'il s'est penché sur la « question juive » : pleinement assimilé, content voire fier d'être français, républicain, noir d'élite, intellectuel ou cadre, gardant ses distances à l'égard des traditions familiales et des pratiques religieuses. Harry Roselmack existe bien entendu mais Harry Roselmack est rare. Le Noir vivant en France, le vrai, pas celui qui est un Blanc coloré en noir, n'est pas un Noir malgré lui, noir uniquement parce qu'il est « considéré comme tel », déculturé et pressé de devenir un Français « comme les autres ». Il peut être cela mais il n'est jamais que cela. Il peut rêver d'être un Blanc et mépriser ses frères trop noirs qui lui rappellent qui il est ; mais justement il les méprise parce qu'il est comme eux et non parce qu'il en est différent. Le Noir réel n'est peut-être jamais le Noir creux et lisse, mythique du républicanisme français, que révéleraient les

47. Pour contrer les « identitaires » noirs, il n'hésite d'ailleurs pas à interpréter à contre-sens les écrits d'Aimé Césaire. Il cite ainsi le « Discours sur la négritude » dans lequel Césaire aurait dénoncé « toute référence culturaliste pour valoriser la communauté d'expérience » : « En fait, la négritude n'est pas essentiellement de l'ordre du biologique [...] elle fait référence à quelque chose de plus profond, très exactement à une somme d'expériences vécues qui ont fini par définir et caractériser une des formes de l'humaine destinée telle que l'histoire l'a faite : c'est une des formes historiques de la condition faite à l'homme. » « Oui, nous constituons bien une communauté... D'abord une communauté d'oppression subie, une communauté d'exclusion imposée, une communauté de discrimination profonde. Bien entendu, et c'est à son honneur, une communauté aussi de résistance continue, de lutte opiniâtre pour la liberté et d'indomptable espérance. » (Césaire, « Discours sur la négritude », in *Discours sur le colonialisme*, Paris, Présence africaine, 2004, p. 81, cité p. 325-326). Le propos de Césaire est bien loin de celui que lui prête Ndiaye. Le « Nègre fondamental » assoit au contraire une identité noire « épaisse » à la fois sur la culture historique des peuples africains (« une des formes de l'humaine destinée telle que l'histoire l'a faite » !) et sur le couple indissociable oppression/résistance.

48. Selon lui, les Noirs constitueraient entre 4 et 5 % de la population française. La population adulte serait de 2 millions de personnes.

enquêtes de Pap Ndiaye. Le Noir réel, aussi complexe que l'histoire dont il est l'héritier, multiple et un à la fois, socialisé et racialisé dans le même mouvement, se flatte d'être « français depuis quatre siècles » et se crève les yeux à chercher sur internet la preuve que toute civilisation digne de ce nom procède de l'Égypte noire pharaonique ; il se targue sentencieusement d'être « citoyen français » et crache sur la France éternellement esclavagiste ; il jure que son vrai pays, c'est l'Afrique et se promet de ne jamais y mettre ou y remettre les pieds. Parfois, il s'en fout, il est noir, c'est tout. Prolétarisée en France, depuis peu ou depuis très longtemps, l'écrasante majorité des Noirs, et notamment les générations nouvelles nées en métropole, vit dans des quartiers populaires et c'est là que se prolongent et se reconstruisent ses identités, celle qui est particulière à chaque collectivité d'origine, celle qu'elle partage avec d'autres communautés, pas nécessairement noires, et celle qui lui est propre en tant que noire.

Ainsi, par-delà leur pluralité historique, sociale et culturelle, les Noirs ont en commun une identité spécifique en tant que Noirs vivant en France et, plus généralement, en tant que Noirs. Elle se forge dans le creuset d'innombrables expériences/références, même si celles-ci sont pour une part imaginaires et éloignées dans le temps et l'espace, la référence à l'Afrique mère, ses histoires, ses coutumes, ses traditions, ses croyances, ses arts, la référence aux multiples cultures noires, plus ou moins créolisées, construites dans l'esclavage ou la colonisation, dans la ségrégation et les ghettos, dans l'immigration et le quotidien des quartiers populaires. Cette identité est plurielle, vivante, en mouvement, elle s'exprime différemment et par une myriade de médiations, elle se module diversement, elle est traversée d'autres flux culturels, se coupe parfois en deux (Créoles/Africains), en trois ou plus encore ; elle s'imprègne d'autres cultures et recycle la culture française hégémonique. Mais cette bigarrure n'est pas la simple expression de la pluralité de l'« humaine condition », elle se déploie au contraire dans des frontières qui, pour n'être pas complètement étanches, sont pourtant bien délimitées : les frontières qui enserrent ce groupe humain bien précis, la race sociale noire. Le fil reliant ces lieux de culturation, de mémoire, d'auto-identification collective, est le passé/présent colonial, les stratégies de survie et de résistance qu'il a suscitées et suscite encore.

La « négritude », pour reprendre ce terme chargé d'histoire et de significations, ce n'est ni « l'émotion » ni la « raison », ce n'est pas plus le manioc que n'aime pas Gaston Kelman, c'est cinq siècles d'oppression raciale et, en même temps, de résistance à l'oppression raciale, c'est cinq siècles d'efforts coloniaux pour anéantir ou avilir les cultures noires et, en même temps, cinq siècles de luttes pour en préserver, revivifier, ce qu'on pense en être la substance, quitte à la créer de toutes pièces. Dans ce même mouvement où se conjuguent aliénation et résistance, les Noirs, comme les autres peuples colonisés, se sont réapproprié et ont développé à leur manière les identités fabriquées ou recomposées par le colonisateur. Cette identité est « illusoire », diront certains ; elle ne repose pas sur des « groupes circonscrits, en quelque sorte intentionnels » et procèderait seulement « d'injustices subies », comme le dit absurdement Shelby cité par Ndiaye, et pourtant elle est vachement « épaisse », abondante, pourrions-nous ajouter, plongeant ses racines dans une longue histoire, riche de sa propre diversité et des multiples espaces où elle s'est construite. Et se construit encore dans les antagonismes, pour une large part raciaux, qui hiérarchisent aujourd'hui les territoires et traversent les quartiers populaires. Car l'identité collective n'est jamais un « choix intentionnel » mais une relation sociale, l'une des formes dans lesquelles prennent corps l'institution, l'imposition, l'intériorisation et la circulation des pouvoirs sans lesquelles une société n'existerait pas. Et, dans une société dont l'une des modalités fondamentales de distribution des pouvoirs est la race, l'identité raciale, même si elle peut être voilée par d'autres identités ou se dire de biais, est tout aussi fondamentale.

Incapable de penser la race comme le produit réciproque de l'infériorisation raciale et de la résistance à cette infériorisation[49], Ndiaye ne peut concevoir l'existence d'une identité raciale qui soit celle des opprimées, façonnée dans et par la résistance à l'oppression. Pour lui, la race étant le produit du regard de l'Autre, elle ne saurait engendrer une identité propre. De son point de vue, l'identité et la solidarité sont deux moments successifs, reliés par une causalité. D'abord l'identité, et puis la solidarité qui rassemble ceux qui la portent. Ainsi, puisqu'en France, selon lui, « l'existence d'un peuple noir (est) difficile à définir par des critères identitaires[50] », l'identité commune ne peut servir de socle à la solidarité noire. Il ne peut lui venir à l'idée que l'identité, la solidarité, la résistance, ne se précédent ni ne se succèdent ; elles se meuvent d'un même pas. L'identité n'est ni un

49. Ndiaye évoque, bien sûr, les luttes mais sans en tirer les significations qui s'imposent.
50. *Ibid.*, p. 353.

point de départ ni un point d'arrivée. L'identité est le passage sans cesse recommencé. Captif d'une conception normative et statique de l'identité, Pap Ndiaye est convaincu au contraire qu'une politique se revendiquant de l'identité noire est contrainte pour exister de recourir à « un ethnocentrisme stérile tourné vers un passé remâché[51] ». En France, où l'hétérogénéité culturelle des Noirs est particulièrement développée, écrit-il ainsi, le danger est encore plus grand de voir « celui qui tiendrait à une définition ethnoculturelle normative du groupe des Noirs [conduit] à se réfugier dans une mythologie identitaire[52] ». Qu'une telle tendance existe ne fait pas de doute. Ndiaye n'aperçoit pas cependant que cette réappropriation/réinvention mythique du passé, y compris par les mouvances les plus sectaires, n'est qu'une des médiations à travers lesquelles se modèle une identité spécifique noire, comme identité de résistance raciale. L'identité noire n'est pas prisonnière d'une unique alternative : ne pas exister ou se réfugier dans les identités passées. Elle prend forme, redisons-le, au carrefour de multiples interactions dont l'élément agissant[53] est la résistance à l'oppression raciale – y compris dans le contournement ou la fuite, dans le marronnage identitaire. Mais appréhender le rôle actif de la race dominée dans la construction des relations raciales et dans son auto-construction en tant que race également résistante est évidemment impossible si l'on s'en tient à la catégorie de race « minimale » à laquelle se réfère Ndiaye dans le cadre de sa stratégie intégrationniste, inspirée de l'antiracisme blanc et d'un « modèle » fantasmé de l'« émancipation » des juifs.

Le Noir bleu-blanc-rouge

Les Noirs n'ayant pas, de son point de vue, d'identité commune, on pourrait se demander dans quelle mesure il n'est pas paradoxal de s'inquiéter de les voir se rassembler sur une base identitaire. C'est pourtant bien ce qui tourmente Pap Ndiaye qui confesse ainsi involontairement que, malgré l'extrême dissemblance des Noirs à laquelle il consacre une bonne

51. *Ibid.*, p. 353.

52. *Ibid.*, p. 353.

53. Dans ce mouvement où se mêlent oppression et résistance, la construction identitaire joue assurément un rôle majeur. Sauf à distinguer arbitrairement les différentes dimensions du lien social, on ne peut en effet concevoir de mouvement socio-politique qui se construise sans développer une culture propre, fût-elle formée de bric et de broc et empruntée, pour une part, aux dominants.

partie de son livre, il y a bien quelque chose qui pourrait cimenter un tel regroupement. Et cette « chose », comment la nommer autrement que « identité commune » ? Après nous avoir expliqué qu'elle n'existe pas, Pap Ndiaye nous suggère donc d'oublier qu'elle existe. La solidarité noire sur une base identitaire, note-t-il, serait « politiquement stérile, dans la mesure où elle est méfiante, voire hostile, à qui n'est pas noir, ou pas noir comme il faut. D'où le piège de l'enfermement identitaire et l'incapacité d'agir politiquement, c'est-à-dire en nouant des alliances et en ralliant à sa cause toutes les personnes de bonne volonté[54] ». La pente dangereuse que décrit Ndiaye est en effet l'une (et non pas la seule) des dynamiques possibles d'un combat qui se mènerait *exclusivement* sur le terrain de l'identité. Mais pourquoi Ndiaye n'envisage-t-il que deux horizons d'action, exclusivement identitaire ou exclusivement égalitaire, alors qu'on peut parfaitement concevoir une stratégie dont le moment identitaire serait l'autre face de sa dimension égalitaire ? Je propose deux réponses possibles. La première est celle-ci : incapable de comprendre la question coloniale dans ses réaménagements contemporains, il ne saisit pas non plus que les discriminations raciales ne peuvent être séparées de la suprématie blanche, en tant que fait culturel global et massif. La seconde réponse présuppose que Ndiaye soit, au contraire, très conscient de la puissance de la suprématie blanche : il renonce, par conséquent, à la contester et se contenterait bien de la chimère d'une « société déracialisée[55] » – d'autres disent « post-raciale » – qui ne serait pas également une société décolonisée. Plutôt que d'intégrer la dimension identitaire dans leur combat, les Noirs devraient donc s'unir autour de leur « plus petit commun dénominateur », en l'occurrence « faire reculer les discriminations et stigmatisations dont ils sont l'objet[56] ». Une « approche pragmatique, ajoute-t-il, [qui] permet de faire l'économie d'un débat sur l'identité, politiquement peu fructueux, pour ne se fonder que sur des torts avérés (sic !)[57] ». Faire l'économie d'un débat sur l'identité, c'est évidemment abandonner la perspective d'une remise en cause de l'hégémonie culturelle blanche et de ses formes institutionnalisées, telles notamment que les incarne le modèle républicain français.

Il est « souhaitable », s'appesantit Ndiaye, « de considérer l'organisation des personnes minorées de France dans une perspective d'égalité

54. *Ibid.*, p. 353.
55. *Ibid.*, p. 353.
56. *Ibid.*, p. 353.
57. *Ibid.*, p. 353.

des droits plutôt que dans celle, multiculturelle, de valorisation des identités – même si celle-ci est également envisageable dans des limites d'accommodements raisonnables avec les épaisseurs culturelles d'un vieux pays[58] ». Tout y est : les Noirs sont juste des « personnes minorées », la finalité de leur action ne peut être que l'« égalité des droits » (on a échappé de justesse à l'égalité « des chances » !), ils doivent éviter la perspective « multiculturelle », assimilée dans son acception libérale à la seule « valorisation des identités ». Petit bémol, cependant, car Ndiaye ne peut pas occulter, comme si de rien n'était, les exigences de reconnaissance culturelle, celles-ci lui paraissent « envisageables » si et seulement si elles se bornent de manière « raisonnable » à demander quelques ajustements qui ne bousculeraient pas ce que notre ami Besson appelle « l'identité nationale de la France » ! Notons, en passant, l'emploi des mots « épaisseurs culturelles » et « vieux pays » lorsqu'il invoque la France, par contraste avec l'« identité fine » des Noirs…

Gommant la complexité du fait identitaire noir en France, Pap Ndiaye croit pouvoir constater « l'effort tenace des Noirs pour se réclamer de la communauté nationale, et dans le même mouvement, pour la déracialiser radicalement – en quoi ils sont d'un républicanisme bien plus conséquent que les pourfendeurs « républicains » du racisme antiblanc. […] Du point de vue du rapport au national, les Noirs de France […] considèrent que l'identité française est une carte majeure de leur portefeuille identitaire […]. Se réclamer français, c'est réclamer l'égalité des droits réels[59] ». Qu'il s'en félicite peut paraître déconcertant alors que, dans un autre passage de son livre, il souligne à juste titre que « l'idéologie de la blancheur française (est) constitutive de l'identité nationale[60] » et de l'universalisme républicain. Mais ce passage, comme d'autres où il se permet quelques audaces, est orphelin. Anxieux sans doute d'être amené à en déduire une colonialité persistante de l'État-nation français qui ruinerait sa perspective intégrationniste, il interrompt brutalement sa réflexion et bifurque, une fois de plus[61], vers la question du… colorisme pour relever que la bipolarisation raciale est beaucoup moins marquée en France qu'aux États-Unis ! Chapeau, la France !

58. *Ibid.*, p. 359.
59. *Ibid.*, p. 244.
60. *Ibid.*, p. 89.
61. Voir la note 11.

Dans cette utopie d'une France à la fois identique à elle-même et débarrassée des discriminations raciales, les Noirs deviendraient-ils des Gaulois à « indice mélanique » élevé ? « La minorité noire disparaîtrait[-elle] en tant que telle », est bien obligé de questionner Ndiaye ? Non, nous rassure-t-il, la déracialisation « ne signifie pas pour autant que les cultures afro-antillaises s'effaceraient[62] ». Évidemment, comme on l'a vu, dans les « limites » qu'autorisent des « accommodements raisonnables avec les épaisseurs culturelles d'un vieux pays[63] » et, surtout, dans la limite où les particularités culturelles demeureraient strictement individuelles, non communautaires, comme les tolère notre bonne république[64].

L'horizon intégrationniste de Ndiyae se distingue donc incontestablement d'une démarche antiraciste décoloniale qui tend à articuler l'ensemble des logiques et des médiations qui constituent la suprématie blanche. On ne reprochera certainement pas à Ndiaye d'avoir consacré un ouvrage particulier à la « condition noire » qui comporte des singularités incontestables, lesquelles justifient pleinement un traitement séparé. On ne peut que le rejoindre lorsqu'il écrit : « On pourrait concevoir une analyse des discriminations ethno-raciales en général[65] », mais il reste nécessaire « de penser les discriminations dans leurs formes spécifiques[66] ». Il n'en est pas moins ahurissant de le voir s'étendre sur les corrélations entre la racialisation des Noirs et les autres conflictualités sociales, de s'attacher longuement à rappeler les concordances entre racisme anti-Noirs et antisémitisme[67], et de se soucier si peu d'analyser le rapport, pourtant étroit, entre la racialisation des Noirs et celles

62. *Ibid.*, p. 60.

63. *Ibid.*, p. 359.

64. Citons encore une fois Ndiaye : « Chacun sera libre d'adopter tel ou tel élément identitaire, de telle sorte qu'il y aura des Noirs qui se diront tels, d'autres qui feront des choix différents, un peu à l'image de nos concitoyens de filiation juive, qui sont en règle générale, depuis un demi-siècle, libres d'être juifs à leur manière, ou pas du tout. » (p. 61) À l'inverse de ce que pense Ndiaye, les juifs sont surtout libres d'être blancs…

65. *Ibid.*, p. 62.

66. *Ibid.*

67. « Il est à noter, écrit-il par exemple, que l'antisémitisme moderne emprunta des éléments importants au racisme antinoir, par associations des juifs aux Noirs dans des généalogies raciales courantes jusqu'à la Seconde Guerre mondiale. Les anthropologues nazis expliquaient que les juifs procédaient du mélange des Noirs et des orientaux » (p. 205). *Quid* de l'invention du terme « sémite », inventé au XVIIIe siècle et approprié par les raciologues pour classer l'ensemble juifs/Arabes ?

des autres populations racialisées par la colonisation et en particulier les Maghrébins et les musulmans, lesquels ne sont mentionnés que dans quelques rares passages où Ndiaye soutient – à tort – que « le racisme visant les personnes d'origine arabo-berbère est sans doute plus accusé[68] » que le racisme anti-Noirs. Le lien intime, enraciné dans le processus colonial, entre la « condition noire » et la « condition » arabo-musulmane dans la France contemporaine ne retient pas vraiment son attention[69].

On apprend par contre que « d'une certaine manière, avec l'antisémitisme, cette autre catastrophe de l'Europe moderne, le racisme antinoir est au fondement des racismes modernes[70] ». Comme nous l'avions suspecté plus haut, les ambiguïtés concernant la période coloniale post-esclavagiste ne sont sans doute pas si innocentes qu'elles en ont l'air. Ce ne serait donc pas le colonialisme comme processus global qui est au « fondement des racismes modernes » mais l'esclavage des Noirs et… l'antisémitisme ! Comment faut-il comprendre une telle affirmation ? Est-elle motivée par la réalité d'une société française qui, malgré les changements intervenus depuis la Seconde Guerre mondiale, reste historiquement imprégnée d'un antisémitisme qui a prolongé l'antijudaïsme chrétien dans le cadre de la racialisation coloniale ? S'inscrit-elle dans la logique d'une stratégie intégrationniste, consciente que la mémoire coupable du judéocide nazi a été élevée au rang de composante majeure de l'« identité nationale » française et, plus largement, occidentale ? Exprime-t-elle plutôt une volonté de se démarquer des Arabo-musulmans, réputés substantiellement incompatibles avec la république : intégristes religieux ou terroristes potentiels, machos à en mourir, incurables communautaristes et, bien sûr, antisionistes forcenés,

68. *Ibid.*, p. 237.

69. Bien qu'il écrive : « Dans le cas des empires français et britannique, la construction de la « blancheur » ne se fit pas seulement en opposition aux sujets, et particulièrement aux sujets noirs de l'Empire, mais aussi par contraste avec […] les « entre-deux », certainement pas noirs mais pas blancs non plus. Tel était le cas des Nord-Africains (particulièrement des Kabyles), mais aussi des juifs venus d'Europe centrale et orientale » (p. 88). De manière assez vague, il écrit également : « Le stigmate « arabe » est plus lourd que celui de « noir », pour des raisons historiques liées à la colonisation. » (p. 282)

70. *Ibid.*, p. 196. Dans le même sens : « Il est cependant raisonnable de considérer que la disparition du racisme antinoir, tout comme celle de l'antisémitisme, cet autre pilier de la racialisation du monde, est un objectif à dimension universelle qui bénéficierait à l'ensemble de l'humanité, pas seulement aux Noirs, mais aussi aux autres hommes qui, parfois même sans le savoir, en ont souffert aussi » (p. 61).

c'est-à-dire, dans le nouveau sens commun politico-médiatique, judéophobes ? Je crains fort que ces deux dernières hypothèses soient, hélas, celles qu'il faille d'abord retenir.

Quoi qu'il en soit, lorsqu'il aborde la question des alliances, on aurait pu penser que Ndiaye privilégierait la convergence entre les principales communautés issues de la colonisation et notamment les Noirs et Arabo-musulmans. Ce n'est pourtant pas le cas. Il souligne bien la nécessité d'« alliances entre groupes qui ont été historiquement l'objet de diverses formes de violence[71] » mais son propos est centré sur… la collectivité juive. C'est étrange, mais peut-être Pap Ndiaye a-t-il en tête une organisation comme l'UJFP[72] dont on connaît les prises de positions antiracistes ? Évidemment pas. Le CRAN[73], association dont Ndiaye est un membre influent, ne cache plus ses relations avec le CRIF[74], une corporation sioniste particulièrement impliquée dans la campagne islamophobe et le soutien aux politiques racistes menées par l'État français.

Une telle stratégie est suicidaire pour la cause noire. Elle témoigne des dérives dangereuses où risque de conduire l'illusion d'une déracialisation qui s'interdirait de contester également l'ordre blanc républicain.

> Le Nègre : *Je ne peux pas, Madame.*
> Lizzie : *Quoi ?*
> Le Nègre : *Je ne peux pas tirer sur les Blancs.*
> Lizzie : *Vraiment ! Ils vont se gêner, eux !*
> Le Nègre : *Ce sont des Blancs, Madame.*
> Lizzie : *Et alors ? Parce qu'ils sont blancs, ils ont le droit de te saigner comme un cochon ?*
> Le Nègre : *Ce sont des Blancs.* » (Jean-Paul Sartre, *La Putain respectueuse.*)

---

71. *Ibid.*, p.358
72. Union des juifs français pour la paix.
73. Conseil représentatif des associations noires.
74. Conseil représentatif des institutions juives de France.

« D'ABORD, NOUS DEVONS NOUS AIMER »

Houria Bouteldja
décembre 2011

Nous sommes ici à la troisième édition des Rencontres de l'immigration, dédiées cette année à Frantz Fanon. Je m'exprime ici en tant que fille d'immigrés, d'un père ouvrier dans le bâtiment, qui n'a pas pu profiter de sa retraite comme beaucoup d'immigrés puisqu'il est mort d'une maladie du travail et je suis la fille d'une mère au foyer. Je m'exprime aussi en tant que militante politique. J'appartiens en effet au PIR (Parti des indigènes de la république). J'insiste sur le caractère politique de mon intervention car ces Troisièmes Rencontres ont pour objectif de créer un Front uni des quartiers populaires et des immigrations et que « politique » signifie pour moi créer un rapport de force capable de défendre les intérêts des habitants des quartiers mais également aller à la conquête de notre part d'un pouvoir dont nous sommes exclus.

En préambule, je souhaiterais présenter quelques éléments du contexte dans lequel ont lieu ces Troisièmes Rencontres.

1- Nous sommes ici à Créteil. Créteil est une banlieue de France. La France n'est pas n'importe quel pays dans le monde. Elle y joue un rôle clef. Elle appartient au bloc occidental. Elle est membre des grandes instances internationales qui dirigent le monde : l'ONU, Le Conseil de sécurité de l'ONU, l'OTAN, le G8. Actuellement, elle intervient militairement en Libye, en Côte d'Ivoire, en Afghanistan… Créteil est une banlieue de la civilisation occidentale.

2- Nous vivons actuellement une crise économique sans précédent où même les couches moyennes sont touchées. Nous assistons au déclin de l'Occident qui se manifeste notamment par l'émergence d'autres puissances régionales : la Chine, l'Inde, le Brésil, l'Iran et par conséquent par la fin de l'hégémonie occidentale. Celle-ci s'accompagne par un succès grandissant des droites nationalistes et racistes alors que les gauches alternatives peinent à mobiliser et que les couches les plus faibles des périphéries dont les immigrés et leurs enfants ne sont le plus souvent pas organisées politiquement.

3- Les révolutions arabes. Elles redistribuent les cartes tant sur le plan géopolitique que sur le plan local. Ces révolutions sont historiques. Elles nous surprennent et nous montrent que l'espoir est possible. Et elles ont d'autant plus d'importance et de valeur symbolique que de nombreux habitants des quartiers sont issus des pays arabes.

4- Nous célébrons les cinquante ans de la mort de Fanon mais avant tout nous sommes à cinquante ans des indépendances africaines et en particulier à cinquante ans de l'indépendance de l'Algérie qui a été un traumatisme pour la France. Il n'est pas anodin de voir ressurgir des discours nostalgiques de l'époque coloniale. Je pense notamment à la loi du 23 février 2005 et au discours de Dakar qui proclamait que l'homme africain n'était pas entré dans l'histoire.

5- Nous sommes à six ans des émeutes de 2005. À ce jour, aucune réponse politique n'a été apportée à ce grand soulèvement des quartiers. On assiste au contraire à un pourrissement de la situation.

6- Nous sommes à quelques semaines du procès de Villiers-le-Bel où de jeunes hommes ont pris de très lourdes peines. Ceci est de très mauvais augure. Par ailleurs, en une semaine, nous avons déploré trois règlements de comptes dans les quartiers qui deviennent un phénomène inquiétant. Des jeunes de cités s'entre-tuent.

7- Enfin, nous abordons cette année la campagne présidentielle dont il faut attendre le pire.

Dans cette conjoncture, il est urgent de donner à la phrase d'Abdelmalek Sayad « Exister, c'est exister politiquement » un vrai contenu politique. Lui donner de la chair. Comme l'a rappelé Saïd Bouamama ce matin, la solution sera collective ou ne sera pas. Il n'y a pas d'issue individuelle. J'ajoute que si nous sommes désunis dans la lutte, nous serons fatalement unis dans la défaite.

Il y a une nécessité impérieuse d'une union des associations des quartiers et de l'immigration.

1- Elle doit se faire dans l'autonomie même si celle-ci n'est pas un postulat de départ mais un projet. Notre premier pas aujourd'hui vers cette autonomie est acquis par le fait que seules les associations des quartiers et de l'immigration sont autorisées à composer le futur front.

Saïd Bouamama l'a également dit ce matin et je le rejoins : pour faire des alliances, il faut d'abord traiter d'égal à égal.

2- Elle doit se faire dans des actions communes, des chantiers prioritaires : les crimes policiers, les contrôles au faciès, le droit de vote des immigrés, la lutte contre l'islamophobie et la négrophobie…

3- Elle doit se faire dans la filiation des luttes de l'immigration et des luttes anticoloniales. Nous ne venons pas de nulle part. J'aime beaucoup cette remarque de Saida Kada, une militante de Lyon, qui a dit une fois « on a l'impression que notre histoire commence avec les foyers Sonacotra ». Bien sûr, il y a les foyers Sonacotra. Mais il y a aussi notre passé et notre histoire. Comme le disait le très inspiré Sayad, « il ne faut plus dire « issus de l'immigration » mais « issus de la colonisation » ». Pas seulement parce que nous en sommes les héritiers. L'histoire de l'esclavage, de la colonisation et de l'immigration ne doit pas seulement être enseignée aux habitants des quartiers. Elle doit être enseignée dans tous les établissements scolaires de France car c'est l'histoire de tous les Français. Mais mieux encore, notre combat c'est aussi de poser collectivement la question au peuple français au moment où nous fêterons les cinquante ans de l'indépendance algérienne : « L'indépendance algérienne est certes la défaite de l'État français et de ses partisans mais est-elle la victoire du peuple français au même titre que c'est une victoire pour nous ? » C'est une vraie question et nous nous devons de la poser notamment pendant la campagne. Comment peut-on faire société ensemble, parler du vivre-ensemble quand certains considèrent Diên Biên Phu comme une défaite ? Césaire disait que la colonisation et l'esclavage décivilisaient les Européens. Je dirais par conséquent que l'acte de reconnaître nos indépendances comme des victoires légitimes recivilise les Européens.

Enfin, je voudrais conclure par mon point de vue de femme. En tant que femme de l'immigration, j'ai subi une idéologie d'État dont Fatima Ouassak a dit un mot tout à l'heure. Il existe des politiques spécifiques qui ciblent les femmes issues de l'immigration. Oui, il y a des contradictions en notre sein (Noirs/Arabes, hommes/femmes, croyants/non croyants, différences de classes sociales) mais elles doivent être traitées en interne. Sinon, elles seront instrumentalisées. Notre premier pas est d'en prendre le contre-pied et d'affirmer nos solidarités de quartiers, nos solidarités familiales, nos solidarités communautaires… Affirmer le respect de nous-mêmes, le respect de nos parents, ouvriers, immigrés, le respect de nos identités et de nos croyances. De nos pères qui souvent meurent avant l'âge de la retraite. Et nos mères, qui souvent ont été femmes de ménage ou au foyer. Je vois encore trop de gens qui ont honte de leurs parents. Souvenez-vous du fameux slogan des Noirs américains « *Black is beautiful.* » C'est un mot d'ordre que je respecte beaucoup car il est une étape importante de la conscience noire et qu'il marque le moment où les Noirs comprennent que pour avancer ils doivent s'aimer, se réhabiliter. C'est pareil pour nous. Nous devons nous aimer ! *Il faut que nous nous aimions.* James Baldwin, l'un des plus grands écrivains de cette conscience noire est allé plus loin. Il a dit « *Black is not beautiful, black is political.* » C'est l'étape de la conscience ultime. Celle que nous devons atteindre pour une véritable libération.

Cette remarque pourra sembler complètement apolitique, mais je crois que ce Front unis des quartiers et des immigrations, pour le construire, il faut commencer par ne plus avoir honte de ses parents. Seuls celles et ceux qui auront cette conscience pourront le construire !

Mohamed Merah et moi

Houria Bouteldja

avril 2012

Mon salam aux frères et sœurs qui sont dans la salle, aux amis et militants. Je salue également le Groupe des associations de Bagnolet qui a permis la tenue de ce meeting [du Printemps des quartiers populaires] et en particulier les élus locaux qui ont eu le courage de résister aux pressions.

Je dois conclure ce meeting et je voulais vous dire qu'il y a un avant et un après la tragédie de Toulouse-Montauban. Cette conclusion que j'ai écrite au nom de Printemps des quartiers n'aurait pas été la même si ce drame n'avait pas eu lieu. Cette conclusion, dans cette actualité tourmentée, sera l'expression de mon malaise, de mon désarroi, de ma tristesse mais également de mes espoirs.

Je l'ai intitulée « Mohamed Merah et moi ».

Le 13 juillet 1998, je me suis endormie moi et me suis réveillée Zinedine Zidane. C'était le lendemain de la victoire de l'équipe de France. Pourtant, je ne suis pas footballeuse.

Le 21 mars 2012, je me suis couchée moi et me suis réveillée Mohamed Merah. Pourtant, je n'ai jamais porté d'armes et n'ai jamais tiré sur personne. Le jour où l'identité de l'auteur des tueries de Montauban et Toulouse était révélée, je me suis dit « C'est pour notre gueule. » Là dessus, coup de fil de ma cousine, puis de mon oncle, puis des anciennes copines du lycée, puis de militants de tous bords. La plupart de celles et ceux dont je parle sont des « arabo-musulmans ». Et ainsi de suite toute la journée. La panique dans les réseaux sociaux. « On est dans la merde ! »

Pourquoi sommes-nous liés à Mohamed Merah, comme la corde l'est au pendu ?

Je ne peux pas le nier. Je ne peux pas fuir. Je ne peux pas creuser un trou pour m'y terrer le temps que ça passe. Mohamed Merah c'est moi. Le pire c'est que c'est vrai. Comme moi, il est d'origine algérienne, comme moi il a grandi dans un quartier, comme moi il est musulman.

Mohamed Merah c'est moi. Quel âge avait-il le 11 Septembre ? Douze ans. Un enfant en construction. Depuis, comme moi, il a subi l'incroyable campagne mediatico-politique islamophobe qui a suivi les attentats contre les deux tours. Parce que Mohamed Merah, douze ans, c'était déjà Ben Laden. Et vice versa. Sûrement, à l'école, on lui a imposé une minute de silence pour les victimes du 11 Septembre. Comme moi, l'école ne l'a jamais invité à se recueillir pour les Rwandais, les Afghans ou les Palestiniens. Comme moi, il a subi la destruction du foyer historique de la Mésopotamie et assisté au massacre des Irakiens en direct live. Comme moi, il a assisté à la pendaison de Saddam Hussein, en direct live, le jour de l'Aïd. Tous les deux, lui et moi, moi et lui, nous avons subi impuissants la deuxième affaire du voile, l'exclusion et l'humiliation de nos sœurs à l'école. On a vu comment le pouvoir, toute honte bue, avait transformé un principe fondamental de la république, la laïcité, en arme de combat contre nous. On a vécu les bombardements de Gaza, et les révoltes populaires de 2005, suite à la mort de Zied et Bouna. Comme moi, il sait que des juifs, je dis bien DES juifs, jeunes comme lui, français comme lui, peuvent prendre l'avion pour Tel Aviv, enfiler l'uniforme israélien, participer à des exactions de l'armée la plus morale du monde selon les mots de BHL et revenir en France tranquilles, peinards. Comme moi, il sait qu'il sera traité d'antisémite s'il soutient les Palestiniens colonisés, d'intégriste s'il soutient le droit de porter le foulard.

Mohamed Merah c'est moi, et moi je suis lui. Nous sommes de la même origine mais surtout de la même condition. Nous sommes des sujets postcoloniaux. Nous sommes des indigènes de la république.

Mohamed Merah, c'est moi et ça n'est pas moi. Aimé Césaire, le chantre de la négritude, disait, je suis un nègre fondamental. Je dis ce soir, je suis une musulmane fondamentale. Ce que Mohamed Merah n'aura pas eu l'occasion ni la chance d'être. Qu'est-ce que c'est un nègre fondamental, une musulmane fondamentale ? C'est un humain, c'est un citoyen entier de son humanité. C'est celui qui refuse d'agir comme son ennemi et de s'identifier à lui. Car notre ennemi est un barbare. Celui qui confond oppresseur et opprimé est un barbare. Celui qui tue impunément à Kaboul avec les armes de l'Empire est un barbare, celui qui tue aveuglément à Gaza avec les armes de l'Empire est un barbare, celui qui réprime dans le sang à Abidjan avec les armes de l'Empire est un barbare. Souvent, trop souvent, ce sont des enfants que l'on tue. Des innocents.

C'est ce dont s'est rendu coupable Mohamed Merah si sa culpabilité était confirmée. Par son acte, qu'il soit un jeune homme paumé ou agent de la DCRI, il a rejoint le camp de ses propres adversaires. De NOS adversaires. Par son acte, il s'empare d'une des dimensions principales de nos ennemis : celle de considérer les juifs comme une essence sioniste ou une essence tout court. Aucun juif ne naît avec le sionisme dans le sang, aucun Blanc ne naît avec le racisme dans le sang, aucun Arabe, aucun musulman, aucun Noir ne naît avec la haine et le revanchardisme dans le sang. Et c'est précisément ici que nos routes se séparent. Et c'est précisément à ce carrefour que nous nous affirmons ou pas nègres ou musulmans fondamentaux. Nous ne pouvons pas combattre le racisme et devenir nous-mêmes racistes ou en tout cas en revêtir la forme. Ce qui nous caractérise c'est notre détermination à rester sur le terrain politique et sur celui de la dignité humaine.

Mais ce choix de ne pas céder à la barbarie ne peut pas être un choix isolé, individuel. Je ne peux pas choisir toute seule d'être une musulmane fondamentale. C'est un choix collectif organisé. Il faut nous sauver les uns les autres, il faut nous protéger les uns les autres. Et il faut protéger nos enfants qui subissent cette violence extrême du monde dans lequel nous vivons et qui, pour lui échapper, ne trouvent rien de mieux à faire que de la reproduire dans toute sa laideur.

Et si nous n'avons pas su protéger Mohamed Merah de lui-même pour mieux nous protéger et protéger la société, c'est aussi de notre faute. Trente ans de luttes de l'immigration en France et même plus n'ont pas réussi à construire une alternative politique pour donner un sens positif à la rage et à la colère de celles et ceux dont nous sommes et qui vivent l'humiliation et les discriminations dans les ghettos de France. Trente ans n'ont pas réussi à donner à notre légitime colère une expression politique. Nous n'avons même pas été capables de nous organiser suite aux émeutes urbaines de 2005. Que ferons-nous lorsque les prochaines révoltes éclateront – et cela hélas ne manquera pas de se produire ?

Lorsque nous avons lancé Printemps des quartiers, nous savions déjà que la situation était grave, nous savions déjà que les grands partis politiques non seulement n'allaient pas prendre leurs responsabilités mais allaient même faire les apprentis sorciers, jouer avec le feu. Nous savions déjà que le racisme, les discriminations, les contrôles au faciès, le chômage massif faisaient des ravages dans la tête des victimes de cet ordre social. En organisant cette dynamique, nous avons souhaité prendre nos responsabilités parce qu'il y a un désert politique qu'il faut combler de toute urgence. La paix sociale a un prix. Pas de justice, pas de paix. Aujourd'hui, des pressions politiques sont faites pour étouffer ce souffle timide. Nous en avons l'habitude. Héritiers des luttes de l'immigration et des quartiers, nous savons que nos tentatives d'organisation ont systématiquement été détruites par les pouvoir centraux ou locaux. Nous sommes certes responsables mais pas coupables.

Au nom de Printemps des quartiers, je voudrais ici exprimer notre profonde tristesse aux familles, aux pères et aux mères des victimes, adultes et enfants de l'effroyable tuerie de Toulouse et Montauban et réitérer nos condoléances.

Au nom de Printemps des quartiers, je voudrais également que nous ayons tous ici ce soir une pensée solidaire pour Madame Zoulikha Aziri, mère de Mohamed Merah qui traverse aujourd'hui une épreuve insoutenable. Celle d'avoir perdu son fils dans des circonstances effroyables, un corps criblé d'une trentaine de balles. Celle d'être jetée à la vindicte populaire pour avoir enfanté un monstre. Celle de l'affront qui lui est fait par le gouvernement algérien d'interdire la mise en terre de son fils sur le territoire algérien, terre de ses ancêtres et de sa religion. Celle enfin de ne pas avoir été autorisée à se recueillir auprès de son enfant avant son enterrement.

J'éprouve une immense tristesse pour toutes ces mères et je ne vois pas comment ce soir nous pourrions échapper à notre devoir de soulager le cœur de ces femmes qui doivent banalement ressembler à toutes nos mères et que le destin a frappées cruellement. Je ne vois pas comment nous pourrions échapper au devoir d'affronter l'avenir, celui de nous organiser pour combattre notre véritable ennemi : le système impérialiste, raciste et ultralibéral qui provoque la mort industrielle des populations qui ont le malheur de vivre dans les pays du Sud et la désagrégation sociale des sociétés occidentales. La Grèce et l'Espagne sont dans le tourbillon de la crise. Demain, ce sera la France. Si nous avons tous notre part de responsabilité dans le désordre du monde, nous n'en connaissons pas moins le véritable organisateur, le véritable coupable. Notre destin est entre nos mains.

Burqa : une partie qui se joue à deux

Houria Bouteldja

avril 2011

Quand j'étais enfant, je me souviens, ma mère avait les cheveux courts et portait des pantalons. Dans l'album de famille, de vieilles photos d'identité : mon père, jeune immigré, portait costume et cravate.

Mon père n'est plus. Mais dans l'une de ses dernières photos, il porte sa tenue de Hadj. Ma mère, elle, porte le foulard depuis près de vingt ans.

Comment diable, au lendemain de l'Indépendance, mes parents, Algériens, d'origine rurale (du douar), si traditionnels dans leurs pratiques, pouvaient-ils, dans leur apparence vestimentaire, ressembler tant aux Français ?

En vérité, ils ressemblaient à nombre de Maghrébins et d'Africains qui ont troqué leurs vêtements traditionnels, djellabas, pagnes, boubous et autres hayeks contre pantalons, costards, jupes et chemises.

Et donc ?

Une loi sur un vêtement va probablement être votée. Une loi républicaine pour bannir un vêtement de l'espace public (comme en Arabie Saoudite !). Certes, l'enjeu de cette loi ne porte pas sur la manière de se vêtir. Elle s'inscrit plus particulièrement dans le cadre de la mise au ban de l'islam et de ses diverses expressions. Pour l'heure, c'est une autre dimension du débat qui m'interpelle : celle de l'européocentrisme vestimentaire et de son arrogance.

Personne n'a jamais interdit la cravate et le pantalon dans l'Empire. Quels indigènes pouvaient s'opposer à la pénétration des vêtements coloniaux ? Comment pouvaient-ils résister à l'abandon des vêtements traditionnels ? Comment empêcher la terrible concurrence du vêtement civilisé ? En un mot du vêtement ?

Le burnous, le pagne ? Qui les aura défendus ?

Combien se sont étonnés de l'adoption et de la généralisation des canons vestimentaires occidentaux dans l'ensemble des continents africain et asiatique et dans le monde arabo-musulman ? Combien pour saisir l'ampleur du dommage culturel que cela représente ? Combien d'âmes pour s'émouvoir du traumatisme identitaire signifié par l'abandon des traditions vestimentaires, souvent centenaires, parfois millénaires ? Qui en connaît la valeur ?

Nous ?

Pas vraiment. Mais ça viendra peut-être.

Qui alors ?

Toi.

Tu en connais très bien la valeur.

Puisque tu connais la valeur de tes vêtements.

Tu connais l'importance de ton identité nationale.

Tu connais l'importance de ton intégrité culturelle.

Tu la défends et la protèges même au prix de débats ridicules.

Tu as d'abord voté la loi qui a exclu le voile de l'école.

Puis, tu as ardemment soutenu le projet de loi d'interdiction du voile intégral.

Parfois, tu l'as approuvé en silence.

Haro sur le *niqab* ! Et rien ne te fera reculer, même pas ta Sainte Constitution.

Et pendant que tu construis ta forteresse, tu ne te gênes pas pour piétiner l'altérité des autres.

Tu t'exportes.

Tu exportes ta langue.

Tu exportes ta laïcité.

Tu exportes ton universalisme.

Tu exportes Descartes et Voltaire.

Tu exportes tes couturiers, ton style, ta mode.

Et lorsqu'un indigène se présente à toi avec une cravate, tu trouves ça normal. Sa ressemblance avec toi ne t'étonne pas. Curieusement, elle ne te flatte pas non plus.

Et tu sais pourquoi ? Parce que pour toi, c'est normal. NOR-MAL.

Mais s'il se présente à toi avec sa tenue, tu la toléreras si tu la juges folklorique ou inoffensive. Si elle défie ta norme, tu la marginaliseras, si elle résiste, tu l'écraseras.

Soit.

Mais fais gaffe. Ce jeu, c'est une partie qui se joue à deux. Parfois, tu crois marquer des points mais ce que tu prends pour une victoire n'est que triomphe illusoire.

Souviens-toi…

La multiplication des foulards et l'augmentation des écoles islamiques, lorsque tu as voté la loi contre les signes religieux à l'école.

Le déferlement des drapeaux algériens sur le vieux port à Marseille et place de l'Étoile à Paris alors que tu débattais sur l'identité nationale.

L'émergence des mouvements revendiquant la reconnaissance des crimes coloniaux et de la traite négrière lorsque tu as voté la loi sur l'œuvre positive de la France dans ses colonies.

Certes, c'est toi qui frappes le plus fort. Mais reconnais que nos coups à fleurets mouchetés font aussi leur petit effet.

Tu sais quoi ? Rien ne t'oblige à continuer ce jeu.

L'objectif politique du PIR : un gouvernement décolonial

Parti des indigènes de la république
avril 2010

Le document qui suit fait partie d'une série de textes en préparation destinés à présenter d'une manière claire et accessible certaines prises de position adoptées à notre Congrès constitutif. En effet, formulées souvent de manière très concentrée, celles-ci nous ont semblé parfois mériter d'être explicitées plus précisément à l'intention notamment des sympathisants les moins expérimentés.

Dans « Principes politiques généraux du PIR », le document-cadre adopté par notre congrès constitutif, le « congrès Malcolm X », qui a eu lieu les 27 et 28 février derniers, il est écrit ceci : « Le PIR a pour objectif politique l'avènement d'une majorité politique contrôlant les principaux leviers institutionnels et déterminée à engager les profondes réformes institutionnelles, sociales, économiques et culturelles, nécessaires pour poursuivre le processus décolonial, dans ses différentes dimensions, et combattre les inégalités raciales. »

Cette phrase est fondamentale. Elle donne tout son sens à la constitution de notre parti et définit le cadre de notre action. Elle constitue également une innovation essentielle par rapport aux traditions de luttes de l'immigration et des banlieues. Il nous faut donc l'expliquer plus précisément.

1) Les limites de l'action revendicative sans perspective en termes de pouvoir

Depuis des décennies, les luttes de l'immigration, des habitants des quartiers populaires et plus généralement de tous ceux qui sont traités comme des indigènes en France se cantonnent dans deux dimensions : soit elles sont strictement « protestatives », c'est-à-dire qu'elles se bornent à protester contre les politiques menées par le gouvernement ou une autre institution de l'État, soit elles sont revendicatives et demandent l'abrogation de telle loi, de telle mesure, ou, au contraire, elles demandent que soit adoptée telle loi ou telle mesure.

Il ne faut pas sous-estimer l'importance de ces luttes : elles ont parfois permis de faire pression de manière efficace sur le pouvoir, elles ont aussi permis des améliorations de nos conditions, elles ont favorisé notre organisation et fait évoluer les rapports de force.

Mais elles ont aussi d'évidentes limites : la plupart du temps, elles sont défensives ou réactives, elles sont ponctuelles ou locales, elles mobilisent seulement telle ou telle fraction des populations indigénisées par la république, elles concernent chaque fois un aspect particulier de la politique de l'État (ou d'une autre institution), c'est-à-dire qu'elles s'en prennent aux symptômes et non pas à la maladie. Surtout, l'initiative de la politique est laissée à ceux qui dirigent, qu'ils soient de droite ou de gauche. Les majorités se succèdent dans les municipalités, au Parlement, au gouvernement ; elles développent un programme, elles le mettent en œuvre, elles le contrôlent, et nous, nous n'avons pas d'autre choix que de protester ou de demander un changement sur tel ou tel aspect de ces politiques, conçues et appliquées en dehors de nous. Pour utile qu'elle soit, l'action strictement revendicative, menée par des associations ou même par un large mouvement social, ne peut sortir de ce cercle vicieux. La seule manière d'en sortir pour être partie prenante de la conception et de l'application des politiques menées, c'est de *construire une force politique organisée, représentative, puissante, qui soit capable d'accéder au pouvoir*, c'est-à-dire au cœur des institutions de l'État qui prennent les décisions et les appliquent. C'est nécessairement le but du PIR !

2) Rompre avec le complexe de l'immigré qui serait illégitime sur le plan politique

L'une des forces du système national-racial français, c'est qu'il est parvenu à convaincre une majorité des populations issues de l'immigration coloniale que ses droits sont « naturellement » limités. Et quand nous parlons de droits, nous pensons plus particulièrement aux droits politiques.

Certes, de plus en plus, nous revendiquons le droit de vote pour les immigrés, nous exigeons d'être plus représenté lors des élections, ou de faire entendre nos voix dans les médias. Trop souvent encore, même lorsque nous sommes nés en France et que nous avons la nationalité française, nous considérons que nous devons respecter le cadre général de l'État français, de ses institutions fondamentales, de ses valeurs, de sa culture, de ses symboles, etc. Nous agissons comme si la république, la nation française et son histoire étaient sacrées et intouchables. En quelque sorte, nous sommes plus royalistes que le roi : toutes les autres composantes de la population et tous les autres courants politiques, ont, à un moment ou à un autre, remis en cause ces institutions et ces valeurs.

Beaucoup continuent à le faire. Nous, nous n'osons pas, ou en tout cas pas souvent, comme si nous n'avions pas le droit de changer la France parce que la France était là avant nous, comme si nous n'avions pas le droit de contester le système républicain ou de vouloir transformer « l'identité nationale » parce que nous ne sommes pas « de souche » ou comme nous disons, nous, « souchiens ».

D'une certaine manière, une telle attitude revient à accepter les fondements de notre propre exclusion politique et culturelle : « Vous venez d'ailleurs, nous dit-on, vous demandez notre hospitalité, alors acceptez nos traditions… ». En vérité, accepter ce principe, c'est renoncer à nos droits à la citoyenneté, c'est renoncer à la politique, c'est renoncer à remettre en cause les mécanismes de l'État et de la société qui sont à l'origine du racisme colonial.

Affirmer, comme le fait le PIR, qu'il faut un gouvernement décolonial et que nous devons être partie prenante du pouvoir, c'est dire que, tout en étant attachés à nos pays d'origine, à nos cultures et à nos religions, nous sommes ici, d'ici, nous avons nos histoires mais nous faisons partie de l'histoire de ce pays et que nous avons autant de droits que tous les Français pour changer le système politique et participer à l'évolution des identités nationales et culturelles de la France.

3) Qu'est-ce qu'un gouvernement décolonial ?

Comme nous l'avons déjà dit à de nombreuses reprises, le racisme en France est un racisme d'État. Il n'est pas seulement le fait d'individus qui ont des préjugés à l'encontre des Noirs, des Arabes ou des musulmans, mais aussi le résultat d'une politique de l'État. Cette politique est liée à l'histoire esclavagiste et coloniale ; elle est liée à la domination coloniale que la république continue d'exercer sur les peuples des « Dom-Tom », elle est liée aux rapports de dépendance qui existent encore vis-à-vis des anciennes colonies du Maghreb et d'Afrique noire, elle est liée à la politique impérialiste française et, plus largement, au rôle de la France dans le maintien de la domination du Nord sur le Sud. Tout cela se traduit par l'indigénisation des populations issues de la colonisation au sein même de la métropole, par le racisme, par les discriminations raciales, par la relégation des habitants des quartiers, par le mépris pour nos cultures d'origine, nos histoires et nos religions.

On ne peut pas ici rentrer dans le détail, mais ce qu'il est important de souligner c'est que pour changer tout cela, il faut réformer l'État et ses politiques en profondeur ; on ne peut pas se contenter d'en rafistoler certains aspects. Il faut donc un programme global qui ne soit pas simplement un chapelet de revendications partielles mais qui trace les lignes directrices des réformes nécessaires pour entamer le processus qui aboutira à la remise en cause du caractère colonial, racial et impérialiste de l'État français. *Ce programme, nous l'appelons un programme décolonial et la majorité politique qui le portera jusqu'au gouvernement, une majorité décoloniale.*

Le Parti des Indigènes agira, par conséquent, pour contribuer à une recomposition des forces politiques françaises dans la perspective de faire émerger une alliance majoritaire dans les principales instances politiques (Parlement, gouvernement...), une majorité déterminée à engager un processus de réformes en profondeur qui battent en brèche les dispositifs et les instruments de la reproduction des inégalités raciales et de la politique impériale (sur ce dernier point, on peut évoquer, à titre d'exemple, la nécessité d'une politique qui rompe avec la Françafrique ou avec le soutien à l'État sioniste).

4) Construire la majorité décoloniale

Soyons clairs : les conditions sont loin d'être remplies aujourd'hui pour la constitution d'une majorité décoloniale et, *a fortiori*, pour qu'elle accède au pouvoir à l'échelle nationale.

Mais il est évident que la seule possibilité pour les populations indigénisées d'être parties prenantes du pouvoir politique, c'est la constitution d'une large alliance avec d'autres couches populaires, notamment dans les quartiers.

Dans certaines communes, il est peut-être déjà possible de tisser de telles alliances mais à l'échelle nationale, dans l'état actuel des rapports de force politiques et culturels, cela est encore irréaliste. Une nouvelle majorité politique décoloniale ne peut être constituée à partir des partis politiques – de droite ou de gauche – tels qu'ils existent actuellement. Aussi bien dans leurs politiques que dans leurs fonctionnements internes, ces partis participent, à des degrés divers et selon des modalités plus ou moins directes, à la préservation des injustices actuelles. Même en leurs sein, les Noirs, les Arabes, les musulmans sont et resteront marginalisés, instrumentalisés, considérés comme des indigènes. Certes, il existe de nombreux individus et militants, ainsi que quelques groupes politiques restreints, qui semblent prêts à soutenir une politique décoloniale ; de même, dans certains partis, des courants, encore peu influents, semblent approuver notre démarche. Mais le chemin est encore long avant que n'apparaissent des forces décoloniales de poids qui pourraient être nos alliées pour constituer une nouvelle majorité politique. Par conséquent, il faut être lucide : comme cela a été le cas des luttes anticoloniales, nous devons concevoir notre combat sur le long terme. Chercher des raccourcis, faire uniquement de la politique dans l'urgence ne peut être la solution.

Le pari que nous devons faire sur l'histoire, c'est que notre action et l'ensemble des luttes à l'échelle locale et internationale puissent faire émerger dans le champ politique, dans les partis existants ou à venir et dans les différents mouvements sociaux et culturels de nouvelles forces politiques convaincues que notre lutte est légitime, et qu'elle est indispensable à l'avènement d'un monde égalitaire et plus juste.

Il est certain que les forces décoloniales n'apparaîtront pas toutes seules ! Elles ne pourront se former et se développer qu'à deux conditions au moins : 1) que les indigènes parviennent eux-mêmes à se constituer en force organisée indépendante, capable de proposer une alternative politique globale, 2) que le Parti des Indigènes parvienne à développer une stratégie appropriée en direction des autres couches populaires et des différents courants politiques, 3) qu'il agisse pour construire des liens, stimuler le débat en leur sein, et agir sur leur évolution.

En d'autres termes, notre parti devra être capable à la fois de préserver son autonomie politique et de construire des alliances qui favorisent le développement des luttes et de la culture décoloniale dans l'ensemble de la société.

Il faudra donc du temps, mais l'objectif d'un gouvernement décolonial, s'appuyant sur une nouvelle majorité politique est un but réaliste si l'on veut vraiment battre en brèche les politiques racistes et impérialistes.

Il doit constituer le fil à plomb stratégique dans la politique quotidienne de tout parti qui prétend représenter les populations indigénisées et les quartiers populaires. Agir au jour le jour pour la satisfaction de nos revendications immédiates, nous organiser, concevoir un programme, développer des alliances, participer aux élections, toutes ces formes d'action doivent aboutir un jour à la constitution d'une majorité décoloniale susceptible d'accéder au gouvernement.

En résumé, le PIR ne saurait être ni un « syndicat » des immigrés ou des quartiers, ni un « mouvement social » destiné seulement à obtenir la satisfaction de telle ou telle revendication, ni une « force protestataire » pour « crier » nos révoltes, et encore moins un « lobby » destiné à permettre à une « élite indigène » de négocier quelques privilèges sur notre dos. Le PIR agira pour modifier les rapports de force politiques au sein de la société et au cœur même des centres du pouvoir, afin que le projet décolonial devienne une dimension majeure des politiques menées par les principales instances de décision de l'État.

En dehors d'un tel horizon, il n'y a pas de politique indigène indépendante. Il n'y a que l'« intégration ».

Les mystères de l'« articulation races-classes »

Sadri Khiari

juin 2011

Lorsqu'un Blanc de gauche nous demande « Comment articulez-vous races et classes ? », il ne faut pas lui répondre. D'abord, tout simplement, parce que cela ne le regarde pas. Ensuite, parce que nous n'avons peut-être pas de réponse à sa question et que nous ne sommes pas tenus d'en avoir. Surtout, parce que quand il nous pose cette question, il n'exprime pas sa simple curiosité. Il se demande au fond si notre combat est vraiment légitime, c'est-à-dire si, de son point de vue, notre combat renforce le sien ou si, au contraire, il l'affaiblit. Il veut savoir s'il correspond à l'idée qu'il se fait de la lutte pour l'émancipation – généreuse, générale, universelle… S'il considère que ce n'est pas tout à fait le cas alors, pour lui, il ne vaut rien, et peut même lui paraître nuisible.

Quand un Blanc de gauche nous pose cette question et qu'on tient cependant à réagir, la seule chose à faire d'un point de vue pédagogique n'est pas de le frapper mais de lui retourner la question dans un langage simple qui lui soit accessible. Il faut lui demander pourquoi il nous pose cette question, quelle en est la véritable signification : « Pourquoi tiens-tu tant à savoir comment nous articulons classes et races ? Ne penses-tu pas que notre cause se justifie en elle-même ? Serait-elle illégitime si nous n'articulions rien du tout ? Perdrions-nous alors ton soutien ? » La plupart du temps, c'est vrai, il ne comprendra pas ; c'est sans espoir, mais on ne perd rien à essayer. Si ça marche et qu'il commence à douter lui-même du sens véritable de sa question, on peut tenter d'aller plus loin et lui demander : « Et toi, comment articules-tu ces différentes luttes ? Penses-tu que ce soit possible sans que notre combat ne soit subordonné au tien ? » À ce stade, le « dialogue » sera probablement rompu parce que justement, par « articulation », le Blanc de gauche entend presque toujours la subordination de notre combat au sien et que de toute façon il risque d'avaler de travers si on lui suggère que la lutte des classes, c'est pas nécessairement notre truc même si c'est le sien. Plus généralement, quand on lui parle en termes de « nous » et de « vous », il a le cerveau qui disjoncte.

Essayons, cependant, de comprendre plus précisément ce que cache la notion d'articulation.

L'articulation est le passeport de la race

La gauche française déteste le mot race. Essayez de faire dire à un Français de gauche une phrase contenant l'expression « race chevaline » et, si vous savez vous montrer attentif aux nuances de son intonation, vous ne manquerez pas de percevoir un léger tressaillement de sa voix au moment où il prononcera le mot « race ». Rapporté aux êtres humains, le terme lui fait carrément horreur. Il est convaincu en effet que chaque fois qu'une personne, en France ou ailleurs, prononce ou écrit le mot « race », le racisme progresse d'un degré. Vous le dites mille fois, le racisme progresse mille fois. C'est donc un mot tabou qu'il ne faut évoquer qu'avec une infinité de précautions. La première des précautions consiste évidemment à le faire suivre d'un long commentaire rappelant que les races n'ont aucune réalité biologique : l'humanité est Une. La deuxième est de l'entourer de guillemets pour signifier que le terme est malpropre. À l'oral, le conférencier ne manquera pas de l'accompagner d'un geste bien connu qui consiste à présenter ses deux mains au public, l'index et le majeur dressés, effectuant deux ou trois mouvements descendants sur quelques centimètres ; la vigueur avec lequel ce geste est effectué manifeste le plus ou moins de dégoût que ressent le conférencier vis-à-vis du terme « race », que l'importance de sa contribution à la réflexion collective lui impose cependant de prononcer.

Sans nul doute, sur cette question comme sur toutes, il convient d'apporter quelques nuances et de reconnaître à une toute petite minorité de militants et d'intellectuels de gauche une plus grande flexibilité. Depuis le milieu des années 2000, on peut même remarquer (et se féliciter) que cette minorité s'élargit peu à peu et que l'idée d'un phénomène social appelé race fait son chemin. Son introduction dans le débat reste cependant très encadrée, la prudence est toujours de rigueur. Aux procédés mentionnés plus haut, s'y ajoutent d'autres. Par exemple, après la mention obligatoire du caractère « socialement construit » des races, il est impératif de relativiser immédiatement leur réalité sociale en soulignant que les races sont une pure construction « imaginaire » alors que la classe, elle, serait une vraie matérialité sociale, enracinée dans les rapports économiques. Les classes produisent des rapports de force politiques de classes, des partis, des États, et tout un tas d'autres trucs ayant une consistance reconnue tandis que les races, elles, ne produiraient rien de tel. Elles doivent se contenter de n'avoir que des « effets », généralement assez désagréables pour les « racisés ». La référence, implicite ou explicite, ce sont les travaux de Benedict Anderson sur la « nation imaginée[1] » que l'on trahit allégrement en omettant de rappeler que, pour lui, le concept de « nation imaginée » ne signifie aucunement que la nation, c'est du vent. Aussi éloignée de la notion d'imaginaire forgée par Anderson que le port de Ningbo-Zhoushan de la planète Mars, la race imaginée en vogue chez quelques sociologues et militants de gauche n'a donc aucune consistance sociale et politique. Elle est aussi vide qu'une feuille de brick avant d'être cuisinée. Concédons, cependant, qu'elle a le mérite d'exister[2].

La prudence, de mise quand on traite de la race, impose également d'éviter autant que possible d'associer Noirs, Arabes et musulmans comme étant l'objet d'un même processus de racialisation, malgré les différences. Une autre manière d'encadrer la notion de races, et c'est celle-là qui nous intéresse ici, est la fameuse « articulation ». Pour n'être pas suspect de racisme ou d'essentialisme ou de toute autre abomination du même genre, toute personne évoquant les races doit obligatoirement, en plus de toutes les précautions mentionnées ci-dessus, spécifier qu'on ne saurait parler de races sans les « articuler » aux classes (et, entre autres choses, au genre). Considérée comme imaginaire et une fois accrochée à la classe, la race, sans être pour autant complètement halal, devient gaucho-compatible ; elle peut ambitionner d'intégrer le corpus conceptuel de la gauche sans en bousculer les normes et les coutumes.

Je ne cite personne ni n'évoque explicitement aucun courant particulier. L'avantage pour moi est que je peux procéder à quelques raccourcis et à des généralisations un peu abusives. L'inconvénient est bien sûr qu'on me le reprochera. Malgré cela, je ne crois pas que le tableau d'ensemble soit injuste. Rares sont, au sein de la gauche blanche française, ceux qui y échappent.

1. Benedict Anderson, *L'Imaginaire national. Réflexions sur l'origine et l'essor du nationalisme*, Paris, La Découverte, 2002.

2. J'ai formulé quelques hypothèses sur les races sociales dans Sadri Khiari, *La Contre-révolution coloniale en France. De de Gaulle à Sarkozy*, Paris, La fabrique, 2009.

Eux n'articulent pas

En janvier 2005, lorsque nous avons rendu public l'Appel des Indigènes de la République, la notion de races, comme le fait de parler de Blancs ou de Noirs, suscitait encore plus de réserves qu'aujourd'hui. L'Appel lui-même concentrait son attaque sur une autre facette du tabou républicain, la permanence de rapports coloniaux et leur caractère constitutif des institutions de la république. Dans ce contexte, parmi d'autres accusations censées être infamantes, l'un des arguments qui est le plus revenu a été celui de ne pas lier notre critique de la société française à la « question sociale ». Par « sociale », il faut bien sûr entendre socio-économique. C'était déjà parler d'« articulation ». Dans le même sens économiste, on nous a également reproché d'oublier la lutte des classes. Le plus étrange, c'est que ce genre de critiques nous a été adressé par des gens dont une partie avait renoncé à la lutte des classes depuis belle lurette et se fichaient comme d'une guigne de la « question sociale ». Ce paradoxe reste valable pour ceux qui, aujourd'hui, nous enjoignent d'articuler races et classes.

Il peut paraître surprenant en effet qu'une grande partie de ceux qui jubilent intérieurement chaque fois qu'ils prononcent l'expression « articulation races-classes » n'intègrent plus la lutte des classes ni à leurs analyses de l'histoire et des conflits en cours ni dans les stratégies qu'ils développent ! S'ils consentent parfois à parler de classes, ils en parlent comme d'« objets » sociaux, de vulgaires catégories sociologiques à l'instar des catégories de vieux ou de jeunes. Plus souvent, on les entend évoquer les travailleurs, les exclus, les précaires, les chômeurs, les classes moyennes – « nouvelles » ou pas –, la multitude, etc. En dehors de quelques groupes archéo-staliniens, archéo-trotskistes et archéo-anarchistes, il devient de plus en plus rare d'entendre parler de classe ouvrière ou de prolétariat. Il paraîtrait même à en lire certains que ce dernier aurait disparu (ce qui dénote, soit dit en passant, une vision très européocentriste). Quant à l'anticapitalisme, réputé être immanent à la lutte des classes contemporaine, il n'est revendiqué que par l'extrême gauche, ce qui n'empêche pas certains qui sont loin de s'en réclamer de marteler l'impératif de l'articulation races/classes. Autrement dit, bien souvent, il apparaît que les classes elles-mêmes n'acquièrent une consistance théorique et sociale qu'en tant que *condition de légitimité* de la notion de races. Coquetterie pour dire qu'on n'oublie pas complètement Marx ou qu'on est vraiment de gauche, les classes – et encore moins la lutte des classes, sans laquelle parler de classes n'a aucun sens – ne semblent plus avoir de véritable utilité en tant que concept ; on raisonne bien plus souvent avec d'autres grilles d'analyse et notamment à travers le clivage gauche/droite, compris bien souvent comme un antagonisme entre blocs de « valeurs ».

Quand on examine les propos de ceux qui parlent d'articulation races-classes, on constate que finalement il s'agit simplement d'affirmer que toutes les formes d'oppression sont solidaires. Sur le plan de la théorie et de l'analyse, il s'agit de montrer que, tant d'un point de vue généalogique que de celui des logiques sociales, elles procèdent les unes des autres et s'adossent allégrement les unes aux autres (avec généralement quand même une prééminence pour la domination économique).

Articulation et stratégie politique

Dire que finalement toutes les exploitations et les oppressions se chevauchent et s'adossent les unes aux autres ne suffit pas à en résoudre l'équation, qui consiste en l'occurrence à poser que s'il y a sans doute des intérêts communs à tous les opprimés, il y a également des conflits d'intérêts entre eux. Comment traduire une telle affirmation en modalités pratiques de lutte, d'organisation et de plateforme politique concrète ? Que signifie « articuler » non pas du point de vue du sociologue mais en termes stratégiques et tactiques ?

De véritables stratégies intégrant des coordonnées de races et de classes ont été réfléchies dans l'histoire, qui pourraient donner un sens à la notion d'articulation. Au sein des luttes de libération nationale, par exemple, « articuler » a pu signifier *introduire la lutte des classes au sein même de la lutte de libération.* À un moment donné de leur révolution, certains mouvements de libération ont ainsi fait le choix d'encourager la mobilisation de la petite paysannerie pauvre contre les gros propriétaires fonciers autochtones. Il s'agissait selon eux non seulement d'affaiblir ces propriétaires qui constituaient une base du système colonial, mais surtout de favoriser, en leur promettant l'accès à la terre, l'adhésion au mouvement anticolonial de la masse des populations rurales pauvres. Dans les villes également, certains mouvements anticolonialistes ont introduit, du point de vue même de leur stratégie anticoloniale, une rupture entre les classes populaires et la bourgeoisie locale alliée peu ou prou au colonialisme. On pourrait même ajouter, me semble-t-il, qu'il n'a pas existé de stratégie de libération nationale, dans les anciennes colonies européennes, qui ne se soit pas déployée en manœuvrant – consciemment ou intuitivement – des paramètres de classes, y compris en faisant le choix de l'« union nationale » interclassiste. Si l'on veut donner à la notion d'articulation un sens concret et politique, et par conséquent bien spécifique au lieu et au contexte dans lesquels on la manie, on peut d'ailleurs se reporter à deux ouvrages bien connus au sein desquels la question est omniprésente, quoi que formulée dans un autre lexique : *Les Jacobins noirs* de C.L.R. James[3] et *Les Damnés de la terre*, de Frantz Fanon[4]. L'un comme l'autre s'évertuent à déchiffrer les articulations contradictoires races/classes dans les situations particulières qu'ils étudient, l'un comme l'autre s'évertuent à reconnaître ce qu'elles ont impliqué, auraient dû ou devraient impliquer en termes de stratégie politique. Passionnants, ces livres, qui traitent de situations bien différentes des nôtres, ne sont pas susceptibles, bien sûr, de nous fournir des clés pour résoudre les problèmes contemporains du « colonialisme intérieur » ; ils peuvent toutefois stimuler la réflexion sur les rapports entre luttes des races et luttes des classes et sur les stratégies à suivre dans les conditions particulières d'aujourd'hui. Ils peuvent contribuer à construire une notion d'« articulation » qui ait du sens. Hélas, mille fois hélas, les amoureux de l'articulation ne les interrogent guère de ce point de vue.

Il y a quelques années, à un ami d'extrême gauche qui me vantait les vertus articulatoires du Black Panther Party (BPP), j'ai demandé ce qu'il entendait par là. Il a commencé par me dire que le BPP s'affirmait anticapitaliste, pensait que le sujet de la révolution était le prolétariat et se réclamait de Marx et de Lénine. Mais, lui ai-je fait remarquer, qu'est-ce que cela peut bien signifier politiquement dans leur manière de concevoir leur action et leurs priorités, en rapport avec la question raciale ? Après un moment de silence – quand un ami est dans l'embarras, je sais me montrer patient –, il m'a répondu que le BPP organisait des cantines pour les enfants pauvres des ghettos noirs ! Une réponse pour le moins surprenante venant d'un gauchiste, d'autant plus que de telles initiatives, qu'on les juge opportunes ou non, n'ont rien, strictement rien, d'anticapitalistes et qu'il est arrivé à un milliard d'organisations politiques de par le monde, y compris de droite, d'en

3. C. L. R. James, *Les Jacobins noirs. Toussaint Louverture et la Révolution de Saint-Domingue*, Paris, Éditions Amsterdam, 2008.

4. Franz Fanon, *Les Damnés de la terre*, Paris, La Découverte, 2004.

prendre de similaires. Bref, au terme de cette conversation, je n'en savais guère plus sur le sens politique de l'articulation.

C'est pourtant cela qui importe pour des militants ou pour des intellectuels engagés. Si on ne donne pas un contenu politique concret à la notion d'« articulation », il ne reste qu'à réaffirmer de manière incantatoire que les luttes contre les différentes formes d'oppression sont indissociables et que l'on ne saurait combattre une forme d'oppression particulière sans lutter également contre toutes les autres (et surtout la domination économique, bien sûr). Ainsi, le PIR paraîtrait bien plus respectable s'il parsemait ses déclarations de professions de foi anticapitalistes, et ce, y compris auprès de ceux qui ne sont pas, eux-mêmes, anticapitalistes ! Ils nous trouveraient gauchistes mais supportables.

Profession de foi sans conséquence, l'« articulation » a cependant un avantage inestimable. Si elle ne peut servir à définir une stratégie et une tactique embrassant la terrible équation que représentent les oppressions croisées, elle peut du moins en donner l'illusion. Sur le papier, grâce à ses incontestables vertus rhétoriques, elle permet en effet de résoudre comme par magie les conflictualités au sein même des secteurs opprimés de la population. Il suffirait d'articuler races/classes pour effacer les intérêts divergents opposant Blancs et non-Blancs au sein des couches populaires. On ne sait pas comment le faire, mais on sait qu'il faut le faire et dire qu'il faut le faire, c'est déjà un tant soit peu le faire. La formulation désormais classique de cette « articulation », nous la connaissons tous, c'est le fameux slogan « Travailleurs français, immigrés, même patron, même combat ». Très beau, mais très nul. Il n'a aucune efficacité. Ou, plutôt, sa seule efficacité est de mettre de côté la lutte contre le racisme des travailleurs français et de soumettre les immigrés à des enjeux politiques qui ne sont pas les leurs. En gros, articuler races/classes signifie pour les uns « ne divisez pas la classe ouvrière en évoquant ses hiérarchies internes » et, pour les autres, « ne divisez pas la gauche ».

Je ne voudrais vexer personne. Aussi, je voudrais rendre justice au militant de gauche très sincère qui, convaincu par la nécessité d'articuler, articule, lui, sans relâche. De très bonne heure, le matin, il est capable d'aller soutenir des sans-papiers menacés d'expulsion, puis il ira occuper une annexe de Veolia pour soutenir la Palestine, ce qui lui permettra d'ailleurs de rencontrer et d'écouter très attentivement un vrai Palestinien des Territoires occupés, venu, non sans difficultés, poursuivre des études en France. Il l'aurait bien écouté plus longuement, mais il avait beaucoup d'autres choses à articuler. La Palestine et l'écologie, par exemple. Portant son keffieh autour du cou, il court alors se rassembler avec ses congénères pour protester contre les OGM. L'après-midi, il la passera en diverses réunions de divers comités de solidarité avant de courir à la manifestation pour défendre le secteur public. Sa soirée sera consacrée à assurer le service d'ordre d'un meeting contre la Françafrique avant de rentrer au bercail d'où il pourra partager sur facebook des tas d'infos, de communiqués, de vidéos, sur toutes les causes articulées. En réalité, ce militant articulateur n'articule rien du tout. Il additionne. Et il s'épuise.

Au moins doit-on lui reconnaître le mérite de chercher à donner un sens pratique à la notion d'articulation. Ce qui est tout à son honneur. La plupart du temps, quand on a dit articulation, on a tout dit et cela semblerait de la plus extrême vulgarité que de vouloir en obtenir une traduction en termes de démarche politique concrète.

En vérité, l'articulation apparaît tout bonnement comme une injonction supplémentaire faite par la gauche française aux mouvements indigènes autonomes, sommés de reconnaître que leur lutte pourrait éventuellement avoir quelque légitimité et bénéficier d'un soutien si elle s'exprimait dans les cadres normatifs du discours de gauche, en tenant compte, d'une part, du profond économisme qui la caractérise le plus souvent et, d'autre part, de son illusion humaniste universaliste. Nous devons nécessairement nous battre contre toutes les oppressions avant de parler de celles que nous subissons nous-mêmes. Nous ne pouvons nous battre pour nous-mêmes que si nous nous battons pour tout le monde. Surtout, à travers la notion d'« articulation races/classes », il s'agit d'exiger que nous renoncions à notre volonté d'indépendance politique, s'incarnant dans une organisation qui soit à nous et rien qu'à nous. La « classe » dont il est question dans l'équation de l'« articulation » a en fait moins à voir avec la lutte des classes qu'avec cette frange intellectuelle et militante blanche mobilisée dans le combat antiraciste, qui craint d'y perdre l'initiative, ou plus exactement la direction, si les indigènes entraient dans la danse, définissaient leurs propres stratégies et construisaient leurs propres organisations. L'« articulation » ressemble fort à un concept de guerre, une *arme* que manie la résistance blanche au sein du « champ » de l'antiracisme.

- Dis-moi, mon frère, une arme… on ne peut pas l'arracher à nos adversaires et la retourner contre eux ?

- Oui, bien sûr, mais il faut être très prudent.

« Un juste retour de bâton »

Il arrive qu'on entende au sujet du PIR qu'il s'agit d'une organisation « sectaire ». À quoi attribuez-vous cette accusation ?

HB : On a été accusés de sectarisme dès notre entrée en politique, dès le lancement de l'Appel. Dès lors que des opprimés s'affirment et qu'ils ont à affronter des organisations de gauche (qui les ont rejetés), ils se font traiter de sectaires. Et justement, pour pouvoir poser la question raciale et pour pouvoir se poser comme une organisation politique autonome, il a peut-être fallu nous montrer sectaires. C'était un passage obligé. Mais il ne faut pas confondre les périodes. Aujourd'hui, comme depuis quelques années, on élabore des politiques d'ouverture, on réfléchit aux alliances possibles et on n'hésite pas à signer des appels collectifs appelant à des mobilisations sur des problématiques liées aux nôtres.

SK : Le reproche de sectarisme, on l'a en effet entendu dès l'Appel des Indigènes mais également au moment même où l'appel était élaboré et où nous discutions avec d'éventuels signataires. Cette accusation, elle est venue des Blancs. Ce reproche répondait à notre besoin de nous affirmer politiquement et naissait de la priorité que nous donnions dans notre action à la construction de cette autonomie. Ce reproche n'aurait pas existé si nous avions appelé à un mouvement de tous les antiracistes de France, blancs et indigènes… Ou encore si nous nous étions évertués à construire des passerelles avec les militants de gauche ou d'extrême gauche antiracistes.
Dans notre pratique, nous nous situons à l'inverse de ce qui nous a été reproché : nous avons été extrêmement ouverts, et cela dès le départ, *vis-à-vis des nôtres*. Quand on essaie de construire du lien entre des espaces de résistances indigènes très différents qui n'avaient jamais travaillé ensemble, de mettre en lien des mouvements de résistance des quartiers populaires, des mouvements de résistance antillais et des mouvements de résistance maghrébins, quand on essaie de mettre en lien ceux

dont la politisation et la résistance part d'une référence islamique avec ceux pour lesquels ce n'est pas la référence principale ou pas du tout la référence, quand on essaie de construire et de tisser une toile à partir de toutes les composantes de l'indigénat, c'est le contraire du sectarisme. Il s'agit là d'une énorme preuve d'ouverture.

Pour ce qui est des organisations blanches, il est certain que nous tenons à ce qu'il y ait une démarcation claire entre les espaces indigènes et les espaces antiracistes blancs, mais cela n'empêche pas que nous ayons aussi une réflexion et des pratiques communes. Nous sommes prudents avec ces espaces antiracistes blancs parce que nous bénéficions d'une expérience du passé, nous sommes dès lors conscients des limites politiques que ces courants ont eues et ont toujours. Nous savons ce que, du fait de la hiérarchisation raciale en France, nous pourrions perdre par une mise en commun : nous perdrions notre autonomie politique, ce qui se traduit en d'autres termes par une « récupération ». Pour éviter une prédominance de cette gauche antiraciste, il nous faut être prudents et exiger des garanties : ce n'est pas cela le sectarisme. Cela s'inscrit dans des dispositifs d'alliance entre des entités opposées qui, à un moment donné, ont des combats communs qui peuvent s'étaler dans la durée, voire même prendre une dimension stratégique sans supprimer le conflit entre ces entités.

HB : D'autre part, il ne faut pas oublier que nous restons une petite organisation avec très peu de moyens. Il y a donc eu des périodes où nous avons risqué de nous perdre dans l'activisme, dans le souhait d'être partout : dans les mobilisations aux côtés de nos frères maliens, dans les mobilisations contre l'islamophobie, pour le droit au logement, dans des occupations de lieux pour soutenir la cause palestinienne, et parfois sans y être invités, seulement parce que nous considérions qu'il s'agissait de causes justes. Cette période d'activisme nous a fait comprendre que l'on devait être plus prudents dans nos choix : nous avons mûri et dépassé un peu notre spontanéité, et nous évitons autant que possible les réactions dans l'urgence... On limite le choix des initiatives auxquelles nous participons en considérant si tel espace intra-indigène ou telles luttes avec des Blancs peut faire avancer la cause que nous défendons. Si c'est le cas, on y met le maximum de ce que nous sommes en mesure de mettre. On nous reproche souvent de ne pas en mettre assez, mais nous mettons les capacités que nous sommes en mesure de mettre.

Il faut également ajouter que nous avons eu du mal à nous faire accepter dans les espaces de résistance – ceux de la gauche blanche mais aussi ceux des indigènes qui pouvaient nous trouver trop radicaux ou qui cernaient mal notre projet. Nous sommes aujourd'hui heureux de voir ces réticences s'effacer. Il est net qu'aujourd'hui on vient de plus en plus vers nous pour organiser des initiatives politiques.

Effectivement, à propos de votre politique d'alliances précisément avec la gauche blanche, il semble qu'elle ne se fait pas à n'importe quel prix ou sans retour critique. Je pense notamment à votre signature du texte d'appel à la manifestation nationale à l'initiative de « D'ailleurs nous sommes d'ici » (DNSI). Cette participation a été suivie par la publication de votre texte intitulé : « À quoi sert l'antiracisme universel[1] ? » Pouvez-vous nous détailler les enjeux et les contours d'une telle démarche ?

HB : Ce texte arrive un an après la création de DNSI. Au moment de la manifestation que vous évoquez, on avait déjà produit un texte critique intitulé « La race existe », à l'occasion des mobilisations « Contre la politique du pilori ». Ce qu'on reproche à ce type de collectifs n'est pas à confondre avec ce qu'on reproche au monde antiraciste lié au PS. Il n'en reste pas moins qu'il y a partout la tentation d'un antiracisme abstrait. Ce qu'on reproche par exemple à DNSI, c'est d'abord sa focalisation sur la droite et l'extrême droite ; d'autre part, son engouement pour les sans-papiers ; par ailleurs, l'absence de la question des quartiers populaires, sa forte timidité sur la question de l'islamophobie, mais également une absence d'une critique du racisme à gauche. Pour nous, dès le départ, même si l'initiative était positive, il nous semblait nécessaire de dire qu'elle n'était pas à la hauteur de ce que doit être la lutte contre le racisme.

SK : J'ajouterai que quand apparaissent ce genre d'initiatives rassembleuses et qui se font sur une base politique qui, à nos yeux, peut être insuffisante ou confuse, nous ne nous y opposons pas. Si elles permettent de rassembler des militants sur la cause de l'antiracisme, nous ne pouvons qu'approuver et éventuellement y participer (si le cadre reconnaît notre autonomie). Malgré tout, notre implication ponctuelle ou plus longue n'interdit pas de débattre le contenu politique ou la démarche et d'essayer de faire avancer nos positions. C'est ce que nous avons fait avec DNSI : nous avons souligné que la campagne s'inscrivait dans ce que Houria a

1. Voir « À quoi sert l'antiracisme universel ? », p. 353.

appelé « la frontière BBF[2] », c'est-à-dire une tendance qui se manifeste dans une partie de la gauche française et parmi certains intellectuels – sur laquelle s'alignent de nombreux militants et mouvements de l'immigration et qui va beaucoup plus loin que l'antiracisme traditionnel de la gauche, notamment celui des années 1980 – qui pose, dans certaines limites, la question du lien racisme/colonisation, qui peut même évoquer la question raciale, mais qui s'arrête avant de franchir une certaine barrière dont on peut tracer les paramètres : la question de l'autonomie politique indigène n'est pas posée, l'islamophobie y est abordée de manière très prudente, et on ose à peine y aborder la Palestine. Cette tendance constitue malgré tout un progrès par rapport aux années 1980 ou 1990. Ce progrès, il est le fruit des révoltes des quartiers populaires en novembre 2005 et des problématiques posées par le MIR ; à cela s'ajoute, jusqu'aux dernières présidentielles, un contexte de sarkozysme dominant, d'une extrême droite en pleine croissance et de l'islamophobie qui s'est si bien épanouie ces quinze dernières années en France qu'une frange de la gauche a été amenée à plus s'interroger sur le racisme qu'elle ne l'avait fait dans les années 1990.

HB : Un autre paramètre est que ces organisations « surestiment » leur propre antiracisme. Leurs membres se pensent radicalement antiracistes mais dans la réalité, militer au quotidien avec des indigènes finirait par leur poser problème, surtout si ces derniers sont nombreux et imposent leur point de vue et leur manière de fonctionner. Imaginons une assemblée générale où des filles voilées et des lascars déboulent, prennent la parole et orientent la réunion selon leur point de vue. J'ai du mal à imaginer que cela fonctionne et que les organisations dont nous parlons puissent le tolérer. Dans les faits, pour des raisons culturelles, de traditions militantes, et parce qu'ils ont l'habitude de diriger, ils n'arriveront pas à militer avec ceux et celles qu'ils sont censés défendre.

SK : Il existe en effet un vrai fossé qui les sépare des indigènes, dans leur manière de faire comme dans leur manière de résister. Un des constats de notre texte, c'est l'absence d'indigènes – en dehors des groupes de sans-papiers qui restent une composante de l'indigénat précaire et fragile qui saisit à juste titre toutes les occasions pour faire valoir son existence. Les sans-papiers ne peuvent qu'accepter les conditions de la gauche blanche, ce qui convient parfaitement à celle-ci.

2. Voir « Au-delà de la frontière BBF », p. 343.

HB : Quand il s'agit des sans-papiers, les Blancs n'ont pas à se poser la question de l'identité ou celle de l'islam : la relation est plus confortable. Notre rapport critique vis-à-vis des franges de l'antiracisme blanc a été perçu comme une arrogance de notre part par certains. Cela ne nous déplaît pas : d'un point de vue indigène, ce n'est pas notre place, d'habitude, de donner des leçons ! C'est un peu un retour de bâton. C'est l'expression de notre libération vis-à-vis du monde blanc. Nous avons les moyens de les juger. S'ils perçoivent ça comme de l'arrogance, c'est justement parce qu'ils pensent que nous ne sommes pas à notre place en faisant cela. Et on n'est même pas en position dominante ! C'est uniquement parce que nous sommes des indigènes qu'ils ont cette impression.

SK : Ce que je veux souligner – et c'est valable autant pour la « semaine anticoloniale » que pour DNSI –, c'est que ces espaces créent un malentendu. Ils ont tendance à considérer que nous faisons partie d'un même tout – le courant antiraciste au sein de la gauche française. Or nous ne formons pas, avec la gauche blanche, un tout indistinct ; nous nous inscrivons dans un courant qui se situe de l'autre côté de la fracture raciale. Nous formons un tout avec les courants des mouvements antiracistes indigènes. Quand nous travaillons avec la gauche blanche antiraciste, il s'agit d'une alliance et non d'une seule entité qui serait « l'antiracisme ». Ces milieux ne veulent pas saisir cela car le comprendre serait accepter qu'il y a un champ politique blanc et un champ politique indigène, que nos priorités sont différentes même s'il y a nécessité de trouver des passerelles pour avancer ensemble.

On trouve dans ce recueil un article dans lequel vous parlez d'une recomposition des champs antiracistes[3]. Qu'en est-il de cette recomposition et quelle place y tient le PIR ?

HB : Il y a crise dans l'antiracisme de la gauche blanche. Il y a un certain nombre de lois, de discours d'État et médiatiques qui, il y a vingt ans, auraient fait sortir les gens dans la rue ou auraient au moins suscité des réactions vives dans la presse. Ça n'existe quasiment plus. On peut penser que la crise du vieil antiracisme est globalement négative. Or l'antiracisme à l'ancienne n'a pas permis une transformation des rapports de domination. Certes, il faisait sortir les gens dans la rue. C'était l'époque « Touche pas à mon pote » : ce n'était pas bien d'être méchant avec les

3. Voir « L'évolution en ciseaux des champs de l'antiracisme », p. 361.

Arabes et les Noirs. Cet antiracisme a occulté et même freiné les luttes de l'immigration. Que cet antiracisme se meure, ce n'est pas grave. Mais désormais il faut occuper cet espace sur nos bases : considérer le racisme comme un système de domination qui produit des indigènes et des Blancs et donc une société inégalitaire d'un point de vue racial. On aimerait que l'antiracisme se recompose autour de cette idée. Les évolutions en cours aujourd'hui laissent une ouverture vers des possibles, et l'espace ouvert par le Parti des indigènes de la république est celui de tous ceux qui se sont mobilisés contre le racisme réel, contre l'islamophobie : les collectifs Une école pour tous et toutes, Mamans toutes égales, la mouvance autour de Tariq Ramadan, et tous ceux qui se mobilisent contre la négrophobie ou le racisme contre les Rroms. Ils n'adhèrent pas forcément à l'antiracisme décolonial mais ils se mobilisent, et c'est déjà pas mal.

SK : Pour ma part, je dirais qu'il y a deux processus différents, qui ne vont pas dans le même sens, que l'on regarde l'évolution du champ politique blanc ou celle du champ politique indigène, ou encore quand on considère ce qui a des conséquences sur l'espace commun du combat antiraciste. Dans le champ politique blanc, la caractéristique majeure depuis dix ou quinze ans, c'est un recul très profond de l'antiracisme. Il se manifeste évidemment dans la montée des courants politiques qui n'hésitent plus à développer des thèses racistes qui ne se réfèrent plus à la biologie pour expliquer leur position mais qui se fondent sur des considérations culturalistes, et notamment sur la question de l'islam. La montée de ces courants s'est exprimée au niveau électoral avec la victoire de Sarkozy qui a fondé sa campagne sur la stigmatisation des banlieues et des musulmans. La dernière campagne électorale a été caractérisée par la montée du FN et par les prises de position racistes au sein des différents courants de gauche. Le fait que les courants de gauche aient soutenu les prises de position laïcardes, islamophobes et républicanistes montre un recul de l'antiracisme en France. Le fait que la force qui regroupe aujourd'hui la gauche radicale traditionnelle soit le Front de gauche de Mélenchon et du PCF montre un recul profond de l'antiracisme. Tout cela ne concerne évidemment pas seulement les partis politiques, mais également les médias, les intellectuels et les différentes formes que prend la résistance blanche pour préserver ses privilèges y compris au sein des couches les plus défavorisées de la population blanche. On le voit aussi dans les formes de lutte et d'organisation : mobiliser à gauche sur l'antiracisme est aujourd'hui très difficile (même sur la question qui est pour eux prioritaire, celle des sans-papiers). Il y a bien longtemps que l'on n'a pas vu une grande manifestation autour des sans-papiers. RESF (Réseau éducation sans frontières) a mobilisé beaucoup de gens mais, aujourd'hui, il n'y a plus de cadre aussi important.

À l'inverse, dans le champ politique indigène, les initiatives de résistance se multiplient. Toutes ne se réclament pas d'une résistance antiraciste mais elles le sont de fait. Il y a une multiplicité d'espaces revendicatifs, qu'ils soient culturels ou cultuels. Je pense aussi à ce qui se passe parmi les populations issues des actuelles colonies françaises autour de la mémoire de l'esclavage, devenue depuis dix ans une question populaire qui mobilise. Au sein des quartiers populaires, il y a notamment la volonté d'une représentation, surtout à l'échelle municipale : c'est le signe d'un retournement positif de situation après les révoltes de 2005 et les mouvements qui ont suivi dans certains quartiers. Il y a aussi des organisations qui ont du mal à se mettre en place, qui parfois échouent, mais chaque expérimentation se fait à une échelle de plus en plus grande : je pense notamment aux Troisièmes Rencontres de l'immigration qui ont débouché sur la constitution du Front uni de l'immigration et des quartiers populaires, qui rassemble de nombreux espaces de résistance indigènes et d'associations. Cet espace tend à poser la question de l'antiracisme dans le champ politique tout en se proclamant et en s'organisant comme un cadre de regroupement des indigènes et non pas comme un cadre de regroupement antiraciste incluant des mouvements de la gauche blanche. En outre, l'apparition du MIR a imprégné de plus en plus de mouvements qui développent de nouvelles pratiques qui se répandent au sein de l'immigration et des quartiers populaires. Au sein du champ politique indigène, il y a un vrai progrès en termes d'action, d'organisation et de politique. On est face à ce paradoxe du recul du champ politique blanc et de l'avancée du champ politique indigène sur la question de l'antiracisme. C'est une désynchronisation préjudiciable au progrès d'ensemble du combat antiraciste, au changement global des rapports de force dans le pays, et cela pose une équation stratégique à laquelle nous devons réfléchir. Une des expérimentations à laquelle nous devons réfléchir aujourd'hui, de ce point de vue-là, c'est l'expérience du Printemps des quartiers populaires[4], que personnellement je trouve très fructueuse.

4. Voir http://printemps2012.fr.

HB : Il s'agit d'une dynamique concomitante aux Troisièmes Rencontres de l'immigration et à la formation du Front uni, mais elle a d'autres objectifs. Le Front uni de l'immigration et des quartiers populaires est autonome par rapport à la gauche blanche, ce qui n'est pas le cas du Printemps des quartiers populaires qui est un cadre d'alliance qui accueille des indigènes de tous bords et des organisations blanches. Nous avons créé le Printemps des quartiers populaires dans le but de rendre visibles certaines thématiques pendant la campagne présidentielle. On portait des grandes thématiques : les rapports Nord-Sud, la Palestine, les révolutions arabes, la crise économique, les quartiers populaires – et notamment les violences policières –, l'islamophobie, etc.
L'expérience réunissait quelques organisations indigènes comme le PIR, le CMF (Collectif des musulmans de France) ou PSM (Présence et spiritualité musulmane) et des organisations blanches comme le NPA (Nouveau parti anticapitaliste), mais également des personnalités comme Tariq Ramadan et Alain Gresh qui ont été tous deux à l'initiative de ce rassemblement. Mon avis personnel est que cela a été une dynamique positive. On a organisé des meetings pendant cinq mois dans des grandes villes françaises (500 personnes à Marseille, 800 personnes à Lyon ; on s'est réuni deux fois à Bagnolet et on a réussi à mobiliser à chaque fois entre 600 et 700 personnes ; à Saint-Denis, on a rempli la bourse du travail ; on est aussi passés par Lille, Mulhouse, etc.). Le succès de ces initiatives est tout à fait notable puisqu'aucune organisation à gauche n'est capable de rassembler autant d'indigènes.
Cette alliance a été possible grâce au fait que les Blancs qui y ont participé ne se sont pas imposés pour diriger. Ils ont été très respectueux et savaient que leurs préoccupations ne pouvaient pas passer devant celles des indigènes. C'est du moins ainsi que je l'ai vécu. Je précise cependant que ce bilan n'est pas forcément partagé par tous. Certains militants ont été fortement contrariés. Selon eux, les militants de gauche prenaient au contraire trop de place. Leur présence a été considérée comme problématique.
Lors du dernier meeting de Bagnolet, qui a clôturé la campagne juste avant les élections, le collectif a appelé à la préparation d'une marche le 8 mai. Le PIR n'avait pas prévu de marche pour cette année puisque nous organisions déjà un événement la veille : une conférence intitulée « Une autre civilisation s'impose[5] », programmée depuis notre congrès

5. Un texte issu de cette conférence est présent dans ce recueil (voir p. 431).

de 2011. Mais cet appel à manifester le 8 mai, c'est-à-dire au lendemain du deuxième tour de la présidentielle, était très important d'autant plus qu'il s'agissait de se mobiliser sur des problématiques indigènes, à l'occasion d'une date qui symbolise l'oppression indigène. Il nous a paru important d'inviter d'autres organisations indigènes à préparer cette marche. La Brigade Anti-Négrophobie et Génération Palestine se sont, par exemple, joints à ces préparatifs.

Nous venons d'évoquer quelques-uns des bénéfices de cette recomposition du champ antiraciste, mais tout ceci s'accompagne également de l'émergence de l'idée d'un « racisme antiblanc ». Selon vous, quel rôle tient et tiendra à l'avenir ce concept ?

HB : Pour ce qui est du racisme antiblanc, c'est en effet une notion relativement récente. La première fois que je l'ai entendue, elle était employée par Finkielkraut au moment de la mobilisation contre le CPE. Mon expérience d'indigène me fait dire que ça ne pouvait pas ne pas arriver. Parce que l'antiracisme blanc, l'antiracisme moral a ouvert la voie à la notion de racisme antiblanc.

Pour les Blancs réactionnaires de la société française, le fait de défendre les immigrés, même d'un point de vue moral, c'était déjà trop. La réaction a attaqué l'antiracisme en tant que tel : on a entendu Finkielkraut dire que l'antiracisme était une sorte de fascisme, et Zemmour était à peu près sur la même ligne. Même l'antiracisme mou va trop loin pour eux. En fait, cette forme d'antiracisme est vraiment une catastrophe. L'antiracisme mou est l'expression d'une politique de gauche qui ne résout pas les problèmes de la société française. Évidemment, dans les quartiers, la situation s'aggrave : les injustices sociales produisent des violences. Lorsqu'à un moment donné des gens se font l'écho d'un racisme antiblanc, c'est aussi parce qu'il y a une réalité dans la société qui n'est pas un racisme mais qui est l'expression de la violence indigène dans les transports, les lieux de travail, les écoles, les quartiers, etc. Cette violence est le produit de réalités qui ne sont pas prises en charge par les partis politiques et qui sont étouffées par l'antiracisme abstrait. Les Noirs et les Arabes sont par ailleurs déshumanisés dans l'antiracisme abstrait. Ce ne sont pas des êtres complexes ; on les voit comme des espèces à protéger. Ces faiblesses de l'antiracisme abstrait, la gauche ne peut évidemment pas les traiter et la droite ne peut que les exploiter. J'ai toujours su qu'on allait le payer cher. Aujourd'hui, la notion de racisme antiblanc perce et est vouée à persister.

Houria, il nous semble que tu es une des premières personnes à être poursuivie en justice pour « racisme antiblanc ». Pourquoi toi ?

HB : Pour les plus racistes, je suis une occasion en or pour promouvoir cette notion, la rendre populaire et en faire un point de cristallisation. Je suis la porte-parole d'un mouvement dont on a peur car si les indigènes s'organisent dans un mouvement de masse, c'est la pire chose qui puisse arriver au pouvoir, qu'il soit socialiste ou de droite républicaine.

SK : Il faut préciser qu'à partir du moment où on reste dans le cadre d'une conception du racisme comme haine de l'autre, comme un problème moral, le racisme antiblanc devient une notion possible dans la mesure où la haine de l'autre peut être partagée par tout type d'individu quelle que soit sa place dans la société française. Cette conception exclusivement morale du racisme étant prédominante au sein de la gauche française, celle-ci est d'autant plus perméable à la notion de racisme antiblanc. Quand un Arabe dit : « les Blancs sont tous des salauds », on considère ça comme du racisme au même titre qu'un Blanc qui dirait : « Tous les Arabes sont des salauds. » Cette mise en parallèle montre à quel point la hiérarchisation entre Blanc et non-Blanc est occultée. Évidemment, ils ne sont pas du tout égaux car l'un a la puissance politique de l'État avec lui, et l'autre n'a que la force de ses petites résistances et de ses colères. C'est pour cela qu'il ne peut pas exister de racisme antiblanc. C'est un concept creux. Cette tentative de populariser cette notion a justement pour fonction de mettre sur le même plan ceux qui sont aujourd'hui victimes du racisme et ceux qui tirent un privilège d'une société raciste. Elle vise aussi à faire porter la responsabilité de la situation actuelle en France aux Noirs, aux Arabes et aux musulmans qui résistent.

Au-delà de la frontière BBF (Benbassa-Blanchard-Fassin(s))

Houria Bouteldja

juin 2011

Le malaise blanc

Au scandale et aux hurlements qu'a suscités l'Appel des Indigènes, ont succédé un certain nombre de réactions. Il y a eu un débat intense à la gauche du PS, au PC, chez ATTAC, au NPA, chez les Verts, à la LDH, au MRAP, dans les organisations antiracistes, etc. Nous avons été dénoncés comme communautaristes, ethnicistes, racistes antiblancs et même comme encourageant la guerre ethnique. On nous a accusés de confondre passé et présent, de considérer que tout était colonial alors qu'affirmer la fracture coloniale ne signifie pas mépriser ou ignorer les autres clivages.

Nous suscitions une forte incompréhension : que faisaient à la Marche des Indigènes des portraits de chefs indiens à côté de celui d'Arafat et de Lumumba ? Le portrait d'Angela Davis à côté de Nasr Allah ? Le portrait de Rosa Parks, Césaire, Fanon à côté de Nasser ? Celui de Jamila Bouhired à côté de Malcolm X ?

Mais quelques semaines après l'Appel, la loi du 23 février 2005 était promulguée et quelques mois plus tard, éclataient les émeutes de banlieues. Ces deux événements majeurs allaient donner de la chair à notre initiative. L'actualité en France et dans le monde allait dans les cinq années à venir imposer la question postcoloniale comme incontournable pour lire et comprendre le présent. Mais plus nous affirmions notre pensée, nos projets et notre autonomie, plus nos « amis » blancs (à quelques exceptions près) se sont éloignés, réalisant d'une part que nous n'allions pas devenir une annexe des mouvements de gauche, et que d'autre part nous n'étions pas situés sur le clivage gauche/droite mais sur le clivage racial et colonial. Un clivage qui rendait nécessaire pour eux de repenser l'européocentrisme qui les structurait et les privilèges dont ils bénéficiaient en tant que Blancs. Un pas qu'ils n'étaient pas décidés à franchir. Par conséquent, une grande partie des organisations de gauche se sont réapproprié la problématique postcoloniale tant sur le plan politique qu'académique. Elles l'ont relue et réinterprétée à travers leur propre grille d'analyse et ce faisant l'ont en partie vidée de sa force subversive. Un nombre impressionnant d'ouvrages, d'essais, de colloques sur la question raciale et postcoloniale ont vu le jour… Mais sans nous.

Résistance blanche et endiguement des Indigènes

Si, pendant les années 1980, la gauche au pouvoir, aidée par l'extrême gauche, a réussi à éclipser les revendications des mouvements de l'immigration en propulsant dans un vacarme assourdissant des associations antiracistes aux slogans apolitiques, les manœuvres de récupération des années 2000 se distinguent par leur parfaite discrétion et leur extrême sophistication. Il n'est plus de bon ton de critiquer frontalement les Indigènes. Ça, c'est le travail de Finkielkraut, des laïcards ou de l'extrême droite. Et puis, c'est délicat. Ils maîtrisent leurs discours et leurs concepts, semblent bénéficier d'une certaine sympathie dans leur milieu. Et surtout, ils ne sont pas réputés antisémites même si reproche leur est fait de ne pas être « clairs » sur la question. Comprendre : soutenir mordicus la résistance palestinienne, y compris le Hamas, et ne pas reconnaître la centralité de la « Shoah » (que nous préférons appeler « génocide ») qui, pour nous, est aussi une forme d'européocentrisme. La stratégie qui va se mettre en place n'est que l'expression d'une convergence d'intérêts à l'intérieur d'une gauche en recherche d'un consensus et déterminée à ne pas se laisser diviser par des débats « secondaires ». Moins on parle des Indigènes, moins ils existent. Désormais, il faudra tout simplement les ignorer et allumer des contre-feux : le CRAN, Devoir de mémoire… (Je ne sais pas si ces groupes sont artificiels comme peuvent l'être SOS racisme ou Ni putes ni soumises mais ils ont largement été soutenus par la presse de gauche – après notre apparition –, faisant la Une des journaux et magazines *mainstream* comme *Libération* ou *Le Nouvel Obs*. Leurs discours consensuels n'y sont vraisemblablement pas pour rien). C'est le phénomène que j'ai pu constater ces dernières années. J'ai vu se dresser progressivement devant nous ce que j'appellerai symboliquement la Frontière BBF, du nom de « Benbassa », « Blanchard », « Fassin(s)) », quatre intellectuels blancs, reconnus et médiatiques. (Cette frontière ne se réduit évidemment pas à ces seuls acteurs. J'aurais pu en rajouter, comme Geisser, Stora, Lacoste et bien d'autres mais ceux que j'ai cités précédemment me paraissent emblématiques.) Ces intellectuels se sont emparés du terrain postcolonial et font désormais autorité dans le domaine. C'est cette frontière qui a permis de rendre la problématique postcoloniale et raciale respectable aux yeux du champ politique blanc. Désormais, ce sont ces intellectuels qui vont représenter le pôle de radicalité sur cette question. Une frontière au-delà de laquelle la radicalité devient extrémisme. De l'autre côté, il y a pêle-mêle le sectarisme, l'extrémisme, le revanchardisme… Cette frontière n'a pas été tracée par des ennemis. Objectivement, ces chercheurs et intellectuels militants font avancer et respecter la question raciale et postcoloniale dans les milieux de gauche, des universités et des médias. L'engagement et la sincérité de certains d'entre eux (pas tous) ne sont même pas vraiment en cause. Ils poussent les frontières du débat et radicalisent la pensée de gauche, l'encanaillent parfois. La parole blanche étant plus audible et plus respectée que la nôtre, nous en prenons pragmatiquement notre parti. Je pense pour ma part qu'ils travaillent en partie pour nous, même s'ils prennent toutes les précautions pour se distinguer, ce qui, je vous l'avoue, nous amuse beaucoup. Ils commencent traditionnellement leur phrase par « Je ne suis pas d'accord avec les Indigènes mais… » ou encore « les Indigènes ? Mais ils ne représentent que 0,0001 % de la masse militante et politique sur la question ! » Ce qui m'interpelle et ce qui est important à observer c'est la dynamique générale dans laquelle ils s'inscrivent. Car en fait, ils sont autre chose que les traducteurs blancs de la pensée et de la condition indigène. Ils sont avant tout et surtout les gardiens du temple. C'est eux désormais qui vont dire le licite et l'illicite, le halal et le haram en matière postcoloniale. La Frontière BBF incarne la puissance blanche et la force de son système de résistance. Les Blancs reprennent le contrôle sur un sujet qu'ils n'ont pas anticipé, voire qu'ils n'ont même pas pensé. Dans le même temps, ils en excluent les Indigènes. Et tant pis, si les Indigènes apportent une réflexion originale, s'ils contribuent à expliquer le réel à partir de leur propre expérience, s'ils explorent des voies encore vierges ou s'ils proposent des alternatives sociales et politiques qui pourraient être utiles pour l'ensemble de la société ou en tout cas discutées. Comment expliquer que les gardiens de la Frontière BBF n'aient jamais pris la peine de commenter les plateformes programmatiques et organisationnelles du PIR ? Comment expliquer que les deux livres de

Sadri Khiari (*Pour une politique de la racaille* et *De de Gaulle à Sarkozy, la contre-révolution coloniale*) que je considère personnellement comme majeurs pour quiconque s'intéresse à la question raciale et postcoloniale en France n'aient jamais fait l'objet de critiques sérieuses, ou été mis en débat ? Leur curiosité de chercheurs ou tout simplement leur rôle d'acteurs sociaux ne les poussent-ils pas à s'y intéresser comme l'ont pourtant fait de nombreux chercheurs américains, anglais, canadiens ? C'est ainsi qu'ils fixent les limites, les contours de la Frontière BBF et sélectionnent (ou aident à promouvoir) dans le champ militant et académique les indigènes « modérés » et/ou non porteurs de projet politique car en tant que Blancs et conscients de l'être, ils recherchent à la fois de la légitimité et de la crédibilité. Pour les gardiens de la frontière BBF, l'authenticité des indigènes « élus » sera désormais capitale tant pour la bonne conscience que pour contrebalancer l'influence des organisations non contrôlées par la Frontière. En effet, les émeutes de 2005 ont laissé des traces. Le peuple indigène est plus exigeant quant à ses représentants. Les Harlem Désir, Malek Boutih et autres Fadéla Amara ne restent crédibles qu'aux yeux des hautes sphères, pas dans les niveaux intermédiaires. Je peux vous dire que l'efficacité de cette stratégie est redoutable. Car si les Blancs s'éloignent de nous « naturellement », il n'en va pas de même pour les indigènes. La mécanique n'est pas la même. Les indigènes ne sont pas à l'initiative de la construction de la Frontière et de l'espace qu'elle délimite, mais ils l'intègrent et par conséquent la renforcent. Pour leur propre survie politique, associative ou académique, la Frontière leur dit qui ils peuvent fréquenter. Et qui non. Avec qui ils peuvent penser. Et avec qui non. Cela est vrai par exemple tant pour les chercheurs débutants que pour les plus brillants et plus qualifiés. Ils n'ont pas le droit de s'égarer. Si toutefois ils transgressent la Frontière, immédiatement ils donnent des contreparties comme pour s'en excuser. C'est ainsi que nous serons privés d'un vivier d'indigènes non négligeable. Ceux qui ont un capital intellectuel, politique ou militant craindront de l'offrir à une organisation comme la nôtre, située du côté obscur de la Frontière. Nous ne sommes pas assez halal pour un tel sacrifice. Leur carrière risque d'en pâtir. Lorsqu'ils nous croisent, ils sont gênés ou alors nous jurent que notre combat est le même et nous reprochent de manquer de stratégie car eux, de l'intérieur, ils font bouger le curseur. Ou alors, ils sont distants, polis, et adoptent une conduite d'honneur qui consiste à ne pas dire du mal de nous publiquement. Mais gare à eux s'ils se hasardent à traverser la Frontière. C'est sur cette terre ingrate qu'ont été endigués les Indigènes. Pourtant, c'est sur cette terre que peut éventuellement naître une alternative politique réellement sociale et décoloniale. La raison en est simple : c'est là que se trouve la masse des indigènes sociaux que la gauche blanche a exclue depuis trente ans et dont elle déplore aujourd'hui les égarements ou l'ingratitude (son manque d'engagement à gauche, sa dispersion dans le champ politique, son adhésion massive au discours de Tariq Ramadan ou encore sa sympathie vis-à-vis de Dieudonné…). C'est là que se trouve le PIR, involontairement. Et volontairement surtout.

Conclusion

Je ne peux pas clore cette discussion sans m'interroger sur ce qui explique la construction de la frontière BBF, comme une sorte de frontière sanitaire assurant notre mise en quarantaine (hormis des milieux « islamo-gauchistes »). Je ne vais pas développer ici, mais je crois que tout simplement nous enfreignons les règles de la bienséance. Nous remettons en cause l'universalisme blanc. Nous sortons de la matrice occidentalo-centrée pour élaborer un projet décolonial et critique de la modernité. Ni le monde académique, ni le monde politique ne sont prêts pour cette alternative. Pourtant, tous les indicateurs sont là pour nous obliger à pousser la réflexion dans cette direction : la crise économique, la crise écologique, la crise de la modernité occidentale.

Jamais contents !
Quelques commentaires sur les articles de Jérémy Robine et d'Éric Fassin

Houria Bouteldja & Sadri Khiari

mai 2012

Cet article a été publié en tribune dans *Rue89*, sous le titre « Nous ne serons pas sauvés par l'antiracisme blanc ». Nous avons rétabli ici le titre original.

« Mais que donc veulent-ils, les Indigènes ? Voilà que nous reprenons certaines de leurs thèses parmi les plus importantes, que des médias crédibles et respectés nous publient sur leurs colonnes, et pourtant ils grognent. Nous sommes ce que la scène intellectuelle française a produit, sinon de meilleur, du moins de plus proche d'eux et pourtant ils nous balancent leurs savates à la gueule. Hum, j'avais toujours pensé qu'ils étaient sectaires. » (Quelqu'un)

Coup sur coup, à quelques jours d'intervalle, *Rue89* a mis en ligne deux contributions importantes, un article de Jérémy Robine, intitulé « Pour dépasser la question raciale, il faut s'y attaquer », et un entretien avec Éric Fassin au titre non moins explicite, « Éric Fassin : « La politique d'identité nationale a construit une France blanche » ». Comme il s'agit de textes d'intervention, nous supposons que leurs auteurs y auront inscrit ce qui leur semble le plus judicieux dans leurs réflexions politiques. Nous nous abstiendrons par conséquent de commenter leurs autres publications.

À la première lecture, on est saisi par la proximité – jusque dans les formulations – de certaines des analyses proposées par ces auteurs avec celles que défendent les Indigènes de la République depuis plusieurs années. Nous ajouterons, sans fausse modestie, que c'est avec une grande satisfaction que nous en avons fait le constat. Déjà sensible dans le débat public depuis un certain temps, une double prise en compte de la question coloniale et de la question raciale a émergé d'abord dans le champ académique puis, plus récemment, dans les controverses politiques. Les interventions de Robine et Fassin nous apparaissent d'autant plus précieuses qu'elles s'expriment d'une manière désormais décomplexée dans les colonnes de grands médias.

Nous ne pouvons donc que nous en féliciter. Un petit bémol, toutefois : si nous devons ce progrès à la grande marche de 1998 commémorant l'abolition de l'esclavage, à l'Appel des Indigènes de janvier 2005, suivi de près par la mobilisation contre la loi du 23 février 2005 et surtout par la révolte des quartiers en novembre de la même année, les nouvelles problématiques qui s'affirment sur la racialisation structurelle de la société et de l'État français n'ont pu acquérir de légitimité dans le débat public qu'à partir du moment où des universitaires blancs s'en sont emparés. Espérons, néanmoins, que leurs travaux contribueront réellement à la réflexion des forces politiques blanches qui s'inquiètent de la montée du racisme. Espérons également – puisque la société raciale est ainsi faite – qu'à travers leurs écrits, ils auront donné le feu vert aux chercheurs indigènes, jusqu'ici timides, à s'engager dans cette voie.

Point aveugle

L'article de Jérémy Robine et l'entretien donné par Éric Fassin ont une caractéristique commune qu'il nous paraît intéressant de souligner. Leur point commun est également leur point aveugle. Jamais – ou par prudence disons rarement – en France, des intellectuels blancs ayant accès aux médias n'ont été aussi loin dans l'explicitation de la question raciale, non comme interrogation sociologique mais comme enjeu politique. Paradoxalement, cependant, l'un et l'autre semblent rester prisonniers d'un discours qui n'est lui-même pas indemne du mal social qu'ils dénoncent si pertinemment. L'indigène en est absent. Ou, pour ne pas le dire dans un langage dans lequel ils ne se reconnaissent peut-être pas, leur discours occulte non pas bien sûr la présence de ceux qui sont dominés racialement mais leur existence en tant que sujets de l'histoire qui se fait, leur existence en tant qu'acteurs des rapports de force qui se construisent, en tant que corps social et politique agissant, en tant que puissance qui détermine et transforme la société française. Les Noirs, les Arabes et les musulmans qui vivent en France formeraient-ils une sorte de matière inerte sur laquelle se construit le racisme ? Ne seraient-ils que les ombres projetées par le racisme des Blancs ? On est tenté de le croire à la lecture de Robine et Fassin.

Il est significatif, par exemple, que, dans leurs deux interventions, nulle mention ne soit faite – ou alors tellement marginale qu'elle nous aura échappé – de la multiplicité des formes de résistance à l'oppression raciale dont les populations issues de l'immigration coloniale sont les acteurs, ni de leur impact direct ou indirect, à l'échelle d'un quartier ou du pays tout entier, sur la société blanche mais aussi sur eux-mêmes. Il semblerait, à les lire, que le racisme est un enjeu qui concerne le seul champ politique blanc. En gros, Étienne Fassin regrette que le PS, sous la pression de la droite qui subit la pression de l'extrême droite, demeure incapable d'affronter la question raciale ; Robine, quant à lui, espère tout de même un sursaut initié par Hollande pour que l'antiracisme redevienne une composante de l'identité politique de la gauche. Nous pourrions y voir une intention louable si nos deux auteurs avaient pris soin de rappeler que les Noirs, les Arabes et les musulmans ne sont pas seulement des victimes du racisme mais les acteurs nécessairement premiers de la lutte antiraciste, et que c'est d'eux et non pas de la gauche ou de François Hollande qu'il faut attendre l'ouverture d'une nouvelle page dans l'histoire de la lutte contre la racialisation des rapports sociaux.

L'invariant de l'antiracisme blanc

Décidément, le fameux slogan « Touche pas à mon pote » a la vie dure. Comme Ariel Sharon, SOS racisme ne survit que sous assistance artificielle. L'un de ses principaux fondements idéologiques continue, hélas, d'être opérant au sein de la gauche et de l'extrême gauche : l'antiracisme est d'abord l'affaire des Blancs, du bon Blanc qui protège son « pote » arabe ou noir contre le mauvais Blanc. Bien sûr, nous dira-t-on, rien n'empêche le « pote » de s'associer au bon Blanc. Et si, avant d'envisager des solidarités avec les Blancs, il s'entête à vouloir se défendre lui-même, à penser sa ligne de défense, à s'organiser, à exister pour lui-même, alors il sera un mauvais « pote », nul, sectaire, communautariste, revanchard, et autres idioties que nous entendons à longueur d'années.

Plaisanterie mise à part, il est intéressant de noter que, malgré les profondes différences qui existent entre le propos des idéologues de SOS racisme et celui que tiennent J. Robine et É. Fassin, persiste un invariant sur lequel il leur faudrait s'interroger dans le cadre même des problématiques qui sont les leurs : l'oubli, tout simplement, que les Noirs et les Arabes ne se contentent pas de recevoir des coups en attendant que les Blancs, racistes et antiracistes, règlent leur problème entre eux. En vérité, c'est vache mais il faut bien le dire, sans les luttes indigènes, Robine et Fassin n'existeraient pas ; du moins pas comme intervenants médiatisés sur la question raciale Le champ académique, éditorial et médiatique, de même que les forces politiques blanches, seraient restés obstinément fermés aux questions raciales et coloniales.

La frontière BBF (suite)

Le débat en cours révèle donc des progrès certains mais également d'inquiétantes permanences qui confirment les remarques faites dans un texte publié sur le site des Indigènes de la république, intitulé « Au-delà de la frontière BBF (Benbassa-Blanchard-Fassin(s))[1] » (Blanchard, Benbassa, Fassin, mais bien d'autres auraient pu nous offrir leurs initiales). Ces personnalités ont eu le mérite de rendre audibles les problématiques raciales et postcoloniales sur la scène intellectuelle et politique. Elles se sont cependant érigées en représentants du pôle de radicalité dans le champ antiraciste, ébauchant ainsi une frontière dont elles seules ont la légitimité de modifier le tracé. Au-delà de cette frontière, les positions défendues seraient marquées par l'extrémisme, le sectarisme, l'infantilisme et beaucoup d'autres vices inavoués. Prend forme ainsi comme une tentative de reprise du contrôle sur une dynamique intellectuelle et politique initiée par des forces non-blanches pour la réintégrer au sein de la gauche, une fois cette dynamique nettoyée de ce qui la rendait indigeste aux yeux de cette dernière. Au moment où un effort est fait pour que la gauche antiraciste s'approprie la question raciale, les mouvements militants issus de l'immigration et des quartiers se voient donc contester leur volonté d'exister en toute autonomie politique. Si vous voulez vous battre, nous dit-on, faites-le dans le cadre de la grande maison de la gauche. Nous n'oserons pas ajouter qu'à gauche, on nous a toujours réservé la chambre de bonne.

Comme d'autres, Robine et Fassin se refusent à reconnaître que la conflictualité entre Blancs et non-Blancs est non seulement politiquement structurante mais que, pour cette raison précisément, elle implique la reconnaissance pratique du droit des indigènes à construire leur indépendance politique en préalable à toute velléité de convergence avec d'autres qu'eux-mêmes, leur droit à définir leurs propres enjeux, à dire « non » aussi bien à la droite qu'à la gauche, à s'engager aux côtés de toutes les luttes anti-impériales et anticoloniales, y compris les résistances armées palestiniennes – quand bien même celles-ci puiseraient leur inspiration non dans

1. Voir p. 343.

les références universalistes de la gauche mais dans leurs propres ressources culturelles, c'est-à-dire, par exemple, dans l'islam. En résumé, être conséquent sur la question raciale suppose d'admettre, de se féliciter, d'encourager la montée en puissance d'un mouvement indigène pour qui le centre est d'abord en lui-même et qui se définit d'abord en fonction de ses propres causes. Ce sera la condition de notre générosité.

Ce pas décisif qui les ferait passer franchement dans le camp des non-Blancs, ni Robine ni Fassin ne le franchissent dans les articles que nous discutons. Malgré la clarté indiscutable qui est la leur sur la question raciale, les propos qu'ils tiennent sur *Rue89* ont hélas un parfum bien connu. Nous avons cité SOS racisme, nous sommes tentés, au risque d'être un peu méchants, d'évoquer Albert Camus. Par certains points, les positions politiques qui transparaissent dans ces articles sont plus proches de l'attitude de l'auteur de *La Peste* face au mouvement algérien de libération nationale que de celle des porteurs de valises qui n'ont pas hésité à trahir leur camp supposé naturel pour rejoindre leur camp réel. Si Robine et Fassin ne s'abstiennent pas face aux conflits raciaux actuellement à l'ordre du jour en France, on peut se demander s'ils ne cherchent pas avant tout à convaincre le monde blanc de crever un abcès qui l'infecte et neutralise en partie sa gauche, avant que les Noirs, les Arabes et les musulmans ne s'imposent par eux-mêmes dans le champ politique, avec leur radicalité, leur volonté d'autonomie, et Dieu seul sait quelle revendication qui bouleverserait par trop les « valeurs » du monde blanc. Finalement, à nous indigènes, ils ne nous laissent pour idéal que l'espoir d'être sauvés du racisme blanc par… des Blancs, désormais lucides, et de nous intégrer au sein d'une société réconciliée selon des normes et des modalités que nous n'aurons pas, pour partie au moins, choisies.

Qu'on ne se méprenne pas ! Si nous avons choisi de commenter, sans concession, les interventions de Robine et Fassin, c'est que leurs travaux sont utiles et intéressants (nous n'aurions pas eu l'idée de discuter avec Yvan Rioufol et Éric Zemmour). C'est aussi que nous y voyons l'expression des tendances contradictoires et des positionnements instables qui traversent l'espace de l'antiracisme blanc, pris entre le marteau d'un racisme étatique, partisan et populaire de plus en plus manifeste, et l'enclume d'une résistance indigène qui, bien que désordonnée et hésitante, voit néanmoins croître sa puissance. S'il demeure encore bien minoritaire, l'antiracisme blanc radical existe également. Nous le rencontrons dans les luttes où ses militants s'investissent en permanence pour nous donner raison.

À QUOI SERT L'ANTIRACISME UNIVERSEL ?

Houria Bouteldja & Sadri Khiari

juin 2011

Alors que les sondages indiquent une progression rapide du Front national qui réveille le « spectre d'un 21 avril », le mouvement antiraciste universel semble retrouver une nouvelle vigueur dont témoigne l'activisme de l'association « D'ailleurs, nous sommes d'ici ». Nous avons, pour notre part, accueilli avec sympathie cette initiative et des militants du PIR ont participé à ces actions. Cette démarche ouverte n'exclut pas cependant des doutes et des critiques sur lesquels nous pensons devoir nous exprimer publiquement. Nous devons à tous ceux qui suivent le parcours du PIR avec intérêt d'être parfaitement transparents. Par ailleurs, les espaces de discussion (réunions ou listes mails) que s'est donnés l'association « D'ailleurs, nous sommes d'ici » sont évidemment trop étroits pour les questions que nous voudrions soulever et qui nous paraissent mériter un large débat entre tous ceux qui sont impliqués dans les combats contre le racisme. Les observations que nous faisons concernant « D'ailleurs, nous sommes d'ici » soulignent, au-delà de cette association, des caractéristiques récurrentes du mouvement antiraciste que nous devons questionner de manière critique, d'autant plus que de nouvelles dérives sur le mode SOS racisme semblent toujours possibles.

Ce sont là quelques-unes des motivations qui nous ont incitées à rédiger les lignes qui suivent et à les proposer au débat.

L'antiracisme universel et le tropisme SOS racisme

Vous connaissez bien sûr la fleur de tournesol. En arabe, on l'appelle la fleur qui est « amoureuse du soleil », pour souligner sa tendance irrépressible à se tourner vers l'astre solaire. Bien que de la comète SOS racisme il ne reste plus que la queue, l'antiracisme universel a du mal à se détacher du modèle qui l'a si longtemps représenté. Un antiracisme « Touche pas à mon pote », paternaliste, exclusivement moral, abstrait, ayant pour principal adversaire l'extrême droite et obstinément accroché aux basques du PS.

« D'ailleurs, nous sommes d'ici » s'en détache positivement sur bien des points. Nous ne pouvons pas cependant nous abstenir de relever certaines tendances cousines au sein des deux mouvements. SOS racisme n'avait aucun scrupule à se substituer aux principaux concernés par le racisme, appréhendés comme de pures victimes, ce qui n'est certes pas le cas de « D'ailleurs, nous sommes d'ici ». Mais peut-on dire, pour autant, que cette association est immunisée contre une telle tendance ? Une telle interrogation n'est pas injustifiée, même si nous imaginons aisément qu'elle puisse égratigner certains militants.

Nous avons, en effet, observé avec appréhension l'autosatisfaction qui a suivi les manifestations du 28 mai, alors même qu'en dehors des sans-papiers, obligés de saisir toute occasion de rendre visible leur cause, fort peu de Noirs, d'Arabes, de musulmans, d'habitants des quartiers populaires, se sont sentis concernés par ces initiatives – ce qui, du reste, était tout à fait prévisible étant donné la composition du collectif. Dans le même sens, un reportage diffusé sur le net[1] a donné une interprétation surprenante de la manifestation qui a eu lieu à Paris. Ses réalisateurs – des militants antiracistes blancs – ont réussi le tour de force d'invisibiliser les manifestants blancs – à la grande satisfaction de certains d'entre eux, si l'on en croit les échos qui nous sont parvenus – pour ne montrer quasiment que des sans-papiers et des Tunisiens venus de Lampedusa. Pourquoi ont-ils distordu la réalité à ce point ? Ne serait-ce pas pour camoufler l'incapacité de « D'ailleurs, nous sommes d'ici » à mobiliser des indigènes autres que les sans-papiers ? S'il nous fallait donner un résumé de ce reportage, nous utiliserions cette formule en apparence paradoxale : la vidéo où des indigènes servent à masquer l'absence des indigènes.

Par ailleurs, sans assimiler les stratégies électoralistes et manipulatrices de SOS racisme et les motivations de « D'ailleurs, nous sommes d'ici », on doit mentionner cependant que les deux mouvements ont pour objectif commun de contrecarrer l'influence de l'extrême droite et de la droite la plus raciste. Ils voudraient lui faire barrage sur le plan électoral grâce au rassemblement de toutes les forces qui se réclament de la gauche, sans tenir compte des responsabilités directes de certaines d'entre elles – et notamment du PS – dans les politiques racistes. Certes,

1. Disponible sur le site dailleursnoussommesdici.org.

pour l'instant, ce dernier n'est pas investi dans « D'ailleurs, nous sommes d'ici », qui ne bénéfice pas, comme cela a été le cas de SOS racisme, de la puissance médiatique de la gauche sociale-libérale. « D'ailleurs, nous sommes d'ici » garde, en conséquence, une autonomie politique certaine par rapport aux stratégies et aux calculs du PS, une autonomie renforcée par la nature de ses composantes principales et le parcours des personnalités qui l'ont initiée, dont on sait qu'elles n'ont guère de tendresse pour le parti social-libéral. Mais, jusqu'à quand cela durera-t-il ? Déjà, sont perceptibles certaines lignes de failles qui, en s'élargissant, pourraient sonner le glas de cette autonomie. C'est le cas notamment de la timidité du mouvement à dénoncer explicitement l'islamophobie et à combattre clairement les lois islamophobes (loi sur le voile ou le niqab) par crainte de susciter le courroux des courants de gauche républicanistes et laïcards. Il ne suffit guère de tisser quelques liens discrets avec Mamans toutes égales[2] pour régler le problème. Il est indispensable d'affirmer haut et fort l'impératif de la lutte contre l'islamophobie, sous toutes ses formes. Une telle pusillanimité sur cette question n'est pas de nature à nous rassurer. Qu'en sera-t-il, dans les mois qui viennent, si les sondages confirment la croissance de l'électorat de Marine Le Pen ?

La bonne conscience du mouvement antiraciste universel

Le modèle SOS racisme puise sa force au sein de la gauche – y compris radicale – de multiples facteurs. Nous n'en mentionnerons qu'un : la plupart des militants antiracistes blancs sont convaincus que le racisme n'est qu'un archaïsme idéologique propre à la droite ou rechignent à reconnaître qu'ils sont eux-mêmes partie prenante du racisme institutionnel. Ils n'ont guère conscience des privilèges matériels et symboliques dont ils bénéficient en tant que Blancs et de la suprématie sociale que leur confèrent les inégalités raciales. Ils sont incapables, par conséquent, de distinguer leur antiracisme de l'antiracisme indigène – et nous ne pouvons que regretter que la seule évocation de cette différence suffise à les mettre en rogne.

Ainsi, dans son ambiguïté volontaire, le nom « D'ailleurs, nous sommes d'ici » occulte les positions socialement hiérarchisées des Blancs et des indigènes, assimilés abusivement dans un « nous » que dément la réalité. Or, que cela nous plaise ou non, les hiérarchies raciales

2. www.mamans-toutes-egales.com.

impliquent un angle de vue différent sur le contenu et les impératifs d'une stratégie antiraciste. Il ne s'agit pas de mettre en doute la sincérité de l'engagement des initiateurs de ce mouvement et l'on peut supposer que le choix de ce nom a eu pour motivation leur volonté de s'identifier positivement à ceux qui subissent le racisme au quotidien ; pour autant, cette même volonté témoigne, au fond, d'une incapacité à saisir la nature du clivage racial qui caractérise la société française et par conséquent le mouvement antiraciste lui-même. C'est d'ailleurs pour éviter des polémiques stériles que, conscients que le concept d'antiracisme blanc pouvait heurter de nombreux antiracistes blancs, nous lui avons substitué, ici, l'expression d'antiracisme universel.

L'engagement prédominant de l'antiracisme universel dans la cause des sans-papiers illustre les différences d'approche des deux antiracismes, même si, là encore, nous ne contestons ni l'importance de cette question ni la sincérité des motivations de tous ceux qui consacrent une part de leur temps à défendre ces immigrés auxquels tout droit est nié. Il faut en effet s'interroger sur la propension des antiracistes blancs à se mobiliser en priorité et souvent avec célérité en faveur des sans-papiers tandis que sur d'autres causes antiracistes tout aussi importantes comme les violences policières, l'islamophobie, les inégalités raciales au logement, au travail, etc., seule une toute petite minorité d'entre eux sont mobilisables… Notre hypothèse est que cette inclination à donner la priorité aux sans-papiers réside dans la grande vulnérabilité qui caractérise ces derniers et, surtout, dans le fait que, malgré les velléités d'autonomie que certaines de leurs organisations ont pu manifester, ils sont contraints de rechercher le soutien le plus large. Agissant dans l'urgence, ils n'ont guère d'autre choix que d'obtenir l'appui des organisations de gauche. Le sans-papiers correspond ainsi au tropisme SOS racisme : il est le « pote » idéal. Une autre raison tient sans doute au fait que les sans-papiers ne sont ni des Noirs, ni des Arabes, ni des musulmans, ni des Roms, ni des Chinois ou, pour le dire plus clairement, ils n'ont aux yeux des antiracistes blancs qu'une seule *identité*, celle d'être sans-papiers. Les sans-papiers apparaissent comme des parias que rejette la mondialisation libérale, alors que les Noirs, les Arabes, les musulmans et bientôt peut-être les Asiatiques, qui ont des papiers ou sont français, eux, interpellent en profondeur la société française qu'ils ne sont pas prêts de quitter et vis-à-vis de laquelle ils ont des exigences plus radicales.

L'antiracisme peut-il faire son unité sans exclure les indigènes ?

L'inverse du sans-papiers est le Français musulman qui s'affirme en tant que tel. Celui-là n'est pas un « pote ». Sa présence, plus qu'aucune autre victime du racisme, divise. Plus généralement, la lutte contre l'islamophobie divise. On l'a vu avec l'affaire du voile et les affaires similaires ; on le voit chaque fois que des courants de gauche tentent de se regrouper : pour y parvenir, la première question que l'on met de côté, c'est l'islamophobie. Les convergences antiracistes elles-mêmes butent sur cette question. Autrement dit, pour éviter des tiraillements au sein de l'antiracisme universel, il faut évacuer l'une des questions qui préoccupent un grand nombre d'indigènes et par conséquent renoncer à les voir s'engager dans le mouvement. Il faut être aveugle pour ne pas voir dans cette situation, paradoxale du point de vue d'un antiracisme cohérent, le reflet d'une logique raciale à laquelle est soumise la gauche antiraciste elle-même.

Le refus de faire la moindre concession sur la question de l'islamophobie a souvent valu au PIR le reproche de manquer de souplesse tactique, voire d'être sectaire. Or la marginalisation de cette question, qu'elle soit totale ou partielle, explicite ou implicite, n'est pas comparable à un compromis sur telle ou telle revendication ou sur un simple mot d'ordre, que pourrait justifier une plate-forme unitaire. L'islamophobie – et les lois qui l'institutionnalisent – constitue aujourd'hui l'une des expressions majeures du racisme institutionnel en France et faire l'impasse sur cette question a de lourdes conséquences. Les indigènes les plus concernés par l'islamophobie ne peuvent se reconnaître, en effet, dans une mobilisation antiraciste qui ne prendrait pas en charge leur principale préoccupation. Se reproduit ainsi une logique d'exclusion similaire à celle que vivent les musulmans à l'échelle de toute la société.

Le plus étrange est que l'antiracisme universel semble incapable de percevoir cette logique d'exclusion dont il se rend complice. Au point que l'on est en droit de se demander s'il est réellement soucieux, comme il l'affirme, d'impliquer les indigènes dans les mouvements qu'il impulse ou alors s'il se satisfait d'une situation où les indigènes n'existent que comme un corps extérieur et sans défense dont il aurait en charge la protection.

Un autre problème, manifeste, est constamment éludé par les antiracistes blancs, convaincus qu'il suffit d'une forte conviction antiraciste pour annihiler la différence entre eux et les indigènes (au pire, resteraient quelques nuances dans les points de vue qu'un échange démocratique, dans le respect de tous, permettrait de fondre dans un « universalisme concret », en tenant compte de la pluralité des « vécus »). Ce problème – nous l'avons maintes fois répété depuis l'Appel des Indigènes – est que dans un cadre commun, quelle que soit la volonté des uns et des autres, *l'égalité ne règne pas* : y seront politiquement privilégiés ceux qui sont racialement privilégiés dans la société. On pourrait remplir des pages rien qu'en énumérant les multiples initiatives où s'est reproduite cette logique puissante. Ne cherchons pas à nous rassurer en invoquant le « libre choix de l'individu », capable de se hisser au-dessus des déterminations sociales. Nous-mêmes, indigènes, sommes bien souvent les acteurs de notre propre dépossession politique en acceptant sans moufter, par crainte de ne pas paraître assez « civilisés » ou « progressistes », les injonctions masquées de l'antiracisme universel.

On peut se faire un cinoche ensemble sans passer devant le maire

Par conséquent, faut-il s'entêter, chercher la voie d'un espace stratégique commun à l'action antiraciste ? N'est-ce pas se paralyser les uns les autres ou, plus grave, soumettre les Noirs, les Arabes, les musulmans et les habitants de quartiers populaires à des enjeux qu'ils auront d'autant moins définis eux-mêmes qu'on leur aura dénié le droit de s'organiser d'abord en toute indépendance ? N'est-il pas plus opportun de s'organiser séparément et de se retrouver ponctuellement pour agir, négocier, débattre ? À cette dernière question, nous répondrons, on s'en doute, par la positive : *les indigènes doivent s'organiser de manière autonome, tout en cherchant les convergences quand cela s'avère l'intérêt commun.* Et nul ne doute que de nombreux intérêts communs rapprochent ceux qui souffrent du racisme et les autres opprimés. La seule façon de contrecarrer un tant soit peu la tendance à la reproduction des hiérarchies raciales au sein du mouvement antiraciste n'est pas de bouder toute forme de regroupement mais, assurément, que Noirs, Arabes, musulmans, habitants des quartiers populaires, soient en mesure d'opposer leur force collective à ces tendances, c'est-à-dire se dotent de leurs propres espaces politiques autonomes. Est-ce cela être sectaire ou refuser toute alliance ? Évidemment que non ! Alors, il faudra bien nous interroger sur les déterminations et les motivations profondes de ce genre d'accusations, qu'aussi bien les textes du PIR que ses pratiques démentent.

Quant à l'antiracisme universel, sa principale raison d'être devrait résider, d'une part, dans le soutien aux luttes et aux espaces autonomes dont se dotent les indigènes et, d'autre part, dans la lutte contre son propre camp. Précisons : on ne combattra pas le racisme en ayant pour unique adversaire la droite sarkoziste et l'extrême droite car l'un des vecteurs majeurs de la politique raciste est également le PS et certaines franges islamophobes de la « gauche de la gauche ». Transformer les rapports de force suppose, outre la mobilisation et l'organisation autonome des indigènes eux-mêmes, de transformer en profondeur la gauche elle-même. C'est là une des tâches de l'antiracisme universel sincère : bousculer la gauche, la dénoncer, l'obliger à se rallier à une démarche antiraciste, quitte à y faire des ruptures, et non pas chercher le plus petit commun dénominateur « antiraciste » pour faire front contre Le Pen/Sarkozy. Il faut se mobiliser tant contre ces derniers que contre le PS pour imposer à l'ensemble des forces qui se réclament de la gauche un engagement antiraciste prioritaire dans sa politique.

« Vous faites le jeu de la droite ; vous ne connaissez rien à la tactique politique », voilà en gros ce que nous répondront certains, oublieux des politiques menées par le PS, avec le soutien ou la caution de ses alliés lorsqu'ils ont été au gouvernement, oublieux également des reniements de ces mêmes partis dans l'opposition ou des pratiques racistes de la majorité de leurs élus. « Marine Le Pen, ce sera pire », nous dira-t-on également à la veille des prochaines présidentielles et nos antiracistes blancs de faire front sans discuter avec le PS pour faire advenir le « moins-pire ». Plus grave que cette politique du court terme et du désespoir, nombreux au sein de l'antiracisme universel restent convaincus que, tous, nous ferions en définitive partie du même camp que le PS et qu'une recomposition de la gauche doit se faire avec ce parti.

Quant à nous, le PS comme « moins pire », nous connaissons, nous avons déjà donné ! Nous ne céderons pas à ce chantage, déjà présent en filigrane dans les dernières initiatives antiracistes. Nous sommes convaincus au contraire que l'efficacité d'une lutte antiraciste raisonnable implique de n'être plus cet « électorat contraint » sur lequel misent impunément depuis des décennies les composantes majoritaires de la gauche. La capacité des mouvements antiracistes universels à s'engager dans cette voie constituera pour nous un test de leur véritable engagement à nos côtés.

Agir dans la durée pour une majorité antiraciste et décoloniale

Certains verront dans cet article une nouvelle provocation des Indigènes. Il n'en est rien. Notre propos n'est aucunement de culpabiliser ou de mettre en doute la sincérité des engagements de qui que ce soit. Les questions dont nous traitons ne concernent pas les individus en particulier, pour lesquels nous pouvons avoir le plus grand des respects, mais les logiques sociales et politiques dans lesquelles ils sont « pris » comme une mouche dans le miel et qu'ils ne pourront contrecarrer s'ils refusent de reconnaître que le miel, ça colle ! Notre but est d'aider à dissiper certaines illusions qui encombrent l'antiracisme, trop bon enfant, de la gauche blanche afin de trouver les moyens les plus efficaces pour combattre les politiques répressives et racistes qui menacent, outre les populations immigrées, les Français victimes du racisme qui habitent dans les quartiers populaires. Autrement dit, nous préférons étaler nos opinions sur la table, quitte à faire mal, dans l'espoir que cela contribue à mettre au jour les conditions nécessaires pour que de véritables convergences dans l'action deviennent possibles et qu'elles puissent, à terme, accoucher d'une *majorité politique antiraciste et décoloniale en France*.

L'ÉVOLUTION EN CISEAUX DES CHAMPS DE L'ANTIRACISME

Houria Bouteldja & Sadri Khiari

février 2012

Qu'on nous permette de commencer cet article par quelques brèves citations de la résolution adoptée par le Congrès de fondation de notre parti, réuni en février 2010 : « Le PIR agit pour réaliser les conditions nécessaires – dont l'indépendance politique indigène est la condition première – à la constitution d'alliances avec des forces décoloniales non indigènes, indispensables à l'avènement d'une majorité politique capable d'infléchir la politique de l'État dans un sens décolonial. » Nous précisions dans ce même document : « Le PIR a pour objectif politique l'avènement d'une majorité politique contrôlant les principaux leviers institutionnels et déterminée à engager les profondes réformes institutionnelles, sociales, économiques et culturelles nécessaires pour poursuivre le processus décolonial, dans ses différentes dimensions, et combattre les inégalités raciales[1]. » Dans un autre texte, intitulé « L'objectif politique du PIR : un gouvernement décolonial », nous ajoutions : « Le Parti des Indigènes agira, par conséquent, pour contribuer à une recomposition des forces politiques françaises dans la perspective de faire émerger une alliance majoritaire dans les principales instances politiques (parlement, gouvernement…)[2]. »

L'horizon tracé ici est clair : autonomie politique et organisationnelle indigène, et alliance avec les forces non indigènes intégrant la question décoloniale et antiraciste, dans la perspective de constituer une majorité de pouvoir. Un tel objectif politique ne saurait évidemment se constituer que dans la durée et sa réalisation, qui ne sera certainement pas linéaire, exige de nous l'attention la plus soutenue sur les dynamiques en cours au sein du champ politique.

Où en est-on, en ce début d'année électorale, alors que d'un côté s'engage un processus fragile de construction d'un Front uni de

1. Voir « Principes politiques généraux du PIR », p. 263.
2. Voir « L'Objectif politique du PIR : un gouvernement décolonial », p. 318.

*Specific pb., but universal / general discourse.

l'immigration et des quartiers populaires et que, d'un autre côté, les recompositions à la gauche du PS se concentrent désormais autour d'un Front de gauche bien peu sensible à la question du racisme ? Comment nous, indigènes, pouvons-nous agir pour peser sur l'évolution des forces politiques blanches et progresser dans la construction d'alliances alors que les composantes de la gauche les plus engagées dans les combats antiracistes s'agglomèrent autour de deux partis national-républicains, le Parti de gauche et le Parti communiste français ?

Pour agir, il faut comprendre. Et c'est ce que nous essayerons de faire dans cet article, non pas en abordant l'ensemble des facteurs en cause mais, plus modestement, en tentant d'analyser les recompositions paradoxales du champ ou, plus exactement, *des* champs de l'antiracisme, entremêlés et dissociés, solidaires et conflictuels : l'antiracisme *blanc* et l'antiracisme *indigène*.

Un tournant majeur, la Marche pour l'égalité

Depuis son apparition au lendemain de la Seconde Guerre mondiale, l'antiracisme contemporain a connu en France de nombreuses mutations, notamment à partir de la fin des années 1960 avec l'émergence des luttes d'ouvriers maghrébins et, dans le milieu des années 1970, l'adoption d'une première panoplie de mesures de restriction de l'immigration. La métamorphose la plus importante de l'antiracisme correspond cependant à une autre période, marquée par la tentative – rapidement étouffée – des deuxièmes générations de l'immigration d'imposer leur présence dans l'espace politique. Ce sont les fameuses Marches pour l'égalité des années 1980, référence toujours centrale d'une large partie des mouvements de l'immigration et des quartiers, mais c'est également l'association SOS racisme, construite par le PS pour faire pièce à la dynamique autonome des Marches[3] et qui constitue à ce jour la matrice idéologique principale de l'antiracisme blanc. Tout cela est dit bien vite, simplement pour avoir l'occasion de rappeler ceci : l'antiracisme blanc se transforme et se différencie, déterminé contradictoirement par la finalité qui le fonde, la lutte contre le racisme, et la peur que suscite en lui, comme dans le reste de la société française, le renforcement de la puissance indigène.

3. Sur les Marches et SOS racisme, voir Sadri Khiari, *La Contre-révolution coloniale en France de de Gaule à Sarkozy*, Paris, La fabrique, 2009.

Une nouvelle métamorphose de l'antiracisme en France s'est ébauchée avec les attentats du 11 Septembre, suivis par la deuxième affaire du voile avant de se préciser au lendemain des révoltes de 2005. Nous assistons depuis à l'évolution inversée de l'antiracisme blanc et de l'antiracisme indigène. Tandis que l'un tend à se recroqueviller sur de petits groupes et quelques individualités qui ne trouvent plus de leviers suffisamment motivants pour mobiliser une bonne conscience blanche, elle-même désormais incertaine, l'autre retrouve un nouveau souffle et s'épanouit sur des bases politiques en voie de clarification.

Le 11 Septembre et le voile divisent la gauche

Ce mouvement, certainement problématique, commence à se dessiner au début des années 2000 avec le progrès brutal des thèses islamophobes, consécutif, pour aller vite, aux attentats du 11 Septembre puis à la deuxième affaire du voile. Au sein des populations issues de l'immigration, ce sont alors plus particulièrement les franges relativement les mieux loties, disons les « élites » indigènes et les « classes moyennes » indigènes, qui fournissent de nouveaux militants à la résistance contre l'islamophobie. Outre les associations et autres espaces qui s'emparent de la question, Tariq Ramadan est la figure emblématique autour de laquelle se cristallise cette résistance, et oumma.com son vecteur médiatique privilégié.

Seule une faible frange de la gauche s'engage alors contre l'islamophobie. Minorités clairvoyantes au sein de l'extrême gauche organisée ou des mouvements sociaux (syndicats, groupes féministes, etc.), associations de défense des droits humains, militants engagés dans les luttes anti-impérialistes ou dans le soutien à l'immigration, altermondialistes, chrétiens de gauche et juifs antisionistes peinent à convaincre leurs camarades et partenaires habituels dans les luttes antiracistes que la stigmatisation incessante des musulmans – fussent-ils « radicaux » – et les discriminations croissantes à leur encontre sont l'expression d'une nouvelle offensive raciste. Tandis que, sans surprise, SOS racisme et d'autres associations satellites du PS, déjà moribondes, mènent campagne contre le « communautarisme musulman », Mouloud Aounit, qui dirige le MRAP, parvient non sans difficultés à établir un équilibre précaire et à engager son association dans le combat contre l'islamophobie. Une majorité de la gauche, cependant, préfère rester à l'écart d'une lutte qui lui paraît douteuse ou marche côte à côte avec la droite contre l'« obscurantisme musulman », contestant même la notion d'islamophobie. Le courant national-républicain, plutôt concentré jusque-là au sein du Parti communiste, s'étend à la gauche du PS et à la gauche radicale.

Alors que la question de l'islam en France devient un enjeu aux implications multiples, qu'elle s'agence notamment à l'engagement français dans les politiques impériales états-uniennes ou qu'elle se combine à l'offensive contre les quartiers populaires, l'antiracisme blanc majoritaire se consacre presque exclusivement à la défense des sans-papiers, à la dénonciation des politiques de l'immigration et à la critique des « mentalités ». Et elle le fait avec de moins en moins de conviction. Car se répandent alors de nouvelles manières de voir qui brouillent l'antiracisme blanc. D'une part, les populations issues de l'immigration ne sont plus considérées comme opprimées, victimes des discriminations et du racisme, mais deviennent partie prenante du problème, notamment par leur affirmation identitaire et religieuse, leur supposé refus de l'intégration, voire leur agressivité et toutes les tares qu'on leur accole comme le sexisme, l'antisémitisme, le communautarisme, etc. Se répand également la notion problématique et dangereuse de « racisme anti-Blancs ». Ironiquement, on pourrait dire qu'une certaine égalité est reconnue aux indigènes : ils ne sont plus soumis à des discriminations mais coresponsables de conditions qui sont les leurs ; ils ne sont plus victimes du racisme mais sont eux-mêmes susceptibles d'être racistes, comme tout un chacun.

Une révolte qui chamboule tout : novembre 2005

La révolte des quartiers en novembre 2005, qui s'est prolongée de manière perlée au cours des années suivantes, constitue un deuxième moment décisif, élargissant le champ de l'antiracisme aux couches les plus populaires de l'indigénat contemporain. La ségrégation raciale étant l'une des dimensions fondamentales de la condition des quartiers populaires, ces révoltes avaient nécessairement une dimension antiraciste. Même si, dans la confusion régnante, elle ne s'est pas toujours formulée dans ces termes, en creux la question du racisme explique dans une large mesure la colère de la jeunesse des quartiers. L'Appel des Indigènes de la république de janvier 2005 qui a réuni des milliers de signatures et la première grande Marche organisée le 8 mai de la même année, quelques mois à peine avant la révolte des quartiers, a constitué alors l'expression la plus novatrice des changements qui s'opèrent. En introduisant les thèmes de la colonialité de la république, du postcolonialisme et de la hiérarchisation raciale dans le débat politique (et même académique), le Mouvement des indigènes de la république, qui s'est transformé par la suite en parti, a donné une nouvelle dimension à la notion d'autonomie de l'immigration et des quartiers et ouvert la voie à l'intégration des résistances quotidiennes au racisme dans une perspective politique de libération. Tant par ses initiatives en termes de mobilisation que par ses efforts de clarification stratégique et ses tentatives de regrouper les différentes communautés opprimées racialement, les Indigènes de la république ont été à la fois le reflet et un des acteurs de la radicalisation en cours du champ de l'antiracisme non blanc.

Le besoin d'agir au-delà de la révolte et la politisation qui en a résulté ont donné naissance à de multiples initiatives et à une pluralité de formes de structuration, se déployant dans les espaces de résistance les plus divers : lutte contre l'islamophobie, contre les violences policières, pour la reconnaissance des mémoires étouffées et des crimes coloniaux, contre les discriminations raciales, pour le logement.

La solidarité avec le peuple palestinien témoigne également d'une transformation sensible de la situation. Pensons, à ce propos, aux dizaines de milliers d'indigènes qui sont descendus dans les rues de France pour protester contre la guerre israélienne à Gaza en décembre 2008 et janvier 2009. Une mobilisation indigène organisée aussi massive ne s'était jamais vue. Qu'elle ait pu avoir lieu confirme qu'un tournant majeur s'est opéré depuis le 11 Septembre et la révolte de 2005. De moindre ampleur que les mobilisations en soutien aux Palestiniens, mais significatives également, on peut aussi noter les grandes manifestations indigènes qui ont accueilli les moments tunisiens et égyptiens de la Révolution arabe.

Une parenthèse s'impose, car un Blanc borné ne comprendra pas la relation que nous tissons entre la solidarité avec le peuple palestinien et la question antiraciste. Nous n'insisterons pas, ici, sur la communauté de combat qui unit l'indigène de France et le Palestinien. Il nous importe, par contre, de souligner ce qui différencie cette solidarité lorsqu'elle est manifestée par des Blancs et lorsqu'elle est manifestée par des indigènes : les premiers manifestent dans un espace politique et dans un espace matériel (la rue) qui sont les leurs, ils agissent selon des normes et des codes politiques qui leur appartiennent ; les seconds, eux, ne font pas que manifester pour le peuple palestinien : en manifestant, ils conquièrent l'espace politique et la rue, dont ils sont exclus, ils s'approprient et réinventent les normes politiques établies (par l'introduction de la langue et de la musique arabe, d'un discours religieux, du contenu, du rythme et de la fonction des slogans, pour ne citer que quelques exemples). Plus lapidairement, quand des indigènes investissent collectivement l'espace politique et culturel, ils bousculent la domination blanche ; ils font de la politique antiraciste.

Fermons la parenthèse. Tâtonnant sur le plan politique, débordant rarement une démarche de type « syndicalisme de quartier », ou instrument de pression sur les autorités locales, souvent courtisés par les mairies, il est vrai que de nombreux espaces indigènes n'ont pas résisté à la tentation de s'insérer dans les réseaux clientélistes et ont été satellisés par les partis blancs dominants. Gardons-nous cependant de n'y voir qu'un retour au point zéro. Les lignes du rapport de force ne sont plus ce qu'elles étaient avant la révolte de 2005. La répression et les manœuvres du pouvoir blanc n'ont pas éteint la colère ni obtenu la soumission des quartiers, et si certains militants se sont « vendus », la majorité de ceux qui aujourd'hui espèrent trouver des raccourcis en collaborant avec les mairies et les partis blancs pour obtenir une amélioration de la situation de leur communauté pourraient s'insérer dans une autre démarche si une perspective politique indigène crédible à l'échelle nationale s'offrait à eux.

Les quelques années qui nous séparent de novembre 2005 se sont en outre accompagnées d'un véritable bouillonnement au sein des populations issues de l'immigration, en termes de recherche d'une stratégie pour les quartiers populaires et pour la construction d'une alternative aux conceptions traditionnelles de l'antiracisme. Tandis que certaines structures se maintiennent, comme AClefeu ou le FSQP qui a une vitalité certaine à Montpellier, de nombreuses expérimentations sur les plans organisationnels et politiques, par exemple lors des échéances électorales, contribuent au mûrissement de la conscience politique indigène. C'est le cas également des échecs, comme ceux de certaines tentatives de regroupements d'association de quartiers, trop volontaristes et précipitées pour durer. Mais c'est plus certainement les cas des nombreux succès dont témoigne l'affluence aux conférences et meetings organisés depuis deux ans par les mouvements de l'immigration et des quartiers et qui ont rassemblé chacun des centaines de militants de l'immigration soucieux de s'engager dans l'action politique contre le racisme : les Rencontres de l'immigration à Lille, Marseille, Paris ; la conférence du CCIF contre l'islamophobie en octobre 2011 ; celles organisées par des associations de Bagnolet sur les crimes policiers et la Palestine ; les réunions publiques du PIR à Marseille, Grenoble, Paris ou Lyon ; le meeting du FSQP à Saint-Denis. On doit citer également les meetings à Bagnolet, Saint-Denis, Marseille, du Printemps 2012, une initiative récente, rassemblant militants de l'immigration et militants de gauche, déterminés à inscrire la question du racisme dans le débat électoral. On peut encore citer les actions, mixtes également, impulsées par Mamans toutes égales (MTE) en défense du droit des mères voilées exclues du droit d'accompagner leurs enfants notamment lors des sorties scolaires.

De toutes ces expériences, les positives comme les négatives, une leçon fondamentale commence à être tirée, en l'occurrence la nécessité que l'action de résistance quotidienne dans les quartiers s'inscrive dans un projet politique global et rationnellement organisé. En témoignent, récemment, les Troisièmes Rencontres de l'immigration. Malgré une certaine confusion – probablement inévitable lorsque le nouveau prend le relais de l'ancien –, il s'y est dégagé une volonté majoritaire de construire patiemment et démocratiquement un Front uni des quartiers populaires et de l'immigration autour d'une plateforme d'action sur certaines questions parmi les plus urgentes, pour progresser graduellement vers la constitution d'une force politique unitaire des populations issues de l'immigration et des quartiers. La nouvelle dynamique qui prend forme incorpore en effet l'expérience malheureuse des fausses alliances, construites dans la subordination à l'antiracisme blanc, à la gauche ou à l'extrême gauche. Ainsi, l'une des avancées les plus marquantes de ce projet est sans conteste la conviction partagée de la nécessaire indépendance politique de l'immigration et des quartiers, consacrée en premier lieu par le rassemblement des seules associations et groupes qui en sont issus au sein d'un même espace politique. D'autres thématiques, portées notamment par le PIR, participent aussi du réarmement politique en cours. Il s'agit notamment de la question centrale du colonialisme postcolonial et du racisme institutionnel, compris comme rapport de domination et non comme une simple affaire de « mentalité » et d'« intolérance », sa transversalité dans le champ politique blanc, l'importance de la question culturelle identitaire ou encore l'impératif d'une convergence entre les communautés noires et les communautés arabo-berbères dans le cadre d'un projet politique unifié.

La crise de l'antiracisme blanc

Si l'on examine maintenant les changements intervenus dans le champ antiraciste blanc à la suite de la révolte de 2005, on constate tout d'abord la formidable mésinterprétation dont elle a été l'objet par les franges majoritaires de la gauche, lesquelles, fermant les yeux devant le caractère inédit de ce mouvement, ne voulant surtout pas voir ce qui risquait de malmener leur conservatisme stratégique, en ont fait une simple émeute de la pauvreté, l'expression d'un problème strictement socio-économique, voire l'émergence d'un nouveau sous-prolétariat menaçant les intérêts des travailleurs. Rien à voir donc avec la ségrégation raciale et avec la lutte antiraciste ! À droite, par contre, puis rapidement au sein de la gauche institutionnelle, la signification de cette révolte n'a pas fait de doutes. Si, au niveau du discours, on a généralement occulté sa dimension raciale, il en a été bien autrement dans la pratique, comme le montrent certaines des politiques mises en œuvre pour contrer la mobilisation des quartiers : mesures démagogiques assurant aux Noirs et aux Arabes un minimum de reconnaissance (ministres et candidats indigènes aux élections, promotion dans les domaines médiatique et artistique, etc.), et dispositifs, certes encore hésitants, de promotion d'une élite indigène dans certains secteurs économiques. À l'inverse, les mouvements antiracistes ont continué à agir comme si de rien n'était. Incapables de comprendre que le combat antiraciste se jouait désormais principalement dans les quartiers, ils ont poursuivi leurs activités traditionnelles centrées sur les politiques de l'immigration et la transformation des « mentalités ». Mais le « peuple de gauche » ne suit plus. À l'exception de la mobilisation suscitée par la loi du 23 février en 2005 (instituant une histoire officielle du « rôle positif de la présence française outre-mer ») et de la mobilisation contre les tests ADN au lendemain de l'élection de Nicolas Sarkozy à la présidence de la République, l'antiracisme n'apparaît plus comme une grande cause de la gauche. Les mobilisations de soutien aux sans-papiers ne rassemblent plus grand monde. Le Réseau éducation sans frontière, pourtant très actif durant un temps, semble avoir du mal à retrouver un second souffle. Ployant sous le poids des pressions tant internes qu'externes (médiatiques et politiques), le MRAP glisse à son tour vers le national-républicanisme de gauche ; le dernier bastion du vieil antiracisme moral mais toujours conséquent avec lui-même dérive désormais, détaché de ses principes d'origine.

À l'extrême gauche, certains ont compris qu'il leur fallait se résoudre à ajouter les quartiers à la liste de leurs champs d'intervention. Ils n'ont pas pensé, cependant, que prendre en compte les quartiers impliquait bien plus, et rien de moins qu'une nouvelle perspective stratégique (que peut bien signifier une stratégie construite autour de l'horizon de la grève générale dans les quartiers ?). Naïvement, ils ont donc tenté de s'insérer dans les quartiers en brandissant le drapeau de l'anticapitalisme. Quant à l'antiracisme, il a continué à constituer un secteur séparé de leurs activités.

Certains militants blancs ont cependant pris la mesure des changements. Nous pensons bien sûr à ceux d'entre eux qui se mobilisent aujourd'hui aux côtés du Printemps des quartiers populaires, du regroupement MTE ou qui s'associent au FSQP. Ceux-là, peu nombreux il est vrai, saisissent les enjeux et appréhendent les nouvelles coordonnées de la lutte antiraciste. Du point de vue même du projet politique qui est le leur, ils perçoivent avec lucidité le caractère incontournable des quartiers populaires et tentent d'intégrer cette donnée dans leurs réflexions stratégiques. D'autres initiatives récentes méritent également d'être mentionnées, comme la Semaine anticoloniale ou « D'ailleurs nous sommes ici ». Si la première est parvenue à mener à bien l'organisation de quelques événements et moments conviviaux où se rencontrent des militants de gauche, la seconde, qui avait l'ambition d'impulser une très large dynamique de mobilisation, peine à occuper le terrain de l'antiracisme blanc. Convaincus que le racisme est d'abord une idéologie de droite et d'extrême droite, soucieux de rassembler les forces de gauche en leur sein, ils restent timides et circonspects sur les questions qui heurtent, comme l'islamophobie, et à l'instar des autres composantes du mouvement antiraciste blanc, ils ont l'illusion de pouvoir rassembler autour d'eux les principaux concernés par le racisme[4].

L'occultation du racisme, condition du rassemblement à gauche de la gauche

La régression notable de l'antiracisme blanc se manifeste également dans le triste débouché des tentatives de recomposition à la gauche du PS.

4. Voir « À quoi sert l'antiracisme universel ? », p. 353.

Depuis quelques années, et plus particulièrement depuis la révolte des quartiers de 2005, les tentatives se sont multipliées de convergences, d'unité, de reconstruction ou de renouveau de courants de gauche qui prétendent avoir tiré les leçons du passé, rompu avec les dérives racistes du PS et du PC, être disposés à tenir compte de la « détresse » des banlieues, de la « diversité » de la France, voire de son caractère multiculturel. Ces individus, ces groupes, ces partis plus ou moins sympathiques auraient voulu ouvrir un nouvel horizon à la gauche, renouveler les formes d'action et d'organisation, penser les alternatives, articuler les oppressions, associer les minorités, bref « réinventer la politique à gauche ». Une entreprise louable et, avouons-le, fort séduisante en ces temps de grandes incertitudes. Le résultat est cependant bien décevant.

Malgré les dispositions pleines de promesses de ces militants de gauche dont nombreux ont été partie prenante des combats antiracistes, eh bien, la question du racisme et des quartiers s'avère finalement loin, bien loin, de figurer au cœur de leurs préoccupations politiques. Qu'ils se réunissent pour discuter d'une plateforme d'actions urgentes, qu'ils ébauchent les grandes lignes d'une campagne électorale commune, qu'ils élaborent ensemble les axes d'un futur programme, qu'ils s'entendent sur les fondements minimums d'un regroupement politique, le racisme et les quartiers passent à la trappe ou, au mieux, se voient cantonnés à quelques paroles abstraites ou à la dénonciation facile de la politique de l'immigration menée par la droite.

En 2008, nous avions déjà remarqué, à propos d'une des tentatives – désormais oubliées – de rassemblement de la gauche de la gauche, que l'une des conditions de ce type de convergences était de mettre de côté les questions qui fâchent et que la lutte antiraciste en était devenue une, avec les progrès conjoints de l'islamophobie et du national-républicanisme dans un contexte de résistance croissante dans les quartiers populaires[5]. Une année plus tôt, lors des présidentielles de 2007, nous avions d'ailleurs constaté l'impuissance d'un José Bové, pourtant fort bien intentionné, à échapper à une logique comparable[6]. Il faut reconnaître au candidat-paysan le mérite d'avoir encouragé la constitution d'une commission indépendante, composée dans une très large

5. Sadri Khiari, « La Nécessité de l'autonomie politique indigène. La preuve par la « gauche enfin à gauche » », 2008, http://www.indigenes-republique.fr

6. Voir Alexandre Piettre, « Des rats des villes chez le roi des champs. Chronique indigène de la campagne de José Bové », *L'Indigène de la république*, n° 7, mai 2007.

mesure de militants de l'immigration et des quartiers, chargée de participer à l'élaboration de son programme et d'intervenir à ses côtés dans la campagne. Il n'a pas non plus hésité à se déplacer dans les quartiers où il a été d'ailleurs bien accueilli. Pourtant, aussi bien dans son programme que dans ses discours de campagne ou ses interventions dans les médias, racisme, immigration et quartiers populaires n'ont occupé au bout du compte qu'une place très secondaire ; les questions « non consensuelles » à gauche mais très populaires parmi les indigènes ont été soigneusement évitées, par exemple l'islamophobie et la prohibition du voile, ou le « conflit israélo-palestinien ». Bové croyait pouvoir susciter une dynamique « vraiment à gauche » autour de sa candidature, mais brasser large signifiait aussi « oublier » les revendications indigènes.

La régression du mouvement antiraciste blanc n'explique pas seule ce phénomène. Elle se combine à d'autres facteurs liés, entre autres choses, à l'état des rapports de force politiques dans le champ politique blanc, aux stratégies adoptées par chacune de ses composantes, mais aussi à des logiques plus profondes. Prenons l'exemple des militants d'extrême gauche qui se retrouvent au Front de gauche, où leur voix antiraciste ne pèse pas bien lourd, quand elle ose s'exprimer, alors qu'ils étaient très engagés dans les combats antiracistes et que, pour nombre d'entre eux, ils avaient même signé l'Appel des Indigènes en janvier 2005. Avaient-ils vraiment le choix alors que les processus de recomposition à la gauche du PS ont finalement conduit à l'hégémonie du couple PG-PCF, qui non seulement développe des thèses nationales républicaines mais qui, de surcroît, envisage de gouverner avec le PS ? Non, ils n'avaient pas le choix. Du moins, ils n'avaient pas le choix dans la mesure où, d'une part, leur stratégie, conçue sur le court terme, reste déterminée par « l'urgence de barrer la route » à la droite, ce qui suppose de mobiliser rapidement la majorité sociale, évidemment blanche, et où, d'autre part, ils espèrent faire progresser la gauche radicale à travers la dynamique de constitution d'un pôle antilibéral influent à la gauche du PS. Dans ce même mouvement, pensent-ils sans doute, l'espace d'une politique antiraciste trouverait les conditions pour gagner du terrain. En attendant, il serait malvenu de formuler des exigences qui pourraient brider la dynamique électorale du Front de gauche. Nous ne maîtrisons certainement pas toutes les données du problème, mais *a priori* le raisonnement se tient. Il se tient tant que les populations indigènes des quartiers populaires ne sont pas considérées comme un enjeu réel et fondamental dans une stratégie de constitution d'une nouvelle majorité sociale et politique susceptible d'engager une politique alternative à la société d'exploitation et d'oppression.

Prenons maintenant l'exemple du grand perdant de la recomposition à gauche, le NPA. Ce parti, souvenons-nous, avait traversé de graves difficultés internes lors de la deuxième affaire du voile (2004), alors qu'il était encore la LCR. Ces difficultés se sont aggravées pour se transformer en véritable crise lors des élections régionales de 2010 ,avec la candidature d'Ilham Moussaid. Cette candidature s'est ajoutée à des désaccords importants concernant les alliances à gauche pour attiser la discorde au sein du NPA et provoquer le départ d'un grand nombre de ses militants. En apparence, l'affaire Ilham n'a rien à voir avec les divergences sur la politique unitaire. Ces deux questions nous paraissent pourtant intimement liées. La candidature d'Ilham Moussaid – et la campagne haineuse dont celle-ci a été l'objet dans les médias – a suscité immédiatement un élan de sympathie au sein des populations issues de l'immigration. Considéré jusqu'alors comme un truc « gauchiste », typique du folklore français, le NPA devenait l'objet d'une attention bienveillante. Aveugle ou indifférent à cette évolution qui aurait dû l'intéresser au plus haut point, le parti anticapitaliste a au contraire été paniqué par l'hostilité que la candidature d'une femme voilée suscitait parmi les Blancs[7]. On se souvient de la suite, la crise a rebondi au lendemain des élections, conduisant au départ de nombreux militants et notamment de la majorité des militants arabes du Comité NPA auquel appartenait Ilham, ce même comité qui était donné en modèle de « l'intervention quartier » du parti anticapitaliste. En favorisant une telle issue, le NPA montrait ainsi qu'il était incapable de se tourner vers les quartiers.

Au-delà de la question du voile, ce sont bien les alliances et la politique unitaire qui, en creux, étaient en jeu. Bien plus fondamentale que la question de savoir s'il convenait de s'allier avec le Parti de gauche et le PC, l'interrogation aurait dû porter sur les forces sociales auprès desquels le NPA devait chercher un appui. Devait-il s'orienter principalement vers la classe des salariés blancs et des « couches moyennes » blanches ou tenir compte aussi des transformations sociales, culturelles et politiques au sein du vaste prolétariat français, en cherchant

7. Voir le communiqué du PIR : « Foutez donc la paix à Ilham Moussaid », www.indigenes-republique.fr.

à gagner le soutien des quartiers populaires ? Or ce débat n'a pas eu lieu. Il était déjà tranché, spontanément, sans même être posé, en faveur de la première alternative. Et par tous les courants qui s'affrontaient pour définir la politique du NPA. Eussent-ils fait un autre choix, c'est l'ensemble de la discussion sur les recompositions à gauche et la politique unitaire qui en aurait été bouleversé. Mais le NPA est un parti de gauche blanc, sa tradition ouvriériste, les repères culturels de l'écrasante majorité de ses militants et sympathisants, ainsi que leurs intérêts, influent dans une large mesure sur sa politique. Il est de même tout à fait compréhensible que de nombreux militants engagés dans la lutte contre l'islamophobie aient rejoint sans trop de mauvaise conscience le Front de gauche, fervent partisan de la « laïcité à la française ». Il n'y a rien, là, de vraiment surprenant. Et, pour être tout à fait francs, il n'est pas du tout certain que si le NPA avait fait le choix d'intégrer réellement les quartiers dans sa stratégie, ses efforts auraient été couronnés de succès.

Nous retrouvons simplement ici les logiques tendanciellement différenciées des champs politiques blancs et indigènes, inscrites dans la société raciale, sans lesquelles on ne pourrait saisir ni la dissociation relative ni l'évolution inversée du mouvement antiraciste blanc et du mouvement antiraciste indigène.

Des rapports de forces désaccordés

La profonde recomposition des champs de l'antiracisme s'exprime ainsi en termes de contenus politiques mais également en termes de rapport de force entre sa composante indigène en voie d'autonomisation et sa composante blanche de gauche. Au-delà des évolutions de conjonctures et des stratégies électorales, on peut supposer que la raison première de la régression du mouvement antiraciste blanc est justement la progression du mouvement antiraciste indigène, permise notamment par l'élargissement de la présence indigène dans l'espace social. Que la population issue de l'immigration et des quartiers augmente et s'enracine en France, qu'elle s'insère peu à peu dans toutes les sphères de la société, qu'elle investisse l'espace public et s'y affirme dans ses particularités, qu'elle se faufile dans le domaine réservé de la politique, qu'elle proteste, se révolte et tente de s'organiser, et l'ensemble des configurations politiques et stratégiques se trouve bousculé. Le champ de l'antiracisme n'est plus cet espace unique où la gauche apportait un soutien généreux à son « pote » arabe ou noir maltraité. Faute de l'avoir compris ou d'en accepter les conséquences, le mouvement antiraciste blanc recule et les courants politiques de la gauche radicale perdent l'occasion de tisser des alliances avec les nouvelles forces qui émergent dans les quartiers.

Si l'on assiste ainsi au déploiement, certes encore trop dispersé et titubant, pas assez politique, de la puissance indigène, pour autant la pression raciste ne faiblit pas mais se renforce. L'une des raisons, on l'a vu, en est que l'affirmation du mouvement antiraciste indigène s'opère dans un contexte de régression du mouvement antiraciste blanc. Cela montre l'importance pour nous de résoudre cette difficile équation stratégique : comment agir pour renforcer notre propre puissance politique autonome tout en favorisant la progression de l'ensemble du camp antiraciste ?

Petite leçon de français d'une sous-sous-chienne aux souchiens malentendants

Houria Bouteldja

juillet 2007

En juin 2007, sur le plateau de l'émission *Ce soir ou jamais !* (France 3), au détour d'une phrase, Houria Bouteldja forgeait le néologisme « souchien », dérivé de l'expression « Français de souche », sans susciter la moindre réprobation parmi les invités de l'animateur Frédéric Taddeï. Au mois de juillet, l'hebdomadaire *Marianne*, les sites Respublica et Riposte laïque, le journaliste Éric Zemmour et le philosophe Alain Finkielkraut accusaient la porte-parole des Indigènes de la république d'avoir injurié les Français en les qualifiant de « sous-chiens ». Un an plus tard, Hortefeux, alors ministre de l'Intérieur, et un porte-parole de l'UMP surenchériront, menaçant Houria Bouteldja de poursuites judiciaires. L'extrême droite frontiste et identitaire ne fut évidemment pas en reste. En 2010, l'Alliance générale contre le racisme et pour le respect de l'identité française et chrétienne (AGRIF), présidée par l'intégriste catholique Bernard Anthony, déposait une plainte contre Houria Bouteldja pour injure raciale à l'encontre des « Français de souche ». À l'issue du procès qui a eu lieu le 14 décembre 2011 à Toulouse, Houria a été relaxée. L'AGRIF et le parquet ont cependant fait appel. Le texte ci-dessous a été rédigé au lendemain des premières attaques dont a été l'objet Houria Bouteldja.

Souche, subst. fém.

A. Usuel Base du tronc d'un arbre (ou d'un grand arbuste) prolongée par ses racines.

B. P. anal. De souche. D'origine. Français de souche.

C. Biologie Ensemble des individus de même espèce provenant d'un ancêtre unique.

Souchien, Souchienne, adj. et nom, de souche.

Néologisme, formé par des descendants d'immigrés postcoloniaux qui, après avoir été désignés successivement par les expressions : « Français musulmans », « Nord-Africains », « immigrés », « deuxième, troisième… cent-trente-et-unième génération », « issus de l'immigration maghrébine ou africaine » puis à nouveau « Français musulmans » et enfin « issus de la diversité[1] » sans parler – dans un registre moins soutenu – par les « sidis », « bougnoules », « rats », « ratons », « crouilles », « melons », « bicots », « gris », ou encore l'intemporel « négros », ont constaté que ce raffinement dans la péjoration raciste dont ils sont l'objet trouve son *optimum* savant dans un autre néologisme, banalisé et valorisant, lui : « Français de souche ».

Cette dernière expression utilisée publiquement pour la première fois, semble-t-il, par un certain Jean-Marie Le Pen en 1979, institutionnalisée depuis par des chercheurs ou démographes de l'INED, mais repris aussi par tout un chacun, est censée désigner ceux qui, parce que blancs, sont considérés comme les authentiques et légitimes habitants de ce pays par opposition avec les descendants de colonisés, sans racines ni attaches particulières, qui de ce fait ne constitueraient eux qu'une variété aérienne, délétère et volatile de l'espèce humaine.

Ainsi l'adjectif « souchien », construit en toute francophonie à partir de « Français de souche », constitue une première contribution indigène à l'enrichissement de la langue que désormais doivent maîtriser ceux qui prétendent venir vivre au Paradis. Il permet de mettre en évidence le caractère inerte, pesant et figé de cette conception raciale des Français. Exactement comme a pu le faire l'humoriste Jamel Debbouze avec son expression « Icissiens » (sans doute à partir du concept de « Gens d'ici » cher au philosophe Alain Badiou) afin d'établir l'évidence de la légitimité pour tous à vivre dans ce pays à égalité de droit et de considération.

Évidemment, « souchien » ne peut pas être confondu, comme le font volontairement certains philosophes médiatiques, journaux nationaux-républicains comme *Marianne*[2] et autres officines laïco-intégristes comme *Respublica*[3], à la trompe d'Eustache décidément bien emboutie, avec l'expression « sous-chiens », sinistre jeu de mot, révélateur tout à la fois de l'état d'esprit de ceux qui prétendent l'avoir entendu autant que des méthodes malveillantes auxquelles ils ont recours puisqu'ils tentent ensuite d'en attribuer la paternité aux Indigènes de la république.

1. Voir l'article de Sylvie Tissot, « Des « jeunes d'origine difficile » aux « candidats issus de la diversité » », *Les mots sont importants*, juin 2007, www.lmsi.net.

2. Voir l'article signé J. D., « Petite leçon de racisme », *Marianne*, n° 532, 2007.

3. *La lettre de Respublica* n° 550, www.gaucherepublicaine.org.

On ne sera pas étonné d'apprendre que parmi ces malentendants anti-Indigènes qui assurent avoir compris « sous-chien » au lieu de « souchien » figure l'inénarrable Alain Finkielkraut[4] dont tous les sonotones de la terre ne pourront jamais corriger l'oreille désespérément sélective. En termes clairs, lui et tous ceux qui aujourd'hui poussent des cris d'orfraie ne s'indignent guère du traitement sémantique administré à leurs concitoyens basanés.

En revanche, si la notion de « Français de souche » n'a, en vingt-sept ans d'existence, toujours pas heurté leurs oreilles délicates, c'est parce qu'elle traduit bien une certaine acception ethnique qu'ils se font de l'identité française. Celle-ci est une façon élégante de dire Français blanc. Ainsi, pour tous, il est bien clair que Kanaks, Antillais et autres Réunionnais ne sauraient être qualifiés de « Français de souche ». Leurs ancêtres pourtant n'étaient-ils pas formellement Français il y a au moins deux siècles à un moment où ceux de Messieurs Sarkozy, Finkielkraut, Devedjian ou Gallo étaient encore sujets ottoman, austro-hongrois ou italien ?

Le plus indécent dans cette histoire, c'est que parmi les véritables « sous-chiens » (parce que *traités comme tels*) vivant dans ce pays, figurent précisément les Noirs, les Arabes, les musulmans et autres métèques. On se souvient que le (très grand) contrebassiste américain Charles Mingus, qui était métis noir-chinois et identifié comme noir, très mobilisé sur la question antiraciste, avait intitulé son autobiographie *Beneath the Underdog* – c'est-à-dire, littéralement : « en dessous du sous-chien » !

4. Voir l'emission *Répliques*, sur France Culture, dans laquelle Alain Finkielkraut affirme à Frédéric Taddéi avoir entendu le tiret de « sous-chien ». Je renvoie également à l'article, par le collectif Les mots sont importants, « Finkielkraut n'est qu'un symptôme », décembre 2005, www.lmsi.net.

Le « racisme antiblanc » des Indigènes de la République

Houria Bouteldja
mai 2011

Intervention d'Houria Bouteldja au colloque « Foucault et la colonialité du pouvoir », 25-27 mai 2011, organisé à l'université de la Coruña (Oficina de Igualdad de Genero).

« Vous, les Indigènes, vous essentialisez les Blancs. Vous les réduisez à leur couleur de peau. Finalement, vous ne valez pas mieux que le Front national. Vous faites du racisme antiblanc. » En substance, c'est un reproche qu'on nous fait souvent lorsqu'on désigne ceux qui, dans la hiérarchie raciale, bénéficient du privilège d'être blancs ou considérés comme tels dans la société française.

Lorsque le sage montre la lune, l'idiot regarde le doigt. Sauf que là l'idiot est tout sauf idiot. Il est de mauvaise foi ou plutôt, il préfère ne pas comprendre pour préserver ses intérêts de race.

Dans la tête de nos détracteurs, parler de la race et en faire un enjeu politique a un pouvoir performatif en soi. En d'autres termes, on crée la race en même temps qu'on en parle. Constater, expliciter, analyser un phénomène équivaut à créer le phénomène. À partir de là, on peut extrapoler et dire : parler de la notion de classe, c'est la créer ou encore parler du genre, c'est le créer. Or la plupart de celles et ceux qui résistent au concept de race acceptent largement celui de classe et, dans une moindre mesure, celui de genre. Pourtant, toutes ces réalités sont le fruit de processus sociaux, historiques et politiques.

Pour le PIR, la race existe, les races sociales existent. La preuve, c'est qu'elles luttent. En France, les Indigènes ont pris l'arme de la race pour combattre une rhétorique redoutable : l'universalisme. Un universalisme blanc qui masque et nie les hiérarchies structurelles qui constituent la République française. C'est pourquoi nous avons élaboré un certain nombre de concepts politiques pour structurer notre pensée et notre action. Entre autres, les concepts d'« indigène », de « Blanc », de

« races sociales », de « champ politique blanc »[1], qui n'ont de pertinence que dans le cadre du clivage racial ou postcolonial.

Nous refusons de dire que nous sommes des « êtres universels ». Ou plus exactement, nous refusons de jouer à un jeu dans lequel nous sommes les perdants. Ceux qui nous ont précédés dans la lutte se sont inlassablement revendiqués de l'universel, souvent pour tenter d'échapper à leur incarcération raciale. Ils ont décliné pendant plusieurs décennies leurs identités complexes et multiples. « Nous ne sommes pas Arabes. Nous sommes Berbères, descendants de la Kahina, juive en plus ! Notre musique a des origines celtes. Les Kabyles ne sont-ils pas blonds aux yeux bleus ? Certes nous apprécions Avicenne et Averroès, mais attention, nous adorons Molière et surtout Voltaire. Et puis, n'oublions pas que les Arabes ont inventé le zéro, et l'algèbre aussi. » « Et nous les Noirs, ne sommes-nous pas les dignes héritiers d'une des plus grandes civilisations reconnues (par l'Occident) : l'Égypte pharaonique ? Et Jésus, il était Noir non ?! »

Pour quel résultat, cet étalage d'universalisme ? Quand on observe la vie politique française, je n'ai pas l'impression que Guéant, ministre de l'Intérieur sous Sarkozy, soit très convaincu de notre « universalisme ». Pas plus d'ailleurs que les dirigeants de la Fédération Française de Football qui, redoutant notre universalisme ostentatoire, ont suggéré de le réduire à 30 %. Idem pour les partis politiques ou les patrons d'entreprises tant publiques que privées.

Dans la lutte que nous menons, nous prenons le risque de ce que nous pourrions appeler en suivant Gayatri Chakravorty Spivak un « essentialisme stratégique », à travers les catégories de « Blanc » et d'« indigène ». Bien entendu, nous savons très bien que ni les Blancs ni les indigènes ne sont réductibles à ce statut, qu'ils sont les uns et les autres infiniment plus complexes et, pour utiliser ce mot tant chéri par les intellectuels de gauche, « universels ». Mais pour nous, l'« essentialisme stratégique » est un instrument, notamment pour construire une identité collective indigène et une conscience politique de soi. De plus, ce sont des concepts qui font écho à la perception intuitive du clivage racial et qui sont par conséquent efficaces. Car comment comprendre la condition des prolétaires si on ne comprend pas la classe, comment comprendre la condition des femmes si on ne comprend pas le genre et

1. Voir Sadri Khiari, *Pour une politique de la racaille*, Paris, Textuel, 2006 ; *La Contre-révolution coloniale. De de Gaulle à Sarkozy*, Paris, La fabrique, 2009.

comment comprendre la condition de l'indigène si on ne comprend pas la race sociale ? Pourtant, on nous accuse souvent d'essentialiser et de faire du racisme à l'envers. (Au passage, je trouve l'expression « racisme à l'envers » intéressante car elle sonne comme un aveu. Cela signifie que le racisme à l'endroit, c'est-à-dire « normal », c'est bien le racisme des Blancs envers les indigènes.) Or je voudrais m'arrêter sur cette notion d'« essentialisme ». Je ne crois pas que le fait d'essentialiser un groupe soit problématique en soi, dans l'absolu. Ce qu'il faut identifier, c'est l'auteur de l'essentialisation et surtout sa position de pouvoir. Un groupe en bas de la hiérarchie raciale a comme tout le monde beaucoup de préjugés. Je peux vous dire que les Maghrébins, par exemple, en ont des tonnes sur tout le monde et même sur eux-mêmes. Sauf que leurs préjugés sont sans conséquence sur le plan du système, car les indigènes en France ne sont pas une communauté de pouvoir. Leurs préjugés sur les Blancs par exemple ne sont pas soutenus par des structures institutionnelles, de l'État, des médias, des politiques. On pourrait dire comme Albert Memmi qu'ils pratiquent un « racisme édenté ». (C'est une expression qu'il convient toutefois de relativiser car ce « racisme édenté », produit de l'accumulation des tensions, des frustrations et des violences, peut faire des victimes blanches sur le plan individuel, moralement et/ou physiquement.) En revanche, les préjugés des Blancs ont forcément une force implacable car ils sont adossés au pouvoir de l'État. Ces préjugés sont par conséquent du racisme car seules les personnes dans une situation de domination peuvent être racistes. En conclusion, il ne faut pas confondre la forme et le fond. Un Noir ou un Arabe qui dit « sale Blanc » exprime au pire un sentiment d'intolérance ou de haine en réaction aux humiliations qu'il subit, un Blanc qui dit « sale Noir » ou « sale Arabe » exprime forcément un sentiment raciste.

Le procès qui accuse Houria Bouteldja : un cas d'école

Comité de soutien à Houria Bouteldja

décembre 2011

La porte-parole du PIR a, au cours de toute la polémique autour du néologisme « souchien » et du procès que lui a intenté l'AGRIF, bénéficié d'un large soutien au sein du mouvement antiraciste. Le texte ci-dessous en est l'une des expressions.

Les mercenaires de l'ordre raciste

L'AGRIF est une organisation connue depuis le milieu des années 1980 pour ses procès à l'encontre des artistes, intellectuel-le-s, hommes et femmes politiques, au motif qu'ils ou elles seraient coupables d'appels ou d'incitations à la haine contre les chrétiens ou les Français. Elle est présidée par Bernard Antony, longtemps fidèle au Front national et ancien sympathisant de l'OAS. Voilà de quoi illustrer la parenté directe entre l'ère coloniale et les mouvements fascistes contemporains dont les racines nous renvoient de fait aux partisans les plus féroces de l'« Algérie française ».

Bien avant la plainte déposée par l'AGRIF, en mai 2008, Brice Hortefeux se disait lui aussi très choqué (*L'Express*) par le terme « souchien ».

À peine un mois plus tard, sur l'antenne de RTL, il réitérait ses propos en précisant : « Je ne laisserai pas prononcer de tels mots – et je le dis très clairement – sans réagir », sans oublier de préciser qu'il avait « signalé au Garde des sceaux les propos de ce mouvement afin qu'on examine les conséquences que l'on peut en tirer. » Les services de la chancellerie ont dû juger que cela ne tenait pas la route, puisque cela n'a donné lieu à aucune poursuite du fait de l'État. Le parquet ne poursuivant pas, les membres de l'AGRIF ont dû prendre sur eux de continuer leur travail de mercenaires de l'ordre raciste.

Hortefeux avait sans doute raison sur une chose : comme il le déclarait sur les ondes de RTL, « ça pose la question du combat contre le racisme. » Effectivement.

La plus grosse part du gâteau

Le racisme ne se résume pas à la « haine de l'autre » et « l'autre », en l'occurrence, n'est pas n'importe qui. Le racisme est une idéologie construite pour justifier et perpétuer l'entreprise coloniale et esclavagiste. Le racisme ne se réduit pas à l'essentialisation et au dénigrement d'un groupe donné. Pour qu'il y ait racisme, il faut que le discours ou la pratique en question s'adosse à un système de domination appuyé par des outils juridiques, policiers, étatiques ou encore idéologiques à même de soutenir, légitimer et organiser cette domination. Si ces discours et ces pratiques sont amenés à perdurer, c'est qu'ils procurent un privilège structurel à celles et ceux qui n'en sont pas victimes. Le privilège fonctionne comme un outil pour améliorer sa situation, de façon plus ou moins assumée ou consciente, mais le privilège conditionne également une forme de passivité vis-à-vis du *statu quo* raciste. Par exemple, l'intention – bonne ou mauvaise – ne joue en rien :

> Une personne blanche a beau militer en faveur de l'antiracisme, être vigilante dans ses actes comme dans ses paroles, il n'en demeure pas moins qu'elle occupe encore la place du dominant dans les « rapports de race » tels qu'ils sont socialement construits au creux de notre république. Tout ce qui tisse son quotidien, sa position dans la société et le regard qu'on porte sur elle, lui est octroyé en vertu de cette domination. Il faut avoir en tête l'idée d'une file d'attente : dans l'état actuel des choses, les places sont rares et chères pour trouver un logement, obtenir un emploi stable et des possibilités d'avancement, acquérir une visibilité médiatique ou politique, etc. Le privilège signifie simplement que les Blancs passent toujours devant les autres. Tout ce qui est discrimination pour l'un est privilège pour l'autre[1].

Le privilège blanc produit dès lors une communauté de personnes qui ont moins à se soucier que d'autres de l'absence de revendications antiracistes dans leurs mouvements, quelle que soit leur opinion sur le sujet en tant que tel.

C'est ainsi que le mouvement social dans son ensemble ne se donne pas pour priorité d'appuyer les luttes des descendant-e-s de colonisé-e-s. Le plus souvent, les composantes de la gauche politique et syndicale tendent à juger leurs propres préoccupations comme universelles, portant sur la situation de l'ensemble de la population (retraite, service

1. Collectif, *Contre l'arbitraire du pouvoir*, Paris, La fabrique, 2011.

public, droit au logement, etc.) Or la lutte contre la suprématie blanche ne saurait être remplacée par une lutte pour obtenir une plus grande part du gâteau, qui sera de toute façon répartie inégalement entre tous et toutes. Les miettes reviendront, pour sûr, à tou-te-s les « sous-souchien-ne-s », à tou-te-s ceux et celles marqué-e-s au fer rouge par une myriade d'appellations d'origine contrôlées : les « issu-e-s de », les « minorités visibles », les deuxièmes ou troisièmes « générations », les éternel-le-s « jeunes » des « quartiers » ou des « banlieues », la « racaille », la « bande ethnique » et autres membres de la « diversité ». Ainsi, à quel titre condamner le fait que celles et ceux qui ont tant été démarqué-e-s donnent une expression à toute l'étendue de la discrimination en désignant l'oppresseur ou s'en moquant (le « souchien ») ?

Contamination réactionnaire

L'invocation de « racisme anti-Blancs », qui voudrait qu'oppresseurs et opprimé-e-s se valent, constitue dès lors un non-sens.

Le pseudo « racisme anti-Blancs » s'appuie sur le caractère flou de « la lutte contre les discriminations » telle que nous la servent les politiques publiques qui occultent la dimension politique du racisme pour en faire un illégalisme comme un autre. Bien plus encore, il s'agit là d'une stratégie guerrière pour contaminer la lutte antiraciste d'un caractère réactionnaire. Et ça ne loupe pas. Déjà, Dominique Sopo, en sa qualité de président de SOS racisme, dans une récente interview[2], jugeait que,lorsque Houria Bouteldja « parle de souchiens pour parler des Français de souche, on est face à un jeu de mots assez sordide qui vise à stigmatiser et à renvoyer à une origine problématique des personnes en raison de leur couleur. On est très exactement dans une dynamique de racisme. » La sauce prend. Et vite. *Rue89* publiait il y a peu un article de Mouloud Akkouche intitulé « Les « Souchiens » de Bouteldja : le racisme anti-Blancs existe » pour mieux enfoncer le clou tandis que *Le Courrier de l'Atlas* consacrait un dossier aux « dérives de l'antiracisme ». Le dossier en question ne donnait à voir qu'une énumération d'associations, personnalités, mouvements et forces politiques qui ne mériteraient, selon les journalistes, que la condamnation générale. Le dossier réalisait ainsi une double opération : d'une part identifier une ligne politique au travers

2. La vidéo est disponible sur dailymotion.com sous le titre « Dominique Sopo interviewé par des racistes à propos du PIR ».

d'un spectre d'opinions très variées pour mieux les disqualifier en bloc, et d'autre part, désigner ce « bloc » comme portant atteinte – par leur « communautarisme », leur « différentialisme » ou leurs relents « identitaires » – aux « valeurs universelles ». L'extrême droite, par la voie de l'AGRIF, n'aura pas eu à s'épuiser en poursuites judiciaires pour donner une audience et pour trouver des relais à l'idée selon laquelle les mouvements antiracistes conséquents seraient à mettre sur le même plan que les expressions du racisme.

L'opération à l'œuvre ne se déploie pas aussi efficacement par hasard. Il s'agit pour ses tenants de contrer un renouveau de la résistance. L'offensive raciste se voit en effet défiée par une recomposition du mouvement antiraciste, raffermi idéologiquement, diversement mobilisé et porteur d'un agenda précis.

Reprendre le flambeau

Dans les années 1980, on a clairement vu se mettre en œuvre une confiscation de la lutte antiraciste, dépossédant les premier-e-s concerné-e-s (qui était le sujet agissant du fameux slogan « Touche pas à mon pote » ?) et institutionnalisant des instruments de la lutte, ingérés jusqu'au sein des partis au pouvoir : il s'agissait de désarmer une génération qui reprenait, au cœur de la métropole, le flambeau des luttes de libération que leurs parents avaient pu mener sous le joug colonial. L'incorporation sournoise de ces luttes dans l'appareil d'État est toujours en cours : pour preuve, la constitution de Ni putes ni soumises, ses financements, son rôle idéologique et son accaparement de l'espace médiatique[3].

Ce que donnent à voir, un peu malgré eux, ce dossier fallacieux du *Courrier de l'Atlas* ou encore la diabolisation systématique de certaines branches du mouvement antiraciste, c'est bien une nouvelle dynamique : elle se fait jour à la faveur d'une nouvelle ligne de démarcation entre les fruits de l'incorporation étatique et les voix critiques de la stratégie d'intégration. Cette critique s'énonce sur des registres divers, se compose de chercheurs et de chercheuses, de figures intellectuelles, d'associations comme de partis, etc. Ses composantes, religieuses ou sécularisées, s'égrainent sur différents fronts (le mouvement de solidarité à la Palestine, le combat contre les violences policières ou encore

3. Voir Stéphane Marteau, « Ni putes ni soumises, un appareil d'État », *Mouvements*, juin 2007. www.mouvements.info.

un travail de mémoire), créent des alliances avec d'autres luttes spécifiques (les groupes féministes, par exemple), ont des niveaux d'institutionnalisation divers et se déploient sur un arc de forces aussi divers et varié que celui que peuvent offrir les organisations qui s'inscrivent dans la course électorale. Cette recomposition est le signe d'une nouvelle vitalité du mouvement antiraciste.

La criminalisation des luttes de descendant-e-s de colonisé-e-s menée par la classe dirigeante montre peut-être à quel point l'ordre dominant a également conscience de ce sursaut possible.

Entre la place Tahrir insurgée et les voitures brûlées de Clichy-sous-Bois

Les forces qui composent aujourd'hui la gauche politique et syndicale ne semblent, quant à elles, pas (ou à peine) se rendre compte de la dynamique à l'œuvre ici. Et quand ces forces pensent y voir quelque chose, elles s'envisagent comme étant elles-mêmes les seuls vecteurs de politisation : ceux et celles qui, il y a encore dix ans, prétendaient que les quartiers populaires souffraient d'un « désert politique » sont aujourd'hui prêt-e-s à les investir, non pas comme un vide à remplir mais comme un potentiel à canaliser et à diriger. Et comme d'autres ont organisé en leur temps la partition entre bons et mauvais immigrés, bien intégrés et mal intégrés, une large partie de la gauche de la gauche reconduit ces partitions entre foyers Sonacotra et halls d'immeuble, entre les « communautaires » et celles et ceux qui seraient ouvert-e-s à la « question sociale », entre le lascar insurrectionnaliste et la militante associative, entre ceux et celles qui font du « prosélytisme » et le bon « rebeu », entre la place Tahrir insurgée et les voitures brûlées de Clichy-sous-Bois, etc. Or ce sont précisément ces oppositions que le caractère transversal de la recomposition actuelle du mouvement antiraciste fait voler en éclat. Ce que les forces progressistes se refusent à considérer, ce sont l'émergence de plateformes communes, la circulation d'analyses et la collecte minutieuse de mémoires de luttes à l'œuvre au sein des mouvements des descendant-e-s de colonisé-e-s. Les mesures exceptionnelles successives que les non-Blanc-he-s ont eu à essuyer, les stratégies que leurs mouvements ont eu à mettre en place pour y répondre, donnent au mouvement antiraciste une longueur d'avance. La recomposition aujourd'hui à l'œuvre donne à voir l'efficacité des luttes de l'immigration dans la mise en place de cadres unitaires, dans leur capacité à faire exister des transversalités à même de faire entendre des voix très différentes. Il est dès lors probablement plus nécessaire à la gauche d'apprendre de ces mouvements que l'inverse.

Vous l'avez dit, le racisme antiblanc met sur le même plan oppresseur et opprimé. Un autre phénomène joue sur cette aporie : c'est Alain Soral. J'ai en mémoire une affiche de son mouvement, Égalité et réconciliation, qui donnait à voir quatre figures du mouvement anticolonialistes des années 1960 et 1970 avec pour slogan : « Vive les nationalismes ! » Comment avez-vous vu émerger Alain Soral et la dynamique qu'il a mis en œuvre, et comment la qualifiez-vous ?

HB : Alain Soral estime que la France est une victime, qu'elle est assiégée et littéralement occupée par les Américains et les « sionistes » et qu'elle doit, par conséquent, se libérer au même titre que n'importe quel pays colonisé doit mener une lutte de libération et d'indépendance. Évidemment, ça ne peut pas être notre point de vue, puisque la France est un pays impérialiste. Soral met le nationalisme des pays du Sud au même niveau que le nationalisme français. De notre côté, nous luttons contre le nationalisme français parce que c'est un nationalisme de domination – ce qui n'est pas le cas du nationalisme des pays du Sud, qu'on peut pourtant tout à fait critiquer. Ce n'est pas parce qu'on défend les formes de nationalisme qui existent dans les pays du Sud qu'on est d'accord sur l'idée de l'État-nation ou sur la manière dont ils se sont constitués avec leur indépendance, notamment en Afrique et dans le monde arabe.

Soral essaie en quelque sorte de nationaliser les Noirs et les Arabes de France, en les faisant adhérer à l'histoire nationale française – puisque, selon lui, la France a bien fait de coloniser l'Afrique, et l'Algérie en particulier. Il essaie de faire de nous des patriotes français, des personnes solidaires du projet nationaliste français, et donc de son projet colonial et impérial. Il développe des argumentaires vicieux et fallacieux du type : « Il faut empêcher la venue des sans-papiers parce qu'ils font baisser les salaires et que ce n'est dès lors pas dans l'intérêt des Noirs, des Arabes et des musulmans de les laisser entrer sur le

territoire national. » L'idée de l'intégration rejoint ça : cette tendance qui consiste à dire « les derniers arrivés ferment la porte derrière eux ». On ne dit pas que ça marche, qu'il y a des hordes d'Arabes et de musulmans qui sont contre les sans-papiers : ce n'est pas ça. Mais il peut y avoir une certaine pénétration de ces idées parmi les indigènes « sociaux ».
Par ailleurs, Soral flatte certaines tendances chez nous : par exemple le patriarcat indigène. Il va avoir des mots très durs contre Ni putes ni soumises. Alors évidemment, c'est facile de dire que NPNS sont des traîtresses – mais il ne critique pas NPNS pour les mêmes raisons que nous. Il va flatter les penchants sexistes des indigènes.
On peut dire qu'il occupe une place qu'une grande partie du champ politique n'a pas osé occuper. Pour nous, il n'est pas antisioniste. L'antisionisme est une démarche politique fondamentalement antiraciste et qui ne peut pas s'accommoder de l'antisémitisme. Mais en ayant une démarche de façade très antisioniste, Soral attire des Noirs, des Arabes et des musulmans car il n'y a quasiment aucune parole antisioniste forte en France. Or, parmi les nôtres, on a besoin d'une parole antisioniste forte.

SK : En réalité, la stratégie proposée par Soral – celle d'une alliance des Arabes, des Noirs, des musulmans et des Blancs contre l'occupation dite sioniste – est une idéologie culturaliste qui s'enracine directement dans la colonisation et dans les stéréotypes dont sont l'objet les populations de l'immigration coloniale et postcoloniale.
Soral est convaincu que les Arabes sont par essence sexistes, qu'ils sont profondément antisémites, qu'ils sont nécessairement conservateurs, réactionnaires, tournés vers les prétendues valeurs du passé. Il en tire la conclusion qu'il y a effectivement une base potentielle pour construire l'alliance qu'il souhaite. J'ajouterai que ce qu'il présente comme une alliance contre le sionisme en France revient en réalité à transformer les populations issues de l'immigration en tirailleurs sénégalais de cette entité dont il espère la consolidation – en l'occurrence l'entité blanche, européenne et chrétienne.

Est-ce que Dieudonné s'inscrit dans le même cadre que celui d'Alain Soral ?

HB : Pour moi, Dieudonné n'est pas Soral car Dieudonné est un indigène social. Je ne peux pas le traiter comme je traite Soral. Je suis en profond désaccord avec les choix politiques de Dieudonné : avec le fait qu'il ait été séduit par les thèses nationalistes de Soral et qu'il ne connaisse absolument

rien à la Palestine, au sionisme, avec le fait qu'il se soit allié avec l'extrême droite. Pour autant, j'ai des sentiments ambivalents par rapport à Dieudonné. D'abord je commencerai par dire que j'aime Dieudonné ; je l'aime comme l'aiment les indigènes ; je comprends pourquoi les indigènes l'aiment. Je l'aime parce qu'il a fait une chose importante en termes de dignité, de fierté indigène, de fierté noire : il a refusé d'être un nègre domestique. Même s'il n'a pas le bon logiciel politique dans la tête, il a une attitude de résistance vis-à-vis du monde blanc. On lui a dit de se plier aux idéologies dominantes – sur la Palestine par exemple et sur l'histoire de la traite négrière. Il a dit : « Non, la traite négrière c'est central, et j'estime que la France doit reconnaître l'histoire de la traite négrière. » Il a dit ça avec force. Et s'il n'a pas eu un propos très clair sur la Palestine, il a résisté face aux sionistes – ce que très peu d'indigènes font. Ce que ne comprennent pas les Blancs, c'est que les indigènes voient essentiellement ça en lui et c'est pour ça qu'ils l'aiment, parce qu'il n'a pas baissé la tête et on ne peut pas, en étant indigène, ne pas le respecter.
Maintenant, Dieudonné pose des actes politiques qui nous sont extrêmement dommageables. Et on ne peut pas tout pardonner aux indigènes : avec une telle puissance médiatique, il embrouille les esprits et brouille notre travail. J'estime que sa position sur la Palestine est inacceptable et qu'on ne peut pas s'amuser avec la Palestine, c'est un sujet trop important. Il y a des générations entières qui ont milité pour la Palestine, d'une manière très « propre », des travailleurs immigrés, les deuxième et troisième générations ainsi que l'ensemble du mouvement pro-palestinien français – blanc ou pas blanc – qui ont tout fait et font tout pour clarifier leur position, notamment par rapport à l'accusation d'antisémitisme. Les mouvements de l'immigration ont toujours été très clairs : on sait que l'antisionisme est un combat politique contre le colonialisme et contre une idéologie raciste. Et Dieudonné vient casser ce travail fragile.

Pour en revenir au patriarcat, quand vous évoquez les luttes récentes qui ont mené à la formation des Indigènes de la république – notamment contre la rhétorique de NPNS –, vous n'avez pas été que dans la dénonciation : quelques textes, notamment ceux de Houria, proposent un nouvel agenda pour le féminisme. Est-ce que tu l'entends comme ça, Houria ?

HB : Oui. Sauf que cet agenda est évolutif. Au début des Indigènes, je ne disais pas la même chose qu'aujourd'hui. Je pense que j'étais sous l'influence du féminisme blanc. Même si j'ai résisté intérieurement, j'y ai cédé et je le regrette. L'Appel du Collectif féministes indigènes, par exemple, reprenait dans les faits la rhétorique du féminisme blanc qui dit que les femmes doivent se retrouver entre elles et lutter entre elles – donc exclure les hommes. Dans l'Appel des féministes indigènes, il était dit que les femmes de l'immigration vivent le racisme et le patriarcat, qu'elles doivent formuler une réponse politique entre elles et articuler en même temps race et genre, c'est-à-dire mener à la fois une lutte contre le patriarcat indigène, le patriarcat blanc et le racisme. Aujourd'hui ma position n'est plus tout à fait la même, et je reviens à des intuitions antérieures. Avant l'influence des Blancs sur ce sujet, je pensais spontanément qu'il fallait déclarer nos solidarités avec les hommes de nos communautés – à cause justement des attaques racistes contre eux sur leur sexisme, leur violence, etc. J'avais eu cette intuition avec d'autres copines dans le cadre des Blédardes.

La notion d'articulation a vraiment ses limites, même si je considère comme positif que les féministes blanches prennent en compte la dimension de la race aux côtés du genre. Pour autant, dans nos luttes, ce n'est pas comme ça qu'on doit et qu'on peut mettre en œuvre les choses. Je pense aujourd'hui qu'il y a plein de manières de penser l'émancipation des femmes, qu'on n'est pas obligée de se dire féministe, que les femmes – parfois et souvent – luttent pour leur émancipation sans pour autant appeler cela féminisme. Je pense que c'est ce qui se fait spontanément dans nos communautés. Les femmes se battent au quotidien. On est dans la société française et il y a de toute façon une aspiration à la liberté individuelle qu'il ne faut pas nier. Les femmes de l'immigration luttent au quotidien pour élargir les possibilités individuelles mais avec un souci de préserver la communauté, les traditions et la solidarité avec les hommes dominés – et ça, on ne le pratique pas depuis cinq ou dix ans... On l'a, en réalité, toujours pratiqué.

Est-ce que tu as un œil sur le féminisme noir américain ?

HB : Pas vraiment, mais j'ai eu des discussions avec des féministes noires qui se revendiquent du *womanism*. Je pense notamment à Tiffany Patterson, qui est une femme noire et qui est professeure aux États-Unis. On partageait vraiment une expérience commune. Je reviens sur l'histoire des traditions et de la famille : pour elle, la famille, le respect du père, c'était très important – et pour nous c'est pareil. C'est difficile pour nous de dire : « Ton frère est ton ennemi », « Ton père est ton ennemi ».

Au fur et à mesure, je me suis rendu compte qu'on ne peut pas reprendre à notre compte l'idée que l'ennemi principal, c'est l'homme. Ce n'est pas possible. L'ennemi principal, de notre point de vue, c'est le Blanc. Ce que disait Patterson – et vraiment, je suis d'accord avec ce constat –, c'est que, face aux Blancs, on lutte contre la domination blanche et, avec les hommes, on négocie. Nous ne sommes pas en position de choix, je le rappelle : à un moment donné, on sait qu'on ne peut pas faire tout en même temps, et on ne va pas se dire qu'on va lutter contre le racisme, les hommes de notre famille, etc. On comprend également qu'on a besoin des solidarités familiales et communautaires. Il faut se garder de voir cette stratégie comme une capitulation. Au contraire, il faut discerner dans les dynamiques en cours des formes de résistance originales et inattendues. Souvent, les femmes semblent reculer mais en fait elles prennent leur élan pour mieux sauter.

J'ai un autre exemple. J'ai eu une conversation récente avec Paola Bacchetta, une amie *feminist of color*. J'étais curieuse de savoir ce qu'elle menait comme luttes aux États-Unis. Et elle me dit : « On s'occupe principalement des prisons. » J'étais étonnée et je lui ai demandé en quoi c'était un combat féministe – d'autant que la population carcérale est principalement masculine. Elle m'a dit : « C'est notre problème principal : les hommes de nos communautés qui sont en prison. » C'est un problème de société, c'est un problème dans les quartiers noirs, dans les quartiers de Chicanos et Chicanas, donc elles n'ont pas le choix : elles doivent s'occuper de la condition des hommes.

Les hommes non blancs sont opprimés par le racisme. C'est un genre opprimé spécifiquement. La solidarité avec les hommes ne se théorise pas, elle ne se décrète pas, elle se pratique spontanément. Lutter contre le système carcéral, en dernier ressort, c'est aussi pour ces femmes agir pour leurs propres intérêts. Ça m'a rappelé ce que j'ai lu des luttes de l'immigration et des luttes des femmes dans les quartiers dans les années 1980. Il y avait, là aussi, des regroupements de femmes qui s'occupaient des hommes en prison. Quand je parle des femmes, il s'agissait en fait principalement des sœurs : c'étaient elles qui savaient lire et écrire. On sait que les filles de l'immigration se sont beaucoup occupé des questions administratives : elles remplissaient les papiers, affrontaient les administrations. Elles ont eu la charge de faire tout cela, tout comme elles ont eu la charge de s'occuper de leurs frères en prison, ou des crimes policiers. Dans les collectifs contre les crimes policiers, il y avait les mères et les sœurs.

On va donc terminer cet entretien par une question large : quelles perspectives pour l'avenir du Parti des indigènes de la république ?

SK : Il faut d'abord distinguer deux choses : les perspectives du Parti des indigènes de la république, et la perspective générale que l'on peut donner à la politique indigène en France. Le PIR n'est qu'un moment dans un processus politique qui s'étalera dans la durée et dont il faut souligner qu'il n'a que quelques décennies d'existence, quatre tout au plus. La politique indigène en France est une politique jeune, qui n'a pas eu l'occasion de passer par des expérimentations historiques importantes, même s'il y a eu des étapes significatives dans les luttes et les résistances indigènes. Non seulement le PIR est une organisation très jeune puisqu'elle n'a que sept ans aujourd'hui, mais la politique indigène en France – c'est-à-dire une politique au sein de l'Hexagone pour transformer l'Hexagone – est une politique relativement jeune. Par conséquent, il ne faut guère s'étonner de ce qui peut sembler à beaucoup comme une situation de faiblesse généralisée sur le plan politique et organisationnel de l'indigénat en France : dispersion, confusion politique, voire parfois stagnation et recul. En réalité, ce ne sont que les manifestations caractéristiques d'un mouvement qui fait ses premiers pas, qui commence à exister, à se manifester. Donc, dans ce cadre-là, parler de manière globale des perspectives de la politique indigène, à certains égards, relève de la spéculation.

Le niveau de conscience des mouvements de l'immigration ne permet pas de définir des perspectives stratégiques et programmatiques concrètes et précises dans la longue durée. À partir de nos expériences ou des expériences de mouvements similaires dans d'autres pays comme les États-Unis, ou en Europe, il est seulement possible de tracer des ébauches ou des hypothèses qui servent aujourd'hui à guider notre action et également à progresser dans l'élaboration et la réflexion stratégique qui est la nôtre.

Pour en revenir aux faits, je dois dire que la politique, selon nous, ça n'est pas simplement l'activité revendicatrice. S'il est extrêmement important de lutter pied à pied au quotidien pour améliorer la situation de ceux qui sont traités comme des indigènes en France, de créer des formes d'organisation consacrées à ces luttes et ces revendications partielles et ponctuelles, cela ne saurait répondre à la question fondamentale qui est celle de la hiérarchisation raciale comme structure fondamentale de la société française, et de l'insertion de la France dans le dispositif impérial et racial mondial. Quelles sont les instances qui opèrent cette racialisation et qui mettent en œuvre l'insertion impérialiste de la France ? La réponse est aujourd'hui claire, évidente, transparente : c'est l'État, ses différentes structures périphériques et ses différentes médiations. La question qui se pose aujourd'hui pour les indigènes est donc inévitablement : comment prendre le pouvoir ? Comment être en tant qu'indigène, en tant que corps politique autonome, partie prenante de l'élaboration des décisions, de la prise de décisions, de la mise en œuvre des décisions et du contrôle de ces décisions ? Comment être au pouvoir, dans le pouvoir et, en même temps, ne pas être soumis nous-mêmes à la reproduction des rapports raciaux qui dominent la société ? La réponse est aujourd'hui extrêmement difficile à résoudre de manière concrète.

Ce qu'il faut dire néanmoins, c'est que d'une part il est évident que le travail de réflexion, d'organisation que nous devons faire doit nous permettre de concevoir et de mettre en œuvre une politique où nous sommes au pouvoir, et en même temps qu'à l'intérieur de ce pouvoir nous constituions un contre-pouvoir autonome. C'est la première orientation, le fil à plomb de la réflexion que nous devons avoir sur la question du pouvoir.

La deuxième question qui se pose à nous c'est : comment être dans des instances du pouvoir – ça comporte toutes les instances du pouvoir, des institutions municipales, cantonales, régionales, jusqu'au législatif et à l'exécutif, etc. – avec des forces politiques blanches ? Quel type d'alliance stratégique pouvons-nous espérer construire ? Vers quel type d'alliance stratégique devons-nous orienter notre politique du point de vue de l'état actuel du champ politique blanc qui, dans son écrasante majorité, ne prend pas en compte la question raciale, la question coloniale ainsi que la question impériale et qui, par conséquent, n'est même pas en mesure de penser – ne serait-ce que penser, je ne parle pas de mettre en œuvre – une politique de déracialisation, une politique décoloniale, fût-elle progressive, graduelle et non pas sous la forme d'une rupture brutale ?

Il est évident que cela soulève un tas de questions, et pour être franc, nous n'avons pas encore résolu et nous ne pouvons pas résoudre ces questions pour les raisons évoquées tout à l'heure : principalement, la faiblesse de l'expérience politique que nous avons. Ce qui est certain, c'est qu'il faut viser à construire une majorité décoloniale qui soit constituée d'une alliance entre forces politiques indigènes et forces politiques décoloniales non indigènes, alliance majoritaire qui pourrait conduire à conquérir un poids décisif et décisoire au sein de l'appareil d'État. Quand je dis qu'il faut constituer une alliance majoritaire – et encore une fois, je parle dans la durée – cela signifie à mes yeux deux choses : d'une part qu'il ne s'agit pas de penser une alliance statique, qui aurait lieu une fois pour toutes, entre forces indigènes décoloniales et forces blanches décoloniales, mais qu'il nous faut être en mesure de mener une politique d'hégémonie au sein de la population française blanche, une politique culturelle, morale, idéologique, pour que soit un jour concevable qu'il y ait au sein des forces politiques blanches des composantes décoloniales, qui s'appuient réellement sur un large consensus au sein de la population. D'autre part, nous allons devoir, nous indigènes, si nous voulons sortir de la situation d'infériorité et de déshumanisation qui est la nôtre, « créer » nos propres alliés. Nous allons devoir travailler à dégager au sein du monde blanc les forces politiques avec lesquelles nous pourrons éventuellement nous allier ; nous allons devoir travailler à une recomposition interne de ces forces politiques pour que progressivement elles finissent par assimiler et adopter une perspective décoloniale.

Et comment ce programme se traduit-il concrètement ?

HB : D'abord par une échelle de priorités dans la politique que nous menons en tant que PIR. Cette priorité, que nous avons déjà évoquée, c'est l'impératif absolu de construire une force politique organisée indigène. Il nous faut une organisation qui mobilise les indigènes et qui, à défaut d'être immédiatement construite sur une base décoloniale claire, ferait au moins progresser le mouvement indigène vers un horizon décolonial. Nous ne pensons pas que ce sera forcément le PIR, parce que nous sommes non seulement une petite organisation, mais une petite organisation dans une période où le mouvement est encore naissant. Ce sera peut-être une autre force, qui bénéficiera notamment de l'expérience accumulée du PIR. Pour nous, c'est un impératif : aller vers une organisation politique plus large, faire de l'indigénat un corps collectif politique avec une diversité de tendances. Il faut qu'il y ait une existence politique des indigènes en France.
Notre deuxième priorité consiste à travailler dès à présent à construire des liens au sein des forces politiques existantes que l'on rencontre sur le terrain des luttes antiracistes, qui défendent des positions anti-impérialistes et antisionistes, comme premier jalon du travail à long terme de recomposition des forces politiques blanches.

Il y a possibilité de constituer un corps politique indigène parce qu'il y a notre condition commune, celle du néo-indigénat. Tout le travail de construction d'une force politique est comparable à l'œuvre d'un tisserand qui travaille dans des conditions extrêmement difficiles, avec des fils de couleurs différentes, avec des fils de qualités différentes, avec des fils qui ont des résistances différentes, des fils usés et des fils nouveaux. Avec tout ça nous devons tisser une toile politique puissante et ça, c'est un pari immense, mais c'est un pari absolument indispensable.

SK : Je voudrais ajouter ceci : à l'intérieur de cette problématique peut s'en poser une autre. L'indigénat aujourd'hui n'est pas simplement différencié en raison des trajectoires historiques différentes et de leur mode d'insertion différent en France ; il est différencié également socialement puisque nous vivons dans une société qui hiérarchise les gens sur le plan social. En d'autres termes, la question qui se pose à nous est : y a-t-il des groupes sociaux au sein de l'indigénat que l'on peut considérer comme des groupes moteurs, comme des groupes qui peuvent porter la cause décoloniale ? À cette question, je répondrai qu'il n'y a pas de détermination mécanique entre les positions socio-économiques de différents secteurs de l'indigénat et la posture politique dans laquelle ils s'inscriront mais, en même temps, tout indique que les forces vives de la puissance indigène, capables de porter un projet décolonial et de bousculer les rapports de force, sont situées dans les quartiers populaires.

HB : On peut évidemment penser – et de nombreux exemples l'attestent hélas – que les dispositions qui sont nécessaires à une fraction aujourd'hui très minoritaire de l'indigénat (qui sort d'une situation économique et sociale mauvaise pour réussir professionnellement et socialement et obtenir un minimum de reconnaissance) favorisent les démarches intégrationnistes, les démarches de compromis avec le monde blanc, les démarches consistant à chercher des solutions individuelles plutôt que des solutions collectives. Mais en même temps, ces couches sociales-là au sein des indigènes, parce qu'elles sont racialisées, parce qu'elles subissent les offenses quotidiennes du système racial, non seulement mènent aujourd'hui différentes formes de résistance, mais très souvent défendent également des positions décoloniales radicales. Cela dit, nous pensons que s'il y a une force qui est majeure dans le processus décolonial en France au sein de l'immigration, ce sont les couches indigènes populaires des quartiers.

SK : La deuxième question que nous avons à résoudre c'est : quel secteur, quelle couche sociale, quelle force politique blanche peut-on considérer comme les plus appropriées, adaptées, potentiellement réceptives à une politique décoloniale ? Je pose cette question pour une raison très simple : c'est que, dans l'extrême gauche, on défend de manière traditionnelle que le mouvement ouvrier serait particulièrement prédisposé à être solidaire des luttes anticoloniales, anti-impérialistes ou antiracistes. On a vu dans l'histoire, et ce à maintes reprises, que c'est loin d'être le cas, et qu'il y a un conflit d'intérêt manifeste entre d'un côté classe ouvrière blanche et, de l'autre, prolétariat indigène et indigénat de manière plus générale. Donc se pose à nous la question de savoir vers quelles couches sociales orienter de manière privilégiée la politique qui est la nôtre, et sur la base de quel contenu politique et quel programme commun : pour constituer une majorité décoloniale, il faut être en mesure de développer un programme qui réponde tant à notre volonté et nos intérêts qu'aux problèmes que vivent une majorité de Français blancs.
Et sur ces questions, nous n'avons pas aujourd'hui de réponse et je ne sais pas si nous pouvons avoir de réponses claires à court terme. Il nous semble cependant que, lorsque nous observons par exemple la politique que mènent un certain nombre d'organisations de gauche ou d'extrême gauche aujourd'hui, il y a une dimension fondamentale occultée et qui concerne des couches populaires très larges : les questions culturelles, spirituelles, d'histoire, de mémoire, de traditions – de dignité, plus généralement. Toutes ces questions sont vues avec un mépris formidable par les courants à gauche de la gauche, le plus souvent hyper-économistes. Même la question démocratique n'est considérée que de manière secondaire ou par des groupes relativement marginaux : qu'il s'agisse des questions sécuritaires ou des dispositifs politiques susceptibles d'assurer non seulement la représentation mais la participation réelle des gens au pouvoir politique. Même si cette question démocratique fait partie dans une certaine mesure de l'intérêt de ces forces, elle n'est jamais considérée, ou rarement et seulement par certains individus ou petits groupes, comme une question centrale. La question centrale à gauche de la gauche est uniquement économique. Or la population française indigène comme non indigène subit une dégradation, pas seulement de ses conditions de vie économiques, mais également de tout son environnement de vie, d'une destruction des cultures, des savoirs populaires, des traditions, de la citoyenneté, de nombre de liens sociaux qui ne

peuvent pas se résoudre uniquement par la nationalisation des moyens de production et la planification fussent-elles étatiques ou autogérées. À ces questions-là, qui sont des questions compliquées, je pense que les indigènes sont peut-être plus en mesure que la gauche et l'extrême gauche de trouver des réponses, dans la mesure où ce sont des questions qui se posent immédiatement à eux parce qu'elles sont une des formes fondamentales de la racialisation.

En termes de perspective à venir, dans la conjoncture immédiate, quels chemins êtes-vous en train de tracer ?

HB : La perspective décoloniale demande à ce qu'on ait les pieds sur terre et qu'on soit un peu pragmatiques. On ne va pas transformer la vie des indigènes ou la vie des Français en cinq ou dix ans. On s'est rendu compte qu'on ne propose pas encore des outils aux habitants des quartiers pour prendre en charge notre projet. En revanche, on sait que la majorité des gens qui habitent dans les quartiers populaires se mobilisent beaucoup pour la Palestine, sont sensibles aux questions anti-impérialistes, aux crimes policiers, à l'islamophobie. C'est la raison pour laquelle on a estimé qu'il fallait proposer un nouveau cadre d'intervention, moins ambitieux d'un point de vue politique, moins ambitieux du point de vue de notre projet décolonial mais qui était à la portée des gens. Et là, on a œuvré dans le sens du Front uni des quartiers populaires. Ça devrait nous permettre d'avoir une force de frappe au niveau national. C'est à mon avis aussi dans ce cadre-là qu'on pourra éventuellement envisager de manière beaucoup plus concrète et beaucoup plus expérimentée des candidatures ou des listes autonomes, par exemple dans le cadre des municipales. Dans le cadre du Front uni des quartiers populaires, on a un programme, une identité qui est beaucoup plus simple à appréhender, beaucoup plus consensuelle, et c'est un cadre beaucoup plus adapté pour élargir et conforter localement la force indigène.

En parallèle à l'action dans les quartiers et en France, le PIR est en train d'élaborer une politique avec des réseaux internationaux notamment en Europe et aux États-Unis, composés de militants indigènes, d'intellectuels, d'académiques avec lesquels nous voudrions construire un réseau international décolonial : décoloniser l'Europe. On est donc en train d'étoffer ce réseau.

De la non-mixité.
Les femmes, les indigènes... et les autres dans un mouvement d'émancipation

Christine Delphy

décembre 2006

Il est vital qu'il se constitue dans le mouvement autonome des Indigènes des groupes féministes autonomes, des groupes non mixtes ; car la contradiction de genre, c'est-à-dire l'oppression des femmes par les hommes, ne pourra pas être traitée autrement. Et réciproquement, il est vital que le mouvement féministe en France confronte la contradiction raciste en son sein. Les femmes constituent une classe, en ce qu'elles sont toutes non seulement opprimées, mais exploitées par le système patriarcal. Mais être opprimée dans un système n'empêche pas d'être oppresseur dans un autre : de même que les indigènes hommes, opprimés par le racisme, sont les bénéficiaires du système patriarcal, les femmes blanches bénéficient, comme leurs hommes, même si c'est dans une moindre mesure, du système raciste.

Ceci pose deux questions : premièrement, quelle est la place des groupes de femmes indigènes dans le Mouvement des indigènes de la république et deuxièmement, quelle est leur place dans le mouvement féministe ? Ces deux questions sont liées. En effet, les femmes noires, aux États-Unis, ont mis longtemps avant de rejoindre le mouvement féministe. Elles voulaient pouvoir mettre en cause le sexisme des hommes noirs sans pour autant renier la communauté de sort et d'intérêts que le racisme crée entre eux. Quand elles ont rejoint le mouvement féministe, cela a été sur la base suivante : l'exigence que le mouvement, majoritairement blanc, reconnaisse que leur position, et donc leur oppression, ne sont pas exactement les mêmes que celles des Blanches ; qu'elles ont à lutter sur deux fronts ; qu'elles ne peuvent dénoncer le sexisme des hommes noirs que si elles peuvent dans le même temps revendiquer leur solidarité avec eux dans l'oppression raciste.

Mais réciproquement, elles ont exigé des mouvements noirs de droits civiques que la question de l'oppression spécifique des femmes soit traitée, et que la constitution de groupes non mixtes soit acceptée.

Il est urgent que l'oppression des femmes soit abordée dans le mouvement des Indigènes. Car la dernière offensive contre les indigènes, la loi contre le port du foulard, a été faite *au nom des droits des femmes*.

Les femmes indigènes sont aujourd'hui sommées de choisir entre la lutte contre le sexisme et la lutte contre le racisme. Car selon les féministes blanches et Ni putes ni soumises, il n'y a qu'une solution pour les féministes indigènes : dénoncer leurs parents, frères, amis, comme essentiellement, génétiquement sexistes, et les quitter. Les quitter, cela implique que c'est mieux ailleurs : ainsi, la société blanche serait non sexiste ? Le sexisme n'existerait que chez les indigènes ? Les féministes blanches ou non qui mettent en exergue le sexisme des banlieues finissent par présenter une image idéalisée et fausse de la société blanche, finissent par l'exonérer de sexisme. Au final, elles donnent raison aux politiciens qui prétendent que dans la France blanche, l'égalité des femmes avec les hommes est réalisée, et ainsi, en tant que féministes, elles se tirent une balle dans le pied.

Mais même si un volet féministe est considéré par toutes et tous comme important dans le Mouvement des Indigènes, beaucoup se demandent : cela implique-t-il nécessairement des groupes de femmes excluant les hommes ? Pourquoi ne pas lutter tous ensemble contre le sexisme, comme certains le préconisent ?

La non-mixité, pour les femmes, et pour les indigènes

Je vois la pratique des groupes non mixtes non pas comme réservée aux seules femmes, mais à tous les groupes subissant une oppression spécifique, et qui ont décidé de la combattre.

Cette pratique est à mes yeux inséparable du principe de l'autonomie de la lutte, du principe de l'auto-organisation, du principe de l'auto-émancipation.

Car l'auto-organisation ne consiste pas seulement à agir de façon autonome sur une oppression qui serait dûment répertoriée. Elle consiste à définir cette oppression, à la connaître. La définition n'est pas un stade séparé de la lutte, ni même un stade préalable : car c'est en luttant, ce n'est qu'en luttant, et en rencontrant les résistances à cette lutte qu'on mesure l'ampleur de ce que l'on combat, c'est-à-dire précisément l'oppression. Et la définition de l'oppression n'est jamais acquise une fois pour toutes : ce n'est pas une carte préexistante sur laquelle on se déplace, mais un paysage qui se dévoile au fur et à mesure que l'on avance, parce que c'est au cours de la lutte et par la lutte qu'il se dessine.

Nous savons que nous ne pouvons pas nous fonder sur les définitions de l'oppression des femmes fabriquées par les hommes avant l'émergence du mouvement féministe : d'abord, le mot oppression n'existait tout simplement pas. Car pour eux, nous ne sommes pas opprimées. Peut-être un peu surexploitées, mais bon, il faut bien que quelqu'un le soit, non ? C'est la loi du capital. « Elle tombe sur vous, c'est bête, mais en même temps, c'est assez naturel, non, puisque vous portez les enfants ? » (La logique masculine m'étonnera toujours.)

Le même raisonnement s'applique à la lutte des indigènes, et on peut en déduire la même nécessité d'une lutte non mixte, ou à tout le moins dirigée par les indigènes, par les victimes du racisme.

Par exemple, on nous dit que le racisme est déjà étudié, dans des dizaines de livres. Je les ai lus. Sur quoi portent-ils quand on les lit attentivement ? Sur les effets du racisme sur les populations constituées par ce racisme ? Non : ils portent exclusivement sur les *mentalités* racistes. Des Blancs. Sur ce que pensent les racistes, sur les raisons qu'ils donnent de mépriser et d'exclure. Ces travaux qui sont censés être scientifiques ne font que refléter une subjectivité précise, issue d'une position précise : celle des dominants. Et ils sont réalisés par des Blancs aussi, qui se croient « objectifs » : au-dessus de la mêlée. Mais qui est au-dessus de la mêlée ? Personne. Les dominants sont au-dessus dans la structure sociale, mais acteurs. Ils sont bel et bien *dans* la mêlée.

Et le racisme, comme le sexisme, ne peut être valablement étudié que par ses victimes. Par exemple, on commence à parler des discriminations. Un peu. Mais comme si c'était quelque chose d'abstrait, comme si cela n'avait pas d'effet sur des êtres de chair et de sang. Comme si le sexisme, et le racisme, cela ne pourrissait pas toute la vie, et chaque moment de la vie, toutes les rencontres, tous les échanges. Mais comment le sauraient-ils, les spécialistes hommes et blancs ? Puisqu'ils ne le vivent pas ?

Je crois qu'ils savent qu'ils ne savent pas. Mais pour les dominants, rien n'est pire que d'admettre que l'on ne sait pas tout ; parce que c'est admettre aussi qu'on ne peut pas diriger tout. Et ça, quand on a l'habitude d'être toujours devant, c'est difficile à accepter, la seconde place. Et pourtant, c'est la seule place qu'un mouvement autonome de dominés peut leur offrir, en tous les cas en apparence, car cette seconde place est aussi une place importante, et même irremplaçable.

Que s'ensuit-il pour le Mouvement des Indigènes ? Beaucoup de sujets de discussion, et au moins deux pour commencer.

La nécessité de construire des groupes non mixtes de femmes, qui définissent elles-mêmes leur oppression, qui n'est pas celle des hommes indigènes, et qui n'est pas non plus celle des femmes blanches.

La nécessité de discuter de la place des Blancs – et Blanches – dans le mouvement. Par « Blanc » il ne faut pas entendre ici une couleur de peau, mais une place dans la structure sociale raciste. Sont Blancs celles et ceux qui ne subissent pas d'oppression et de discrimination raciste. Pour l'instant le Mouvement des Indigènes est mixte : il comporte des Blancs et des personnes racisées. Mais si on admet que les victimes du racisme doivent être les personnes qui définissent ce dont elles souffrent, ce qu'est le racisme, il s'ensuit que les personnes ne souffrant pas du racisme ne peuvent avoir la même place dans ce mouvement que les premières. De même que les hommes ne peuvent pas avoir la même place dans la lutte féministe que les femmes.

Ceci risque d'être difficile à accepter : comment militer dans un mouvement qui a pour but l'égalité, sans avoir une place égale dans ce mouvement ? Mais s'agit-il d'égalité ? Ou ne s'agit-il pas plutôt pour les Blancs, comme pour les hommes, bref pour ceux qui ont une place objective de dominants, de faire profiter la lutte antiraciste, et la lutte féministe, de ce qu'ils savent de cette position ? Les hommes en tant qu'hommes, les Blancs en tant que Blancs, ont des connaissances précieuses sur les stratégies de domination, vues du point de vue des dominants, et ils sont donc dans la situation de faire une contribution irremplaçable aux dominés, pour peu qu'ils le veuillent.

STOP AU FÉMINISME NÉOCOLONIAL ET PATERNALISTE !

Collectif des féministes indigènes

janvier 2007

Sous le Haut Marrainage de Solitude, héroïne de la révolte des esclaves guadeloupéens contre le rétablissement de l'esclavage par Napoléon, de Jamila Bouhired, révolutionnaire algérienne, et de nos mères immigrées.

Personnalités politiques, intellectuel-le-s, féministes, représentants institutionnels… en France, se penchent avec humanisme et compassion sur le sort des femmes issues de l'immigration postcoloniale que nous sommes.

Ils nous encouragent à nous émanciper, à nous défaire de notre état de nature, ou, pour les plus évoluées d'entre nous, de notre état de sous-culture. Ils nous protègent contre nos maris, nos pères et nos frères supposés culturellement violents, violeurs et voileurs. Ils sont les boucliers sans lesquels nous sommes vouées à demeurer soumises, mariées de force à des brutes, excisées… et peut-être même lapidées. De leur vigilance zélée dépend notre libération. Ils parlent en notre nom. Pour notre bien…

Messieurs-Dames, le Collectif des féministes indigènes a le plaisir de vous annoncer la fin de la comédie. Il vous prie de ravaler vos larmes et de remballer vos bons sentiments.

Ce discours néocolonial et paternaliste est une violence que nous n'acceptons plus.

Nous refusons la dépossession et l'instrumentalisation de nos luttes.

Nous refusons catégoriquement que des personnes non concernées par des discriminations racistes et sexistes parlent en notre nom. Comme nous refusons le discours stigmatisant et essentialisant des femmes issues de l'immigration, qui prêtent leurs voix au discours dominant, structurellement raciste et opportunément féministe. Parler à notre place, c'est nous spolier de nos vies, nous déposséder de nos parcours et de notre vision du monde. C'est aussi saboter nos luttes quotidiennes. Nous ne sommes pas dupes de cette instrumentalisation qui fait de nous des victimes idéales.

Les discours dominants à la fois racistes et sexistes confisquent notre parole, réduisent notre complexité, nient nos résistances. Ces procédés s'enracinent dans les systèmes esclavagistes et coloniaux qui, déjà, contraignaient les femmes à une double expropriation de leur corps (à la fois force de travail et objet sexuel). Nos mères, loin des stéréotypes du féminisme blanc, ont toujours su résister. Nous résistons.

Notre démarche est féministe, spécifiquement indigène...

Nous, en tant que femmes vivant en France, héritons des acquis des luttes des féministes françaises. Mais en tant que femmes racialisées, nous remettons en question les diktats de l'universalisme blanc et masculin et du féminisme blanc qui dénient toutes autres visions du monde ou vécus. Le féminisme occidental n'a pas le monopole de la résistance à la domination masculine.

Nous refusons les présupposés idéologiques selon lesquels le féminisme serait incompatible avec la foi religieuse, notamment en portant et défendant la parole féministe des femmes croyantes. Nous assumons et revendiquons nos identités plurielles, aux contours variables, faites aussi de contradictions et d'imperfections.

Nous refusons l'injonction à la déloyauté envers les nôtres avec tous les sacrifices que cela suppose : rupture familiale, guerre et concurrence des sexes, mise à distance de nos cultures chaque jour mises en accusation.

Nous interpellons nos communautés et l'ensemble de la société. Nous dénonçons et nous nous battons contre les systèmes d'oppression. Nous ne voulons pas « conscientiser » les femmes issues de l'immigration, dont nous sommes, ni les juger sur des critères « d'émancipation » subjectifs. Chaque femme est en droit de choisir son mode de vie en continuité, en composition ou en rupture avec sa culture, sa tradition ou sa religion.

Nous revendiquons l'autonomie de nos luttes et de nos trajectoires.

...et anti-impérialiste

Nous exigeons désormais des mouvements politiques occidentaux qui pensent les rapports Nord/Sud qu'ils cessent d'ignorer les conséquences de l'impérialisme et du libéralisme dans le maintien et le renforcement des systèmes patriarcaux. Nous considérerons désormais comme antiféministe toute solidarité avec les femmes du Sud qui n'intègre pas le rapport étroit entre patriarcat et impérialisme.

Nous exigeons une égalité réelle

Dans notre société, racisme et sexisme sont intimement imbriqués. Nous subissons des oppressions de classe, de genre et de néo-indigénat qui se renforcent mutuellement. Notre parole est seule légitime pour faire état de la réalité de ces oppressions croisées. Cette parole est radicalement antiraciste et antisexiste. Nous n'établissons pas de priorité entre ces luttes intrinsèquement liées. Nous dénonçons catégoriquement toutes les violences sexistes et racistes que nous subissons quelles qu'elles soient et d'où qu'elles viennent. Nous ne tairons pas notre combat féministe sous prétexte que la lutte antiraciste est prioritaire. De la même façon nous ne tairons pas notre combat antiraciste pour servir de relais, au nom d'un pseudo-féminisme, à la diabolisation des Noir-e-s, des Arabes, des musulman-e-s et d'autres populations stigmatisées racialement.

Nous refusons d'être l'enjeu de la concurrence et de la bataille que se livrent le patriarcat des dominés et celui des dominants.

Par conséquent, nous nous inscrivons dans ce féminisme paradoxal afin de ne plus jamais être le cheval de Troie de la suprématie blanche ou les traîtresses à l'ordre communautaire.

C'est à ce prix que l'on pourra se battre contre les représentations coloniales, indigénisantes et folklorisantes des femmes noires, arabes et musulmanes, véhiculées dans les discours dominants, les politiques publiques et les espaces médiatiques. C'est ainsi que l'on pourra casser les stéréotypes de la beurette, de la maman-nourricière et infantilisée, de la musulmane manipulée ou de l'Africaine exotique.

Dans une société « France-pays-des-droits-de-l'homme » structurellement inégalitaire et patriarcale, nous, descendantes de colonisé-e-s et d'immigré-e-s, lançons un appel aux femmes et aux féministes qui s'estiment victimes de violences sexistes et racistes à nous rejoindre en vue de contribuer à l'émergence et à la construction d'une parole féministe politique, égalitaire et autonome qui interpelle l'ensemble de la société française dans sa gestion des questions concernant les femmes venues ou vivant dans les pays du Sud.

Un féminisme décolonial

Houria Bouteldja

octobre 2010

Je tiens avant tout à remercier la Junta Islamica Catalana d'avoir organisé ce Quatrième Congrès international du féminisme islamique qui est une véritable bouffée d'oxygène dans une Europe qui se recroqueville sur elle-même, qui est agitée par des débats xénophobes et qui de plus en plus rejette l'altérité. J'espère qu'une telle initiative pourra avoir lieu en France.

Avant de rentrer dans le vif du sujet, je tiens à me présenter car je pense qu'une parole doit toujours être située. Je vis en France, je suis une fille d'immigrés algériens. Mon père était ouvrier et ma mère au foyer. Je n'interviens pas en tant que sociologue, chercheuse ou théologienne. En d'autres termes, je ne suis pas une experte. Je suis une militante et je m'exprime à partir d'une expérience militante, politique, et j'ajouterai d'une expérience sensible. Je fais toutes ces précisions car je souhaite que ma démarche soit la plus honnête possible. Et en toute sincérité, je n'ai jamais vraiment réfléchi à ce jour à partir du cadre problématique posé par le féminisme islamique. Alors pourquoi participer à ce colloque ? Lorsqu'on m'a invitée, j'ai clairement dit que je n'avais aucune compétence pour parler de féminisme islamique mais que je pouvais intervenir sur la notion de féminisme décolonial, une réflexion qui doit à mon sens être intégrée à celle, générale, sur le féminisme islamique. C'est pourquoi je vous propose de poser un certain nombre de questions qui pourraient être utiles à notre réflexion collective :

Le féminisme est-il universel ? Quel est le rapport entre les féminismes blancs/occidentaux et les féminismes du tiers-monde et entre autres islamiques ? Le féminisme est-il compatible avec l'islam ? Si oui, comment le légitimer et enfin quelles peuvent être ses priorités ?

Première question : le féminisme est-il universel ?

Pour moi, c'est la question des questions lorsqu'on a une démarche décoloniale et que l'on veut décoloniser le féminisme. Cette interrogation est essentielle, non pas pour sa réponse mais pour nous obliger, nous qui vivons en Occident, à prendre les précautions nécessaires lorsqu'on est confronté à des sociétés Autres. Prenons l'exemple des sociétés dites occidentales qui ont assisté à l'émergence des mouvements féministes et qui sont influencées par eux. Les femmes qui ont lutté contre le patriarcat et pour une égale dignité entre hommes et femmes ont obtenu des droits et fait progresser la condition des femmes, dont je suis, moi, une bénéficiaire. Comparons la situation de ces femmes, c'est-à-dire, nous, avec celles de sociétés dites « primitives », en Amazonie par exemple. Il existe encore çà et là des sociétés épargnées par l'influence occidentale. Je précise entre parenthèses que je ne considère aucune société comme primitive. Je pense qu'il y a divers espaces/temps sur notre planète, différentes temporalités, qu'aucune civilisation n'est en avance sur d'autres ou en retard, que je ne me situe pas sur l'échelle du progrès et que je ne considère pas non plus le progrès comme une fin en soi ou comme un horizon politique. Ou pour le dire autrement, je ne considère pas forcément le progrès comme du progrès mais parfois ou souvent comme une régression. Et je pense que la question décoloniale s'applique également à notre perception du temps. Je ferme la parenthèse. Pour revenir au sujet, si l'on prend le critère du simple « bien être », qui dans cette salle peut affirmer que les femmes de ces sociétés (qui ne connaissent pas le concept de féminisme tel que conçu par nous) sont plus malheureuses que les femmes européennes qui elles non seulement ont participé aux luttes mais en ont fait bénéficier leurs sociétés par leurs inestimables acquis ? Je suis pour ma part bien incapable de répondre à cette question et bienheureux sera celle ou celui qui le pourra. Mais encore une fois, la réponse n'est pas importante. C'est la question qui l'est ! Car elle nous oblige a plus d'humilité et bride nos tendances impérialistes et nos réflexes d'ingérence. Elle nous force à ne pas considérer nos normes comme universelles et à ne pas plaquer notre réalité sur celle des autres. Bref, elle nous oblige à nous situer dans notre particularité.

Deuxième question : le rapport entre les féminismes blancs/occidentaux et les féminismes du tiers-monde

Ceci étant posé clairement, je me sens plus libre pour aborder la seconde question relative aux rapports entre les féminismes occidentaux et les féminismes du tiers-monde. Ces rapports sont forcément complexes mais une de leur dimension c'est la domination Nord/Sud. Une approche décoloniale doit remettre en question ce rapport et tenter de le renverser.

Un exemple : en 2007, des femmes appartenant au Mouvement des indigènes de la république ont participé à la Marche annuelle du 8 mars consacrée à la lutte des femmes. À cette période, la campagne étasunienne contre l'Iran avait commencé. Nous avons décidé de défiler derrière une banderole dont le mot d'ordre était « pas de féminisme sans anti-impérialisme ». Nous portions toutes des keffiehs palestiniens et diffusions un tract en solidarité avec trois femmes irakiennes, résistantes, faites prisonnières par les Américains. À l'arrivée, les organisatrices du cortège officiel ont commencé à scander des slogans de solidarité avec les femmes iraniennes. Ces mots d'ordre en pleine offensive idéologique contre l'Iran nous ont extrêmement choquées. Pourquoi les Iraniennes, les Algériennes et pas les Palestiniennes ou les Irakiennes ? Pourquoi ces choix sélectifs ? Pour contrecarrer ces slogans, nous avons de notre côté décidé d'exprimer notre solidarité non pas envers les femmes du tiers-monde mais envers les femmes d'occident. C'est ainsi que nous avons crié : « Solidarité avec les Suédoises ! », « Solidarité avec les Italiennes ! », « Solidarité avec les Allemandes ! », « Solidarité avec les Anglaises ! », « Solidarité avec les Françaises ! », « Solidarité avec les Américaines ! »

Ce qui signifiait : pourquoi vous seules, femmes blanches, avez le privilège de la solidarité ? Vous aussi vous êtes battues, violées, vous aussi vous subissez les violences masculines, vous aussi vous êtes sous-payées, méprisées, vous aussi votre corps est instrumentalisé…

Je peux vous dire qu'elles nous ont regardées comme si on était des extraterrestres. Ce qu'on disait leur paraissait surréaliste, inconcevable. C'était la quatrième dimension. Ce n'est pas tant leur rappeler leur condition de femmes en Occident qui les choquait. C'était le fait que des Africaines et des Arabo-musulmanes s'autorisent à renverser symboliquement un rapport de domination et s'érigent en marraines. En d'autres termes, avec cette pirouette rhétorique, on leur démontrait qu'elles avaient de fait un statut supérieur au nôtre. Devant leur air incrédule, on a bien rigolé.

Un autre exemple : une amie me racontait à son retour d'un voyage de solidarité en Palestine comment des femmes françaises abordaient des femmes palestiniennes en leur demandant si elles utilisaient des moyens de contraception pour contrôler leurs grossesses. D'après mon amie, les Palestiniennes ne comprenaient même pas qu'on puisse leur poser ce genre de question tellement selon elles l'enjeu démographique en Palestine est important. Leur perspective est tout à fait autre. Pour beaucoup de femmes palestiniennes, faire des enfants est un acte de résistance face au nettoyage ethnique israélien.

Voilà, c'était deux exemples pour illustrer ce qu'est notre condition de femmes racialisées, comprendre les enjeux et envisager un cheminement pour combattre le féminisme colonial et européocentrique.

Troisième question : le féminisme est-il compatible avec l'islam ?

Cette question est de la pure provocation de ma part. Je ne la supporte pas. Si je la pose, c'est que je me mets dans la peau d'un journaliste français qui croit poser une question super-pertinente. Pour ma part, je refuse d'y répondre par principe. D'une part parce qu'elle part d'une position arrogante. Le/la représentante d'une civilisation X somme le/la représentante d'une civilisation Y de prouver quelque chose. Y est ainsi mis sur le banc des accusés et doit fournir les preuves de sa « modernité », se justifier pour plaire à X. D'autre part parce que la réponse n'est pas simple quand on sait que le monde islamique n'est pas monolithique. Le débat peut ainsi s'éterniser jusqu'à l'infini et c'est justement ce qui se passe quand on fait l'erreur de tenter d'y répondre. Moi, j'y coupe court en posant la question suivante à X : La République française est-elle compatible avec le féminisme ? Je peux vous assurer une chose : la victoire idéologique est au bout de cette question. En France, tous les trois jours une femme meurt de violences conjugales. On estime à 48 000 le nombre de viols par an. Les femmes sont sous-payées. Les retraites des femmes sont largement inférieures à celles des hommes. Le pouvoir politique, économique, symbolique reste principalement entre les mains des hommes. Certes, depuis les années 1960-1970, les hommes participent plus aux travaux ménagers : trois minutes de plus en trente ans ! Donc, je repose ma question : y a-t-il compatibilité entre la République française et le féminisme ? On serait tenté de répondre non ! En fait, la réponse n'est ni oui, ni non. Ce sont les femmes françaises qui ont libéré les femmes françaises et c'est grâce à elles que la république est moins machiste qu'elle ne l'était avant. Il en va de même pour les pays arabo-musulmans, asiatiques ou africains.

Ni plus, ni moins. Avec cependant un défi supplémentaire : consolider la dimension décoloniale, la critique de la modernité et de l'européocentrisme dans le combat des femmes.

Quatrième question : comment légitimer le féminisme islamique, et quelles peuvent être les priorités du féminisme décolonial ?

Comment légitimer le féminisme islamique ? Selon moi, il se légitime *a priori* et pas *a posteriori*. Il n'a pas à passer d'examen de féminisme. Le simple fait que des femmes musulmanes s'en emparent pour revendiquer leur droit et leur dignité suffit pour une pleine reconnaissance. Et je sais de par mon intime connaissance des femmes du Maghreb ou de l'immigration que « la femme soumise » n'existe pas. Elle a été inventée. Je connais des femmes dominées. Soumises, beaucoup moins !

Je voudrais terminer sur ce que doivent être selon moi les priorités du féminisme décolonial. Vous avez tous entendu parler d'Amina Wadud et de son engagement dans l'élaboration d'un féminisme islamique. Elle s'est rendue célèbre le jour où elle a guidé la prière, rôle qui est d'habitude dévolu aux hommes. Dans l'absolu, hors contexte, je dirais qu'en apparence on pourrait penser qu'il s'agit d'un acte révolutionnaire. Or dans le contexte international depuis la révolution iranienne et surtout depuis le 11 Septembre (islamophobie, islam sommé de faire son aggiornamento, injonction à la modernisation…), c'est un message beaucoup plus ambigu qui a été diffusé par cet acte. Répondait-il à une revendication forte, à une urgence, à une attente fondamentale des femmes de la Oumma ? Ou bien à une attente du monde blanc ? Permettez-moi de pencher pour la deuxième hypothèse. Non pas qu'il n'y ait pas de femmes pour trouver injuste le fait que seuls des hommes dirigent la prière, mais parce que les priorités et les urgences des femmes sont ailleurs. Que veulent les Afghanes, les Irakiennes ou les Palestiniennes ? La paix, la fin de la guerre et de l'occupation, la reconstruction de leurs infrastructures, des cadres légaux pour assurer leur protection et leurs droits, boire et manger à leur faim, nourrir et éduquer leurs enfants dans de bonnes conditions. Que veulent les femmes musulmanes d'Europe et plus largement celles issues des immigrations et qui vivent pour la plupart dans des quartiers populaires ? Du travail, un logement, des droits qui les protègent tant contre les violences de l'État que contre les violences masculines. Elles exigent le respect de leur religion, de leur culture. Pourquoi toutes ces revendications sont-elles tues et pourquoi l'acte de diriger la prière a-t-il fait le tour de la planète quand christianisme et judaïsme ne se sont jamais vraiment illustrés pour leur défense intransigeante de l'égalité des sexes ? Je pense, pour en finir avec cet exemple, que l'acte de Amina Wadud est tout le contraire de ce qu'il prétend être. Dans les faits et indépendamment de la volonté propre de cette théologienne, c'est pour moi un acte contre-productif. Il ne pourra prendre son caractère féministe que lorsque l'islam sera traité de manière égalitaire et lorsque la revendication de guider la prière émanera de manière réelle chez les femmes musulmanes. Il est temps de voir les musulmans et musulmanes comme ils sont et non pas comme on souhaiterait qu'ils soient.

Je conclus ici en espérant avoir tracé quelques pistes pour un véritable féminisme décolonial au service des femmes, de toutes les femmes lorsque celles-ci jugent que c'est là la voie de leur émancipation.

Pierre, Djemila, Dominique… et Mohamed

Houria Bouteldja

mars 2012

Comment vous expliquer à vous les Blancs que je n'ai pas d'autre choix ? Je suis à la croisée des chemins et le vent me pousse vers les miens. Je suis *obligée* d'être solidaire des hommes. Comment l'expliquer aux femmes blanches ? Et surtout aux féministes ? Elles qui ont lutté pour faire admettre la nécessité de l'entre-soi, de la non-mixité pour faire éclore le féminisme comme projet politique ?

Je suis une femme. Pas n'importe laquelle. Et ma solidarité je ne la dois pas à n'importe quels hommes. Je suis une indigène et ma solidarité, je la propose aux hommes de ma condition. Ceux de ma communauté. Car cette solidarité, si je ne l'assume pas, elle me rattrapera et s'imposera à moi que je le veuille ou non.

Peut-être l'affaire DSK m'y aidera-t-elle ? Mais avant d'y arriver, un petit souvenir d'adolescence. Un téléfilm : *Pierre et Djemila*. Lui, beau, amoureux, attentionné. Blanc. Elle, belle, amoureuse, terrorisée par sa famille. Arabe. Ce film s'adressait à moi, la fille de l'immigré. Il me parlait. Il me disait combien ma famille était détestable et combien la société française me respectait. Un film qui me détournait des miens et qui me faisait oublier que mon père, mâle, bien sûr, était aussi un *zoufri* (ouvrier) algérien, un exploité, qui peinait à nous faire vivre, et que ma mère était une femme d'immigré qui peinait à nous élever. Le film m'expliquait à moi, leur fille, qu'ils me traitaient mal et que je n'avais qu'une échappatoire : m'arracher à eux.

Au début, j'ai cru à cette rengaine qui t'accompagne partout, s'insinue par tous les pores et s'incruste dans ta peau. Et puis j'ai douté, et finalement je n'ai pas marché. Mais j'aurais pu, comme tant d'autres filles. Sans doute que déjà, l'adolescente que j'étais avait bénéficié de l'expérience des grandes sœurs qui (souvent) se sont cassé les dents sur ce mirage du blanc prince charmant. Un envoûtement qui leur a coûté une bagatelle : la rupture familiale, la stigmatisation de leur mère coupable d'avoir « mal éduqué » ses filles, la honte qui rejaillit sur tous mais aussi la culpabilisation et, en prime, la mauvaise réputation…

Sait-on combien de jeunes femmes se sont suicidées, prises dans le feu de la bataille que se sont livrée les deux patriarcats ? Le blanc, conquérant et sûr de lui et l'autre, l'indigène, dominé et aux abois. Un envoûtement qui projetait de faire d'elle les complices voire les supplétives du système raciste qui devait donner le coup de grâce à cette honnie famille maghrébine. Tout ça deux ou trois décennies à peine après l'indépendance de l'Algérie. Cette vieille recette n'a pas pris une ride. N'a-t-elle pas trouvé son point d'orgue avec le succès flamboyant de Ni putes ni soumises ?

Mais quel est le rapport avec DSK ?

Il y en a un. C'est celui des élites françaises et de leur attitude face au sexisme de la France d'en haut, à celui de la France d'en bas et à celui de la France d'en dessous de la France d'en bas. Cette France des hauteurs qui n'a pas hésité à publier à la Une d'un grand magazine la photo de Simone de Beauvoir nue pour fêter le centenaire de sa naissance. Aurait-on pu imaginer Sartre à poil en couverture d'un journal de référence ? Sans doute faut-il voir là l'expression d'une sensibilité, d'une fibre toute française. Artistique. Esthétique. Qui peut mieux que l'élite française voir et sentir ce qui, derrière la féministe, faisait « la femme » ?

Une élite satisfaite d'elle-même, donneuse de leçons, marchant dix centimètres au-dessus du sol et obstinément indifférente au réel. Un réel maltraité et méprisé au profit d'une autosatisfaction qui n'a aucune limite. Et cela est parfaitement visible sur la question des femmes. De mon poste de condition, je vois se découper trois comportements spécifiques et distincts :

– Une indifférence quasi-totale au patriarcat blanc qui structure la société française et qui détermine la vie de millions de femmes. Et pourtant, tous les indices montrent que la condition des femmes françaises se dégrade : 75 000 viols par an (selon l'enquête de victimation cadre de vie et sécurité 2007-2008 réalisée par l'ONDRP et l'INSEE), des écarts de salaires entre hommes et femmes évalués entre 13 et 30 %, la France ayant été rétrogradée au 18e rang des pays européens sur le plan du taux d'emploi des femmes. Sans parler des écarts dans les retraites ou encore de l'exposition et de l'exploitation du corps des femmes dans la publicité. Le sexisme et la violence du Blanc lambda sur la Blanche lambda suscitent au mieux des protestations timides, au pire l'indifférence générale.

– Une dénonciation unanime et sans appel des violences faites aux femmes de banlieues, quand l'auteur est noir ou arabe et la victime de la même origine. À noter que le sexisme des mecs de quartiers serait plus que du simple sexisme, ce serait une barbarie décontextualisée et anhistorique. Ici, le phallocrate blanc se découvre féministe. Il n'aura pas de mots assez durs pour crucifier le garçon arabe ou noir, pas de compassion assez forte pour voler au secours de la beurette. De Chirac à Hollande, de Villepin à Dray, des féministes du CNDF à Élisabeth Badinter, d'Arlette Laguiller à Nicole Guedj, de TF1 à Canal plus, l'ensemble du monde blanc a maintes fois communié, des trémolos dans la voix, contre le méchant mâle des départements et territoires d'outre-périphérique (Dop-Top). Je ne peux pas résister au plaisir d'évoquer ici l'hommage vibrant de Chirac à la mère de Fadéla Amara pour avoir, je cite : « donné la vie » à cet astre de la dignité de « la » femme.

– Une solidarité de classe quasi unanime pour soutenir DSK et lui trouver les circonstances atténuantes les plus extravagantes. Une élite qui fait corps avec lui : euphémisation du viol, confusion volontaire entre viol et libertinage, absence de compassion vis-à-vis de la victime, mépris pour le consentement de la personne. Le harcèlement sexuel ? Une forme de séduction bien de chez nous que la victime n'aurait pas bien comprise (car il faut être française pour décrypter). « C'est comme ça qu'a commencé l'affaire Dreyfus ! ». Glapissement de Jean-Pierre Chevènement. Rideau.

Alors, que doit penser la fille de l'immigré devant ce spectacle ?

Cela dépend de comment je me situe. En tant que femme, je ne peux qu'être affligée et profondément inquiète par le comportement de la plupart des « sœurs » féministes blanches. Comment celles qui sont le mieux placées pour savoir de manière intime et expérimentée que les élites françaises se fichent éperdument de la cause des femmes ont-elles pu à ce point marcher dans cette union sacrée contre le mec de banlieue ? Ont-elles été ensorcelées ? Je n'aurai pas la faiblesse d'y croire. La vérité c'est que, prises dans un conflit d'intérêts, elles ont privilégié la solidarité de race. Comme Le Pen, elles préfèrent leur famille à leur voisin…

En tant qu'indigène, je sais, depuis *Pierre et Djemila*, que rares sont ceux qui veulent mon bien. Je ne suis qu'un faire-valoir, l'instrument de la vanité blanche. Ce bal des hypocrites a pourtant une vertu. Il m'oblige à retourner dans le réel, et à me resituer. Il me contraint à la lucidité. Je chasse les mythes, je dissipe le brouillard. Je regarde mes parents, je regarde mon frère, je regarde les filles de mon quartier, les garçons de mon entourage, je regarde Jean-François Kahn, je regarde Dominique Strauss-Kahn, je regarde Anne Sinclair. Et puis, je revois ma mère, je revois mon père, et je revois mon frère. On aura tout fait pour m'éloigner d'eux. Et je reviens à eux. Inexorablement.

Je sais aujourd'hui que ma place est là. Plus qu'un instinct, c'est une démarche politique. Mais avant de devenir un acquis conscient, ce retour s'est réalisé par une volonté collective de survie et de résistance. Ma conscience en est le produit. Notre moi collectif a réagi en créant son propre système immunitaire. Que devient Djemila, lorsque, le temps de l'idylle passé, elle est larguée par Pierre qui s'en va vers d'autres cieux ? Quid de son autonomie financière ? Que devient la femme indigène, isolée et vulnérable dans une société hostile qui la discrimine, l'exotise et l'instrumentalise ? Trouvera-t-elle refuge auprès des siens après sa « trahison » ? Peut-être que oui, peut-être que non. Et pourquoi prendre ce risque ? C'est la question à laquelle doivent inévitablement répondre les femmes indigènes de modeste condition. En d'autres termes, la plupart d'entre nous. Une copine me disait : « Je n'ai jamais été féministe. Je n'y ai même jamais pensé. Pour moi le féminisme c'est comme du chocolat. » Comme c'est juste ! Nous reprocher de ne pas être féministes, c'est comme reprocher à un pauvre de ne pas manger de caviar. Car quelle est notre marge de manœuvre entre le patriarcat blanc et dominant et le « nôtre », indigène et dominé ? Comment agir quand la stratégie de survie du dernier consiste à exposer ses pectoraux, à faire étalage de sa virilité ? C'est cette équation que le moi collectif des femmes a dû résoudre. Un moi qui a réalisé l'air de rien le difficile compromis entre l'intégrité, la sauvegarde du groupe et la libération de l'individue. Un compromis entre les hommes et les femmes indigènes. Dans cette bataille, les femmes n'ont pas été passives. Elles ont joué leur partition, avec les moyens du bord. Le hijab est l'une des expressions de ce compromis (mais loin d'être la seule). Car par-delà sa signification spirituelle – collective ou propre à chaque femme – et sa dimension religieuse, le hijab doit également être compris comme le fruit d'une négociation entre hommes et femmes dans laquelle le contexte postcolonial joue un rôle majeur. Le foulard renvoie un message clair à la société blanche : « 1/ Nous ne sommes pas des corps disponibles à la consommation masculine blanche. 2/ Nous ne sommes pas des corps exploitables par la société du spectacle. » Il renvoie un message tout aussi clair à la société indigène : « Nous appartenons à la communauté et nous l'assurons de notre loyauté. » Un paradoxe de passer par la bénédiction collective ? Un coup de poignard dans le dos du féminisme ? Non. C'est la condition pour une émancipation concrète car c'est ça ou le déchirement perpétuel, le « *no man's land* » de la beurette désincarnée. Désormais, ce sera plus sûrement des études plus longues, des mariages tardifs, des grossesses maîtrisées, une réappropriation des textes sacrées pour des interprétations plus égalitaires, plus d'engagements associatifs et politiques… Contrairement aux apparences, les femmes non voilées (dont je suis), souvent, adoptent les mêmes stratégies : le compromis, la négociation, les gages. Une lecture superficielle des phénomènes sociaux pourrait laisser croire à une différence fondamentale entre les « voilées » et les « non voilées ». Les premières seraient ancrées dans la modernité, les autres lui tourneraient le dos. C'est faux. Nous vivons dans le même espace-temps et faisons face aux mêmes contradictions (avec plus ou moins de violence). En fait, toutes, nous nous battons. Pour respirer. Pour nous réconcilier avec nous-mêmes. En d'autres termes : gagner le plus (en autonomie et en liberté) et perdre le moins (préserver nos attaches et nos familles). Un choix tactique, né d'une conscience des équilibres fragiles et des affects en souffrance. Dans ce cadre, la dimension « chocolat » du féminisme prend toute sa force : l'homme indigène n'est pas l'ennemi principal. La critique radicale du patriarcat indigène est un luxe. Si un féminisme assumé devait voir le jour, il ne pourrait prendre que les voies sinueuses et escarpées d'un féminisme paradoxal qui passerait obligatoirement par une allégeance communautaire. Un féminisme décolonial. À contre-courant du féminisme blanc.

Tiens, un autre souvenir. Le SMS d'une copine quand elle s'est mariée avec un homme de sa communauté : « Enfin libre ! »

Houria Bouteldja dénonce le rapprochement de Dieudonné avec l'extrême droite

Mouvement des indigènes de la république

mai 2009

Nous avons longtemps espéré un sursaut de lucidité de la part de Dieudonné. Nous nous sommes abstenus jusque-là de dénoncer ses errements politiques. Nous l'avons défendu lorsqu'il était la cible d'attaques injustes et nous avons même gardé le silence les nombreuses fois où il a fourni de formidables prétextes à tous ceux qui voulaient sa peau – et la nôtre, par la même occasion.

Nous n'avons pas non plus hésité à discuter avec lui, à le mettre en garde contre les conséquences gravissimes de ses prises de position pour ce que nous pensions être nos causes communes, l'antiracisme et l'anticolonialisme (dont l'antisionisme est aujourd'hui une composante majeure). Catastrophés, nous l'avons vu, à chaque fois qu'il était l'objet d'une nouvelle campagne médiatique, glisser, déraper, aller toujours plus loin dans l'aberration politique.

Piégé par ses propres délires, par les encouragements de ses « conseillers », pseudo-antisionistes, et par l'hostilité que lui ont manifestée la plupart des forces politiques en France, Dieudonné a franchi un cap décisif, peut-être irrémédiable, en s'alliant dans le cadre d'une liste dite antisioniste avec des personnalités douteuses dont certaines sont directement issues de l'extrême droite raciste.

Nous nous en serions probablement moins souciés si Dieudonné ne bénéficiait d'une surexposition médiatique, entretenue à dessein par nos adversaires pour stigmatiser à travers lui l'ensemble des communautés noires, arabes et musulmanes. Mais le plus grave est que le débat nécessaire sur le sionisme et la politique européenne (et française) vis-à-vis de l'État d'Israël a été ainsi occulté par une polémique sur la personnalité et le rôle de Dieudonné.

Qu'on ne nous dise pas que Dieudonné est un humoriste ou qu'il subvertit la politique en transgressant les lignes rouges. Le message qu'il communique aux nôtres à travers ses prises de position politiques est extrêmement dangereux : l'extrême droite est une « victime » du système politique, l'extrême droite est antisioniste, l'extrême droite est nationaliste tout comme nous, l'extrême droite est donc notre alliée « naturelle ». Rien n'est plus faux ! L'extrême droite n'est pas une « victime » du système politique, elle en est le produit ; elle constitue la tendance la plus dure du racisme français ; l'extrême droite n'est pas antisioniste (certains de ses courants sont pro-sionistes par haine des Arabes, d'autres se déclarent solidaires du peuple palestinien par haine des juifs en tant que juifs) ; quant au nationalisme de l'extrême droite, c'est un nationalisme parfaitement impérialiste, colonialiste et raciste qui n'a rien à voir avec notre lutte pour la libération nationale des peuples opprimés.

En s'alliant avec l'extrême droite, quel que soit le visage qu'elle se donne, Dieudonné et ses semblables (« la banlieue s'exprime », Kemi Seba, Centre Zahra, etc.) effacent sans scrupule plus de quarante ans de lutte de l'immigration contre l'extrême droite ; ils insultent la mémoire de tous ceux qui se sont battus contre le colonialisme. Que Dieudonné en soit conscient ou non, il fait ainsi le jeu du sionisme qu'il prétend combattre.

Ça, nous ne pouvons le tolérer. C'est ce qu'a exprimé de la manière la plus claire la porte-parole du MIR, Houria Bouteldja, dans le discours qu'elle a prononcé le 8 mai dernier, à l'occasion de la Marche des Indigènes : « Nous ne pouvons pas, nous n'avons pas le droit de nous allier à des forces racistes, colonialistes et prétendument antisionistes ! Les ennemis de nos ennemis ne sont pas forcément nos amis ! Le combat antisioniste, le combat de Azzedine Elqassam, de Arafat, de Georges Habbache, de cheikh Yassine (*Allah yarhamhom* !), le combat anticolonialiste et antiraciste de Mandela, Fanon, Césaire, Malcolm X, Angela Davis, Sankara, Lumumba et bien d'autres est beaucoup trop précieux pour le corrompre aujourd'hui avec une extrême droite française toujours fière d'avoir torturé en Algérie ; une extrême droite qui a organisé des ratonnades contre les Arabes et les Noirs ; une extrême droite qui dénonce l'islamisation de la France, qui exige toujours plus de répression contre l'immigration et dans nos quartiers, qui justifie la chasse aux sans-papiers. Une extrême droite qui, au nom du patriotisme, rêve de faire de nous les nouveaux tirailleurs de l'impérialisme bleu/blanc/rouge. Nous n'avons aucun intérêt commun avec ces gens-là ! Une alliance, même tactique, avec eux est d'abord une grave erreur politique et un piège que nous tendent nos adversaires : elle nous détourne de nos vrais combats ; elle nous engage dans des polémiques médiatiques qui ne sont pas les nôtres ; elle contribue à semer la confusion, à obscurcir les vrais enjeux de nos luttes, à nous faire dévier de nos véritables objectifs ! Mais une telle alliance, c'est plus qu'une erreur, c'est une faute ! Oui, c'est une faute ! Une faute morale, un non-sens historique. Nos seuls guides sont nos martyrs, nos valeurs, notre foi et notre profond anticolonialisme. Nos seuls alliés sont ceux qui les défendent. »

Pourquoi je soutiens Alain Soral

Fatouche Ouassak

juin 2011

Monsieur Soral répète souvent que c'est grâce à ses livres sur la politique que les gens comme moi on lit et qu'on s'intéresse à ce qui nous arrive. Et c'est vrai qu'avant, on était là à glandouiller dans la cité, à voler des voitures, à insulter bêtement la France et les Français de souche. Et puis Monsieur Soral est arrivé. Et il nous a donné son Livre. Et là, je dis pas que ça a été immédiat bien sûr, mais j'ai commencé petit à petit à m'éveiller, à comprendre le monde, et ma place dans ce monde. J'ai commencé à réfléchir.

Monsieur Soral ne cesse de dire, lorsqu'il vient à notre rencontre dans les différentes banlieues de France, qu'il nous tend la main, à nous les musulmans… Je ne sais pas si les gens se rendent bien compte de l'enjeu énorme de cette main tendue. Monsieur Soral, qui est quand même ici chez lui, il était pas obligé, accepte de faire un geste vers nous qui attendons dehors, pour éventuellement nous laisser mettre un pied dedans. C'est inespéré. Monsieur Soral dit qu'il en va de la réconciliation nationale. Grâce à ce geste de la dernière chance, il y a peut-être un petit espoir que la France évite la guerre civile.

Évidemment, Monsieur Soral, il ne nous tend pas la main sans poser quelques conditions. Il va quand même pas nous laisser entrer comme ça, la France c'est pas un moulin. Pendant une heure ou deux à chaque fois qu'il vient, il se place face à nous, et du haut de son estrade, avec ses dons d'orateur grec (c'est ses origines de Français de souche d'il y a longtemps), il nous explique très précisément et de manière pédagogique ce qu'il attend de nous, quel islam il veut qu'on pratique, ce qu'on a le droit de faire, ce qu'on n'a pas le droit de faire.

Alain Soral, un homme à qui on la fait pas, et qui sait tout ce qui se trame ici, et là-bas

Monsieur Soral, il m'aide à comprendre le monde, parce qu'il a tout lu, tout vu, tout entendu. Tout est en réseau dans son cerveau on dirait. Il est connecté. Il sait tout ce qui se complote en cachette à Londres, à Washington, à Maubeuge, à Pékin, à Tel Aviv... En temps réel.

Il sait parler de plein d'idées et il arrive à toutes les mélanger dans une même phrase. Lors d'une de ses interventions, il nous a scotchés avec une démonstration très rigoureuse et qui pourtant tenait dans quatre secondes seulement :

> ...Dans la mesure où Marx (rejoignant par là le mouvement punk et Jésus Christ (qui a dit un jour à Marie-Madeleine ce qu'il avait voulu dire la veille à Jean)), n'avait pas tort, et que Virginie Despentes, comme Minnie, la petite copine de Mickey (produits de l'oligarchie talmudo-salafiste), est une connasse bourgeoise, on peut mettre en perspective les révolutions arabes (remarquons la ressemblance avec le mouvement intégriste lesbien des années 1830 en Belgique qui a conduit à la mort de deux enfants innocents, un garçon et une fille) et constater qu'il n'y aura plus de frontières au Maghreb (du moins pas dans la partie Est de la Libye, la partie Ouest étant historiquement très agréable à vivre (en tout cas tant que le Pérou, à la solde des États-Unis et de la Chine, n'y installe pas son usine de noix de pécan (à cause de l'effet de serre))), et c'est pourquoi les Français de souche ont peur de l'arabisation coloniale de la France, et c'est tout à fait légitime...

Voilà. Scotchés on était. Et encore, il aurait pu caser encore plus de trucs dans la phrase mais il en oublie plein parce qu'il parle sans notes parce qu'il est intelligent.

Alain Soral analyse les causes des discriminations et des inégalités en France

Malgré les phrases mélangées très denses de Monsieur Soral, il y a quand même des fondamentaux dans sa Pensée. Par exemple, quand on demande à Monsieur Soral de nous donner son analyse des discriminations qu'on subit en tant que noirs, arabes, musulmans, jeunes de cité... il répond en trois points :

1- Tout d'abord tout ça c'est la faute du Talmud. C'est-à-dire grosso modo des juifs de Wall Street. Avec la collaboration des francs-maçons. Les lois anti-islam, le sur-chômage des Noirs et des Arabes, leur concentration dans les boulots de merde, les écoles de seconde zone, les discriminations au logement, le harcèlement des pouvoirs publics, les crimes policiers… constituent le plan sataniste tel qu'il est décrit noir sur blanc dans le Talmud ; on peut vérifier si on veut, les extraits les pires du Talmud sont sur le site de monsieur Soral. Ce qu'il faut bien noter, c'est que le Talmud, c'est les juifs, c'est l'Ancien Testament. Faudrait pas confondre avec le Nouveau Testament, qui lui est le livre de Monsieur Soral et des Français de souche. Faut pas confondre parce que dans le Nouveau Testament, il n'y a que des proverbes de paix, d'amour et des bons conseils, du genre « Soyez plein d'amour fraternel les uns pour les autres » (Romains), « Soyez en paix entre vous » (Thessaloniciens), « En avril, ne te découvre pas d'un fil » (bon conseil), « Exercez l'hospitalité » (Romains)… C'est pour ça que Monsieur Soral, il n'apprécie pas trop quand des Noirs ou des Arabes critiquent la France et les Français de souche. Comment croire que des gens chrétiens humanistes qui appliquent les proverbes et les bons conseils du Nouveau Testament puissent être responsables de l'esclavage, de la colonisation, des discriminations racistes ? Ça ne tient pas la route. Monsieur Soral, il nous dit qu'on n'a pas à se plaindre, vu qu'on n'est pas chez nous, mais que si vraiment ça nous démange, on n'a qu'à aller se plaindre à Wall Street ou auprès des sociétés secrètes, mais qu'en tout cas, on n'a pas à venir casser la tête aux Français de souche qui n'ont rien à voir. Et Monsieur Soral de nous faire remarquer que si les Français de souche nous avaient pas colonisés, on serait tatoués, en moyenne montagne, avec six gosses, et mariés de force, donc plutôt que d'ouvrir nos grandes gueules, on ferait mieux de dire merci les Français de souche.

Moi personnellement ça m'arrange cette explication comme quoi c'est la faute du Talmud et pas des Français de souche parce que des Français de souche, il y en a plein dans mon entourage. Par contre je connais pas de juifs de Wall-Street. Ni de francs-maçons. Du coup j'ai pas à me prendre la tête, et c'est autant de temps de gagné pour m'assimiler tranquillement dans la société française.

2- Le deuxième responsable des discriminations qu'on subit, c'est nous, les Noirs et les Arabes, on se l'est fait à nous-mêmes. Selon Monsieur Soral, si on avait arrêté l'immigration maghrébine et africaine en France avant, c'est-à-dire avant qu'elle ne commence, nous, les Français d'origine maghrébine et africaine, aurions moins de problèmes d'intégration. C'est sûr que notre intégration en France se serait beaucoup mieux passée si on n'était pas venus. Si je suis dans cette galère aujourd'hui, c'est d'une part à cause de mes parents et de mes grands-parents qu'on a laissé entrer ; et d'autre part à cause des immigrés qu'on continue à laisser débarquer et qui provoquent les discriminations que je subis, parce que les Français de souche n'en peuvent plus de nous. Je ne peux m'en prendre qu'à moi et aux miens.

3- Il n'y a pas de troisième cause des discriminations que subissent les Noirs et les Arabes en France, parce que de toute façon Monsieur Soral il s'en fout de cette question, elle est bidon, puisque les vraies victimes des discriminations, des stigmatisations et de la colonisation, ce sont les Français de souche. Les Français de souche, ça faisait des millénaires qu'ils étaient heureux entre eux dans leur race blanche et dans leur christianisme, et nous on leur prend leur espace vital et leur oxygène. Les Français de souche, ils sont humanistes et tolérants parce qu'ils ont appris le Nouveau Testament au catéchisme quand ils étaient petits, mais là on a trop abusé, du coup ils ont mal à leur identité. Les Français de souche, ils assistent impuissants à l'arabisation et à l'islamisation de leur pays. Monsieur Soral, il explique bien que c'est comme si les Noirs et les Arabes les colonisaient. Monsieur Soral, il dit que « les Français de souche se retrouvent dans la même situation que les Palestiniens ». C'est vrai que ça fait un peu bizarre de se dire que du coup, nous, on a le rôle des Israéliens, mais quand c'est Monsieur Soral qui l'explique, ça se tient.

Alain Soral prône « Égalité et Réconciliation », c'est-à-dire qu'il veut qu'on aide les gens comme lui à se protéger des gens comme nous

Monsieur Soral, il répète souvent qu'il n'a pas demandé à ce que les Noirs et les Arabes soient là, et que si ça n'avait tenu qu'à lui, on n'aurait pas passé la douane. Mais bon. Maintenant qu'on est là, Monsieur Soral il essaie de faire quelque chose de nous. Il essaie de nous apprendre à occuper la place dans la société et à adopter le comportement qui permettent aux Français de souche de continuer à être ici chez eux, et on a encore le droit d'être maître chez soi.

Alain Soral exhorte les Arabes à sortir du corps des musulmans : c'est le processus de « dissociation »

Monsieur Soral il dit qu'il faut dissocier islam d'un côté et immigration et arabité de l'autre. L'immigration et l'arabité sont absolument synonymes de délinquance. Alors qu'il y a moyen quand même qu'un certain islam (l'islam patriote) ne soit pas synonyme de délinquance. Monsieur Soral nous explique même que l'islam peut permettre à des Arabes de sortir de la délinquance dans laquelle ils évoluent naturellement. Le concept clé de sa pensée nous concernant c'est la « dissociation ». Il faut qu'on se dissocie à l'intérieur de nous-mêmes, pour devenir des musulmans sans visage, sans problèmes, sans Histoire, sans revendications, sans culture, sans identités. Des musulmans désincarnés, d'autant plus disposés à occuper une certaine place dans la société française, ce qui permettra aux Français de souche de conserver la leur.

Alain Soral dit que c'est le seul moyen qu'on a de dire pardon d'être là. Et d'éviter, peut-être, la guerre civile.

L'expertise islamo-musulmane d'Alain Soral

Monsieur Soral, il est calé dans tout ce qui est islam. Par exemple lors d'une de ces interventions à Lyon, il nous a demandé si on connaissait la différence entre un hadith divin et un hadith prophétique… On s'est tous regardés. Il y a eu un long silence gêné. On savait pas… Monsieur Soral nous a dit la réponse : un hadith divin ça n'existe pas, il est forcément prophétique. Comment on était impressionnés ! Monsieur Soral il savait la réponse alors qu'il est même pas musulman. Ça fait réfléchir.

Monsieur Soral, il dit qu'il est catholique mais il y a des rumeurs comme quoi il s'est converti à l'islam. En tout cas s'il ne s'est pas encore converti, j'espère qu'il se convertira bientôt incha'Allah. Il ferait un grand honneur à l'islam. On peut même dire qu'il grandirait l'islam. C'est vrai quand même que quand je l'ai entendu dire « j'ai baisé la femme de Guillon et on est tous passé dessus », je dois dire qu'en tant que musulman, ça m'a fait très bizarre. Les musulmans n'aiment pas trop ce type de propos obscènes.

Mais bon.

Au moment où Monsieur Soral a dit ça, il était pas musulman. Donc c'est normal qu'il parle comme ça. Quand il se convertira, incha'Allah, il deviendra pudique.

La mission d'Alain Soral : nous guider vers le FN (n'ayez pas peur, petits poissons)

Monsieur Soral, il dit qu'il apprécie plein de gens que j'apprécie – les Palestiniens, le Hezbollah, Chavez – et il déteste plein de gens que je déteste – Finkielkraut, Fourest, Julien Dray, Ni putes ni soumises, etc.

Mais le gros problème pour moi, c'était qu'il est proche des Le Pen et du FN. Au début ça me bloquait, mais Monsieur Soral il m'a ouvert les yeux sur le Front national.

Déjà Monsieur Soral dit qu'« on ne peut rien reprocher au FN puisqu'il n'a jamais été au pouvoir ». Monsieur Soral il a une logique implacable. Prenons un homme qui frappe à votre porte et qui vous dit « Ouvre bougnoule, je vais te tuer ! » ; tant que vous n'avez pas ouvert, vous ne pouvez pas accuser cet homme de vous avoir tué. Monsieur Soral nous invite à ouvrir la porte avant de nous prononcer sur les agissements de l'homme. Quand on aura ouvert, (pan ! pan !), là d'accord on pourra dénoncer l'homme s'il nous tue. En attendant, pourquoi ne pas lui laisser une chance ? C'est cet état d'esprit qu'il s'agirait d'avoir vis-à-vis du FN, selon Monsieur Soral.

Bon c'est vrai que, sans même remonter trop loin dans l'histoire de France du côté des origines du FN, des skinheads FN, en balançant le Marocain Brahim Bouarram dans la Seine, nous ont quand même donné un petit échantillon de ce que le FN pourrait faire une fois la porte ouverte. Mais justement, les skinheads en question n'ont pas assassiné le Marocain en tant que musulman de France mais en tant qu'arabe. Si, en suivant le raisonnement de Monsieur Soral, le Marocain leur avait dit « Attendez, j'ai dissocié l'islam de l'immigration », s'il avait fait disparaître sa tête d'arabe, qu'il avait sorti de sa poche des petits drapeaux bleu-blanc-rouge, et qu'il s'était déclaré islamo-patriote, ils l'auraient laissé continuer sa balade.

On doit admettre que c'est un peu de sa faute au Marocain, *Allah y Lahrmou*, s'il lui est arrivé ce qu'il lui est arrivé : il ne s'est pas « dissocié ».

Monsieur Soral a rejoint le FN pour faire part de son expertise islamo-musulmane aux Le Pen, et pour servir de médiateur entre le FN et les musulmans. Monsieur Soral nous a dit qu'avec Jean-Marie Le Pen, le terrain était déjà favorable, parce que selon Monsieur Soral, « Jean-Marie Le Pen connaît bien la culture maghrébine et l'histoire coloniale ». C'est vrai que j'ai entendu dire que pendant la guerre d'Algérie (même si je m'intéresse pas trop à cette histoire-là pour pas contrarier mon assimilation dans la société française), beaucoup d'Algériens ont donné la recette de la chakhchoukha et du berkoukes aux militaires français pendant qu'ils les passaient à la génératrice ou à la baignoire. Ils leur ont appris les très beaux contes berbères de Kabylie aussi il paraît. Il doit bien connaître effectivement la culture maghrébine et l'histoire coloniale, Monsieur Le Pen.

Monsieur Soral dit aussi que « les valeurs de l'islam sont très proches des valeurs du FN, par le respect de la famille, le respect de la hiérarchie... » Ça m'a empli de fierté d'entendre qu'on associait ainsi l'islam au FN. Du coup l'affiche du FN qui dit « Non à l'islamisme ! » avec un drapeau algérien et des mosquées qui envahissent la France, et une femme voilée au premier plan, je la regarde avec un œil différent. L'affiche m'apparaît tout à coup très subtile. Et si cette affiche voulait en fait dire l'inverse de ce qu'elle dit clairement ? Peut-être est-ce un clin d'œil du FN aux musulmans, peut-être est-ce du second degré...

Toujours est-il qu'on a diabolisé le FN, on nous a dit qu'ils étaient racistes. Avant, comme j'étais manipulé par le PS, je croyais qu'au FN, ils n'aimaient pas les Noirs et les Arabes. Alors qu'en vrai, leur ennemi c'est les juifs de Wall Street, et les francs-maçons, c'est Monsieur Soral qui nous l'a dit. J'ai quand même douté un peu au début parce que j'ai regardé le programme du FN et il n'y avait rien à propos de la lutte contre les juifs talmudiques, ni contre les sociétés occultes. Ça ne parle que de droit du sang, de suppression du regroupement familial, de préférence nationale pour les prestations sociales, le logement et l'emploi, de légitime défense pour les flics assassins, de flicage accru des quartiers populaires, d'interdiction du foulard dans l'espace public... Bref, je me suis dit que le programme du FN, c'était surtout pour la gueule des musulmans. Je l'ai dit à Monsieur Soral, et Monsieur Soral, il nous a expliqué (en parlant pas trop fort pour pas qu'on nous entende) que le FN dit partout que le problème de la France c'est les immigrés et les musulmans, mais ils font semblant. C'est à cause du lobby juif qui les menace. Ils peuvent pas dire la vérité, ils sont obligés. J'ai rencontré les dirigeants du FN et c'est vrai, ils me l'ont confirmé. Ils m'ont dit que si je votais pour eux, ils allaient rien me faire à moi, ils s'occuperaient que des juifs de Wall-Street et des francs-maçons. Si je respecte quelques conditions.

Les conditions que nous posent Alain Soral et le FN si on veut qu'ils nous fassent rien

- Ne pas travailler pour ne pas voler le travail des Français de souche ;
- Ne pas être au chômage pour ne pas profiter des allocations ;
- Éviter de croiser les Français de souche dans la rue pour ne pas qu'ils voient nos têtes d'Arabes et de Noirs et qu'ils se sentent colonisés ;
- Ne pas être immigré et s'arranger pour naître en France ;

- Mériter de naître en France ;
- Se dire fier d'être français ;
- Ne pas trop se prendre pour un Français parce que la vérité c'est qu'on l'est pas, les vrais Français étant des chrétiens européens de race blanche et de culture gallo-romaine ;
- Ne pas être arabe, car ce serait un gros risque d'être délinquant ;
- Ne pas être noir non musulman, car ce serait à coup sûr être délinquant ;
- Ne pas faire partie des 60 à 80 % de musulmans de trop en France (l'islam en France est à 10 % de la population totale, alors que pour ne pas être trop dangereux il doit rester compris entre 2 et 4 % (estimation scientifique calculée par Monsieur Soral lui-même)) ;
- Retourner volontairement dans le pays d'origine si on fait partie des 60 à 80 % de musulmans en trop ;
- Ne pas se plaindre (sauf des juifs talmudiques et de l'Empire, mais alors de manière très générale, et depuis son salon) ;
- Remercier la France de nous avoir colonisés ;
- Ne rien revendiquer, on peut déjà s'estimer heureux.

Voilà, c'est pas bien compliqué ce qu'attendent de nous Monsieur Soral et le FN. Il y a d'autres conditions, mais Monsieur Soral nous les dira une fois que le FN sera au pouvoir.

Vrais et faux musulmans : les révélations d'Alain Soral

Monsieur Soral distingue parmi les musulmans, les bons des mauvais, les vrais des faux. D'un côté, et ce sont les seuls musulmans que Monsieur Soral veut en France, il y a les islamo-patriotes : ce sont des musulmans qui ne se plaignent pas (sauf des juifs talmudiques) et qui aiment la France. Omar Djellil de Marseille par exemple est cité en modèle à suivre par Monsieur Soral : musulman patriote, anti-immigration, fier comme un coq d'avoir déjeuné avec Jean-Marie Le Pen, et qui appelle à voter FN. Tarek Oubrou, imam à Bordeaux, est un exemple aussi d'islamo-patriotisme à suivre, tant il a réussi à pousser le processus de « dissociation » bien au-delà des limites du corps humain (il a réussi à aller aussi loin parce qu'il a fait des études de biologie, ça l'a aidé). Comme eux, il y a quatre ou cinq islamo-patriotes-dissociés qui sont disséminés dans les grandes villes de France, et qui ont pour mission de halaliser Monsieur Soral auprès des musulmans.

Sinon, le reste c'est que des islamo-racailles, des islamo-sionistes et des faux musulmans. Les faux musulmans, c'est les musulmans immigrationnistes, racistes antiblancs, communautaristes, les militants qui critiquent la France et son système de dominations, qui n'appellent pas à voter FN. Monsieur Soral nous a donné sa liste des faux musulmans lors d'une conférence : Mouloud Aounit (Monsieur Soral nous a révélé qu'il buvait de l'alcool hachek !), Houria Bouteldja (celle-là, il n'y a pas encore de preuves mais ça se voit tout de suite que c'est une fausse musulmane), etc., etc.

J'avoue quand même que ça me met un peu mal à l'aise les révélations de Monsieur Soral, parce que Seul Allah, *soubhanou wa taala*, peut distinguer celui qui, finalement, est un « vrai musulman » de celui qui ne l'est pas.

Mais bon.

Disons que comme Monsieur Soral n'est pas encore musulman, il ne se rend pas compte qu'il n'est personne et qu'il n'est pas légitime pour dire le vrai du faux en Islam. L'humilité viendra avec la conversion incha'Allah.

En attendant, même si c'est pas très bien, les révélations de Monsieur Soral lors de ses conférences nous aident à démasquer les imposteurs et les mécréants parmi nous. Et ça c'est bien.

Appel à soutenir Alain Soral et le FN : aidons-les, ils ont besoin de nous !

Monsieur Soral, il nous tend la main, c'est vrai. Mais attention, il est viril, il nous parle franchement, et comme il aime à le répéter, il n'est « pas là pour flatter les musulmans ». Faut dire que des fois quand il nous tend la main Monsieur Soral, c'est pour nous mettre des baffes dans le museau. Une fois, lors d'une conférence, il nous a dit qu'on était des loosers, des minables et qu'on a bien mérité ce qui nous arrive. Et c'est vrai que moi quand j'ai entendu ça, j'ai rangé ma dignité dans ma poche, et j'ai dit aux autres frères d'arrêter, que c'était pas faux, que Monsieur Soral n'avait pas tort.

Plus précisément, Monsieur Soral nous a dit qu'on était des « loosers sur le long terme » parce qu'on était manipulés par SOS racisme et le PS ; que le FN était plus honnête envers nous. C'est vrai que le PS nous crache sans arrêt dans le dos ; les Le Pen eux au moins ils nous crachent au visage. Le Front national est plus frontal. Et rien que pour ça, on devrait dire merci le Front national.

Comme Monsieur Soral est très subversif (il défend la domination masculine, blanche et chrétienne), il n'est plus invité sur les plateaux de télévision, en tout cas beaucoup moins qu'à l'époque où il sévissait sur le plateau de la prestigieuse émission « C'est mon choix », débattant avec d'autres intellectuels comme lui. Faut dire qu'il s'est fait doubler par Éric Zemmour, qui a le même discours raciste et islamophobe que lui, la petite explication de texte du Talmud en moins.

Monsieur Soral aimerait retrouver une place dans les milieux médiatiques et politiques ; il aimerait pouvoir se vanter et dire qu'il nous éduque et qu'il nous tient. Faut le voir lancer fièrement à Boutih, Besancenot ou Joey Starr que lui est respecté et adulé par les jeunes dans les cités, alors qu'eux ne pourraient même pas y mettre un pied.

C'est pourquoi je m'adresse solennellement à mes frères musulmans et à mes sœurs musulmanes. Aidons Monsieur Soral.

Acceptons la main qu'il nous tend. Je ne comprends pas qu'il n'y ait quasiment aucun musulman qui soutienne Monsieur Soral. Tous les musulmans que je connais traitent Monsieur Soral de raston, de porc, de pouilleux, de charlot… Déjà, je vous dis faites bien attention à vous, parce que Monsieur Soral il a été trois fois de suite champion de boxe de son quartier. Et depuis l'année dernière, il fait du badminton aussi je crois. Donc faut calmer vos mots quand vous parlez de Monsieur Soral. Mais surtout je vous demande : pourquoi on laisserait pas Monsieur Soral se vanter de nous tenir ? Pourquoi lui ne pourrait pas nous manipuler et nous instrumentaliser comme les autres pourris l'ont fait ? Pourquoi on a laissé le PS nous marcher sur la gueule pendant trente ans et on ne laisserait pas le FN le faire juste un an d'ici à 2012 ? Ce serait pas juste. Faut qu'on soit cohérents : si on a laissé les uns, faut laisser les autres. C'est chacun son tour. Et ça permet d'alterner un peu.

Sinon, c'est vrai qu'il y aurait la possibilité pour moi d'envoyer se faire pendre toute cette vermine, et décider enfin de mener avec les miens une lutte autonome, mais bien qu'ayant la peau noire, j'ai comme un épais masque blanc sur la gueule, il m'est donc impossible d'envisager cette option.

Les raisons profondes de mon soutien à Alain Soral

Moi je suis un vrai musulman comme les aiment Alain Soral et le FN. Un islamo-patriote-dissocié.

Alain Soral n'était pas né que j'appliquais déjà son principe de dissociation. Si l'islam de France pouvait se débarrasser de tous ces déchets qui le polluent : ces grosses Noires qui parlent trop fort dans la rue, ces blédiens qui parlent même pas français, ces racailles dans les halls d'immeuble, ces familles nombreuses qui font la queue à mendier à la CAF et aux Assedic. Quelle honte. J'en ai marre de cet islam de bougnoules qui pue le foyer Sonacotra à plein nez. J'aimerais me dépouiller, m'épurer de tout ça.

Même si j'en suis pas, maintenant je parle comme un vrai Français de souche ; faut m'entendre parler de la franc-maçonnerie, de la juiverie cosmopolite, de la cinquième colonne... C'est pas les blédiens tout juste débarqués qui pourraient en faire autant. Quand je parle comme ça, j'ai l'impression de m'ancrer dans une France qui me paraissait inaccessible, une France ancienne et profonde, la France de Monsieur Soral.

Je prends la main que me tend Alain Soral parce que je fais partie de ces quelques individus qui systématiquement vendent les leurs pour espérer passer de l'autre côté, pour espérer qu'en face, on les fasse entrer. Quitte à entrer en rampant.

Moi aussi un jour, quand je serai dedans comme Alain Soral, j'aspire à tendre la main à des plus noirs, à des plus étrangers que moi. Et moi aussi, comme Alain Soral, je mettrai dans le geste que je ferai de la main en direction de ces nouveaux métèques, toute l'arrogance et tout le mépris dont sont capables les ratés.

En attendant, je m'intègre.

Une autre civilisation s'impose

Houria Bouteldja

mai 2012

Ce texte constitue l'introduction faite par Houria Bouteldja à la conférence intitulée « Une autre civilisation s'impose », organisée par le Groupe des associations de Bagnolet (GAP) et le Parti des indigènes de la république (PIR), le 7 mai 2012.

Ce soir, nous nous réjouissons de la défaite de Nicolas Sarkozy. Nous nous réjouissons de la défaite d'un président dont le Premier ministre a déclaré il y a quelques mois que toutes les civilisations ne se valaient pas. Nous nous réjouissons de la défaite de l'homme du discours de Dakar, l'homme qui a déclaré avec toute l'arrogance qui le caractérise que l'homme africain n'était pas entré dans l'histoire, l'homme qui nous a traités de racaille, l'homme qui a promis de nous kärchériser, l'homme de l'interminable succession des lois discriminatoires, anti-immigrés et islamophobes. L'homme qui considérait, il y a encore quelques semaines, que la viande halal était le premier sujet de préoccupation des Français. L'homme de la persécution sans relâche des sans-papiers.

Ce soir, nous sommes soulagés, nous sommes heureux.

Un autre président vient d'être élu. Il est socialiste. Nous ne lui faisons aucune confiance. Enfants de la colonisation, enfants d'immigrés, enfants des quartiers, notre histoire et notre présent nous prouvent que jamais nous n'avons pu compter sur les socialistes. La défaite de Sarkozy ne peut pas nous faire oublier le passé colonialiste du parti de François Hollande. Nous ne pouvons oublier l'acharnement des différents pouvoirs socialistes contre toutes les tentatives d'organisation politique des immigrés et de leurs enfants. Nous ne pouvons pas oublier sa complicité active dans l'adoption des lois sécuritaires, islamophobes et liberticides. Nous ne pouvons pas oublier non plus son implication éhontée dans le système de la Françafrique, ni son attachement à Israël et à sa « sécurité ».

Aux uns et aux autres, nous ne pardonnons pas leur contribution active à la théorie du « choc des civilisations ».

C'est pourquoi cette soirée a pour nous une forte portée symbolique.

Elle est symbolique parce qu'elle a lieu le 7 mai, au lendemain de l'élection présidentielle. Cela signifie pour nous que la bataille politique commence dès maintenant. Nous n'attendrons pas la veille des prochaines élections locales ou nationales pour nous mettre en branle. Forts de notre conscience militante, nous affirmons ainsi notre détermination à prendre notre destin en main et à ne pas nous en remettre à la bonne volonté, aux déclarations de principe ou aux promesses de ceux qui nous gouvernent sur le plan local, national ou international. Nous affirmons notre détermination à construire une organisation politique décoloniale.

Elle est symbolique parce qu'elle a lieu à Bagnolet, dans une banlieue populaire qui, comme les autres, n'a pas échappé à la révolte de 2005. Une banlieue ignorée au cours de la campagne présidentielle alors que s'y accumulent toutes les formes de misère : misère sociale, chômage endémique, ségrégation spatiale, sociale et raciale, violences policières, système éducatif précaire. C'est là où vivent la grande majorité des classes populaires ; c'est là où vivent les populations issues d'Afrique, du monde arabo-musulman, des Antilles ou encore d'Asie souvent montrées du doigt, stigmatisées pour ce qu'elles sont, leurs identités, leurs cultures, leurs croyances…

Le choix de cette date est symbolique car le 7 mai, c'est aussi l'anniversaire d'une grande victoire anticoloniale : celle de Diên Biên Phu, le 7 mai 1954. La république coloniale connaît alors l'une de ses plus grandes défaites ; une défaite qui est la victoire du peuple vietnamien contre un système colonial inique. Cette victoire est notre victoire à tous, ici. Du moins, je l'espère.

Elle est symbolique car elle a lieu en 2012, cinquante ans après l'indépendance de l'Algérie, cinquante ans après les indépendances africaines. Un cinquantenaire que nous devons fêter avec tous les égards et le respect que devons aux shouhadas, aux martyrs des luttes d'indépendance, mais que nous devons analyser de manière critique et lucide face à ce que nous sommes bien obligés de considérer comme des indépendances confisquées par des pouvoirs locaux, complices d'un système colonial et impérial qui n'a jamais disparu, qui a reçu des coups, certes, mais qui a su se métamorphoser pour mieux survivre. Le processus révolutionnaire qui s'est enclenché dans le monde arabe avec le dégagement du dictateur Ben Ali et qui se poursuit avec toutes les difficultés que l'on connaît est le signe que l'espoir est toujours permis mais que nous ne sommes pas au bout de nos peines. Nous allons encore devoir compter nos morts, consoler les orphelins et sécher les larmes des vivants.

Elle est symbolique car elle a lieu à un moment crucial de l'histoire de l'Occident. Nous connaissons une crise économique sans précédent qui touche en particulier l'Europe et les États-Unis. Nous sommes probablement en train de vivre un tournant dans l'histoire de l'humanité depuis que l'Occident domine. Nous assistons à l'émergence de nouveaux pôles économiques, politiques et militaires comme la Chine, l'Inde ou le Brésil. Une nouvelle géographie des pouvoirs se dessine. C'est le début de la fin de l'hégémonie occidentale. Penser de nouvelles alternatives politiques à l'échelle mondiale ne peut pas se faire sans intégrer ces nouveaux paramètres, même lorsque l'on pense la politique à partir de Bagnolet. Car si les couches moyennes européennes sont globalement toutes touchées par la crise, qu'en est-il des habitants des quartiers les plus pauvres des périphéries occidentales ? Nous sommes sans doute les premiers concernés.

Et s'il nous est apparu aujourd'hui, 7 mai 2012, à la croisée de toutes ces symboliques, nécessaire et impératif de poser la question de la civilisation, c'est que cette civilisation qui fait la fierté de Monsieur Guéant, nous en sommes les premières victimes, du moins, à l'intérieur des frontières de l'Europe.

Cette civilisation est en nous.

Elle est ici à Bagnolet. Un truc aussi banal qu'un contrôle au faciès – la tête des humains, en fonction de leur couleur de peau, en fonction de leurs origines. Selon qui est basané et qui ne l'est pas. C'est une des caractéristiques de cette civilisation dans sa plus extrême banalité. C'est le signe de la hiérarchisation raciale. C'est le signe de la survivance du Code noir et du Code de l'indigénat, abolis pourtant depuis longtemps. C'est le signe de l'existence des races sociales qui ont été construites dans l'histoire politique et juridique de l'Europe et qui font que ces codes fonctionnent encore dans le cerveau des policiers.

Elle est présente dans le mépris qu'affichent les autorités politiques pour les langues et cultures des populations vivant en banlieues, comme les Africains qui ne seraient pas encore rentrés dans l'histoire, considérées comme pas assez dignes pour être reconnues et enseignées.

Elle est présente dans l'hostilité obsessionnelle de l'islam et de ses expressions dans la société française.

Elle est présente dans l'ingérence humanitaire, comme elle est présente dans les discours qui justifient la guerre en Irak ou les interventions militaires en Lybie.

Cette civilisation est présente au cœur du monde arabe. Là-bas, elle s'appelle Israël.

Cette civilisation existe depuis quatre cents ans : son acte de naissance fut le génocide des Indiens d'Amérique, sa mission s'est poursuivie avec la traite négrière qui fut dans les faits une déportation de plusieurs millions d'Africains et la mort de plusieurs millions d'autres, la colonisation du monde, la destruction voire la disparition de sociétés entières, ainsi que des guerres fratricides à l'intérieur même des frontières européennes à l'instar des deux guerres dites mondiales qui ont causé des millions de morts et qui furent le théâtre du génocide des juifs, des Tziganes et de tant d'autres. Cette civilisation poursuit son œuvre en Irak, en Afghanistan. Sa folie la dirige aujourd'hui contre l'Iran.

Cette civilisation existe depuis quatre cents ans : elle s'appelle la modernité occidentale. La France est l'un des principaux acteurs de cette civilisation même si l'acteur est fatigué et vieillissant.

Bagnolet appartient à cette civilisation.

Cette civilisation, nous y sommes intégrés. Nous y sommes intégrés jusqu'au cou.

Paradoxalement, reproche nous est fait de ne pas être intégrés, pas suffisamment du moins. Intégrez-vous ! C'est un impératif. C'est un ordre, c'est une injonction. Et à cet ordre, nous devons obéir. Nous devons nous exécuter. Nous devons obtempérer. Nous devons nous soumettre sans discuter. Mais nous intégrer à quoi exactement ? Quel est cet autre pas que nous sommes invités à franchir ? Ou que peut-être nous avons largement franchi ? Quel est l'angle mort de cette question ? Quel est le non-dit de l'injonction à l'intégration ? Je me hasarde peut-être mais mon point de vue est que c'est à cette civilisation qu'on nous demande de nous intégrer et j'ajouterai qu'on nous demande de nous perdre. Lorsqu'on nous dit que l'islam n'a pas fait son *aggiornamento*, que c'est une religion du passé qui doit se réformer pour s'adapter à la modernité, on ne nous dit rien d'autre que cela : l'islam doit se soumettre à la civilisation occidentale, à ses normes et à son économie capitaliste ; l'islam doit se vider de lui-même. L'islam doit devenir blanc. L'islam doit s'intégrer.

Certes, nous résistons. Mais avec beaucoup d'ambivalences. Car cette civilisation, tous les jours nous la plébiscitons, tous les jours nous la chérissons, tous les jours nous la renouvelons, tous les jours nous assurons sa survie. La vérité, c'est que nous nommes fascinés par cette civilisation. Souvent, lorsqu'on est musulman, nous préférons nous revendiquer de la grande civilisation arabo-andalouse, seule capable de rivaliser avec la grandeur supposée de la civilisation occidentale, plutôt que d'avouer que nos parents viennent d'un petit douar des Aurès ou du Rif ; souvent lorsque nous sommes d'Afrique noire, nous préférons ancrer notre histoire dans l'époque des pharaons, civilisation reconnue par les Occidentaux, plutôt que d'avouer que nous venons d'un petit village inconnu du Mali, souvent nous préférons les très hauts et prétentieux gratte-ciel du Qatar qui veulent rivaliser avec ceux de New York plutôt que ceux, ancestraux, de Sanaa au Yémen. Nous allons chercher dans le Coran la preuve de l'atome pour prouver à quel point nous sommes modernes. À quel point nous avons même précédé les Occidentaux dans la mise au point de la bombe nucléaire. Puisque sans l'atome, point de bombe nucléaire et sans bombe nucléaire, point d'Hiroshima…

Au PIR, nous avons un slogan auquel nous sommes très attachés et qui est « Non à l'intégration par le jambon ». Personnellement, je l'aime beaucoup. Il signifie que nous tenons à nous-mêmes. Il signifie que nous tenons à ce qui nous reste de notre histoire et de nos traditions. Je dis bien « ce qui nous reste », car une grande partie de nous-mêmes a disparu dans l'intégration, une intégration qui n'a pas commencé en France dans les années 1960 mais à l'époque coloniale où l'ensemble de nos pays a été intégré dans un grand projet économique et civilisationnel dirigé par les forces occidentales.

Eh bien ce slogan que j'aime beaucoup est très faible. Très faible. Parce qu'on pourrait effectivement résister à l'intégration par le jambon. C'est ce qu'il y a de plus facile. On peut préserver certains modes de vie, fréquenter la mosquée, faire ses cinq prières, respecter ses obligations morales et religieuses et dans le même temps accepter et être complice de la chasse aux sans-papiers, éprouver du mépris pour les derniers arrivés. Ça aussi, c'est de l'intégration.

Cinquante ans après l'indépendance de l'Algérie, alors que Le Pen n'a jamais regretté son usage de la torture, alors que Aussarès est toujours vivant et qu'il a avoué le crime de Larbi Ben Mhidi, il s'est trouvé des musulmans pour faire la campagne de Marine Le Pen, il s'est trouvé des musulmans pour justifier que l'on ferme encore plus la forteresse européenne et que l'on expulse les sans-papiers. Ils sont la pointe la plus avancée de notre intégration. Outre le caractère misérable de ces positions, il est certains que ces évolutions en notre sein révèlent une profonde corruption de notre âme à peine cinquante ans après les indépendances africaines. Il ne tient qu'à nous de poursuivre ou pas cette intégration.

Je voudrais conclure par une observation de notre ami Ramon Grosfoguel, ici présent, professeur à l'université de Berkeley et militant décolonial. Il nous invite à adopter le point de vue des Indiens d'Amérique. Les gauches européennes ont tendance à penser que c'est le système capitaliste qui a déferlé sur le monde en 1492 lorsque l'Amérique a été « découverte ». Et ils expliquent le monde à partir de ce qu'ils appellent l'expansion capitaliste de l'Europe vers les Amériques. Ramon Grosfoguel nous dit, non ! Il faut adopter le point de vue des Indiens d'Amérique lorsqu'ils ont vu débarquer les Européens. Ce n'est pas le seul capitalisme qu'ils ont vu arriver. Ils ont vu déferler sur eux un système de valeurs, une nouvelle religion, des armes nouvelles plus destructrices que celles qu'ils connaissaient, des langues qui allaient supplanter les leurs. Ce qui leur est tombé sur la tête, ça n'est pas le seul capitalisme, c'est-à-dire un système économique. C'est une civilisation. C'est la raison pour laquelle, ce soir, nous ne disons pas comme les altermondialistes « un autre monde est possible », mais nous disons, avec je l'espère la bienveillance des Indiens d'Amérique : une autre civilisation s'impose !

À paraître aux Éditions Amsterdam

Émilie Hache (dir.), *Écologie politique. Cosmos, communautés, milieux.* Parution : octobre 2012.

Yves Cohen, *Le Siècle des chefs*. Parution : janvier 2013.

Sadri Khiari, *Malcolm X*. Parution : février 2013.

Derniers livres parus

Félix Guattari, *Un amour d'UIQ. Scénario pour un film qui manque.*

Jasbir K. Puar, *Homonationalisme. Politiques queer après le 11 Septembre.*

Bertrand Ogilvie, *L'Homme jetable. Essai sur l'exterminisme et la violence extrême.*

Stéphane Dufoix, *La Dispersion. Une histoire du mot* diaspora.

Matthieu Renault, *Frantz Fanon. De l'anticolonialisme à la critique postcoloniale.*

Davis Harvey, *Le Capitalisme contre le droit à la ville. Néolibéralisme, urbanisation, résistances.*

Maurizio Lazzarato. *La Fabrique de l'homme endetté. Essai sur la condition néolibérale.*

Également aux Éditions Amsterdam

Dipesh Chakrabarty, *Provincialiser l'Europe. La pensée postcoloniale et la différence historique.*

Partha Chatterjee, *Politique des gouvernés. Réflexions sur la politique populaire dans la majeure partie du monde.*

Collectif (avec la *Revue Internationale des Livres et des Idées), Penser à gauche. Figures de la pensée critique aujourd'hui.*

C. L. R. James, *Les Jacobins noirs. Toussaint Louverture et la révolution de Saint-Domingue.*

Laurent Lévy, *Le Spectre du communautarisme.*

Charlotte Nordmann (dir.), *Le Foulard islamique en questions.*

James C. Scott, *La Domination et les arts de la résistance. Fragments du discours subalterne.*

Cet ouvrage a été achevé d'imprimer
pour le compte d'Éditions Amsterdam
par l'imprimerie Euroteh à Brezje (Slovénie, UE)
en septembre 2012
Dépôt légal : octobre 2012